Topik und Rhetorische Rechtstheorie

Recht
und Rhetorik

Herausgegeben von Katharina Gräfin von Schlieffen

Band 3

PETER LANG
Frankfurt am Main · Berlin · Bern · Bruxelles · New York · Oxford · Wien

Agnes Launhardt

Topik und Rhetorische Rechtstheorie

Eine Untersuchung zu Rezeption und Relevanz der Rechtstheorie Theodor Viehwegs

PETER LANG
Internationaler Verlag der Wissenschaften

Bibliografische Information der Deutschen Nationalbibliothek
Die Deutsche Nationalbibliothek verzeichnet diese Publikation in der Deutschen Nationalbibliografie; detaillierte bibliografische Daten sind im Internet über http://dnb.d-nb.de abrufbar.

Gedruckt auf alterungsbeständigem,
säurefreiem Papier.

ISSN 1619-389X
ISBN 978-3-631-59746-0

www.peterlang.de

Inhaltsverzeichnis

2. TEIL: VON DER TOPIK ZUR RHETORISCHEN RECHTSTHEORIE

Einleitung

Im Jahre 1953 erschien die Abhandlung „Topik und Jurisprudenz“[1] von Theodor VIEHWEG. In diesem schmalen Band vertritt VIEHWEG die These[2], dass die Topik als eine von der Rhetorik entwickelte Techne des Problemdenkens ein konstitutives Element des juristischen Denkens bilde und die Struktur des juristischen Denkens präge. Damit hat VIEHWEG eine nachhaltige Grundlagendebatte ausgelöst und zugleich den Grundstein für die Rhetorische Rechtstheorie der sog. „Mainzer Schule“ gelegt.[3]

Die „Topik-These“ war in den 50er- und 60er-Jahren Gegenstand vehementer Auseinandersetzungen, wobei im Mittelpunkt der Kontroverse die Gegenüberstellung von Problemdenken und Systemdenken bzw. von offenem und geschlossenem Rechtssystem stand.[4] Die heftigen Reaktionen dokumentieren die Brisanz des von VIEHWEG formulierten Gegenentwurfs zu dem seinerzeit vorherrschenden Selbstverständnis der Rechtswissenschaft. Bezeichnend ist die Einschätzung Martin KRIELES, der formuliert, was offenbar viele empfunden haben: „Der Satz ‚Juristisches Denken ist topisch‘ ist die fundamentalste Herausforderung, die die juristische Methodenlehre bisher erfahren hat.“[5] Das starke Diskussionsbedürfnis wird dabei gängigerweise darauf zu-

---

[1] *Theodor Viehweg,* Topik und Jurisprudenz. Ein Beitrag zur rechtswissenschaftlichen Grundlagenforschung, 1. Aufl. München 1953, 2. Aufl. 1963, 3. Aufl. 1965, 4. Aufl. 1969, 5. Aufl. 1974.

[2] Dieser Kerngedanke geht zurück auf einen unveröffentlichten Vortrag zum Thema „Topik und Axiomatik in der Jurisprudenz“, den Theodor Viehweg am 21.07.1950 vor der Fakultät für Rechts- und Wirtschaftswissenschaften in Mainz gehalten hat.

[3] Grundlegend für die deutsche Topik-Debatte ferner *Josef Esser,* Grundsatz und Norm in der richterlichen Fortbildung des Privatrechts, 1. Aufl. Tübingen 1956, 5. Aufl., Tübingen 1990. Zeitgleich und unabhängig von der Topik-Debatte erfolgte eine Wiederbelebung rhetorischer Traditionen durch die Konzeption der „Neuen Rhetorik“, vgl. *Chaïm Perelman, Lucie Olbrechts-Tyteca,* „Logique et Rhétorique“, 140 Revue Philosophique de la France et de l 'Etranger 140, Paris 1950, 1 ff.; *dies.,* Rhéthorique et Philosophie, Paris 1952; *dies.,* La nouvelle Rhétorique. Traité de l'Argumentation, Brüssel 1958.

[4] Einzelne Nachweise dazu unten S. 37–38, Fn. 85–87. Die Kontroverse wurde zunächst und vor allem im Bereich des Zivilrechts geführt, auf das sich auch Viehweg selbst als Zivilrechtler bezieht, daneben aber auch im Bereich des Verfassungsrechts; s. zur besonderen Bedeutung im Zivilrecht *Spiros Simitis,* „Die Bedeutung von System und Dogmatik – dargestellt an rechtsgeschäftlichen Problemen des Massenverkehrs“, in: AcP 172 (1972), S. 131–154, S. 131.

[5] *Martin Kriele,* Theorie der Rechtsgewinnung, entwickelt am Problem der Verfassungsinterpretation, 1. Aufl. Berlin 1967, 2. Aufl., Berlin 1976, S. 114. Im angelsächsischen Rechtsraum lassen sich Viehwegs Überlegungen anders als im Bereich der kontinentalen Rechtskultur zwanglos mit gängigen Vorstellungen vereinbaren, dazu *W. Cole Durham,* Vorwort zu *Theodor Viehweg,* Topics and Law, Frankfurt/Main u. a. 1993, S. *(→)*

rückgeführt, dass die abstrakten Postulate der herkömmlichen Methodenlehre der Pragmatik des juristischen Alltags nicht mehr Rechnung tragen konnten: „Das Arsenal der Methodenlehre reichte nicht mehr aus, um die Vielzahl der neuen Probleme zu bewältigen, die im Zuge der wirtschaftlichen Prosperität der Nachkriegsgesellschaft sowie im Zuge der Verrechtlichung im Wohlfahrtsstaat an das Rechtssystem herangetragen wurden.“[6] Weitgehend losgelöst von der akademischen Debatte hatte die richterliche Entscheidungspraxis eine Wirklichkeit geschaffen, zu deren Erfassung die überkommenen Begriffe und Theorien nicht geeignet schienen, die zu problematisieren aber ein zunehmend stärkeres Bedürfnis entstand.[7]

Allerdings sah sich die traditionelle Methodenlehre, zurückgehend auf SAVIGNY und die Hermeneutik des 19. Jahrhunderts[8], zunehmend auch Kritik aus anderen Richtungen ausgesetzt. So formierte sich seit den späten Sechziger Jahren einerseits eine als „Neue Hermeneutik“ bezeichnete Richtung unter Bezugnahme auf die philosophische Hermeneutik GADAMERS (ESSER, LARENZ, HRUSCHKA, KAUFMANN) sowie andererseits eine sprachphilosophisch orientierte Strömung unter Bezugnahme auf WITTGENSTEIN (HART, ECK-

---

xi, xx, xxiii ff.; *Dirk Thümmel,* Rechtsrhetorik als Methodenlehre und Instrument der Vertragsgestaltung, Tübingen 1998, S. 23 ff. m. w. N. Entsprechend stärker sind dort rechtsrhetorische Ansätze vertreten, s. etwa *Marc E. Gold,* „The Rhetoric of Constitutional Argumentation“, in: University of Toronto Law Journal 35 (1985), S. 154–182, S. 154 ff.; *Paul Robertshaw,* „Law, Language and Rhetoric“, in: Modern Law Review 50 (1987), S. 971–981, S. 971 ff.; *Peter Goodrich,* Legal Discourse. Studies in Linguistics, Rhetoric and Legal Analysis, New York 1987; *Bernhard S. Jackson,* Law, Fact and Narrative Coherence, Merseyside 1988.

6 *Bernd H. Oppermann,* Die Rezeption des Nordamerikanischen Rechtsrealismus durch die Deutsche Topikdiskussion, Frankfurt/Main 1985, S. 23. Zugleich stieß die „Topik-These“ auch in benachbarten Disziplinen auf Interesse, s. etwa *Wilhelm Hennis,* Politik und praktische Philosophie, Hamburg 1963, S. 89 ff.

7 Zur Überwindung des bereits in der Weimarer Zeit ausgetragenen Streites zwischen Positivismus und Naturrecht sowie zur Entwicklung der Methodendiskussion nach dem zweiten Weltkrieg s. etwa *Arthur Kaufmann,* „Durch Naturrecht und Rechtspositivismus zur juristischen Hermeneutik“, in: Beiträge zur juristischen Hermeneutik, Köln u. a. 1984, S. 79–88, S. 79 ff.; *Werner Krawietz,* Juristische Entscheidung und wissenschaftliche Erkenntnis. Eine Untersuchung zum Verhältnis von dogmatischer Rechtswissenschaft und rechtswissenschaftlicher Grundlagenforschung, Wien/New York 1978, S. 155 ff., 173 ff.; *ders.,* „Zum Paradigmenwechsel im juristischen Methodenstreit“, in: Rechtstheorie Beiheft 1 (1979), S. 113–152, S. 113 ff. Für den Bereich gerade der Verfassungsinterpretation s. ferner *Martin Kriele,* Theorie der Rechtsgewinnung, entwickelt am Problem der Verfassungsinterpretation, 2. Aufl., Berlin 1976, S. 13 ff., 37 ff.; *Ralf Dreier,* „Zur Problematik und Situation der Verfassungsinterpretation“, in: Recht – Moral – Ideologie. Studien zur Rechtstheorie, Frankfurt/Main 1981, S. 106–145, S. 106 ff.

8 Als zeitgenössischer Vertreter *Karl Engisch,* Einführung in das juristische Denken, 1. Aufl. Stuttgart 1956, 8. Aufl., Stuttgart u. a. 1983.

MANN, ROELLECKE).[9] In den Siebziger Jahren traten sodann verstärkt Versuche in den Vordergrund, die „Logische Semantik" unter Rückgriff auf CARNAP für die juristische Methodik fruchtbar zu machen (KOCH, RÜßMANN, HERBERGER, SIMON, ZIMMERMANN); ab Ende der Siebziger Jahre kamen ferner ALEXYS Theorie der rationalen juristischen Argumentation sowie andere Ansätze hinzu, die sich durch eine Rezeption der „Linguistischen Pragmatik" kennzeichnen (SCHIFFAUER, HEGENBARTH, AARNIO).[10]

Während das Angebot rechtstheoretischer Entwürfe und Modelle insgesamt breiter wurde, verlief sich die Topik-Diskussion in den Siebziger Jahren in den verschiedenen Theorieströmungen. Als ein gewisser Schlusspunkt der um VIEHWEG geführten Diskussion wird insoweit Gerhard OTTES Aufsatz „20 Jahre Topik-Diskussion" aus dem Jahre 1970 angesehen.[11] Zwar trat in den Siebziger Jahren zugleich eine Reihe neuer rechtsrhetorischer Autoren hervor (BALLWEG, SCHRECKENBERGER, SEIBERT, RODINGEN). Deren Schriften fanden jedoch nur wenig Aufmerksamkeit und vermochten es nicht, der Rhetorischen Rechstheorie eine eigenständige Wahrnehmung und ein breiteres Interesse zu erhalten. Prägend für diese neueren Arbeiten war über weite Strecken eine kritisch-aufklärerische Tendenz, darauf gerichtet, den Zusammenhang zwischen Jurisprudenz und etablierten Machtstrukturen aufzudecken oder womöglich zu überwinden. Mit dem Entwurf einer Rechtstheorie, die die Berücksichtigung historischer, soziologischer und ökonomischer Faktoren als legitime Bestandteile juristischer Entscheidungen auszuweisen suchte, verband sich die Hoffnung auf eine vom alten Subsumtionsmodell nie erreichte Ehrlichkeit. Die geringe Resonanz mag daher teilweise darauf zurückzuführen sein, dass die Mehrheit der Rechtswissenschaftler den in Rede stehenden politischen Implikationen mit Ablehnung gegenüberstand. Wichtiger erscheint aber ein weiterer Aspekt: So ließ die Ausdifferenzierung von Forschungsansätzen in den Nachbardisziplinen (Philosophie, Linguistik, Psychologie, So-

---

9 Dazu informativ *Dietrich Busse,* Juristische Semantik. Grundfragen der juristischen Interpretationstheorie in sprachwissenschaftlicher Sicht, Berlin 1993, S. 52 f., 76 ff., 135 ff. m. w. N.

10 *Dietrich Busse,* Juristische Semantik. Grundfragen der juristischen Interpretationstheorie in sprachwissenschaftlicher Sicht, Berlin 1993, S. 52 f., 104 ff. m. w. N.

11 *Gerhard Otte,* „Zwanzig Jahre Topik-Diskussion: Ertrag und Aufgaben", in: Rechtstheorie 1 (1970), S. 183–197, S. 183 ff.; vgl. *Bernd H. Oppermann,* Die Rezeption des Nordamerikanischen Rechtsrealismus durch die Deutsche Topikdiskussion, Frankfurt/Main 1985, S. 4.

ziologie usw.) und deren Rezeption auch die verschiedenen rechtstheoretischen Positionen zunehmend voraussetzungsreicher und unzugänglicher werden. Dies gilt auch für die Rhetorische Rechtstheorie, nämlich deren Hinwendung zur Sprachpragmatik. Gerade in den Reihen der Praktiker, bei denen „Topik und Jurisprudenz“ noch auf viel Zuspruch gestoßen war, könnte die Rechtsrhetorik damit an Plausibilität eingebüßt haben.

In den Neunziger Jahren legte die Rhetorische Rechtstheorie der „Mainzer Schule“ die politisch gefärbte Blickrichtung früherer Zeiten ab. Neben BALLWEG steht dabei nun insbesondere SOBOTA für eine Rechtsrhetorik, die durch eine Rezeption von Autoren des Konstruktivismus geprägt ist und insofern als ernüchtert gelten kann, als weder die Verbesserung der Gesellschaft noch auch nur die Entwicklung verbindlicher methodischer Anweisungen in Anspruch genommen wird. Richtungsweisend ist die Überlegung, dass vorrangig vor neuartigen methodischen Entwürfen primär eine gründliche analytische Rekonstruktion und empirische Aufhellung der Voraussetzungen juristischer Entscheidungsfindungs- und Begründungsprozesse anzustreben ist. Darin wird zugleich die beste Gewährleistung dafür gesehen, dass rechtliche Rationalitätsstandards gepflegt, aber keine überzogenen Rationalitätserwartungen geweckt werden.

Daran, dass die Rechtsrhetorik seit dem Abklingen der Topik-Diskussion weitgehend eine Schattenexistenz fristet, hat sich allerdings nichts geändert, obwohl sich eine gewisse Ernüchterung auch innerhalb anderer Strömungen verzeichnen lässt. So konnte im Rahmen der rechtstheoretischen und methodologischen Debatte bis heute kein einheitlicher Ansatz entwickelt werden, der es vermocht hätte, die Wirksamkeit des überkommenen „Subsumtionsideals“ als Leitbild für die Praxis zu erreichen oder dieses zu verdrängen. Vielmehr lässt sich eine gewisse Hilflosigkeit konstatieren, deren Überwindung um so weniger zu erwarten ist, als die weiterhin zunehmend diffizileren Lösungsversuche von der juristischen Ausbildung und Praxis weitgehend abgekoppelt bleiben. Die Rechtsrhetorik bildet dabei keine Ausnahme. Gleichzeitig scheint sie allerdings in besonderem Maße zur Integration sowohl sprachanalytischer als auch empirischer Ansätze geeignet.[12] Zudem ist zu bemerken, dass die bereits von VIEHWEG formulierte Zielsetzung, nämlich „eine zulängliche Theorie der Praxis zu entwickeln“[13], und eine damit korrespondierende Hinwendung zur Pragmatik, wie sie von der Rhetorischen Rechtstheorie schon in den Siebziger Jahren vollzogen wurde, in der aktuellen rechtstheoretischen Debatte deutliche Berührungspunkte findet.

Indes haftet der Rechtsrhetorik nach wie vor der in der Topik-Debatte erhobene Verdacht an, leichtfertig die unumstößlichen Postulate der Gesetzesbindung und rationalen Kontrollierbarkeit rechtlichen Entscheidens preiszugeben. Auch wenn weitgehend anerkannt wird, dass namentlich die Arbeit von VIEHWEG einige in der Rechtspraxis anzutreffende Phänomene in ein überraschend helles Licht rückt, bleibt das Gefühl, dass hier übertrieben, zu weit gegangen worden sei. Dies mag auch daran liegen, dass VIEHWEG auf vergleichsweise wenigen Seiten und hohem Abstraktionsniveau eine Fülle von Überlegungen sehr unterschiedlicher Autoren aufgreift, die er in einer spezifischen Mischung aus Vorsicht, Ironie und Originalität zu einem eigenen Ansatz verbindet. Tatsächlich geht es der Rechtsrhetorik aber nicht um die Negierung der angesprochenen Postulate, sondern um eine realistische Einschätzung der Steuerbarkeit rechtlicher Entscheidungsprozesse und ein reflektiertes juristisches Selbstbild. Es bleibt daher die Frage, ob der Wunsch nach Gewissheiten und der Erhaltung eines überkommenen juristischen Selbstverständnisses nicht nach wie vor der Anerkennung eines Ansatzes im Wege stehen, der zu einem vertieften Verständnis rechtlichen Handelns deutlich beitragen könnte.

---

[12] Umgekehrt wird die Rhetorik – insbes. im angloamerikanischen Raum – zunehmend auch in anderen Disziplinen rezipiert bzw. als eigenständige Disziplin gepflegt, s. nur *Herbert W. Simons (Hrsg.),* The Rhetorical Turn: Invention and Persuasion in the Conduct of Inquiry, Chicago/London 1990; *W. Cole Durham,* Vorwort zu *Theodor Viehweg,* Topics and Law, Frankfurt/Main u. a. 1993, S. xxxii f. m. w. N.; für die deutsche Debatte etwa *Thomas Schirren, Gert Ueding (Hrsg.),* Topik und Rhetorik. Ein interdisziplinäres Symposium, Tübingen 2000.

[13] *Theodor Viehweg,* Topik und Jurisprudenz, Ein Beitrag zur rechtswissenschaftlichen Grundlagenforschung, 5. Aufl., München 1974, S. 14. Vgl. dazu auch *Martin Morlok, Ralf Kölbel, Agnes Launhardt,* „Recht als soziale Praxis. Eine soziologische Perspektive in der Methodenlehre“, in: Rechtstheorie 31 (2000), S. 15–46, S. 15 ff.

Diese Frage ist Gegenstand der vorliegenden Arbeit. Den Ausgangspunkt bildet dabei im ersten Teil die Auseinandersetzung mit VIEHWEGS Grundwerk „Topik und Jurisprudenz“. In diesem Rahmen sind die zentralen Aussagen VIEHWEGS nachzuvollziehen und herauszuarbeiten, um sodann die daran geübte Kritik auf ihre Stichhaltigkeit analysieren zu können. Dabei wird deutlich werden, dass die Topik-Debatte bei einer unzulänglichen und teilweise voreingenommenen Betrachtung seines Werkes stehen geblieben ist.

Nachdem die Resultate dieser Debatte einer kritischen Bilanz unterzogen worden sind, wird im zweiten Teil zunächst darauf eingegangen, welche Fortentwicklung der Ansatz VIEHWEGS durch VIEHWEG selbst sowie die späteren Autoren der „Mainzer Schule“ genommen hat. Interesseleitend ist dabei, welche Grundannahmen die verschiedenen Vertreter der Rhetorischen Rechtstheorie verbinden und inwieweit sie sich zu einem konsistenten Konzept zusammenfügen.

Schließlich gilt es, die so konturierte Rhetorische Rechtstheorie in der gegenwärtigen Diskussion zu verorten. Als Bezugsrahmen dienen dabei einerseits normativ ausgerichtete juristische *Argumentationstheorien* und andererseits Ansätze, die sich an der durch MÜLLER begründeten *Strukturierenden Rechtslehre* orientieren. Insoweit gelangt die Untersuchung zu dem Ergebnis, dass sich nicht nur die Anschlussfähigkeit der Rechtsrhetorik an andere Konzeptionen ausweisen lässt, sondern dass ihr auch nach wie vor eine eigenständige Berechtigung zukommt.

1. Teil:
Intention und Rezeption von „Topik und Jurisprudenz“

I. Überblick über Grundlagen und Strömungen der Topik-Debatte

Obwohl oder gerade weil das Erscheinen von „Topik und Jurisprudenz“ inzwischen ein halbes Jahrhundert zurückliegt, kann dessen Inhalt nicht als bekannt vorausgesetzt werden. Zwar wird die VIEHWEGsche Topik in zahlreichen Standardwerken der Methodenlehre bzw. der Rechtstheorie nach wie vor wenigstens erwähnt.[14] Leider geschieht dies häufig in einer Form, die eher Befremden als Verständnis hervorzurufen geeignet ist, weil sie lediglich die „herrschende Meinung“ zu VIEHWEG zusammenfaßt. Um zu einer angemessenen Bewertung sowohl des VIEHWEGschen Ansatzes als auch der bisherigen Debatte zu gelangen, empfiehlt es sich demgegenüber, den Gesichtspunkten der Klarheit und Verständlichkeit den Vorzug vor eleganter Kürze zu geben und – wie folgend – der kritischen Analyse zunächst einen möglichst ungefärbten Überblick über die Gedankenführung VIEHWEGS voranzustellen.

1. Die Gedankenführung in „Topik und Jurisprudenz“

a) Aristotelische Topik nach Viehweg

VIEHWEGS Interesse an der Topik verdankt sich, wie er hervorhebt, einem Hinweis VICOS, der eine alte *rhetorische* (topische) Form des Denkens von einer neuen *kritischen* Methode, die auf DESCARTES zurückgeht, unterscheidet und an gewisse Vorzüge der alten Denkweise erinnert.[15] Für VIEHWEG wirft dies die Frage auf, ob sich eine entsprechende Strukturveränderung des Den-

---

[14] Statt vieler nur *Arthur Kaufmann, Winfried Hassemer, Ulfried Neumann (Hrsg.),* Einführung in Rechtsphilosophie und Rechtstheorie der Gegenwart, 7. Aufl., Heidelberg 2004, S. 24, 87, 264; *Friedrich Müller, Ralph Christensen,* Juristische Methodik, Bd. I, 8. Aufl., Berlin 2002, Rn. 112; *Karl Larenz,* Methodenlehre der Rechtswissenschaft, 6. Aufl., Berlin u. a. 1991, S. 145 ff.; *Franz Bydlinski,* Juristische Methodenlehre und Rechtsbegriff, 2. Aufl. Berlin/New York 1991, S. 142 ff.

[15] *Theodor Viehweg,* Topik und Jurisprudenz, Ein Beitrag zur rechtswissenschaftlichen Grundlagenforschung, 5. Aufl., München 1974, S. 15 ff., unter Bezug auf *Gian Battista Vico,* Vom Wesen und Weg der geistigen Bildung (De nostri temporis studiorum ratione, 1708), deutsch-lateinische Ausgabe, in der Übersetzung von Walter F. Otto, Godesberg 1947.

kens auch für die Jurisprudenz verzeichnen lässt bzw. was sie für diese bedeutet. Dies setzt eine Klärung des Topik-Begriffs voraus.

Die Topik geht nach VIEHWEG zurück auf die Disputierkunst der antiken Rhetoren und Sophisten, mit der sich ARISTOTELES in seiner Schrift „Topik“ (daher der Name) sowie später in den „Sophistischen Widerlegungen“ auseinandergesetzt hat.[16] Das Anliegen von ARISTOTELES, das VIEHWEG aufgreift, liegt dabei darin, Regeln für Disputationen aufzustellen. Zu diesem Zweck charakterisiert ARISTOTELES zunächst seinen Gegenstand, die Disputation, indem er zwischen *Apodeiktik* und *Dialektik* unterscheidet: Die Apodeiktik weist er als Feld der Wahrheit den Philosophen zu. Die Dialektik[17] grenzt er davon als Bereich des *bloß Wahrscheinlichen oder Meinungsmäßigen* ab. Das Interesse von ARISTOTELES richtet sich nun speziell auf den Bereich der Dialektik, und zwar unter dem Gesichtspunkt, „eine Methode zu finden, nach der wir über jedes aufgestellte Problem aus meinungsmäßigen Sätzen (εξ ενδοξων) Schlüsse bilden können und, wenn wir selbst Rede stehen sollen, in keine Widersprüche geraten“[18]. Dabei verlangt ARISTOTELES für dialek-

---

[16] *Theodor Viehweg,* Topik und Jurisprudenz, Ein Beitrag zur rechtswissenschaftlichen Grundlagenforschung, 5. Aufl., München 1974, S. 19, 29. Zur Entwicklung der Topik ausführlich *Gert Ueding,* Klassische Rhetorik, 2. Aufl., München 1996, S. 11 ff. *Martin Kriele,* Theorie der Rechtsgewinnung, entwickelt am Problem der Verfassungsinterpretation, 2. Aufl., Berlin 1976, S. 133 Fn. 73, hebt unter Hinweis vor allem auf *Ernst Kapp,* Artikel „Syllogistik“, in: Paulys Realenzyklopädie der klassischen Altertumswissenschaften, II. Reihe, 7. Halbbd., Stuttgart 1931, Sp. 1055, hervor, dass Aristoteles nicht nur dem Begriff, sondern auch der Sache nach Schöpfer der Topik sei. Ebenso *Klaus Rehbock,* Topik und Recht. Eine Standortanalyse unter besonderer Berücksichtigung der aristotelischen Topik, München 1988, S. 32.

[17] Zu beachten ist die unterschiedliche Terminologie: Im folgenden wird Dialektik nur im dargelegten aristotelischen verstanden, nicht im platonischen Sinne philosophisch strenger Wahrheitssuche – dazu *Jürgen Blühdorn,* „Kritische Bemerkungen zu Theodor Viehwegs Schrift: Topik und Jurisprudenz“, in: Tijdschrift voor Rechtsgeschiedenis 1970, S. 269–314, S. 281 ff. –oder im modernen hegelianischen Sinne gebraucht.

[18] *Aristoteles,* Topik, in der Übersetzung und mit Anmerkungen versehen von *Eugen Rolfes,* 3. Aufl., Hamburg 1992, I. 1. 1. Entsprechend der auch von Viehweg zugrunde gelegten Übersetzung wird grds. nach der Topik-Übersetzung von Rolfes zitiert. Zu beachten ist jedoch, daß *Theodor Viehweg,* Topik und Jurisprudenz, Ein Beitrag zur rechtswissenschaftlichen Grundlagenforschung, 5. Aufl., München 1974, S. 21, den aristotelischen Ausdruck „endoxa“ mit „meinungsmäßige Sätze“, und nicht wie Rolfes mit „wahrscheinliche Sätze“ übersetzt. Abweichend wiederum *Paul Gohlke,* Einleitung zu *Aristoteles,* Topik, Paderborn 1952, S. 20 ff., der von „anerkannten Sätzen“ spricht, dem folgend auch *Arno Bokeloh,* Der Beitrag der Topik zur Rechtsgewinnung, Göttingen 1973, S. 21; *Martin Kriele,* Theorie der Rechtsgewinnung, entwickelt am Problem der Verfassungsinterpretation, 2. Aufl., Berlin 1976, S. 135, votiert für eine Umschreibung als „generally accepted opinions“. Vorliegend wird insoweit der Formulierung Viehwegs gefolgt. Vgl. auch *Gerhard Struck,* Topische Jurisprudenz. Argument und Gemeinplatz in der juristischen Arbeit, Frankfurt/Main 1971, S. 38; *Franz Wieacker,* „Zur praktischen Leistung der Rechtsdogmatik“, in: *Rüdiger Bubner, Hans-Georg Gadamer (Hrsg.),* Hermeneutik und Dialektik, FS Gadamer, Bd. II, Tübingen 1970, S. 311–336, S. 328 Fn. 46.

tische Schlüsse nicht anders als für apodeiktische formale Korrektheit.[19] Der maßgebliche Unterschied zu apodeiktischen Schlüssen liegt in der Beschaffenheit der Prämissen: Eine Apodeixis (Demonstration) liegt vor, „wenn der Schluss aus wahren und ersten Sätzen gewonnen wird, oder aus solchen, deren Erkenntnis aus wahren und ersten Sätzen entspringt. Dagegen ist ein dialektischer Schluss ein solcher, der aus Meinungsmäßigem gezogen wird."[20] Gedacht ist dabei aber nicht an beliebige Auffassungen, vielmehr müssen sich die meinungsmäßigen Vordersätze nach ARISTOTELES dadurch auszeichnen, daß sie „allen oder den Meisten oder den Weisen wahr scheinen, und auch von den Weisen wieder entweder allen oder den Meisten oder den Bekanntesten und Angesehensten"[21]. Ausgehend davon charakterisiert VIEHWEG dialektische Schlüsse als solche, „welche angesehene, wahr scheinende Meinungen, die auf Annahme rechnen dürfen (endoxa), zur Prämisse haben"[22].

Den Prämissen kommt damit die entscheidende Bedeutung für die Qualität einer jeweiligen Disputation zu. In der Auswahl geeigneter Prämissen, aus denen es eine plausible Lösung zu entwickeln gilt, liegt die zentrale Schwierigkeit. ARISTOTELES versucht daher, diesen Vorgang zu strukturieren. VIEHWEG fasst diese Strukturierung wie folgt zusammen: „Er (ARISTOTELES) findet, dass jede Disputation aus Sätzen erwächst, bei denen es um Probleme geht, und jeder Satz und jedes Problem betrifft entweder ein *Akzidens* oder die *Gattung* oder das *Proprium* oder die *Definition.* Daher sind die Schlüsse nach diesen Genera einzuteilen (Top. I. 4. 2; vgl. hierzu die Definitionen in Top. I. 5. 2.; 5. 4.; 5. 5.; 5. 6).[23] (...) Die Frage, wie nun die genannten vier Genera

---

[19] Nach Viehweg überträgt Aristoteles seine logikwissenschaftlichen Überlegungen auf die Bedingungen der Disputation, vgl. *Theodor Viehweg,* Topik und Jurisprudenz, Ein Beitrag zur rechtswissenschaftlichen Grundlagenforschung, 5. Aufl., München 1974, S. 20, unter Berufung auf *Carl Prantl,* Geschichte der Logik im Abendlande, Bd. I, 1. Aufl. Leipzig 1855, 2. Aufl. Leipzig 1927, S. 341 f. *Martin Kriele,* Theorie der Rechtsgewinnung, entwickelt am Problem der Verfassungsinterpretation, 2. Aufl., Berlin 1976, S. 133 Fn. 74, weist demgegenüber unter Berufung auf *Christian A. Brandis,* Über die Reihenfolge der Bücher des aristotelischen Organons, o. O. 1833, darauf hin, dass die Topik in der Reihenfolge des Organons zwar den beiden Analytiken folge, aber jedenfalls in ihren Hauptteilen (Bücher II–VII) gleichwohl früher entstanden sei als diese.

[20] Vgl. *Aristoteles,* Topik, I. 1. 2. 3.

[21] *Aristoteles,* Topik, I. 1. 5. 3.

[22] *Theodor Viehweg,* Topik und Jurisprudenz, Ein Beitrag zur rechtswissenschaftlichen Grundlagenforschung, 5. Aufl., München 1974, S. 22.

[23] Ein Akzidens wohnt dem Subjekt bei, aber lässt sich nicht mit ihm vertauschen (z. B. dieser Mensch ist blind), die Gattung wohnt nicht nur dem Subjekt bei, sondern gehört zur Bestimmung seines Wesens (z. B. *(→)*

sich zu den berühmten zehn Kategorien (Quidität, Quantität, Qualität, Relation, Wo, Wann, Liegen, Haben, Wirken, Leiden) verhalten, wird in Top. I. 9 beantwortet. ‚Zu einer von diesen zehn Kategorien müssen das Akzidens, die Gattung, das Proprium und die Definition immer gehören' (Top. I. 9. 1. 3.). (...) Als Begründungsweisen stehen natürlich auch in der Dialektik Induktion und Syllogismus zur Verfügung (Top. I. 12). Um aber nun passende Schlüsse finden zu helfen, gibt es vier sehr wichtige Werkzeuge: (a) Das Auffinden und Ergreifen der Prämissen; (b) die Unterscheidung einer vorliegenden Vieldeutigkeit des Sprachausdruckes und Unterscheidung der verschiedenen Kategorienbestimmtheiten; (c) das Auffinden der Gattungs- und Artunterschiede; (d) das Auffinden der Ähnlichkeiten bei verschiedenen Gattungen (Top. I. 13–18)"[24].

Erst anschließend an diese philosophische Einordnung im ersten Buch der „Topik" gelangt ARISTOTELES zu den sogenannten *Topoi,* die er in den folgenden Büchern nach Maßgabe der genannten vier Genera einteilt und abhandelt: Demnach ergeben sich je nachdem, welche Genera mit einem jeweiligen Problem angesprochen sind, bestimmte Gesichtspunkte, bei denen die Gedankenführung und die Gewinnung einschlägiger Prämissen ansetzen kann.[25] Eine ausdrückliche Erklärung zum Begriff der Topoi gibt ARISTOTELES in der „Topik" im Übrigen nicht. Doch findet sich eine solche in der aristotelischen „Rhetorik": „Wir reden von Topoi mit Beziehung auf die dialektischen und rhetorischen Schlüsse. Die Topoi sind es, die sich gleichmäßig auf rechtliche, physikalische, politische und viele andere der Art nach verschiede-

---

der Mensch ist ein sinnliches Wesen), das Proprium wohnt nicht nur dem Subjekt bei, sondern wird mit ihm auch vertauscht (z. B. der Mensch lacht, was lacht ist Mensch), die Definition wohnt nicht nur dem Subjekt bei, sondern steht als Wesensbestimmung und wird mit ihm vertauscht (z. B. jeder Mensch ist ein vernünftiges Sinneswesen, jedes vernünftige Sinneswesen ist ein Mensch), vgl. *Eugen Rolfes,* Anmerkung zu *Aristoteles,* Topik, 3. Aufl., Hamburg 1992, IV. I. 1. 1., S. 210.

24 *Theodor Viehweg,* Topik und Jurisprudenz, Ein Beitrag zur rechtswissenschaftlichen Grundlagenforschung, 5. Aufl., München 1974, S. 22. f.

25 Einen Überblick über die einzelnen Topoi nebst Erläuterungen gibt *Klaus Rehbock,* Topik und Recht. Eine Standortanalyse unter besonderer Berücksichtigung der aristotelischen Topik, München 1988, S. 41 ff. Dazu gehören etwa die „Berücksichtigung ähnlicher Gesichtspunkte", die „Berücksichtigung der Dinge, die in gleichem Verhältnis stehen", das „Aufsuchen des Gegenteils", der Topos vom „Mehr oder Minder" sowie „der Idee des Dinges" und der „Prüfung, ob die angegebenen Bestandteile nicht einem anderen Begriff zuzuordnen sind". Erläuternd dazu auch *Martin Kriele,* Theorie der Rechtsgewinnung, entwickelt am Problem der Verfassungsinterpretation, 2. Aufl., Berlin 1976, S. 139, 141.

ne Gegenstände beziehen, wie es z. B. von dem Topos aus dem Mehr oder Minder gilt: aus ihm kann man, ebensogut wie über Gegenstände des Rechts, über andere, die der Physik oder jeder beliebigen Wissenschaft angehören, einen Syllogismus oder ein Enthymem gewinnen, obwohl diese Disziplinen der Art nach voneinander verschieden sind. Dagegen sind eigentümliche Prinzipien alle die, die zur Zahl der in eine einzelne Art und Gattung einschlagenden Sätze gehören, wie es z. B. in der Physik Sätze gibt, die keinen Schluss und kein Enthymem in ethischen, und umgekehrt in der Ethik Sätze, die keines von beiden in physikalischen Fragen gestatten."[26]

VIEHWEG seinerseits kennzeichnet davon ausgehend die Topoi als „vielseitig verwendbare, überall annehmbare Gesichtspunkte, die im Für und Wider des Meinungsmäßigen gebraucht werden und zum Wahren hinführen können"[27]. Indes erinnert VIEHWEG zugleich an die Ausrichtung der Topik auf den antiken Disputationsbetrieb und eine entsprechende Warnung seitens ARISTOTELES: „Man darf aber nicht mit jedem disputieren und sich nicht mit dem ersten besten einlassen; denn je nachdem der Gegner ist, kann aus den Disputationen nichts Rechtes werden (Top. VIII. 14. 11. 1.)"[28].

Wenngleich die Begründung der Topik auf ARISTOTELES zurückgeht, war – wie VIEHWEG hervorhebt – für ihre geschichtliche Wirkung allerdings die ca. 300 Jahre später verfasste „Topik" CICEROS von größerer Bedeutung, die, einem Juristen gewidmet, auf die philosophische Herleitung verzichtet und vielmehr „eine Art Rezeptbuch" darstellt.[29] Einleitend stellt CICERO fest: „Jede gründliche Theorie des Vortrags hat zwei Teile: der erste handelt von

---

[26] Hier zitiert nach *Theodor Viehweg,* Topik und Jurisprudenz, Ein Beitrag zur rechtswissenschaftlichen Grundlagenforschung, 5. Aufl., München 1974, S. 23 f.

[27] *Theodor Viehweg,* Topik und Jurisprudenz, Ein Beitrag zur rechtswissenschaftlichen Grundlagenforschung, 5. Aufl., München 1974, S. 24. Die Übersetzung und das Verständnis des Topoi-Begriffs ist uneinheitlich. Nach *Franz G Sieveke,* Anmerkung 21 zu *Aristoteles,* Rhetorik, 5. Aufl., München 1995, S. 236, sind Topoi „im dialektischen und rhetorischen Sinne allgemeine Gesichtspunkte, von denen aus eine Sache betrachtet werden kann". *Friedrich Solmsen,* Die Entwicklung der aristotelischen Logik und Rhetorik, Berlin 1929, S. 61, bezeichnet die Topoi als das „Formprinzip" der Prämissenbildung. Vgl. dazu auch *Arno Bokeloh,* Der Beitrag der Topik zur Rechtsgewinnung, Göttingen 1973, S. 22.

[28] *Theodor Viehweg,* Topik und Jurisprudenz, Ein Beitrag zur rechtswissenschaftlichen Grundlagenforschung, 5. Aufl., München 1974, S. 25.

[29] Vgl. *Theodor Viehweg,* Topik und Jurisprudenz, Ein Beitrag zur rechtswissenschaftlichen Grundlagenforschung, 5. Aufl., München 1974, 25 f.

der *Erfindung,* der andere von der *Urteilsbildung*"[30]. Mit der Topik wendet sich CICERO dem ersten Teil zu und erklärt, man müsse zur Untersuchung eines Stoffes dessen Topoi kennen, „denn so sind von ARISTOTELES die (ich möchte sagen) Plätze genannt worden, aus denen die Stoffe zur Nachweisung hergeholt werden"[31]. Sodann entfaltet CICERO einen umfassenden Topoikatalog für die praktische Anwendung[32], an dem sich zahlreiche spätere Topoikataloge orientieren, und dem die Topik ihren festen Platz in der Rhetorik und im antiken Bildungsgang verdankt.

b) Topik als Techne des Problemdenkens

Als wichtigsten Punkt bei der Betrachtung der Topik erachtet VIEHWEG nun „die Feststellung, daß es sich hier um diejenige denkerische Techne handelt, die sich am Problem orientiert. ARISTOTELES hat das mehrfach hervorgehoben. (...) Denn ‚das, worum sich die Schlüsse drehen, sind die Probleme' (Arist. Top. 1. 4. 2. 2)"[33]. Erst das sachhaltige Problem löst den die Topik kennzeichnenden Erwägungsprozess aus; die Topik muss daher nach VIEHWEG dort von besonderer Bedeutung sein, wo es um Problemkreise geht, die ihren Problemcharakter nie gänzlich verlieren, und die er – unter Anspielung auf das Aporienbuch der aristotelischen „Metaphysik"– als Aporien bezeichnet: „Der Terminus Aporie soll ja gerade die aufgedrängte und unausweichliche Frage kennzeichnen, die ‚Weglosigkeit', die nicht zu beseitigende Pro-

---

[30] *Cicero,* Topik, 2. 1., zitiert nach *Theodor Viehweg,* Topik und Jurisprudenz, Ein Beitrag zur rechtswissenschaftlichen Grundlagenforschung, 5. Aufl., München 1974, S. 26.

[31] *Cicero,* Topik, 2. 6; s. a. die Definition der Topoi als „sedes, e quibus argumenta promuntur", *ders.,* Topik, 2. 7., zitiert nach *Theodor Viehweg,* Topik und Jurisprudenz, Ein Beitrag zur rechtswissenschaftlichen Grundlagenforschung, 5. Aufl., München 1974, S. 27.

[32] Vgl. dazu *Theodor Viehweg,* Topik und Jurisprudenz, Ein Beitrag zur rechtswissenschaftlichen Grundlagenforschung, 5. Aufl., München 1974, S. 27 f.: Die eine Topoi-Gruppe ergibt sich aus der Sache, die andere von außen (Autoritätsargumente). Die Topoi der ersten Gruppe zielen wiederum entweder auf das Ganze (also das Ganze, seine Teile und seine Bezeichnung) oder auf Relationen (also auf Gattung, Art, Ähnlichkeit, Verschiedenheit, Entgegengesetztes, begleitende Umstände, Ursachen, Wirkungen, Vergleichung oder aber auf Wortverwandtschaft).

[33] *Theodor Viehweg,* Topik und Jurisprudenz, Ein Beitrag zur rechtswissenschaftlichen Grundlagenforschung, 5. Aufl., München 1974, S. 31

blemsituation"[34]. VIEHWEG fasst die Topik deshalb als Techne des Problemdenkens auf.

Dieser Gedanke wird von VIEHWEG im Weiteren ausführlich entfaltet. Dazu nennt er ein Problem jede Frage, die anscheinend mehr als eine Antwort zulässt, wobei er „notwendigerweise ein vorläufiges Verständnis voraus(setzt), nach dem irgendetwas überhaupt als ernstzunehmende Frage erscheint“[35]. Die Suche nach einer Antwort wird sich VIEHWEG zufolge dann so vollziehen, dass das Problem durch entsprechende Umformulierungen in einen mehr oder weniger expliziten Ableitungszusammenhang gebracht wird, aus dem sich die Lösung erschließt: „Nennt man einen Ableitungszusammenhang ein System, könnte man in noch kürzerer Sprechweise sagen, dass das Problem zum Zwecke der Lösung in ein System eingeordnet wird.“[36] Ausgehend davon lässt sich ein Problemdenken von einem Systemdenken wie folgt unterscheiden: Legt man den Akzent der Betrachtung auf das System, und stünde nur ein bekanntes System A zur Verfügung, so gäbe es nur eine bestimmte Zahl korrespondierender Probleme A', die sich in das System einordnen lassen. Alle anderen Probleme schieden als unlösbar oder als Scheinprobleme aus. „Mit anderen Worten: Der Einsatz beim System bewirkt eine Problemauslese“. Legt man dagegen den Akzent auf das Problem, dann würde dieses – falls das einzig bekannte System A es zum Scheinproblem erklärte – andere Systeme für seine Lösung fordern. Entsprechendes gälte bei mehreren Systemen A, B, C. usw.: „Helfen sie nicht, werden andere und wieder andere gefordert, wobei stets der Problemcharakter behauptet bleibt“. Dies bewirkt eine Systemauslese und führt gewöhnlich zu einer Pluralität von Systemen, ohne deren Verträglichkeit aus einem umfassenden System zu beweisen.

Möglich ist das aber nur, weil das eingangs vorausgesetzte vorläufige Verständnis die bisherigen Systeme übersteigt. „Das Problem stammt also aus einem immer schon vorhandenen Verständniszusammenhang, von dem man

---

34 *Theodor Viehweg,* Topik und Jurisprudenz, Ein Beitrag zur rechtswissenschaftlichen Grundlagenforschung, 5. Aufl., München 1974, S. 31.

35 *Theodor Viehweg,* Topik und Jurisprudenz, Ein Beitrag zur rechtswissenschaftlichen Grundlagenforschung, 5. Aufl., München 1974, S. 32.

36 *Theodor Viehweg,* Topik und Jurisprudenz, Ein Beitrag zur rechtswissenschaftlichen Grundlagenforschung, 5. Aufl., München 1974, S. 33.

zunächst nicht weiß, ob er ein logisches System, also ein Ableitungszusammenhang, oder etwas anderes ist, und ob er überhaupt überblickbar gemacht werden kann."[37] Insoweit bestehen nach VIEHWEG zwischen Problem und System zugleich gewisse *Verflechtungen*. Im Hinblick auf diese Verflechtungen zitiert VIEHWEG sodann eine Passage von HARTMANN, der seinerseits zwischen „systematischer" und „aporetischer Denkweise" differenziert und deren Verhältnis zueinander zu bestimmen sucht: „Systematische Denkweise geht vom Ganzen aus. Die Konzeption ist hier das Erste und bleibt das Beherrschende. Nach dem Standpunkt wird hier nicht gesucht, er wird zu allererst eingenommen. Und von ihm aus werden die Probleme ausgelesen. Problemgehalte, die sich mit dem Standpunkt nicht vertragen, werden abgewiesen. Sie gelten als falsch gestellte Fragen. Vorentschieden ist hier nicht etwa über die Lösung der Probleme selbst, wohl aber über die Grenzen, in denen sich die Lösung bewegen darf. (...) Aporetische Denkweise verfährt in allem umgekehrt. (...) Sie (die aporetische Denkweise) zweifelt nicht daran, daß es das System gibt, und daß es vielleicht in ihrem eigenen Denken latent das Bestimmende ist. Darum ist sie seiner gewiß, auch wenn sie es nicht erfaßt."[38]

Vor diesem Hintergrund kehrt VIEHWEG zu seiner zentralen Überlegung zurück, nämlich dass die Topik dem so skizzierten problemorientierten Denken dient. Dies könne – wie ständig im Alltagsleben, wen man auf Probleme stößt – in der Weise geschehen, dass intuitiv und mehr oder weniger zufällig Gesichtspunkte versuchsweise aufgegriffen werden, bis sich Prämissen und Folgerungen ergeben, die etwas einleuchtend erschließen. VIEHWEG nennt eine solche Vorgehensweise Topik erster Stufe, weil die leitenden Gesichtspunkte, die dabei die Orientierung lenken, unreflektiert bleiben. Mehr Stütze biete aber ein bewusster Rückgriff auf ein bewährtes Repertoire an Gesichtspunkten, also Topoikataloge. Ein daran orientiertes Vorgehen nennt VIEHWEG

---

[37] *Theodor Viehweg*, Topik und Jurisprudenz, Ein Beitrag zur rechtswissenschaftlichen Grundlagenforschung, 5. Aufl., München 1974, S. 34.

[38] *Nicolai Hartmann*, „Diesseits von Idealismus und Realismus", in: Kant-Studien, 29. Bd., Berlin 1924, S. 160–206, S. 163 f., zitiert bei *Theodor Viehweg*, Topik und Jurisprudenz, Ein Beitrag zur rechtswissenschaftlichen Grundlagenforschung, 5. Aufl., München 1974, S. 34.

Topik zweiter Stufe.[39] Diese Topoikataloge müssen nach VIEHWEG nicht – wie der Katalog von ARISTOTELES – allgemein anwendbar, sondern können auch für ein bestimmtes Fach approbiert sein. Die Funktion der Topoi sei in jedem Fall immer die gleiche: Sie fungieren als „Orientierungsmöglichkeiten und Leitfäden des Gedanken" der Problemerörterung und verhelfen im „Wechsel der Situationen und Einzelfälle" zu immer neuen Hinweisen bei der Lösungssuche.[40] Von entscheidender Bedeutung ist nun nach VIEHWEG, dass diese Funktion verlorengehe, wenn man versuche, die Topoi deduktivsystematisch zu erfassen. Die Bildung von Grundbegriffen und Kernsätzen zum Zwecke von Kettendefinitionen und Kettendeduktionen löse ihre Orientierung am Problem schrittweise auf, so dass bei fortschreitender Systematisierung die dann möglichen Folgerungen „immer situationsfremder und trotz ihrer Korrektheit immer unpassender erscheinen", mit der Konsequenz, dass im Ergebnis „zwischen dem von uns entworfenen System und der Welt der Probleme, die durch all dies an Problematik nichts verloren hat, ein spürbarer Riß klafft". Jedenfalls müsse sich dieses Resultat überall dort zeigen, „wo die Problematik, die man zu bewältigen wünscht, sich nicht einmal in einem gewissen Umfange restlos beseitigen läßt, sondern überall in immer neuer Gestalt auftaucht"[41].

Erklärt man eine solche Problematik nicht zum Scheinproblem, bedarf es gemäß VIEHWEG also einer immer neuen Prämissensuche und damit der Topik als *ars inveniendi*. Bildet sich im Bereich einer solchen Problematik ein Katalog zulässiger Topoi, seien das Ziel und die Folge zwar ebenfalls eine gewisse logische Bindung für die weitere Gedankenführung. Diese Bindung reichte aber, wie VIEHWEG betont, nicht sehr weit. Die Topoi böten zwar einerseits einen wünschenswerten Halt, aber die Herrschaft des Problems erforderte weiterhin Beweglichkeit und Erweiterungsfähigkeit: „Jedes Problem-

---

39 Vgl. *Theodor Viehweg,* Topik und Jurisprudenz, Ein Beitrag zur rechtswissenschaftlichen Grundlagenforschung, 5. Aufl., München 1974, S. 35.

40 *Theodor Viehweg,* Topik und Jurisprudenz, Ein Beitrag zur rechtswissenschaftlichen Grundlagenforschung, 5. Aufl., München 1974, S. 38.

41 *Theodor Viehweg,* Topik und Jurisprudenz, Ein Beitrag zur rechtswissenschaftlichen Grundlagenforschung, 5. Aufl., München 1974, S. 39. Die Struktur des Denkens in diesen Bereichen sieht Viehweg bei Vico treffend beschrieben, der auf das Fehlen langer Kettenschlüsse (sorites), aber eine Fülle von Syllogismen hinweise.

denken ist bindungsscheu. Aber es kann ebensowenig gänzlich auf Bindungen verzichten. (...) Denn es ist niemandem möglich, einen sachhaltigen Beweis zu führen, wenn es ihm nicht gelingt, sich und seinen Gesprächspartner wenigstens für einen abgesteckten Bereich in einem gemeinsamen Verständnis zu halten. (...) Topoi und Topoikataloge haben daher weitgehend die Bedeutung, erst einmal ein bestimmtes Verständnis festzulegen und aufzubauen." Sie stecken zugleich die Grenzen ab, die man nicht überschreiten darf, „falls man das Beweisverständnis nicht verlieren will"[42]. Um die Erfordernisse von Bindung und Beweglichkeit zu versöhnen, verfügt die Topik nach VIEHWEG nun über ein besonderes Hilfsmittel, nämlich das der Interpretation. Diese erlaube es, „neue Verständnismöglichkeiten zu erschließen, ohne die alten zu verletzen", indem sie „den alten Festlegungen eine neue Wendung" gibt. Deshalb sieht VIEHWEG in der Interpretation selbst „ein Stück Topik"[43].

Schließlich konstatiert VIEHWEG, dass in dem von ihm geschilderten topischen Verfahren die grundlegenden Prämissen „ersichtlich (...) durch die Annahme des Gesprächspartners legitimiert werden. (...) Die Diskussion bleibt offenbar die einzige Kontrollinstanz, und die Problemerörterung hält sich im Bereiche dessen, was ARISTOTELES das Dialektische nennt. Was in der Disputation durch Annahme ausgewiesen ist, ist als Prämisse zugelassen."[44] Diese Feststellung müsse allerdings vor dem Hintergrund gesehen werden, dass jede Disputation auf einem Fundus bewährten Alltagswissen aufbaue; insoweit sei der von ARISTOTELES angenommene Bezug auf das Wissen „Besten und Angesehensten" ganz richtig: „Man bezieht sich mit der Nennung eines Namens auf einen anerkannten menschlichen Wissens- und Erfahrungskomplex, der nicht nur vages Vermeinen enthält, sondern ein Wissen im anspruchsvolleren Sinne verbürgen soll. (...) Auch im Rahmen des Meinungsmäßigen werden wirkliche Einsichten angestrebt, nicht etwa bloßes, beliebiges Meinen. (...) Es handelt sich um ein sehr bezeichnendes, mittelba-

---

[42] *Theodor Viehweg,* Topik und Jurisprudenz, Ein Beitrag zur rechtswissenschaftlichen Grundlagenforschung, 5. Aufl., München 1974, S. 41 f.

[43] *Theodor Viehweg,* Topik und Jurisprudenz, Ein Beitrag zur rechtswissenschaftlichen Grundlagenforschung, 5. Aufl., München 1974, S. 42.

[44] *Theodor Viehweg,* Topik und Jurisprudenz, Ein Beitrag zur rechtswissenschaftlichen Grundlagenforschung, 5. Aufl., München 1974, S. 42 f.

res Erkenntnisverfahren, bei dem es allerdings sehr darauf ankommt, mit wem man es betreibt". Eine eindeutige logische Nachprüfbarkeit ihrer Sätze erlaubt die Topik also nicht, denn dazu bedürfte es eines deduktiven Systems, in dem diese als Kernsätze oder als Ableitungen enthalten sind. Aber: „Immerhin sind sie diskutierbar, und auf dem Gebiete der Topik besteht daher jedes Interesse, wenigstens diese Diskutierbarkeit so klar und einfach wie möglich zu gestalten."[45]

c) Topik und Entwicklung des Rechts

Nachdem VIEHWEG die Topik als Techne des Problemdenkens vorgestellt hat, kann er sich seinem eigentlichen Anliegen zuwenden, nämlich dem Nachweis, dass der Topik gerade auch im Hinblick auf die Jurisprudenz besondere Bedeutung zukomme. Dabei geht er zunächst historisch vor und legt dar, dass die seit der römischen Antike entwickelte Jurisprudenz in ihrer Struktur weitgehend der der Topik entspreche.[46] Zugleich sucht er umgekehrt seine vorherigen Ausführungen zur Funktionsweise der Topik am Beispiel der Jurisprudenz zu illustrieren.

Als ein typisches Beispiel für den römischen Rechtsstil behandelt VIEHWEG einen längeren Textausschnitt zum Problem der Ersitzung aus den Digesten des JULIAN (148 n. Chr. Konsul).[47] Er findet abstrakte Sentenzen, die durch Beispiele belegt werden, den übergangslosen Wechsel zur Mitteilung konkreter Fälle, ferner leitsatzmäßig formulierte Entscheidungen zu unterschiedlichen Gesichtspunkten mit kurzen Begründungen, Fallerweiterungen und Erwägungen zu unterschiedlichen Lösungsansätzen. Gesichtspunkte, die sich in anderen Zusammenhängen bewährt haben (guter Glaube, Unterbrechung), werden dabei aufgegriffen. Lange Kettenschlüsse fehlen, verbunden

---

[45] *Theodor Viehweg*, Topik und Jurisprudenz, Ein Beitrag zur rechtswissenschaftlichen Grundlagenforschung, 5. Aufl., München 1974, S. 45.

[46] Dies hat zu der Fehldeutung von „Topik und Jurisprudenz" im Sinne einer rechtsgeschichtlichen Abhandlung geführt. Dem entgegen weist Viehweg bereits im Untertitel darauf hin, dass es ihm um rechtswissenschaftliche Grundlagenforschung geht, nämlich um den Charakter der juristischen Denkweise.

[47] Corpus iuris civilis, Ediderunt Fratres Kriegelii, 16. Aufl. (D 41, 3, 33), zitiert bei *Theodor Viehweg*, Topik und Jurisprudenz, Ein Beitrag zur rechtswissenschaftlichen Grundlagenforschung, 5. Aufl., München 1974, S. 46 ff.

werden die einzelnen Abschnitte gemäß VIEHWEG allein durch ihren Bezug zum Problem, der Ersitzung. Dass sich die Ausführungen in einen größeren Zusammenhang fügen, werde nicht nachgewiesen, sondern unreflektiert vorausgesetzt. Den sich hierin manifestierenden Gegensatz zu einem begrifflichen Rechtssystem verdeutlicht VIEHWEG unter Hinweis auf ein Lehrbuch der Pandektistik, wo derselbe Gegenstand anhand übergeordneter Begriffe schrittweise definiert und konstituiert werde (Besitz, Besitz in gutem Glauben, rechtmäßiger Erwerbsgrund, Dauer des Besitzes usw.).[48] VIEHWEG selbst weist darauf hin, dass die von ihm aufgezeigte Charakteristik des zitierten Textausschnitts ein allgemein bekanntes Phänomen anspreche, nämlich den Gegensatz von Kasuistik[49] und Systematik oder auch von Theorie und Praxis. Ihm komme es an dieser Stelle allerdings nicht darauf an, eine Untersuchung dieser Begriffe und Unterscheidungen vorzunehmen, sondern allein darauf, dass jeder Kasuistik „ein Problemdenken zugrunde liegt, welches sich dadurch auszeichnet, daß es eine bestimmte Techne erfordert, deren Bestandteile (Begriffe und Sätze) eine nicht zu übersehende Besonderheit aufweisen müssen, und daß es zumindest fraglich ist, ob man überhaupt die hier einschlägigen Sachverhalte nach Belieben kasuistisch oder auch systematisch bearbeiten kann“[50]. Denn es wäre denkbar, „daß man sich aus streng sachlichen Gründen genötigt sieht, am Problemdenken mit seinen notwendigen Folgen und unbestreitbaren Unvollkommenheiten festzuhalten, um nachzusehen, was sich aus ihm in dieser oder jener Form am besten machen läßt“[51].

Jedenfalls lässt sich nach VIEHWEG zunächst festhalten, dass „der römische Jurist“ vom Problem her nach Argumenten sucht und dabei unreflektiert einen Zusammenhang voraussetzt, den er nicht demonstrieren will, sondern innerhalb dessen er sich bewegt. Das aber kennzeichne die Grundhaltung der

---

[48] *Karl Ludwig Arndts von Arnesberg,* Lehrbuch der Pandecten, München 1852, §§ 158 ff.

[49] Zur Begriff der Kasuistik verweist Viehweg auf *Hans Lipps,* Beispiel, Exempel, Fall und das Verhältnis des Rechtsfalles zum Gesetz, Berlin 1931.

[50] *Theodor Viehweg,* Topik und Jurisprudenz, Ein Beitrag zur rechtswissenschaftlichen Grundlagenforschung, 5. Aufl., München 1974, S. 49 f.

[51] *Theodor Viehweg,* Topik und Jurisprudenz, Ein Beitrag zur rechtswissenschaftlichen Grundlagenforschung, 5. Aufl., München 1974, S. 50.

Topik.[52] Seine Rekonstruktion der juristischen Geistigkeit sieht VIEHWEG dadurch gestützt, dass die Grundhaltung, die er in den erwähnten Texten von JULIAN und ULPIAN findet, dem Rechtsstil fast aller römischen Juristen entspreche[53], und dass diese in ihrer Blütezeit logische Reduktionen tatsächlich sogar bewusst vermieden hätten.[54] Dies hält VIEHWEG für um so bemerkenswerter, als zur gleichen Zeit die systematische Denkweise in anderen Gebieten bereits eine hohe Entwicklung gefunden habe. Insoweit dürfe auch die durch CICERO am juristischen Stil geübte Kritik[55] nicht missverstanden werden: CICERO habe nicht, wie teilweise fälschlich angenommen, ein stärker systemorientiertes Denken verlangt, sondern kritisiere, dassss viele Juristen die topische Arbeitsweise nicht hinreichend sicher beherrschten.[56]

Für das Mittelalter lege der juristische Ausbildungsgang, der eine rhetorische Schulung voraussetzte, eine nicht nur strukturelle, sondern auch genetische Verbindung zwischen Jurisprudenz und Topik als rhetorischer Disziplin nahe.[57] Die topische Prägung des *mos italicus* steht für VIEHWEG jedenfalls

---

[52] *Theodor Viehweg,* Topik und Jurisprudenz, Ein Beitrag zur rechtswissenschaftlichen Grundlagenforschung, 5. Aufl., München 1974, S. 50; dabei bezieht er sich neben seiner Betrachtung von Julian auch auf entsprechende Befunde, zu denen *Fritz Schulz,* Prinzipien des römischen Rechts, München/Leipzig 1934, S. 39 ff., hinsichtlich eines Textes von Ulpian (ermordet 228 n. Chr.) gelangt ist. Skeptisch insoweit allerdings *Franz Wieacker,* „Zur Topikdiskussion in der zeitgenössischen deutschen Rechtswissenschaft", in: *Ernst von Caemmerer, P. J. Zepos (Hrsg.),* XENION, FS P. J. Zepos, Bd. I, Athen u. a. 1973, S. 391–415, S. 393 m. w. N.: Die römischen Juristen hätten der Topik einen „wahrscheinlich beschränkten" Raum gewährt. Vgl. auch *Helmut Coing,* „Über einen Beitrag zur rechtswissenschaftlichen Grundlagenforschung", in: ARSP 41 (1954/55), S. 436–444, S. 440 Fn. 3, der die Einordnung der römischen Juristen als Problemdenker für präzisierungsbedürftig hält.

[53] Als Ausnahmen verweist *Theodor Viehweg,* Topik und Jurisprudenz, Ein Beitrag zur rechtswissenschaftlichen Grundlagenforschung, 5. Aufl., München 1974, S. 50, auf Quintus Mucius und Gaius, deren systematische Bemühungen jedoch primär didaktisch motiviert gewesen seien.

[54] *Theodor Viehweg,* Topik und Jurisprudenz, Ein Beitrag zur rechtswissenschaftlichen Grundlagenforschung 5. Aufl., München 1974, S. 53, wiederum unter Berufung auf *Fritz Schulz,* Prinzipien des römischen Rechts, München/Leipzig 1934, S. 27 ff.; und unter Hinweis auf den Satz von Javolenus (D 50, 17, 202): *Omnis definitio in iure civili periculosa est.*

[55] Vgl. hierzu die Nachweise bei *Theodor Viehweg,* Topik und Jurisprudenz, Ein Beitrag zur rechtswissenschaftlichen Grundlagenforschung, 5. Aufl., München 1974, S. 51.

[56] Tatsächlich empfehle Cicero den Juristen das dialektische Denken im aristotelischen Sinne, wie er es in seiner eigenen Darstellung der Topik lehre, vgl. *Theodor Viehweg,* Topik und Jurisprudenz, Ein Beitrag zur rechtswissenschaftlichen Grundlagenforschung, 5. Aufl., München 1974, S. 51 f.

[57] *Theodor Viehweg,* Topik und Jurisprudenz, Ein Beitrag zur rechtswissenschaftlichen Grundlagenforschung, 5. Aufl., München 1974, S. 62 ff. S. 59 ff. Ob zwischen römischer Jurisprudenz und Rhetorik (Topik) außer den dargelegten strukturellen Parallelen auch genetische Verbindungen bestehen, lässt Viehweg hinsichtlich des insofern unzureichenden historischen Forschungsstandes offen, vgl. ebd., S. 59 ff. Er verweist *(→)*

außer Frage: Die Topik sei insoweit unentbehrlich, um im Rahmen von Interpretation oder Exegese erstens die Widersprüche innerhalb des überkommenen Schrifttums auflösen und zweitens einen angemessenen Situationsbezug zu den alten Texten herstellen zu können.[58] Die Bedeutung der zweiten Funktion sei offensichtlich und auch der heutigen Jurisprudenz geläufig; sie gewährleiste die Anpassungsfähigkeit, ohne die eine kontinuierliche Weiterentwicklung rechtlicher Figuren im Wandel der gesellschaftlichen Verhältnisse nicht möglich sei. Hinsichtlich der ersten Funktion demonstriert VIEHWEG anhand der Kommentare des BARTOLUS[59] den überwiegend prämissensuchenden und erörternden Stil, der sich im Gebrauch scholastischer Schemata entfalte.[60] Nach VIEHWEG haben die anzutreffenden Distinktionen meist inventiven Charakter und führen damit zu einer nur sprachlichen, nicht aber logischen Ordnung, obwohl – etwa bei der Einteilung und Numerierung von Problemen eines zu kommentierenden Textes – eine deduktive Theoriebildung nahegelegen hätte.[61] Die These, wonach gerade in solchen Distinktionen die Grundlegung für eine Systematisierung des Rechtsstoffes zu erblicken sei, hält VIEHWEG insofern für problematisch.[62]

---

insoweit allerdings auf *J. Stroux*, Römische Rechtswissenschaft und Rhetorik, 1949, der eine gemeinsame historische Entwicklung von Rhetorik und Recht anhand der rhetorischen Statuslehre darzulegen suche. Dabei gelange er zu dem Ergebnis, dass entgegen verbreiteter Auffassung die Stoa auf die juristische Methode keinen nennenswerten Einfluß gehabt habe.

[58] *Theodor Viehweg,* Topik und Jurisprudenz, Ein Beitrag zur rechtswissenschaftlichen Grundlagenforschung, 5. Aufl., München 1974, S. 67.

[59] Viehweg analysiert eine Ausgabe der *Bartoli commentaria in primam digesti novi partem* von 1555 unter Berücksichtigung der Bemerkungen eines späteren Bearbeiters, vgl. *Theodor Viehweg,* Topik und Jurisprudenz, Ein Beitrag zur rechtswissenschaftlichen Grundlagenforschung, 5. Aufl., München 1974, S. 71 ff.

[60] Klassische Variante des Thomas von Aquin: (1) utrum (...) (Problemfixierung), (2) videtur quod (...) (naheliegende Gesichtspunkte), (3) sed contra (...) (widersprechende Gesichtspunkte), (4) respondeo dicendum (...) (Lösung), (5) nochmals Einwände in freierer Form; dazu *Theodor Viehweg,* Topik und Jurisprudenz, Ein Beitrag zur rechtswissenschaftlichen Grundlagenforschung, 5. Aufl., München 1974, S. 70.

[61] *Theodor Viehweg,* Topik und Jurisprudenz, Ein Beitrag zur rechtswissenschaftlichen Grundlagenforschung, 5. Aufl., München 1974, S. 72.

[62] *Theodor Viehweg,* Topik und Jurisprudenz, Ein Beitrag zur rechtswissenschaftlichen Grundlagenforschung, 5. Aufl., München 1974, S. 65 f., 68 f., womit er sich ausdrücklich von *Paul Koschaker,* Europa und das römische Recht, München/Berlin 1947, S. 87, 90, distanziert.

Nach VIEHWEG kann demgemäß in der Bilanz festgehalten werden, dass die Jurisprudenz von jeher als topisches Verfahren betrieben wurde, d. h. nicht im Sinne einer exakten Methode, sondern als „Stil"[63].

d) Recht und Axiomatik: Zum Verhältnis von System- und Gerechtigkeitsbezug

Mit seiner kurzen historischen Studie will VIEHWEG nicht lediglich ein Durchgangsstadium der Jurisprudenz beschreiben, sondern vielmehr deren Struktur schlechthin charakterisieren. Er versteht seinen Ansatz als Beitrag nicht zur rechtsgeschichtlichen, sondern zur rechtswissenschaftlichen Grundlagenforschung, dessen Kernthese sich dahingehend formulieren lässt, dass die Jurisprudenz sich in ihrer Entwicklung weder in einer Weise verändert hat noch je wird verändern lassen, die die spezifische Leistungsfähigkeit der Topik darin entbehrlich machen könnte. Dieses Ergebnis sucht VIEHWEG analytisch zu bestätigen, indem er seine vorab erläuterte Konzeption der Topik mit der Struktur der Jurisprudenz vergleicht.

Dazu nimmt er noch einmal auf das von ihm geschilderte wechselspielerische Verhältnis zwischen inventivem Problemdenken und logisch zwingendem Systemdenken Bezug. Eine Ausschaltung der Topik aus der Jurisprudenz wäre danach nur durch eine deduktive Systematisierung des Rechtsstoffes zu erreichen, also durch eine durchgängige Ordnung der rechtlichen Aussagen und Begriffe nach ihrer logischen Abhängigkeit. Hierfür wären die Anforderungen zu beachten, die nach axiomatischer Methode an eine Systematisierung zu stellen sind.[64] Zunächst müssten Sätze bestimmt werden, die – ggf. nach entsprechender logischer Umformung – als Axiome verwendbar sind, d. h. Sätze, die selbst nicht aus dem System begründet werden können, auf die sich aber alle anderen Sätze des fraglichen Bereichs zurückführen las-

---

63 Vgl. dahingehend auch *Wilhelm Henke*, „Alte Jurisprudenz und neue Wissenschaft", in: JZ 1987, S. 685–691, S. 691: „So ist die Jurisprudenz zwar nicht ihrer äußeren Gestalt nach, aber in ihrem Kern und Wesen immer gleich geblieben".

64 *Theodor Viehweg*, Topik und Jurisprudenz, Ein Beitrag zur rechtswissenschaftlichen Grundlagenforschung, 5. Aufl., München 1974, S. 82 ff., unter Berufung auf *David Hilbert*, Grundlagen der Geometrie, 4. Aufl., Leipzig 1913; *David Hilbert*, *Wilhelm Ackermann*, Grundzüge der theoretischen Logik, 3. Aufl., Berlin u. a. 1949.

sen. Zu fordern ist insoweit Vollständigkeit, Verträglichkeit und Unabhängigkeit der Axiome. In entsprechender Weise wären die Begriffe zu ordnen, indem Grundbegriffe bestimmt und alle weiteren Begriffe in Kettendefinitionen aus diesen abgeleitet werden.[65] Weiter verlangt eine exakte Ableitbarkeit von Aussagen aus einem solchen System, dass man die Ungenauigkeiten der natürlichen Sprache durch eine strikte Formalisierung beseitigt. Die Relationen, die zwischen den Begriffen eines Systems bestehen, sind hierzu – unter Außerachtlassung der genuinen Wortbedeutung – mit Hilfe eines Kalküls eindeutig und hinreichend festzulegen.[66] Eine solche Formalisierung ginge allerdings, wie VIEHWEG hervorhebt, mit der Beseitigung der Sachhaltigkeit des jeweiligen Systems einher, so dass dem Kalkül die Herkunft aus einem bestimmten Fachgebiet am Ende nicht mehr anzusehen wäre. Um den Kalkül für einen (sachhaltigen) Anwendungsbereich nutzbar zu machen, müsste man ihn also anschließend mit einer Deutungsvorschrift versehen. Diese wiederum wäre logisch willkürlich.[67] Der Topik wäre im Rahmen eines solchen Verfahrens also nur noch bei der Auswahl der sachhaltigen Axiome und Grundbegriffe bzw. der Deutungsvorschrift Bedeutung zuzumessen. Nach dessen Abschluß aber bliebe für sie kein Raum mehr.

Bezogen auf die Ausgangsfrage nach der Struktur der Jurisprudenz stellt VIEHWEG insofern fest, dass der gesamte Bereich des positiven Rechts den geschilderten Anforderungen entsprechen müsste, um eine durchgängige logische Rechtsbegründung zu erreichen. Demgegenüber bilde das tatsächlich anzutreffende Rechtsgefüge jedoch ganz offenbar kein System im logischen Sinne, sondern bestenfalls eine Mehrheit kleiner Systeme, deren Reichweite

---

[65] Vgl. *Hasso Härlen*, „Über die Begründung eines Systems, zum Beispiel des Rechts", in: ARSP 39 (1951), S. 477–481, S. 477 ff.

[66] Kalkül meint hier eine Kombinatorik, mit der – ausgehend von einer Ausgangsstellung (Ausgangsformel) – nach festgesetzten und möglichst einfachen Operationsvorschriften weitere Stellungen (Formeln) ermittelt werden können. Den Axiomen (Ausgangsrelationen) entsprechen dabei die Ausgangsformeln, den Begriffen die Variablen in diesen Formeln, und dem Ziehen von Schlüssen entsprechen die kombinatorischen Operationsvorschriften. Die Darstellung erfolgt durch symbolische Zeichen; vgl. *Theodor Viehweg*, Topik und Jurisprudenz, Ein Beitrag zur rechtswissenschaftlichen Grundlagenforschung, 5. Aufl., München 1974, S. 85.

[67] Insofern leuchtet ein, dass Kalküle gewöhnlich ohne diesen Umweg, also von vornherein unabhängig von Sachbezügen entworfen werden. Die Frage, ob sich ein Kalkül in Verbindung mit einer Deutungsvorschrift für dieses oder jenes Sachgebiet als brauchbar erweisen kann, ist dabei zweitrangig.

und Verträglichkeit nicht feststünde.[68] Warum das so ist, lässt sich nach VIEHWEG anhand einiger spezifische Eigenschaften des Rechts erklären, die er als „Einbruchsstellen der Topik“ kennzeichnet. Insofern verweist er zunächst auf die Zeitlichkeit des Rechts, die eine fortwährende Veränderung und Anpassung bewirkt und erfordert.[69] Für diese Anpassung bliebe das Instrument der Interpretation selbst dann unverzichtbar, wenn im Übrigen die konstatierte Systempluralität und die daraus resultierende Möglichkeit von Kollisionen beseitigt werden könnten. Denn die interpretative Verarbeitung sich ändernder Rahmenbedingungen unter gleichzeitiger Wahrung der Konkordanz mit dem bisherigen Rechtsverständnis verweise auf die Topik. Entsprechend verhält es sich nach VIEHWEG mit der sogenannten Rechtsanwendung als einer zweiten Einbruchsstelle der Topik. Die Konfrontation eines Systems – das immer nur die Lösung einer bestimmten Menge von Fällen enthalte – mit neuartigen Konstellationen fordere dessen jeweilige Anpassung und Konkretisierung durch Interpretation. Ferner kommt nach VIEHWEG hinzu, dass im Bereich des Rechts auf den Gebrauch der natürlichen Sprache kaum verzichtet werden kann. Sie aber verschaffe der Topik Eingang, indem sie eine Fülle immer neuer Vorstellungs- und Verständigungshorizonte in sich aufnehme und transportiere. Eine vierte Einruchsstelle der Topik bildet laut VIEHWEG schließlich die Konstitution des Sachverhaltes, die als solche zwar zunächst außerhalb des Rechtssystems liegt, aber unausweichlich auf dieses zurückwirkt. Bei der wechselseitigen Annäherung von Norm und Sachverhalt, also der sprachlich-

---

68 Inzwischen ist lange unbestritten, dass sich Vollständigkeit und Widerspruchsfreiheit der Axiome im Recht nicht herstellen lassen. Dazu bereits *Karl Engisch,* „Sinn und Tragweite juristischer Systematik“, 1957, in: Beiträge zur Rechtstheorie, Frankfurt/Main 1984, S. 88–125, S. 88 ff.; *ders.,* Aufgaben einer Logik und Methodik des juristischen Denkens, 1959, ebd., S. 65–87, S. 65 ff.; auch *Claus-Wilhelm Canaris,* Systemdenken und Systembegriff in der Jurisprudenz: entwickelt am Beispiel des deutschen Privatrechts, 1. Aufl. Berlin 1969, 2. Aufl. Berlin 1983, S. 25 ff., 58 ff. der ausführt, dass selbst dann, wenn sich Normwidersprüche durch die Annahme von „Kollisionslücken“ vermeiden ließen, Wertungs- und Prinzipienwidersprüche bestehen blieben. Die Unmöglichkeit des Vollständigkeitspostulats ergebe sich daraus, dass die zur Vermeidung von Lücken erforderliche antizipierende Bewertung aller denkbaren Rechtskonstellationen unmöglich sei. Vgl. aber zur Unterstellung der Existenz eines weitgehend einheitlichen Rechtssystems im juristischen Denken *Otto Brusiin,* Über das juristische Denken, Kopenhagen/Helsingfors 1951, S. 100 ff.

69 *Theodor Viehweg,* Topik und Jurisprudenz, Ein Beitrag zur rechtswissenschaftlichen Grundlagenforschung, 5. Aufl., München 1974, S. 87 ff.

interpretativen Überbrückung der Kluft zwischen abstrakter Norm und konkretem Lebenssachverhalt, sei die Topik unentbehrlich.[70]

Die Schwierigkeiten, die diese Einruchsstellen der Topik sowie der tatsächlich anzutreffende Zustand des Rechts einer durchgängigen deduktiven Systematisierung entgegensetzen, stellen für sich genommen natürlich keinen hinreichenden Grund dar, eine solche nicht wenigstens anzustreben. Immerhin wären einige Schritte in diese Richtung denkbar, die VIEHWEG zufolge so aussehen müssten: „Eine strenge Axiomatisierung des gesamten Rechts verknüpft mit einem strikten Interpretationsverbot innerhalb des Systems, was am vollständigsten durch Kalkülisierung zu erreichen wäre; strenge und zwar lediglich am Rechtssystem (oder Rechtskalkül) orientierte Interpretationsvorschriften für den Sachverhalt; unbehinderte Zulässigkeit von Non-liquet-Entscheidungen; fortgesetztes Eingreifen eines systematisch (oder kalkulatorisch) exakt arbeitenden Gesetzgebers, um neu auftauchende, zunächst unlösbare Fälle schließlich lösbar zu machen, ohne die logische Perfektion des Systems (oder Kalküls) zu stören."[71]

Unabhängig von den offenkundigen praktischen Problemen, die ein solches Unterfangen mit sich brächte, wäre es nach VIEHWEG in jedem Fall zum Scheitern verurteilt. Zwar ließe sich unter den beschriebenen Voraussetzungen eine jeweilige Entscheidung annähernd eindeutig und zweifelsfrei begründen. Gleichwohl könnte diese Entscheidung aber nur solange mit Akzeptanz rechnen, wie die zugrunde liegenden Axiome und Theoreme, die ja ihrerseits logisch willkürlich bleiben, für gerecht und angemessen gehalten werden. Da diese Axiome und Theoreme – ggf. auch unbefriedigende – Ergebnisse deter-

---

[70] Diese Überbrückung erfolgt nicht durch bloße Entfaltung der Rechtsnorm und anschließende Deduktion. Vielmehr verbinden sich deduktive und induktive Elemente, indem Norm und Sachverhalt einander wechselseitig angenähert und konkretisiert werden. Das meint die mittlerweile sprichwörtlich gewordene Formel vom „Hin- und Herwandern des Blicks", s. *Karl Engisch,* Logische Studien zur Gesetzesanwendung, 1. Aufl. Heidelberg 1943, 3. Aufl., Heidelberg 1963, S. 15.

[71] *Theodor Viehweg,* Topik und Jurisprudenz, Ein Beitrag zur rechtswissenschaftlichen Grundlagenforschung, 5. Aufl., München 1974, S. 92. Zur elektronischen Automatisierung in Teilbereichen des Rechts *Ulrich Klug,* Juristische Logik, 4. Aufl., Berlin u. a. 1982, S. 174 ff.

minieren, müssten sie deshalb in der Lage sein, zugleich „auf das Gerechtigkeitsproblem (zu) antworten"[72].

Damit lenkt VIEHWEG den Blick wieder auf die Unterscheidung von Apodeiktik und Dialektik, bei der die Darstellung der Topik ihren Ausgang genommen hat: Eine durchgängige Systematisierung kann demzufolge nur dort sinnvoll angestrebt werden, wo sich zugleich gesicherte und sachhaltige Basissätze bestimmen lassen, mithin in dem Bereich, der eingangs als apodeiktisch gekennzeichnet wurde.[73] Eine Problematik dagegen, die sich nicht einmal annähernd restlos beseitigen lässt, verweist in den Bereich der Dialektik. Eben eine solche Problematik bildet nach VIEHWEG nun allerdings die Grundlage, die „Grundaporie", der Jurisprudenz: „Bei ihr handelt es sich nun einfach um die Frage, was denn hier und jetzt jeweils gerecht sei. Sie ist, wie man die Dinge auch wenden mag, in der Jurisprudenz nicht ausschaltbar. (...) Als Frage beherrscht und trägt sie die ganze Disziplin."[74] Während sich also manche Disziplinen als systematisierbar erweisen, weil sich dort gesicherte und sachhaltige Basissätze gewinnen lassen, ist im Bereich anderer Disziplinen, deren Grundproblem permanent bleibt, nur Problemerörterung möglich: „In dieser Lage befindet sich offenbar die Jurisprudenz."[75]

Damit liegt für VIEHWEG die innere Ursache für die Schwierigkeiten, auf die ernsthafte Systematisierungsversuche in der Jurisprudenz unweigerlich stoßen, auf der Hand. Ausgehend davon wird nach VIEHWEG auch offenkundig, warum eine Sichtweise, die sich am wissenschaftlichen Ideal deduktiv-systematischer Exaktheit orientiert und damit dessen Maßstäbe herbeiruft, für die Jurisprudenz „fast nur als Sichtbehinderung" wirken muss, die den Blick auf deren eigentliche Struktur versperrt.[76] Die fortlaufenden Bemühun-

---

[72] *Theodor Viehweg,* Topik und Jurisprudenz, Ein Beitrag zur rechtswissenschaftlichen Grundlagenforschung, 5. Aufl., München 1974, S. 92.

[73] *Theodor Viehweg,* Topik und Jurisprudenz, Ein Beitrag zur rechtswissenschaftlichen Grundlagenforschung, 5. Aufl., München 1974, S. 97.

[74] *Theodor Viehweg,* Topik und Jurisprudenz, Ein Beitrag zur rechtswissenschaftlichen Grundlagenforschung, 5. Aufl., München 1974, S. 96.

[75] *Theodor Viehweg,* Topik und Jurisprudenz, Ein Beitrag zur rechtswissenschaftlichen Grundlagenforschung, 5. Aufl., München 1974, S. 97.

[76] *Theodor Viehweg,* Topik und Jurisprudenz, Ein Beitrag zur rechtswissenschaftlichen Grundlagenforschung, 5. Aufl., München 1974, S. 91.

gen um systematische Ordnung und Folgerichtigkeit, die seit der Neuzeit in der Jurisprudenz anzutreffen sind, können demnach nicht darüber hinwegtäuschen, dass systematisches Denken allein zur Bewältigung der Gerechtigkeitsfrage nicht ausreicht. VIEHWEG hebt insoweit zugleich hervor, dass es zu einer Entwertung juristischer Entscheidungen führen würde, wenn man deren logischen Gehalt zum alleinigen Maßstab ihrer Bewertung erheben wollte. „Man bemerkt, daß zwar die Logik wie überall natürlich auch auf unserem Gebiete ganz unentbehrlich ist, überdies reichliche Erwähnung findet, aber im entscheidenden Augenblick immer wieder den zweiten Platz angewiesen erhält. Den ersten hat dann die *ars inveniendi*, so wie CICERO meinte, wenn er sagte, die Topik ginge der Logik voran."[77]

e) Zur Bedeutung der Grundaporie für Rechtswissenschaft und Jurisprudenz

In der Konsequenz setzt VIEHWEG einer Rechtswissenschaft, die den vorgefundenen Stil der Jurisprudenz zu negieren und einer exakten Methode anzunähern sucht, das Konzept einer Rechtswissenschaft entgegen, die die problemorientierte juristische Denkweise selbst zu ihrem Gegenstand macht. Eine solche Rechtswissenschaft „versucht nicht, die juristische Techne in ihrem Wesen zu verändern. Sie versteht diese infolgedessen als eine Erscheinungsform jenes unablässigen Suchens nach dem jeweilig Gerechten, aus dem das positive Recht erst entspringt, und das sich anhand des positiven Rechts fortsetzt. Dieses Suchen mit all seinen menschlichen Eigenarten ist ihr großer Forschungsgegenstand. (...) Da sie in ihren Untersuchungen über die Systematisierungsversuche hinaus- und zurückgreifen muß, wird sie auch wieder die Topik in den Blick bekommen. Geht man hingegen von der Vorstellung eines angeblich implizit vorhandenen deduktiven Rechtssystems aus, ist das schwer möglich."[78]

[77] *Theodor Viehweg*, Topik und Jurisprudenz, Ein Beitrag zur rechtswissenschaftlichen Grundlagenforschung, 5. Aufl., München 1974, S. 91.

[78] Vgl. *Theodor Viehweg*, Topik und Jurisprudenz, Ein Beitrag zur rechtswissenschaftlichen Grundlagenforschung, 5. Aufl., München 1974, S. 93 f., vgl. auch schon S. 14, 81.

Grundzüge einer so verstandenen Rechtswissenschaft sucht VIEHWEG wenigstens für den Bereich der Zivilistik selbst zu skizzieren. Stellt nämlich die Topik die Techne des Problemdenkens dar, und bildet die Jurisprudenz eine Techne, die der aporetischen Frage nach Gerechtigkeit dient, dann muss – so VIEHWEGS Überlegung – die Jurisprudenz eine Struktur aufweisen, die in den wesentlichen Punkten der Topik entspricht. An der Topik müsse sich demnach ablesen lassen, welche Struktur der Jurisprudenz zukommt. Dahingehend stellt VIEHWEG drei strukturelle Erfordernisse auf[79]:

(1) Die Gesamtstruktur der Jurisprudenz kann nur vom Problem her bestimmt werden.

(2) Die Bestandteile der Jurisprudenz, ihre Begriffe und Sätze, müssen in spezifischer Weise an das Problem gebunden bleiben und können daher nur vom Problem her verstanden werden.

(3) Die Begriffe und Sätze der Jurisprudenz können deshalb auch nur in eine Implikation gebracht werden, die an das Problem gebunden bleibt. Eine andersartige ist zu meiden.

Die erste Forderung nimmt die These von der aporetischen Grundstruktur der Jurisprudenz auf.[80] Sie basiert auf der Annahme, dass Grundlage der Jurisprudenz die Gerechtigkeitsfrage bilde, und dass jedwede Rechtsordnung zumindest den Anspruch erheben müsse, gerecht zu sein. Entsprechend lasse sich die Gesetzgebung etwa im Bereich des Zivilrechts als Antwort auf die Frage nach einer gerechten Ordnung eines bestimmten Ausschnitts der gesellschaftlichen Wirklichkeit begreifen. Die dort anzutreffenden Bedürfnissen und Bedingungen bildeten dann einzelne Problemkreise, um die herum sich Antwortversuche gruppierten.[81] Die Abgrenzung der Problemkreise wie die Gestalt der einzelnen Antworten würden dabei bedingt durch die Vorentschei-

---

[79] *Theodor Viehweg,* Topik und Jurisprudenz, Ein Beitrag zur rechtswissenschaftlichen Grundlagenforschung, 5. Aufl., München 1974, S. 97.

[80] *Theodor Viehweg,* Topik und Jurisprudenz, Ein Beitrag zur rechtswissenschaftlichen Grundlagenforschung, 5. Aufl., München 1974, S. 98 ff., knüpft hier an die Konzeption von *Fritz von Hippel,* Zur Gesetzmäßigkeit juristischer Systembildung, Berlin 1930, an.

[81] *Theodor Viehweg,* Topik und Jurisprudenz, Ein Beitrag zur rechtswissenschaftlichen Grundlagenforschung, 5. Aufl., München 1974, S. 98.

dungen, mit denen grundsätzlich zur Gerechtigkeitsfrage Stellung genommen wird, etwa der Entscheidung für Privatautonomie. Die Bestandteile des positiven Rechts seien demnach als Bestandteile des Rechtssuchens zu verstehen, die von der Grundaporie her – der Gerechtigkeitsfrage – gegliedert und zusammengehalten werden.[82] Diese aber bleibe historische Aufgabe. Im Wandel der gesellschaftlichen Wirklichkeit entfalteten Rechtsregeln ihre Wirksamkeit, indem man sie jeweils befragen und darin Antwort finden könne. Versuche man aber, sie losgelöst von der Ausgangsfrage zu fixieren, erhalte man lediglich ein praxisfernes Konstrukt. Als bleibendes, einheitsstiftendes und strukturierendes Moment der Jurisprudenz kommt nach VIEHWEG daher nur die Gerechtigkeitsfrage in Betracht.

Diese bestimme auch den Gebrauch der juristischen Sätze und Begriffe, deren Rückbindung an das Problem VIEHWEG in seiner zweiten These fordert. Führten Deduktionen und Definitionen zu unannehmbaren Ergebnissen, würden in spezifischer Weise zusätzliche Prämissen herangezogen, die es erlauben – etwa unter den Gesichtspunkten des „Vertrauensschutzes" oder der „Unzumutbarkeit"– das Problem einer als gerecht erachteten Lösung zuzuführen. Gerade diese Fähigkeit, im Rahmen eines bestimmten Rechtsverständnisses zu richtigen Wertungen zu gelangen, kennzeichne die juristische Professionalität und mache die Ausrichtung auf die Grundaporie plastisch.

Entsprechendes gilt schließlich für VIEHWEGS dritten Punkt, wonach die juristischen Begriffe und Sätze nur in eine Implikation gebracht werden können, die an das Problem gebunden bleibt.[83] Denn es sei nicht möglich, die Anwendung und Reichweite einzelner Rechtssätze nach Maßgabe allgemeiner Grundsätze trennscharf zu bestimmen. Diese enthielten regelmäßig einander entgegenlaufende Ausformungen des Gerechtigkeitsgedanken, welche sich einer verbindlichen Rangfolge entzögen. Zur Strukturierung eines Problemgebiets eigne sich folglich weniger die Suche nach möglichst umfassenden

---

[82] *Theodor Viehweg,* Topik und Jurisprudenz, Ein Beitrag zur rechtswissenschaftlichen Grundlagenforschung, 5. Aufl., München 1974, S. 100.

[83] Dazu *Theodor Viehweg,* Topik und Jurisprudenz, Ein Beitrag zur rechtswissenschaftlichen Grundlagenforschung, 5. Aufl., München 1974, S. 105 ff. Als Bestätigung dessen für den Bereich der Zivilistik sieht Viehweg auch die Überlegungen von *Walter Wilburg,* Entwicklung eines beweglichen Systems im bürgerlichen Recht, Graz 1950.

Grundsätzen, die absolute Geltung beanspruchen, als vielmehr die Eingrenzung maßgeblicher Gesichtpunkte, die im beweglichen Zusammenspiel einzeln oder kombiniert die Lösung im Einzelfall ergäben.

Als Aufgabe der Rechtswissenschaft ergibt sich nach VIEHWEG also, die ursprüngliche und angemessene Struktur der Jurisprudenz anzuerkennen, diese näher zu untersuchen und für die Fortentwicklung der Dogmatik fruchtbar zu machen, etwa durch die Differenzierung der anzutreffenden rechtlichen Topoikataloge. „Das würde eine Fortentwicklung der Jurisprudenz in derjenigen Gestalt bedeuten, die sie von Haus aus schon immer besaß.“[84]

2. Vorgaben und Verlauf der bisherigen Topik-Diskussion

a) Topik als Anerkennung der Rechtspraxis oder Auflösung der Jurisprudenz

VIEHWEGS Überlegungen haben innerhalb der Topik-Debatte teils lebhafte Aufnahme[85] gefunden, teils differenzierende Stellungnahmen[86], aber auch ent-

---

84 *Theodor Viehweg,* Topik und Jurisprudenz, Ein Beitrag zur rechtswissenschaftlichen Grundlagenforschung, 5. Aufl., München 1974, S. 110.

85 In notwendig unvollständiger Auswahl: *Adolf Arndt,* „Gesetzesrecht und Richterrecht“, in: NJW 1963, 1273–1284, S. 1277; *Richard Bäumlin,* Staat, Recht und Geschichte. Eine Studie zum Wesen des geschichtlichen Rechts, entwickelt an den Grundproblemen von Verfassung und Verwaltung, Zürich 1961, S. 26 ff.; *Helmut Coing,* „Über einen Beitrag zur rechtswissenschaftlichen Grundlagenforschung“, in: ARSP 41 (1954/55), S. 436–444, S. 436 ff.; *ders.,* „Die juristischen Auslegungsmethoden und die Lehren der allgemeinen Hermeneutik“, 1959, in: Gesammelte Aufsätze zu Rechtsgeschichte, Rechtsphilosophie und Zivilrecht, 1947–1975, Frankfurt/Main 1983, S. 208–229, insbes. S. 227; *Horst Ehmke,* „Prinzipien der Verfassungsdiskussion“, in: VVDStRL 20, Berlin 1963, S. 53–98, S. 53 ff.; *Per Olof Ekelöf,* Topik und Jura, FS Segerstedt, Uppsala 1968, S. 207; *Josef Esser,* Grundsatz und Norm in der richterlichen Fortbildung des Privatrechts, 5. Aufl., Tübingen 1990, S. 44 ff., 218 ff.; *Heinrich Henkel,* Einführung in die Rechtsphilosophie. Grundlagen des Rechts, München/Berlin 1964, S. 418 ff.; *Norbert Horn,* „Zur Bedeutung der Topiklehre Theodor Viehwegs für eine einheitliche Theorie des juristischen Denkens“, in: NJW 1967, S. 601–608, S. 601 ff.; *Wilhelm Oswald,* „Topisches und systematisches Denken in der Jurisprudenz“, in: FS Schönenberger, Freiburg (Schweiz) 1968, S. 3 ff.; *Joachim Schmidt-Salzer,* „Zur Technik der topischen Rechtsbildung: Angenommene Lizenzgebühr und Verletzergewinn als Grundlage der Schadensberechnung“, in: JR 1969, S. 81–90, S. 81 ff.; *Egon Schneider,* „Rezension zu Viehweg ‚Topik und Jurisprudenz‘“, in: MDR 1963, S. 653–654, S. 653; *Peter Schneider,* „Prinzipien der Verfassungsdiskussion“, in: VVDStRL 20, Berlin 1963, S. 1–52, S. 34 ff.; *Günter Spendel,* „Rezension zu Viehweg ‚Topik und Jurisprudenz‘“, in: NJW 1955, S. 1351; *Gerhard Struck,* Topische Jurisprudenz. Argument und Gemeinplatz in der juristischen Arbeit, Frankfurt/Main 1971; *Thomas Würtenberger,* „Der Beitrag der Topik zur Rechtsfindung“, in: MDR 1969, S. 626–631, S. 626 ff. Nach 1970 ferner *Arno Bokeloh,* Der Beitrag der Topik zur Rechtsgewinnung, Göttingen 1973; *Klaus Rehbock,* Topik *(→)*

schiedene Ablehnung und Kritik.[87] Vergröbernd lassen sich insoweit drei schwerpunktmäßig umstrittene Themenbereiche unterscheiden. Zunächst und vor allem handelt es sich um die Frage, ob das juristische Denken – VIEHWEG folgend – tatsächlich als „topisch" zu charakterisieren oder eben doch als „systematisch" zu kennzeichnen sei. Grundlegend für den zweiten Themenbereich ist die Frage, ob eine „topische Jurisprudenz" überhaupt mit dem Gesetzesbindungspostulat und dem Prinzip der Gewaltenteilung zu vereinbaren wäre. Vor allem gegen Ende der Debatte wird damit schließlich die weitere Frage

---

und Recht. Eine Standortanalyse unter besonderer Berücksichtigung der aristotelischen Topik, München 1988; *Hans-Martin Pawlowski,* Methodenlehre für Juristen, 3. Aufl., Heidelberg 1999, Rn. 143 ff., 225 f.

86 *Jürgen Blühdorn,* „Zum ‚Problemdenken' und seiner Funktion in der Rechtsfindungslehre", in: JbRSoz, Bd. II, Düsseldorf 1972, S. 447–465, S. 447 ff.; *Winfried Hassemer,* „Juristische Argumentationstheorie und juristische Didaktik", in: JbRSoz, Bd. II, Düsseldorf 1972, S. 467–480, S. 467 ff.; *Ernst A. Kramer,* „Topik und Rechtsvergleichung", in: RabelsZ 33 (1969), 1–16, S. 1 ff.; *Martin Kriele,* Theorie der Rechtsgewinnung, entwickelt am Problem der Verfassungsinterpretation, 2. Aufl., Berlin 1976, S. 114 ff.; *Gerhard Otte,* „Zwanzig Jahre Topik-Diskussion: Ertrag und Aufgaben", in: Rechtstheorie 1 (1970), S. 183–197; *Ludwig Raiser,* „Rechtswissenschaft und Rechtspraxis", in: NJW 1964, S. 1201–1208; *Reinhold Zippelius,* „Problemjurisprudenz und Topik", in: NJW 1967, S. 2229–2234, S. 2229 ff.; noch zustimmend *Franz Wieacker,* „Gesetzesrecht und richterliche Kunstregel. Zu Essers Buch ‚Grundsatz und Norm'", in: JZ 1957, S. 701–706, S. 701; *ders.,* Gesetz und Richterkunst. Zum Problem der außergesetzlichen Rechtsordnung, Karlsruhe 1958; *ders.,* „Rezension zu Canaris, ‚Systemdenken und Systembegriff in der Jurisprudenz", in: Rechtstheorie 1 (1970), S. 107–119, S. 107 ff.; zurückhaltender aber *ders.,* Privatrechtsgeschichte der Neuzeit, unter besonderer Berücksichtigung der deutschen Entwicklung, 2. Aufl., Göttingen 1967, S. 596 f.; *ders.,* „Zur praktischen Leistung der Rechtsdogmatik", in: *Rüdiger Bubner, Hans-Georg Gadamer (Hrsg.),* Hermeneutik und Dialektik, FS Gadamer, Bd. II, Tübingen 1970, S. 311–336, S. 326; kritisch dann *ders.,* „Zur Topikdiskussion in der zeitgenössischen deutschen Rechtswissenschaft", in: *Ernst von Caemmerer, P. J. Zepos (Hrsg.),* XENION, FS P. J. Zepos, Bd. I, Athen u. a. 1973, S. 391–415.

87 *Jürgen Blühdorn,* „Kritische Bemerkungen zu Theodor Viehwegs Schrift: Topik und Jurisprudenz", in: Tijdschrift voor Rechtsgeschiedenis 1970, S. 269–314; *Ernst-Wolfgang Böckenförde,* „Rezension zu Viehweg, ‚Topik und Jurisprudenz'", in: Der Staat 3 (1964), S. 517; *Claus-Wilhelm Canaris,* Systemdenken und Systembegriff in der Jurisprudenz: entwickelt am Beispiel des deutschen Privatrechts, 2. Aufl. Berlin 1983, S. 135 ff.; *Uwe Diederichsen,* „Topisches und systematisches Denken in der Jurisprudenz", in: NJW 1966, S. 697–705, S. 697 ff.; *Karl Engisch,* „Rezension zu Coing, ‚Die juristischen Auslegungsmethoden und die Lehren der Hermeneutik'", in: ZStW 1963, S. 632–635, S. 634; *Werner Flume,* „Richter und Recht. Schlussvortrag", in: Verhandlungen des 46. Deutschen Juristentages, Bd. II, München/Berlin 1967, Teil K, S. 1–35, S. 29 ff.; *Karl Larenz,* Methodenlehre der Rechtswissenschaft, Berlin u. a. 1960, S. 133 ff.; *ders.,* „Richterliche Rechtsfortbildung als methodisches Problem", in: NJW 1965, S. 1–10, S. 1; *Friedrich Müller,* Normstruktur und Normativität. Zum Verhältnis von Recht und Wirklichkeit in der juristischen Hermeneutik, entwickelt an Fragen der Verfassungsinterpretation, Berlin 1966, S. 47 ff.; *Karl Nipperdey,* in: *ders., Ludwig Enneccerus,* Allgemeiner Teil des Bürgerlichen Rechts, 15. Aufl., Tübingen 1959, § 23 II, S. 124 f.; *Otto Pöggeler,* „Dialektik und Topik", in: *Rüdiger Bubner, Hans-Georg Gadamer (Hrsg.),* Hermeneutik und Dialektik, FS Gadamer, Bd. II, Tübingen 1970, S. 273–310, S. 294 f.; *Gerhard Wesenberg,* „Rezension zu Viehweg, ‚Topik und Jurisprudenz'", in: JZ 1955, S. 462. Nach 1970 etwa *Bernd H. Oppermann,* Die Rezeption des Nordamerikanischen Rechtsrealismus durch die Deutsche Topikdiskussion, Frankfurt/Main 1985; *Hermann Klenner,* „Zur Juristentopik der Moderne", in: Neue Justiz 7 (1992), S. 284–288, S. 284 ff.; *Klaus F. Röhl,* Allgemeine Rechtslehre, Köln u. a. 1994, S. 445 f.

verknüpft, ob und inwieweit die Topik geeignet ist, einen gesellschaftlichen Konsens zu fördern, der wiederum eine Legitimation „topisch" gewonnener rechtlicher Entscheidungen herbeiführen könnte. Damit eröffnet sich ein Problemfeld von beträchtlicher Weite.

Hinsichtlich der erstgenannten Frage bereitet zunächst die Klärung des Topik-Begriffs erhebliche Schwierigkeiten. Kritisiert wird etwa, dass VIEHWEG von einem unzutreffenden Verständnis der antiken Topik ausgehe, die tatsächlich mit den Problemen der juristischen Methodik wenig oder gar nichts zu tun habe und entsprechend auch zu deren Lösung nichts beitragen könne.[88] Zudem findet der Begriff der Topik auch unter juristischen Autoren keine einheitliche Verwendung.[89] Angesichts des Umstands, dass es sich bei der Topik unstreitig um ein ungenaues Verfahren handelt, erscheint das Fehlen einer genauen Definition dabei wenig überraschend. Gleichzeitig hat die Debatte aber auch etliche Unklarheiten im Hinblick auf Begriff und Anspruch des juristischen Systems offenbart.[90] Diese Unklarheiten hängen mit dem zweiten genannten Themenbereich zusammen. So führen diejenigen Autoren, die die Systemgebundenheit der Jurisprudenz betonen, gegenüber VIEHWEG vor allem ins Feld, dass ein topisches Verfahren der Rechtsgewinnung den Verbindlichkeitsanspruch des geltenden positiven Rechts verletzte. Damit verbunden wird die Befürchtung einer Billigkeitsrechtssprechung, die zugunsten der Einzelfallgerechtigkeit die Rechtssicherheit vernachlässige, oder sogar eines Einzuges richterlicher Willkür.[91] Solchen Einwänden halten die Befür-

---

[88] Dazu etwa *Jürgen Blühdorn*, „Kritische Bemerkungen zu Theodor Viehwegs Schrift: Topik und Jurisprudenz", in: Tijdschrift voor Rechtsgeschiedenis 1970, S. 269–314, S. 278 ff.; ferner *Franz Horak*, Rationes Decidendi. Entscheidungsbegründungen bei den älteren römischen Juristen bis Labeo, Bd. I, Innsbruck 1969, S. 48 ff.

[89] *Martin Kriele*, Theorie der Rechtsgewinnung, entwickelt am Problem der Verfassungsinterpretation, 2. Aufl., Berlin 1976, S. 117 f., stellt Formulierungen von Viehweg, P. Schneider, Coing und Esser zusammen und kommentiert: „Der Begriff der Topik hat geschichtlich zu viele Wandlungen erlebt und in zu verschiedenen polemischen Auseinandersetzungen als Kampfbegriff dienen müssen, als dass ein präziser und einheitlicher Sinn erwartet werden könnte."

[90] Bezeichnend für die Bemühungen um eine eigene Standortbestimmung der Gegner Viehwegs vor allem *Claus-Wilhelm Canaris*, Systemdenken und Systembegriff in der Jurisprudenz: entwickelt am Beispiel des deutschen Privatrechts, 2. Aufl. Berlin 1983.

[91] *Claus-Wilhelm Canaris*, Systemdenken und Systembegriff in der Jurisprudenz: entwickelt am Beispiel des deutschen Privatrechts, 2. Aufl. Berlin 1983, S. 142 ff.; *Uwe Diederichsen*, „Topisches und systematisches Denken in der Jurisprudenz", in: NJW 1966, S. 697–705, S. 702; *Werner Flume*, „Richter und Recht. Schlussvortrag", in: Verhandlungen des 46. Deutschen Juristentages, Bd. II, München/Berlin 1967, Teil K, S. (→)

worter des Ansatzes VIEHWEGS vielfach entgegen, dass die Lückenhaftigkeit des positiven Rechts für einen Rückgriff auf die Topik Raum lasse oder einen solchen sogar gebiete. Ferner wird in diesem Zusammenhang regelmäßig auf das Phänomen der richterlichen Rechtsfortbildung verwiesen.[92] Bei den Aspekten der Lückenfüllung und der richterlichen Rechtsfortbildung handelt es sich freilich um altbekannte Probleme[93], die auch von den Vertretern des „Systemgedankens“ nicht von der Hand gewiesen werden. Es sind damit zugleich die großen Fragen nach Begriff, Geltung und Erkenntnis des Rechts angesprochen, auf die auch der dritte oben genannte Gesichtspunkt hinführt, also die Frage nach der Notwendigkeit bzw. Möglichkeit einer außergesetzlichen Entscheidungslegitimation, namentlich im Hinblick auf einen herbeizuführenden Konsens.

Insgesamt berühren VIEHWEGS Überlegungen damit nicht nur schwierige Fragen, sondern auch wunde Punkte.[94] Vor diesem Hintergrund vermag es nicht zu erstaunen, dass die Topik-Debatte auch durch Missverständnisse, Polemik und nicht zuletzt eine gewisse Plakativität[95] geprägt ist: Einerseits

---

1–35, S. 29 ff., S. 34; *Friedrich Müller,* Normstruktur und Normativität. Zum Verhältnis von Recht und Wirklichkeit in der juristischen Hermeneutik, entwickelt an Fragen der Verfassungsinterpretation, Berlin 1966, S. 59: „Die Norm wird (...) für die Topik zum Topos unter anderen.“

92 *Josef Esser,* Grundsatz und Norm in der richterlichen Fortbildung des Privatrechts, 5. Aufl., Tübingen 1990, passim; *Thomas Würtenberger,* „Der Beitrag der Topik zur Rechtsfindung“, in: MDR 1969, S. 626–631, S. 628 f. S. auch *Franz Wieacker,* „Zur Topikdiskussion in der zeitgenössischen deutschen Rechtswissenschaft“, in: *Ernst von Caemmerer, P. J. Zepos (Hrsg.),* XENION, FS für P. J. Zepos, Bd. I, Athen u. a. 1973, S. 391–415, S. 396 f.: „Mit dem Altern der kontinentalen Kodifikationen, der Veränderung der sozialen und ökonomischen Daten, mit dem Wertewandel der Gesellschaft und der Entwicklung vom bürgerlichen Rechtsstaat zum Sozialstaat hat sich der Bereich der außergesetzlichen Rechtsanwendung, des Richterrechts und damit das Bedürfnis nach einer Theorie der außergesetzlichen Rechtsgewinnung ständig ausgeweitet.“

93 Dazu etwa *Karl Larenz,* „Richterliche Rechtsfortbildung als methodisches Problem“, in: NJW 1965, S. 1–10, S. 1 ff.; *ders.,* Methodenlehre der Rechtswissenschaft, 6. Aufl., Berlin u. a. 1991, S. 366 ff.

94 Zutreffend insoweit *W. Cole Durham,* Vorwort zu *Theodor Viehweg,* Topics and Law, Frankfurt/Main u. a. 1993, xx, indem er feststellt: “To appreciate the level of controversy Viehweg's book generated, it is important to understand that it constituted a challenge not only to the systematizing impulses of the civilian tradition, but at a deeper level, to the ontological beliefs and scientism that German legal philosophy had inherited from the 19th Century. (...) The German legal tradition, perhaps more than any other legal culture, has attached deep significance and legitimating power to the systematic structure of law. Particularly in the aftermath of the Nazi debacle, this scientism was closely linked to concerns about legitimacy and the rule of law. (...) Within this context, an approach that questioned and suggested limits to the role of systematization in law was extremely threatening.”

95 S. auch *Spiros Simitis,* „Die Bedeutung von System und Dogmatik – dargestellt an rechtsgeschäftlichen Problemen des Massenverkehrs“, in: AcP 172 (1972), S. 131–154, S. 131.

wird beansprucht, dass nur ein „topisches“ Rechtsverständnis eine ungeschminkte Perspektive auf die Arbeitsweise der Rechtspraxis ermögliche, diese von dem Rechtfertigungsdruck angesichts unerfüllbarer normativer Vorgaben der überkommenen Methodenlehre entlaste und einhergehend damit einen Weg zu sachgerechteren Entscheidungen ebne. Auf der anderen Seite wird geargwöhnt, die Topik diene der Praxis zur Rechtfertigung unsauberen Arbeitens und führe zur Preisgabe rechtsstaatlicher Errungenschaften, weshalb nur ein „systematisches“ Rechtsverständnis den Anspruch einer rational kontrollierbaren Methodik erfülle.

b) Zur Forderung eines spezifisch juristischen Systembegriffs

Gängigerweise werden entsprechende Polarisierungstendenzen allerdings vor allem einer ersten Rezeptionsphase der Topik in den Fünfziger und frühen Sechziger Jahren zugeschrieben. Davon unterschieden wird eine zweite Rezeptionsphase in den späten Sechziger und frühen Siebziger Jahren, die zugleich das Ende der Topik-Debatte einleitete. Namentlich im Hinblick auf den Kristallisationspunkt der Auseinandersetzungen um VIEHWEG, die Gegenüberstellung von „topischem“ und „systematischem“ Denken oder auch von „Problem“ und „System“, wird diese zweite Rezeptionsphase dahingehend gekennzeichnet, dass sie sich durch eine Versachlichung und differenziertere Argumentation auszeichne.[96] Insofern wird vor allem darauf hingewiesen, dass man in der zweiten Phase aufgehört habe, „Topik“ und „Systematik“ als strikte Gegensätze zu betrachten, und zu der Einsicht gelangt sei, dass zwischen beiden Denkweisen Verbindungen bestehen und sie sich wechselseitig ergänzen können. Die „Topik-These“ VIEHWEGS weist demnach einen grundsätzlich richtigen Kern auf, doch sei VIEHWEGS Entgegensetzung der verschiedenen Denkweisen zu radikal oder zumindest missverständlich. Ein ausschließlich topisches, den systematischen Anteil missachtendes Verständnis der Jurisprudenz werde der Disziplin jedenfalls nicht gerecht.

---

96 Vgl. *Bernd H. Oppermann,* Die Rezeption des Nordamerikanischen Rechtsrealismus durch die Deutsche Topikdiskussion, Frankfurt/Main 1985, S. 19, 21 f.; *Klaus Rehbock,* Topik und Recht. Eine Standortanalyse unter besonderer Berücksichtigung der aristotelischen Topik, München 1988, S. 12 f.

In der Tat ist es zutreffend, dass zunehmend mehr Autoren eine dahingehende Auffassung geäußert und die Neigung der Diskussion zu antithetischen Positionen kritisiert haben.[97] Hervorzuheben ist insoweit insbesondere KRIELES ausführliche Auseinandersetzung mit VIEHWEG, die zur Forderung nach einem spezifisch juristischen Systembegriff führt.[98] Seine grundsätzliche Wertschätzung VIEHWEGS verbindet KRIELE mit einer ausführlichen Kritik des von ihm als zu eng und einseitig betrachteten „deduktiven" Systembegriffs VIEHWEGS, dem er sodann ein eigenes Konzept des „offenen Systems" entgegensetzt. Die damit zunächst nur vorläufig skizzierte Deutung des VIEHWEGschen Systembegriffs durch KRIELE soll hier als „Verkürzungsthese" bezeichnet werden. KRIELE kritisiert aber in begrifflicher Hinsicht nicht nur die angebliche Verengung des Systemverständnisses bei VIEHWEG, sondern auch dessen Charakterisierung des „topischen" Denkens als „problemorientiertes" Denken. Insbesondere wendet sich KRIELE insoweit gegen die Bezugnahme VIEHWEGS auf HARTMANN, welcher das „Problemdenken" dem Bereich aporetischer Fragen zuordnet. KRIELES daran anknüpfender Vorwurf einer unzutreffenden Identifizierung von (aristotelischer) Topik und (HARTMANNscher) Aporetik wird vorliegend als „Gleichsetzungsthese" bezeichnet. Die dahingehende Deutung der VIEHWEGschen Unterscheidung zwischen „topischem Denken" bzw. „Problemdenken" einerseits und „Systemdenken" andererseits im Sinne von Verkürzungs- und Gleichsetzungsthese durch KRIELE kann als weit über die eigentliche Topik-Diskussion hinausgehend meinungsbildend und repräsentativ angesehen werden.[99]

---

[97] S. nur *Ludwig Raiser,* „Rechtswissenschaft und Rechtspraxis", in: NJW 1964, S. 1201–1208, S. 1203; *Uwe Diederichsen,* „Topisches und systematisches Denken in der Jurisprudenz", in: NJW 1966, S. 697–705, S. 700 ff., 705; *Ernst A. Kramer,* „Topik und Rechtsvergleichung", in: RabelsZ 33 (1969), 1–16, S. 3; *Reinhold Zippelius,* „Problemjurisprudenz und Topik", in: NJW 1967, S. 2229–2234, S. 2233; *Franz Wieacker,* „Zur praktischen Leistung der Rechtsdogmatik", in: *Rüdiger Bubner, Hans-Georg Gadamer, (Hrsg.),* Hermeneutik und Dialektik, FS Gadamer, Bd. II, Tübingen 1970, S. 311–336, S. 323 ff, 334; *Claus-Wilhelm Canaris,* Systemdenken und Systembegriff in der Jurisprudenz: entwickelt am Beispiel des deutschen Privatrechts, 2. Aufl. Berlin 1983, S. 151 ff.

[98] *Martin Kriele,* Theorie der Rechtsgewinnung, entwickelt am Problem der Verfassungsinterpretation, 2. Aufl., Berlin 1976, S. 114 ff. Eine entsprechende Forderung erhebt *Claus-Wilhelm Canaris,* Systemdenken und Systembegriff in der Jurisprudenz: entwickelt am Beispiel des deutschen Privatrechts, 2. Aufl. Berlin 1983, insbes. S. 155 ff.; ferner auch schon *Uwe Diederichsen,* „Topisches und systematisches Denken in der Jurisprudenz", in: NJW 1966, S. 697–705, S. 699.

[99] In Orientierung an Kriele – bei manch anderen Unterschieden – insoweit etwa *Claus-Wilhelm Canaris,* Systemdenken und Systembegriff in der Jurisprudenz: entwickelt am Beispiel des deutschen Privatrechts, 2. *(→)*

Von den Feststellungen zum Inhalt und Verlauf der Topikdebatte ist allerdings die Frage zu trennen, worum es VIEHWEG selbst in „Topik und Jurisprudenz" eigentlich geht. Denn wie im Verlauf dieser Untersuchung noch ausführlich darzulegen sein wird, stellen sich Verkürzungsthese wie Gleichsetzungsthese ebenso als Ausdruck wie Ursache von Fehlinterpretationen dar. Sie haben eher zur Verdunkelung als zur Erhellung der Überlegungen VIEHWEGS beitragen.

c) Das unbefriedigende Ende der Debatte

Soweit also die Aufhebung der von VIEHWEG getroffenen Unterscheidung zwischen topisch verfahrendem Problemdenken und Systemdenken im Begriff des „offenen Systems" – in der Ausprägung, die er bei KRIELE oder etwa bei CANARIS gefunden hat – als Ergebnis der Debatte und Erledigung des VIEHWEGschen Ansatzes betrachtet wird, vermag das nicht zu befriedigen. Dies schon deshalb nicht, weil VIEHWEG beide Denkweisen tatsächlich nie in eine strikte Entgegensetzung gebracht hat.[100] Eine Aufklärung der Missverständnisse, die hinsichtlich dieser Unterscheidung aufgetreten sind und sich teilweise bis heute fortgesetzt haben, bildet die Voraussetzung für eine angemessene Beurteilung sowohl der aktuellen Relevanz der Thesen VIEHWEGS als auch der gegen ihn erhobenen Vorwürfe. Es ist daher notwendig, den Diskussionsstand der bisherigen Literatur und den Verlauf der Topik-Debatte – jedenfalls teilweise – neu zu hinterfragen. Vor allem eine unpräzise und uneinheitliche Terminologie haben der bisherigen Auseinandersetzung eine wenig konstruktive Richtung gegeben. Inhaltliche und terminologische Kritik sind dadurch ineinandergeflossen und daher auch im Folgenden nur einer gemeinsamen Behandlung zugänglich. Als Ursache für die anzutreffende Begriffsverwirrung darf allerdings zweifellos auch der Umstand angesehen wer-

---

Aufl. Berlin 1983, S. 136 ff.; *Arno Bokeloh,* Der Beitrag der Topik zur Rechtsgewinnung, Göttingen 1973, S. 6 f.; fast wortgleich *Klaus Rehbock,* Topik und Recht. Eine Standortanalyse unter besonderer Berücksichtigung der aristotelischen Topik, München 1988, S. 18 f.

100 Worauf rechtsrhetorisch ausgerichtete Autoren mehrfach (weitgehend vergeblich) hingewiesen haben, s. *Norbert Horn,* „Zur Bedeutung der Topiklehre Theodor Viehwegs für eine einheitliche Theorie des juristischen Denkens", in: NJW 1967, S. 601–608, S. 605; *Ottmar Ballweg,* „Phronetik, Semiotik und Rhetorik", in: *ders., Thomas-Michael Seibert (Hrsg.),* Rhetorische Rechtstheorie, FS für Theodor Viehweg, Freiburg/München 1982, S. 27–71, S. 45, spricht von einem „Lektüremißverständnis".

den, dass VIEHWEG seinerseits auf eine explizite Definition der von ihm verwendeten Termini verzichtet, obwohl diese in anderen Kontexten in sehr unterschiedlicher Weise gebraucht werden und VIEHWEG bei ihrer Verwendung auf Konzeptionen sehr unterschiedlicher Autoren Bezug nimmt. Wie zu zeigen sein wird, ermöglicht eine unvoreingenommene Lektüre von „Topik und Jurisprudenz“ dennoch eine konsistente Deutung.

Entscheidend dafür ist allerdings, dass man sich auf den eigenständigen Ansatz VIEHWEGS einlässt und nicht darauf besteht, die Begriffe des Systemdenkens und des Problemdenkens primär daran zu bemessen, inwieweit sie der ursprünglichen Sichtweise von ARISTOTELES, VICO oder HARTMANN entsprechen. Denn VIEHWEG geht es ersichtlich nicht um eine ideengeschichtliche Untersuchung, sondern darum, bestimmte Überlegungen, die diese Autoren aus jeweils unterschiedlicher Blickrichtung und mit unterschiedlichen Intentionen angestellt haben, als Anregung aufzunehmen und diese unter dem Gesichtspunkt der ihn interessierenden Frage nach der charakteristischen Struktur gerade der juristischen Denkweise fruchtbar zu machen. Entscheidend für die Beurteilung VIEHWEGS ist mithin nicht die Frage nach einer richtigen oder falschen Exegese, sondern ob der von VIEHWEG vorgelegte Ansatz geeignet ist, zu einem angemessenen Verständnis des juristischen Denkens beizutragen.

Dazu ist im Weiteren wie folgt zu verfahren: Zunächst ist VIEHWEGS Verständnis der aristotelischen Topik sowie deren Analyse zu verdeutlichen und auf die Einwände einzugehen, die einer Übertragbarkeit der Topik auf den Bereich der Jurisprudenz vor allem im Hinblick auf die Geltungsproblematik grundsätzlich entgegengehalten werden (II). Dass dabei keine umfassende, sondern nur eine auf die Topik-Debatte bezogene Klärung angestrebt wird, versteht sich von selbst. Anschließend ist VIEHWEGS zentrale Unterscheidung zwischen Problem- und Systemdenken zu analysieren und einhergehend damit die Verkürzungsthese und die mit dieser zusammenhängende Kritik zu entkräften (III). Ausgehend von den so gewonnenen Ergebnissen ist darzulegen, dass die Einordnung der Jurisprudenz als Problemdenken geeignet ist, auch und gerade die Struktur des juristischen Denkens transparent zu machen und zu erklären. Dabei wird sichtbar werden, dass die Gleichsetzungsthese den dafür maßgeblichen Zusammenhang zwischen der Struktur einer Denkweise und dem ihr zugrunde liegenden Problembereich überspielt.

Schließlich ist zu zeigen, wie sich bei Berücksichtigung dieses Zusammenhangs auch die Frage nach einem spezifisch juristischen Systembegriff auf Grundlage des VIEHWEGschen Ansatzes beantworten lässt (IV). Vor diesem Hintergrund ist dann im 2. Teil der Arbeit auf die Fortentwicklung der Rhetorischen Rechtstheorie durch und nach VIEHWEG einzugehen.

II. Viehwegs Verständnis der Topik

1. Dimensionen der Topik als Erfindungskunst

Die Frage, wie der Begriff der Topik historisch zu bestimmen ist und welche Entwicklung er genommen hat, findet bei VIEHWEG keine erschöpfende Behandlung. Eine vertiefende Auseinandersetzung mit philosophiegeschichtlichen oder philologischen Details kann und muss auch hier nicht erfolgen. Unerlässlich ist es im vorliegenden Zusammenhang aber, die Grundlinien des VIEHWEGschen Topik-Verständnisses zu verdeutlichen, um im Hinblick darauf die Kritik sowohl an VIEHWEGS Interpretation des aristotelischen Ansatzes als auch an deren Anwendung auf den Bereich der Jurisprudenz beurteilen und strukturieren zu können.

a) Aristotelische Topik als Theorie des Meinungswissens

Dazu ist zunächst noch einmal die aristotelische „Topik" in den Blick zu nehmen, die den Hauptanknüpfungspunkt für die VIEHWEGsche Topik-Analyse bildet.[101] Im ersten Buch der „Topik" gibt ARISTOTELES eine allgemeine Einordnung der Topik, in den weiteren Bücher geht es um eine möglichst umfassende und zugleich anwendungsgerecht aufbereitete Abhandlung der einzelnen Topoi (Bücher II–VII) sowie um Anweisungen zur richtigen Diskussionstechnik (insbes. Buch VIII). Dabei misst ARISTOTELES der Topik als Verfahren, nach dem sich „über jedes aufgestellte Problem aus meinungsmäßigen Sätzen Schlüsse bilden" lassen, für drei Bereiche praktische Bedeutung zu, nämlich „für die Übung, für den Gedankenaustausch und für die philosophischen Wissenschaften"[102]. Im Hinblick auf die Übung liegt das ARISTOTELES zufolge auf der Hand, denn „wenn wir im Besitz einer festen Methode sind, so werden wir einen vorgelegten Gegenstand leichter in Angriff nehmen können". Für den Gedankenaustausch sieht er den Nutzen darin,

[101] Auf die „Sophistischen Widerlegungen" als Fortsetzung der „Topik" und die aristotelische „Rhetorik" geht Viehweg nicht näher ein.

[102] *Aristoteles,* Topik, I. 2. 2.

dass „wir, wenn wir mit ihr (der Topik) vertraut sind, im Verkehr mit anderen die Meinungen der Menge aufzählen und alles, was uns von der Gegenseite nicht recht gesagt scheint, nicht auf fremde Ansichten, sondern auf eigene gestützt widerlegen können“[103]. Schließlich sei die Topik auch im Bereich der „philosophischen Wissenschaften“ nützlich, denn „wenn wir imstande sind, nach beiden Seiten Bedenken zu erheben, werden wir leichter erkennen, was hier und dort falsch ist. Sie kann uns aber auch bei der Erkenntnis dessen nützlich sein, was bei den Prinzipien der Einzelwissenschaften das Erste ist. Hierüber lässt sich aufgrund der besonderen Prinzipien einer gegebenen Wissenschaft unmöglich etwas ausmachen, weil die Prinzipien das erste von allem sind; man muss hier vielmehr mit Hilfe der meinungsmäßigen Sätze über den jeweiligen Gegenstand der Sache beikommen. Das ist aber die eigentümliche oder doch ihr besonders zukommende Leistung der Dialektik. Sie ist eine Kunst der Erfindung, und darum beherrscht sie den Weg zu den Prinzipien aller Wissenschaften.“[104]

Das schwerpunktmäßige Interesse VIEHWEGS an der „Topik“ richtet sich auf die beiden letztgenannten Aspekte im Sinne einer „Theorie der Dialektik“[105] oder des Meinungswissens, wie ARISTOTELES sie vor allem im ersten Buch umreißt. Auf den Übungsgesichtspunkt in seiner Ausrichtung auf den als „philosophische Gymnastik“[106] betriebenen antiken Disputationsbetrieb geht VIEHWEG dagegen nur am Rande ein.[107] Dieser ist auch hier nicht

---

[103] *Aristoteles,* Topik, I. 2. 3. und 4.

[104] *Aristoteles,* Topik, I. 2. 6.

[105] Vgl. *Theodor Viehweg,* Topik und Jurisprudenz, Ein Beitrag zur rechtswissenschaftlichen Grundlagenforschung, 5. Aufl., München 1974, S. 29.

[106] So eine Formulierung von E. Kapp, zitiert nach *Martin Kriele,* Theorie der Rechtsgewinnung, entwickelt am Problem der Verfassungsinterpretation, 2. Aufl., Berlin 1976, S. 138.

[107] Philosophische Übungsgespräche waren offenbar seit der Zeit Platons üblich, vgl. dazu nur *Martin Kriele,* Theorie der Rechtsgewinnung, entwickelt am Problem der Verfassungsinterpretation, 2. Aufl., Berlin 1976, S. 136 f. und *Arno Bokeloh,* Der Beitrag der Topik zur Rechtsgewinnung, Göttingen 1973, S. 19 ff., jeweils m. w. N. Sie waren konzipiert als Spiel zwischen zwei Studenten, von denen der eine als Defendent einen philosophischen Satz behaupten musste, während der andere als Opponent jenen durch gezielte Fragen zu Zugeständnissen zu zwingen suchte, die die behauptete These widerlegen. Die Antworten durften dabei nur in einem „ja“ oder „nein“ bestehen und nicht wieder zurückgenommen werden, um die Schulung gedanklicher und begrifflicher Klarheit zu erreichen. Dass Aristoteles insoweit aber Nachhilfebedarf gesehen haben mag, wird plastisch, wenn man die Karikatur der Praxis durch den Komödianten Epikrates liest: „A: Wie steht's mit Platon, Speusippos, Menedemos? Was ist jetzt ihr Geschäft? Welch' Problemen, welch' Themen gilt ihre Untersuchung? – B: Ich sah die Schar der Burschen (...) am Übungsplatz der Akademie, hörte Re-
(→)

vertiefend zu betrachten, denn es ist grundsätzlich unbestritten, dass die Topik einer davon losgelösten Betrachtung zugänglich ist.[108] Die Übungsgespräche außer Betracht lassend, fasst VIEHWEG die Topik daher als allgemein anwendbares Verfahren auf, das dazu verhilft, im Bereich des Meinungsmäßigen widerspruchsfrei und wohlbegründet zu argumentieren, und das „wirkliche Einsichten" anstrebt, „nicht etwa bloßes, beliebiges Meinen". Die Topoi dienen dabei als „vielseitig verwendbare, überall annehmbare Gesichtspunkte, die im Für und Wider des Meinungsmäßigen gebraucht werden und zum Wahren hinführen können"[109].

Diese Rede von „wirklichen Einsichten" und dem Weg hin zum „Wahren" darf freilich nicht wörtlich genommen werden. Soweit bei manchen Kritikern der Eindruck entstanden ist, VIEHWEG überziehe den erkenntnistheoretischen Gehalt der Topik, handelt es sich um ein Mißverständnis, das der Klarstellung bedarf. VIEHWEG ist sich natürlich völlig darüber im Klaren, daß die Topik keine „Wahrheiten", keine absoluten Gewißheiten vermittelt.[110] Der Bereich des Meinungsmäßigen, der Dialektik, ist ja – wie VIEHWEG fortlau-

---

den, unsagbar, sinnlos: Definitionen über Natur. Das Wesen der Tiere teilten sie ein, Arten der Bäume, der Gemüse Gattungen. Sie prüften auch den Kürbis, welcher Gattung er wohl sei. (...) Zuerst da standen alle schweigend, beugten sich nieder, meditierten. (...) Auf einmal (...) sagte einer: Ein rundes Gemüse, der andere: Kraut, der dritte: Ein Baum. Dies hörend ließ ein Arzt sizil'schen Landes furzend sich vernehmen: Die seien ja verrückt! – A: Da wurden sie wohl mächtig bös und schrien: Das ist Beleidigung! Denn nicht geziemt sich's, solcherart im Hörsaal sich zu äußern! – B: Den Bürschchen macht' das gar nichts aus, und Platon, der dabeistand, sagte ganz sanft und ohne Zorn: Versucht's noch mal von Anfang an zu definieren. Was ist ein Kürbis? (...)"; zitiert nach *Hans Günter Zekl,* Einleitung zu *Aristoteles,* Topik, Hamburg 1992, S. VI. Vgl. im Übrigen zum Verhältnis der aristotelischen Topik zum Gedankengut der spätplatonischen Akademie *Harold Fredrik Cherniss,* Aristotle's Criticism of Plato and the Academy, New York 1962, insbes. Kap. 1.

[108] Vgl. *Martin Kriele,* Theorie der Rechtsgewinnung, entwickelt am Problem der Verfassungsinterpretation, 2. Aufl., Berlin 1976, S. 139; *Klaus Rehbock,* Topik und Recht. Eine Standortanalyse unter besonderer Berücksichtigung der aristotelischen Topik, München 1988, S. 36 f.; *Arno Bokeloh,* Der Beitrag der Topik zur Rechtsgewinnung, Göttingen 1973, S. 23 f.

[109] *Theodor Viehweg,* Topik und Jurisprudenz, Ein Beitrag zur rechtswissenschaftlichen Grundlagenforschung, 5. Aufl., München 1974, S. 24.

[110] Entsprechend weist Viehweg auch darauf hin, dass es unschädlich sei, wenn die aristotelische Einteilung der Schlüsse gemäß der Genera nur ungefähr erfolgen und sein Topoikatalog keine Vollständigkeit beanspruchen kann, s. *Theodor Viehweg,* Topik und Jurisprudenz, Ein Beitrag zur rechtswissenschaftlichen Grundlagenforschung, 5. Aufl., München 1974, S. 22 f., sowie *Aristoteles,* Topik, I. 6. 3. 3, VII. 5. 14. Im übrigen ist für Viehweg gerade deshalb, weil er die Topik nicht als Verfahren zur Wahrheitsfindung in einem anspruchsvolleren Sinne auffasst, eine vertiefende Auseinandersetzung mit der aristotelischen Herleitung der Topoi aus den Genera und Kategorien entbehrlich, obwohl diese einem unbefangenen juristischen Leser nicht ohne weiteres einleuchten muss und der Status der aristotelischen Kategorien zudem auch innerhalb der philosophischen Debatte umstritten ist.

fend betont – gerade dadurch gekennzeichnet, dass keine gesicherten richtig-/falsch-Beurteilungen möglich sind. „Wahr" werden meinungsmäßige Sätze insbesondere auch nicht deshalb, weil sie „allen oder den meisten oder den Weisen wahr scheinen, und auch von den Weisen wieder entweder allen oder den meisten oder den Bekanntesten und Angesehensten". Den „wirklichen Einsichten", die die Topik als inventives und dialogisch konzipiertes Verfahren anstrebt, kommt VIEHWEG zufolge vielmehr eine bescheidenere Form der Dignität zu, nämlich die der Angemessenheit und der Akzeptabilität: Die inventive Komponente der Topik als Erfindungskunst verlangt, die für eine jeweilige Problemstellung möglicherweise einschlägigen Gesichtspunkte möglichst vollständig zu erfassen, um passende Prämissen zu finden; die dialogische Komponente[111] verlangt, bei dieser Prämissenwahl an gemeinsame Erfahrungshorizonte und herrschende Wertvorstellungen anzuknüpfen, um Zustimmungsfähigkeit der Adressaten zu erreichen. Das topische Verfahren bietet damit eine Orientierungshilfe, die der Gründlichkeit, Schlüssigkeit und Plausibilität von Problemlösungen dient, dabei aber immer eine Argumentation nach beiden Seiten zulässt. Eindeutige und zwingende Ergebnisse oder Beweise liefert es nicht.[112] Die Rationalität der Topik liegt danach in ihrer Effizienz, nicht in der Letztbegründung ihrer Resultate.[113] In diesem Sinne handelt es sich „um ein sehr bezeichnendes, mittelbares Erkenntnisverfahren,

---

[111] Die Ausblendung der Übungsgespräche als Anwendungsgebiet der Topik relativiert also nicht etwa die konstitutive Bedeutung der dialogischen Dimension der Topik: Dialektisches Schließen ist „immer an einen Anderen, an einen Mitmenschen, gerichtet, und daher von dessen Bestimmung zu den Prämissen abhängig", *Carl Prantl,* Geschichte der Logik im Abendlande, Bd. II, 2. Aufl. Leipzig 1927, S. 98. Zur Bedeutung der dialogischen Dimension in der Jurisprudenz insgesamt *Rolf Gröschner,* Dialogik und Jurisprudenz. Die Philosophie des Dialogs als Philosophie der Rechtspraxis, Tübingen 1982.

[112] Vgl. auch *Gert Ueding,* Klassische Rhetorik, 2. Aufl., München 1996, S. 82: „Wir wissen, dass die Begründung unseres Urteils objektiv unzureichend und auch subjektiv oft genug ungewiss ist, können aber durch das Vertrautwerden mit dem Material, durch topisch orientierte Erfahrung und durch Verwertung derjenigen Ergebnisse anderer Wissenschaften, die sie den partiellen Gesetzmäßigkeiten in unserem Gegenstandsbereich widmen, einen Grad von subjektiver Gewißheit erreichen, die wir mit Argumenten glaubwürdig nach außen vertreten und als konsensfähig behaupten können."

[113] Dazu *Lothar Bornscheuer,* Topik. Zur Struktur der gesellschaftlichen Einbildungskraft, Frankfurt/Main 1976, S. 36 f., mit Verweis auf *Wolfgang Wieland,* Die aristotelische Physik. Untersuchungen über die Grundlegung der Naturwissenschaft und die sprachlichen Bedingungen der Prinzipienforschung bei Aristoteles, Göttingen 1962, S. 230: „Die Dialektik findet ihre spezifischen Anfangsgründe (...) nicht wie die *philosophia prima* in wenigen absoluten Wahrheiten oder in einem obersten Einheitsprinzip, sondern auf dem weiten Feld der allgemeinen Bildung und Meinung (doxa, endoxa), dessen gesellschaftlicher Wahrheitswert einer axiomatischen Letztbegründung nicht bedarf, weil die Dialektik ‚weder dem Phantom einer absoluten Gewißheit nachjagt, noch an die Möglichkeit eines absoluten Zweifels glaubt'."

bei dem es allerdings sehr darauf ankommt, mit wem man es betreibt“[114]. Wenn VIEHWEG gleichwohl von „wirklichen Einsichten“ spricht, dann um die Ernsthaftigkeit des Anliegens deutlich zu machen, das er mit der Topik verbindet. Für ihn gilt es, die Topik nicht wegen ihres vorwissenschaftlichen Charakters als unwissenschaftlich beiseitezulegen, sondern als pragmatischen Ansatz zu würdigen, konkrete Problemstellungen im Bereich des Ungewissen so plausibel wie eben möglich zu bewältigen.

b) Zum Problembereich der Dialektik

Das so umrissene Topik-Verständnis VIEHWEGS unterscheidet sich im Ausgangspunkt nicht grundlegend von dem anderer Autoren.[115] Kritik hat aber VIEHWEGS weitergehende Deutung der Topik als Techne des Problemdenkens hervorgerufen. Insoweit wendet allen voran BLÜHDORN ein, daß VIEHWEG den Ansatz von ARISTOTELES unzutreffend für sich in Anspruch nehme.[116] BLÜHDORN wirft VIEHWEG zunächst vor, er lese in die aristotelische Unterscheidung von Apodeiktik und Dialektik eine Abwertung der Dialektik hinein, indem er sie als „Gebiet des bloß Meinungsmäßigen“ kennzeichne.[117] Eine solche Abwertung – so stellt BLÜHDORN nach eingehender Auseinandersetzung mit ARISTOTELES fest – liege diesem aber fern, vielmehr weise ARISTO-

---

[114] *Theodor Viehweg,* Topik und Jurisprudenz, Ein Beitrag zur rechtswissenschaftlichen Grundlagenforschung, 5. Aufl., München 1974, S. 43.

[115] Verwiesen sei hier nur auf die Zusammenstellung der Begriffsbestimmungen von Viehweg, P. Schneider, Coing und Esser bei *Martin Kriele,* Theorie der Rechtsgewinnung, entwickelt am Problem der Verfassungsinterpretation, 2. Aufl., Berlin 1976, S. 117 f., sowie auf den Vergleich der Topik-Begriffe von Viehweg, Esser und Kriele bei *Klaus Rehbock,* Topik und Recht. Eine Standortanalyse unter besonderer Berücksichtigung der aristotelischen Topik, München 1988, S. 17 ff., 25 ff. Eine genauere Differenzierung des Topos-Begriffs erfolgt bei *Lothar Bornscheuer,* Topik. Zur Struktur der gesellschaftlichen Einbildungskraft, Frankfurt/Main 1976, S. 91 ff., insbes. 105, der vier Strukturmomente unterscheidet, nämlich „die kollektiv-habituelle Vorprägung (Habitualität), die polyvalente Interpretierbarkeit (Potentialität), die problemabhängige, situativ wirksame Argumentationskraft (Intentionalität) sowie die sich gruppenspezifisch konkretisierende Merkform (Symbolizität).“

[116] *Jürgen Blühdorn,* „Kritische Bemerkungen zu Theodor Viehwegs Schrift: Topik und Jurisprudenz“, in: Tijdschrift voor Rechtsgeschiedenis 1970, S. 269–314, insbes. S. 278 ff.; im Anschluß an Blühdorn auch *Gerhard Otte,* „Zwanzig Jahre Topik-Diskussion: Ertrag und Aufgaben“, in: Rechtstheorie 1 (1970), S. 183–197, S. 184, Fn. 7.

[117] *Jürgen Blühdorn,* „Kritische Bemerkungen zu Theodor Viehwegs Schrift: Topik und Jurisprudenz“, in: Tijdschrift voor Rechtsgeschiedenis 1970, S. 269–314, S. 278 f., bezugnehmend auf *Theodor Viehweg,* Topik und Jurisprudenz, Ein Beitrag zur rechtswissenschaftlichen Grundlagenforschung, 5. Aufl., München 1974, S. 20.

TELES der „Dialektik bestimmte ernstzunehmende Aufgaben" zu.[118] Mit dieser Feststellung rennt BLÜHDORN bei VIEHWEG ersichtlich offene Türen ein. Tatsächlich liegt es VIEHWEG völlig fern, die Dialektik abzuwerten. Ganz im Gegenteil zielt VIEHWEGS Schrift doch gerade darauf, die spezifische Leistungsfähigkeit eines meinungsmäßigen Denkens in bewusster Abgrenzung zum „Feld der Wahrheit" anzuerkennen. Warum BLÜHDORN diese Grundintention VIEHWEGS verfehlt, ist nicht nachvollziehbar, selbst wenn man die ironische Note in Rechnung stellt, die mitunter in VIEHWEGS Formulierungen anklingt. Beachtung verdienen die Ausführungen BLÜHDORNS allerdings im Hinblick auf VIEHWEGS These, bei der Topik handele es sich um „diejenige denkerische Techne (...), die sich am Problem orientiert"[119]. VIEHWEGS Wendung des Problembegriffs hin zur Aporie im Sinne von „Weglosigkeit" oder „nicht zu beseitigende(r) Problemsituation", so die Kritik, entspreche weder dem aristotelischen Problemverständnis in der „Topik" noch dem Aporienbuch der aristotelischen „Metaphysik". Unter diesem Aspekt gilt es nunmehr, das Problemverständnis von ARISTOTELES und VIEHWEG vergleichend zu betrachten.

Nach ARISTOTELES verhilft die Topik dazu, in Disputationen „über jedes aufgestellte Problem aus meinungsmäßigen Sätzen Schlüsse" zu bilden, ohne in Widersprüche zu geraten. Die Disputationen „erwachsen aus Sätzen, und das, worum sich die Schlüsse drehen, sind die Probleme"[120]. Gemeint sind dialektische Sätze und Probleme: „Es ist aber ein dialektischer Satz eine Frage, die entweder allen oder den meisten oder den Weisen und von den Weisen entweder allen oder den meisten oder den Angesehensten glaubwürdig erscheint."[121] Mit den Sätzen wird also in Frageform auf Endoxa Bezug genommen, um damit Zugeständnisse und so eine gemeinsame Diskussions-

---

[118] *Jürgen Blühdorn,* „Kritische Bemerkungen zu Theodor Viehwegs Schrift: Topik und Jurisprudenz", in: Tijdschrift voor Rechtsgeschiedenis 1970, S. 269–314, S. 289.

[119] *Jürgen Blühdorn,* „Kritische Bemerkungen zu Theodor Viehwegs Schrift: Topik und Jurisprudenz", in: Tijdschrift voor Rechtsgeschiedenis 1970, S. 269–314, insbes. S. 296, 299, bezugnehmend auf *Theodor Viehweg,* Topik und Jurisprudenz, Ein Beitrag zur rechtswissenschaftlichen Grundlagenforschung, 5. Aufl., München 1974, S. 31; kritisch zu Blühdorn auch *Lothar Bornscheuer,* Topik. Zur Struktur der gesellschaftlichen Einbildungskraft, Frankfurt/Main 1976, S. 120 f.

[120] *Aristoteles,* Topik, I. 4. 2. 2.

[121] *Aristoteles,* Topik, I. 10. 2. 1.

grundlage zu gewinnen. Von solchen Sätzen unterscheiden sich dialektische Probleme dadurch, dass sie als Doppelfrage formuliert werden: „Ist das so und so (oder nicht)?“. Der Grund dafür ist, dass es bei den Problemen um etwas geht, „über das die Menge und die Weisen entweder keine bestimmte Meinung haben, oder jene entgegengesetzt denkt wie diese, oder diese wie jene, oder beide unter sich selbst“[122]. Anders als ein Satz kann ein Problem deshalb nicht schlicht nach Maßgabe der allgemeinen Auffassung mit „ja“ oder „nein“ beantwortet werden, vielmehr ist die Sache ernsthaft fraglich und bedarf daher einer abwägenden Untersuchung unter Zuhilfenahme der Sätze. Unbeachtlich ist für das Vorliegen eines dialektischen Problems dagegen die zugrunde liegende Thematik, es kann sich auf „ethische, physikalische oder logische Gegenstände“ beziehen.[123]

Bis hierher ergibt sich demnach noch kein Widerspruch zu ARISTOTELES, wenn VIEHWEG seinerseits ein Problem zunächst eine jede Frage nennt, „die anscheinend mehr als eine Antwort zuläßt“, und dabei „notwendigerweise ein vorläufiges Verständnis voraus(setzt), nach dem irgendetwas überhaupt als ernstzunehmende Frage erscheint“[124]. Wie aber ist es mit ARISTOTELES zu vereinbaren, wenn VIEHWEG gerade für „nicht zu beseitigende Problemsituation(en)“ auf die Topik verweist, die zwar nur „fragmentarische Einsichten“ erlaube, aber immerhin verhindere, dass man „rettungslos stecken“ bleibe?[125]

Wie erwähnt besteht ARISTOTELES zufolge zwischen dialektischen und apodeiktischen Problemen thematisch grundsätzlich kein Unterschied, verschiedenartig ist vielmehr der Lösungsmaßstab, nämlich der der Meinung

---

[122] *Aristoteles,* Topik, I. 11. 1. 1. Auch dürfen die Probleme nicht schlicht „indiskutabel“ sein: Dies ist nur der Fall, „wo es zur Lösung obwaltender Zweifel der Vernunft bedarf, nicht der Züchtigung oder der gesunden Sinne. Die etwa zweifeln, ob man die Götter ehren oder die Eltern lieben soll, oder nicht, bedürfen der Züchtigung, und die zweifeln, ob der Schnee weiß ist, oder nicht, bedürfen der gesunden Sinne“, *Aristoteles,* Topik, I. 11. 6.

[123] *Aristoteles,* Topik, I. 14. 5. 1.

[124] *Theodor Viehweg,* Topik und Jurisprudenz, Ein Beitrag zur rechtswissenschaftlichen Grundlagenforschung, 5. Aufl., München 1974, S. 32.

[125] Vgl. *Theodor Viehweg,* Topik und Jurisprudenz, Ein Beitrag zur rechtswissenschaftlichen Grundlagenforschung, 5. Aufl., München 1974, S. 31, 34.

einerseits und der der Wahrheit andererseits.[126] Insoweit betont BLÜHDORN, dass die Dialektik versuchend (peirastisch) und fragend (erotetisch) verfahre, da ihr Ausgangspunkt das Zugeständnis des Gegners sei, während die Apodeiktik ein erkennendes und beweisendes Verfahren bilde, dessen Ausgangspunkt in wahren und ersten Sätze liege, bei denen nicht nach dem Warum gefragt werden darf.[127] Dies verweist zugleich auf die Grenzen der beweisenden Wissenschaft und auf den Nutzen der Dialektik: Nach ARISTOTELES kann nicht bewiesen werden, was bei den Prinzipien der Einzelwissenschaften das Erste ist.[128] Diese Feststellung, so ergänzt BLÜHDORN, „wird unterstrichen durch die Bemerkung in den Analytica priora A 27 43a 32f, daß das sinnlich Einzelne von keinem anderen ausgesagt werden kann. Von dem sinnlich Einzelnen läßt sich nichts anderes als Prädikat beweisen (cf. Metaph. Z 15 1039b 27–29), es sei denn in dialektischer Weise (kata doxan; cf. Metaph. Z 15 1039b 34–1040a 1)“[129]. BLÜHDORN kommt zu dem Ergebnis: „Bezüglich der allgemeinsten Voraussetzungen, so können wir jetzt sagen, sowie bezüglich der konkretesten Aussagen gründet die Wissenschaft letztlich auf Annahmen, deren Geltungscharakter nur kata doxan (entlang den Meinungen, d. Verf.) aufgewiesen werden kann, die zwar dialektisch überprüft, aber nicht bewiesen werden können.“[130]

Ersichtlich ist es nun die hier herausgestellte Ergänzungsfunktion der Dialektik, die VIEHWEG zu der Überlegung führt, dass die Topik in solchen Bereichen eine exponierte Rolle spielen muss, in denen die Bestimmung wahrer und erster Sätze auf besondere Schwierigkeiten stößt. Dort bleibt nur der Rekurs auf allgemeine Anschauungen und Meinungen – die aber sind fragil

---

[126] „Um über solche (…) Probleme ein philosophisches Urteil zu gewinnen, muß man sie freilich nach dem Maßstabe der Wahrheit behandeln, um sich aber lediglich eine Meinung über sie zu bilden, ist das dialektische Verfahren am Platz“, *Aristoteles,* Topik I. 14. 6. 1.

[127] *Jürgen Blühdorn,* „Kritische Bemerkungen zu Theodor Viehwegs Schrift: Topik und Jurisprudenz“, in: Tijdschrift voor Rechtsgeschiedenis 1970, S. 269–314, vgl. S. 283 f., 288 m. w. N. für Aristoteles.

[128] *Aristoteles,* Topik, I. 2. 6.

[129] *Jürgen Blühdorn,* „Kritische Bemerkungen zu Theodor Viehwegs Schrift: Topik und Jurisprudenz“, in: Tijdschrift voor Rechtsgeschiedenis 1970, S. 269–314, S. 288.

[130] *Jürgen Blühdorn,* „Kritische Bemerkungen zu Theodor Viehwegs Schrift: Topik und Jurisprudenz“, in: Tijdschrift voor Rechtsgeschiedenis 1970, S. 269–314, S. 289.

und deshalb immer wieder problematisch.[131] VIEHWEGS Betrachtung der Topik gilt speziell solchen Bereichen, und zwar im Hinblick auf konkrete, lebenspraktische Entscheidungserfordernisse.[132] Dort lassen sich nach VIEHWEG sachgerechte Lösungen nur diskursiv erörtern, nicht aber „beweisen". Wollte man dagegen in diesen Bereichen nach Art der Apodeiktik vorgehen, die es – wie auch BLÜHDORN konstatiert – ermöglicht, „mit Hilfe der logisch-deduktiven Methode ein System von Ableitungen aus ersten Sätzen zu entfalten"[133], und die Lösungen daraus erschließen, dann würde die eigentliche Fraglichkeit der zugrunde gelegten Annahmen negiert: Der Problembezug ginge verloren.

Dieser Sichtweise VIEHWEGS liegt nun zugegebenerweise ein Wissenschaftsverständnis zugrunde, das „wahre und erste Sätze" anders auffasst als ARISTOTELES, und aus dem die ihm noch fremde Unterscheidung mathematisch-naturwissenschaftlicher und geistes- bzw. gesellschaftswissenschaftlicher Disziplinen resultiert. Insoweit ist es zutreffend, dass VIEHWEG den Problembegriff und die Bedeutung der Topik abweichend von ARISTOTELES akzentuiert. Diese veränderte Perspektive macht die Bezugnahme auf die aristotelische Topik jedoch keineswegs unschlüssig und begründet deshalb keinen Einwand gegen VIEHWEG. Etwas anderes ergibt sich entgegen BLÜHDORN auch nicht insofern, als im Aporienbuch der „Metaphysik" von „Weglosigkeiten" keine Rede sei und ARISTOTELES die dort behandelten Fragen um ihrer Auflösung willen stelle, nicht aber, um sie als „konstante Problembestände"

---

[131] Vgl. insoweit *Lothar Bornscheuer,* Topik. Zur Struktur der gesellschaftlichen Einbildungskraft, Frankfurt/Main 1976, S. 49: „Zwar ist dem Endoxa-Begriff der erkenntnistheoretische Aspekt des ‚Wahrscheinlichen' nicht anzusprechen, doch scheint es ebenso notwendig, auf seinen soziokulturellen Bedeutungsgehalt aufmerksam zu machen (...). Im Blick auf ihren Gewissheitsgrad indizieren die für die topisch-dialektische Argumentation grundlegenden Endoxa aus aristotelischer Sicht keinen ‚mystischen' Realgrund einer allmenschlichen Logos-Natur oder ewigen Wahrheit, sondern allein die ‚gesellschaftliche Wahrheit' nach Maßgabe der jeweils historisch-konkreten Bildungs- und Herrschaftselite."

[132] *Gert Ueding,* Klassische Rhetorik, 2. Aufl., München 1996, S. 82: „Ein Bereich, über den man nur zu subjektiven Ansichten, zu Wahrscheinlichkeiten also gelangen kann, niemals zu subjektiven und objektiven Gewissheit, dass diese Ereignisse oder jene Entschlüsse für alle und jede Zeit so und nicht anders gesehen werden müssen. Diesen Begebenheiten und Situationen gegenüber verhalten wir uns als Meinende und Entscheidende."

[133] Vgl. *Jürgen Blühdorn,* „Kritische Bemerkungen zu Theodor Viehwegs Schrift: Topik und Jurisprudenz", in: Tijdschrift voor Rechtsgeschiedenis 1970, S. 269–314, S. 304.

aufzuweisen.[134] Denn auch VIEHWEG geht es um die Gewinnung wenigstens temporärer Antworten, d. h. darum, trotz der „nicht zu beseitigenden Problemsituation" eben nicht „rettungslos stecken zu bleiben". Entscheidend ist hier für VIEHWEG die Frage, auf welche Weise diese Antworten zu gewinnen sind, nämlich im Wege der Dialektik, weil sich der Maßstab der Apodeiktik als unangemessen erweist.[135]

c) Topik als Zusammenspiel von Bindung und Beweglichkeit

Wie die bisherigen Feststellungen zeigen, betrachtet VIEHWEG die aristotelische „Topik" primär vor dem Hintergrund ganz grundsätzlicher Erwägungen und im Hinblick auf allgemeine strukturelle Anforderungen meinungsmäßiger Argumentation. Die anwendungsorientierte Fortentwicklung der Topik, wie sie in der aristotelischen „Rhetorik" sowie auch bei CICERO und späteren Autoren im Vordergrund steht, hat deshalb für VIEHWEG eher exemplarischen Wert: „Während es bei ARISTOTELES in erster Linie, wenn auch keineswegs allein, um Theoriebildung geht, geht es bei CICERO um die Anwendung eines fertiggestellten Topoikatalogs. Jenen beschäftigen im wesentlichen Gründe, diesen Resultate."[136] CICERO und seine Nachfolger bemühten sich, Topoikata-

---

[134] *Jürgen Blühdorn,* „Kritische Bemerkungen zu Theodor Viehwegs Schrift: Topik und Jurisprudenz", in: Tijdschrift voor Rechtsgeschiedenis 1970, S. 269–314, S. 300, unter Berufung auf *Wolfgang Wieland,* „Aristoteles als Rhetoriker und die exoterischen Schriften", in: Hermes 86 (1958), S. 323–346, S. 323 f.

[135] Der Gedanke, dass unterschiedliche Problembereiche verschiedene Maßstäbe erfordern, ist gerade auch Aristoteles nicht fremd, vgl. *Aristoteles,* Nikomachische Ethik, A 1 1094b: „der Exaktheitsanspruch darf nämlich nicht bei allen Wissenschaften in gleicher Weise erhoben werden"; es sei „genau so ungereimt, vom Mathematiker Wahrscheinlichkeiten entgegenzunehmen wie vom Rhetor denknotwendige Beweise zu fordern." Entsprechend hält es *Norbert Horn,* „Zur Bedeutung der Topiklehre Theodor Viehwegs für eine einheitliche Theorie des juristischen Denkens" in: NJW 1967, S. 601–608, S. 603, auch für bezeichnend, dass die Beispiele der aristotelischen Topik zum größten Teil der Ethik entnommen sind und Aristoteles hier also „offenbar an Wissensgebiete denkt, die sich mit dem menschlichen Handeln selbst befassen, an die praktische Philosophie im weitesten Sinn: Ethik, Ökonomie und Politik', d. h. Jurisprudenz und politische Wissenschaft"; vgl. ferner *Wolfgang Wieland,* Die aristotelische Physik. Untersuchungen über die Grundlegung der Naturwissenschaft und die sprachlichen Bedingungen der Prinzipienforschung bei Aristoteles, Göttingen 1962, S. 223, der vertritt, dass das gesamte philosophische Werk des Aristoteles durch die topische Denkweise geprägt sei; ebenso *Lothar Bornscheuer,* Topik. Zur Struktur der gesellschaftlichen Einbildungskraft, Frankfurt/Main 1976, S. 53: „Die in der Topik entfaltete ‚Techne des Problemdenkens' und nicht das strenge syllogistische Deduktionsverfahren der Analytiken stellt die eigentliche Denkform des aristotelischen Philosophierens dar."

[136] *Theodor Viehweg,* Topik und Jurisprudenz, Ein Beitrag zur rechtswissenschaftlichen Grundlagenforschung, 5. Aufl., München 1974, S. 29.

loge als möglichst praktikable Hilfsmittel auszugestalten, wobei, – so kommentiert VIEHWEG – „man kann es hier wörtlich nehmen, eine Trivialisierung eintrat"[137]. Die so entstandenen, mehr oder minder verschiedenartigen Topoikataloge kommen für VIEHWEG „nicht im einzelnen in Betracht", vielmehr geht es auch VIEHWEG eher um „Theoriebildung" und „Gründe".

In diesem Sinne unterscheidet VIEHWEG in seiner Analyse der Topik eine Topik erster Stufe von einer Topik zweiter Stufe.[138] Erstere meint eine intuitive Form, unter versuchsweisem Rückgriff auf allgemeine Gesichtspunkte Prämissen und Folgerungen zu gewinnen, mit denen sich Lösungen für alltägliche Problemstellungen erschließen lassen. Letztere bezeichnet eine reflektierte und rationalisierte Anwendung dieses Verfahrens unter Rückgriff auf Topoikataloge.[139] Hinsichtlich der Topoikataloge unterscheidet VIEHWEG weiter zwischen allgemeinen, überall anwendbaren Topoisammlungen und solchen, die für ein bestimmtes Fach approbiert, also auf einen bestimmten Problemkreis zugeschnitten sind.[140] Wichtig ist dabei für VIEHWEG, dass sich Allgemein- und Fachtopoi in ihrer Funktion nicht unterscheiden, nämlich als „Orientierungsmöglichkeiten und Leitfäden des Gedankens" der Problemerörterung zu dienen. In jedem Fall bilden die Topoi nur ein Angebot möglicher Gesichtspunkte. Welche davon sich tatsächlich als fruchtbar und einschlägig erweisen, entscheidet sich jeweils erst am konkreten Problem.[141] Diese Flexi-

---

[137] *Theodor Viehweg,* Topik und Jurisprudenz, Ein Beitrag zur rechtswissenschaftlichen Grundlagenforschung, 5. Aufl., München 1974, S. 35.

[138] *Theodor Viehweg,* Topik und Jurisprudenz, Ein Beitrag zur rechtswissenschaftlichen Grundlagenforschung, 5. Aufl., München 1974, S. 35.

[139] Vgl. zu dieser Unterscheidung auch *Aristoteles,* Sophistische Widerlegungen, 172a (S. 27): „Alle wollen über die, die etwas zu verstehen vorgeben, ein Urteil gewinnen, und dazu hilft ihnen das Allgemeine, das sie immerhin kennen, mögen sie auch das Eigentümliche der Sache noch so wenig berühren. So ist denn das Widerlegen jedermanns Sache und hat jeder ohne Kunst teil an dem, was mit Kunst die Dialektik ist und den, der mit syllogistischer Kunst prüft und versucht, zum Dialektiker macht."

[140] *Theodor Viehweg,* Topik und Jurisprudenz, Ein Beitrag zur rechtswissenschaftlichen Grundlagenforschung, 5. Aufl., München 1974, S. 36 f.

[141] Vgl. *Lothar Bornscheuer,* Topik. Zur Struktur der gesellschaftlichen Einbildungskraft, Frankfurt/Main 1976, S. 43: „Jeder Topos eröffnet verschiedene, sogar entgegengesetzte Argumentationsmöglichkeiten (in-utramque-partem-Prinzip). (...) Das Auffinden des jeweils nützlichsten Topos und die Reihenfolge der Topoi-Anwendungen sind nicht rationalisierbar oder auch nur optimierbar. (...) Die Brauchbarkeit eines Topos richtet sich nach zwei entgegengesetzten Kriterien, einerseits seiner Allgemeinheit, andererseits nach seiner Nähe zu der jeweils konkreten Problemsituation; die Vermittlung zwischen der zunächst unbestimmten Allgemeinheit und der spezifischen Brauchbarkeit im einzelnen bedarf der eingehenden interpretatorisch-disputatorischen Bemühung."

bilität macht ihre Leistungsfähigkeit aus, indem sie es erlauben, variierenden Problemlagen die lösungsrelevanten Prämissen gleichsam auf den Leib zu schreiben. Ihre Hinordnung auf das Problem, die den Topoi „immer wesentlich bleibt“, hat nach VIEHWEG aber eine wichtige Konsequenz: „Lange Folgerungen vertragen sich nicht mit ihrer Funktion, das logische Gewicht der von ihnen aufgebauten Begriffs- oder Satzgefüge bleibt deshalb stets gering.“[142]

Deshalb würde der Versuch, einen innerhalb eines Spezialgebiets etablierten Topoikatalog durch die Bestimmung von Grundbegriffen und Kernsätzen deduktiv-systematisch zu ordnen und die darin enthaltenen Gesichtspunkte in ein klar definiertes Verhältnis zu setzen, dessen eigentliche Intention aufheben. Denn die Festlegungen, die Topoi und Topoikataloge bewirken, sind nicht primär logischer Art, sondern darauf gerichtet, einen gemeinsamen Verständigungshorizont aufzubauen. In diesem Rahmen bilden einmal erfolgte Fixierungen Anhaltspunkte, die möglichst gewahrt werden, im jeweiligen Zusammenhang aber neuen Interpretationen zugänglich bleiben.[143] Das dadurch bewirkte Zusammenspiel von Bindung und Beweglichkeit macht für VIEHWEG die Struktur topischen Denkens aus.

Die dahingehende VIEHWEGsche Analyse der Topik hat ebenso wie die Kennzeichnung als Problemdenken verschiedenerlei Bedenken hinsichtlich der Vereinbarkeit mit dem aristotelischen Ansatz ausgelöst. Zugestanden wird VIEHWEG zwar zunächst, dass die Heranziehung oder Nichtheranziehung einzelner Topoi sich nicht aufgrund logischer Gesetzmäßigkeiten ergebe, sondern „von Fall zu Fall aus ihrer Zweckmäßigkeit und Praktikabilität für das jeweilige Anliegen“; so richte sich etwa die Frage, ob man die Analogie oder das *argumentum e contrario* zu wählen habe, nach der Erwägung sachlicher, nicht formaler Gesichtspunkte.[144] Entsprechend sei auch die Bedeutung von Topoi-

---

[142] *Theodor Viehweg,* Topik und Jurisprudenz, Ein Beitrag zur rechtswissenschaftlichen Grundlagenforschung, 5. Aufl., München 1974, S. 38.

[143] Vgl. *Theodor Viehweg,* Topik und Jurisprudenz, Ein Beitrag zur rechtswissenschaftlichen Grundlagenforschung, 5. Aufl., München 1974, S. 41 f.

[144] *Martin Kriele,* Theorie der Rechtsgewinnung, entwickelt am Problem der Verfassungsinterpretation, 2. Aufl., Berlin 1976, S. 142. Gegen den Versuch, die Topik als eine „logische Argumentationstechnik“ zu rekonstruieren, eingehend *Lothar Bornscheuer,* Topik. Zur Struktur der gesellschaftlichen Einbildungskraft, *(→)*

Katalogen um so größer, „je weniger sich die Argumente durch logische Zwangsläufigkeiten ergeben, je mehr sie einem ‚einfallen' müssen, je mehr also die Kunst gerade darin besteht, im entscheidenden Augenblick ‚darauf zu kommen'"[145].

Problematisiert wird allerdings VIEHWEGS fließender Übergang von der Allgemeintopik zur Fachtopik. Insoweit wird zunächst zutreffend darauf hingewiesen, dass ARISTOTELES die Topik gerade als fachübergreifendes Verfahren konzipiert und die von ihm behandelten Topoi ganz überwiegend formaler Art sind, also auf jedem Sachgebiet anwendbar, während VIEHWEG ohne Weiteres auch von fachlich approbierten, d. h. auch materialen Topoi ausgeht.[146] Hierzu ist anzumerken, dass sich ein allgemeiner Wandel des Topikverständnisses vollzogen hat, wonach „Topos" nicht mehr allein eine Klasse oder Kategorie bezeichnet, in die ein Argument gehört, sondern zugleich das (sachhaltige) Argument selbst.[147] Nicht ganz unbegründet wird diesbezüglich zwar moniert, dass mit einer unterschiedslosen Einbeziehung materialer Gesichtspunkte jegliche Kontur des Topos-Begriffs zu verschwinden drohe.[148] Entscheidend für den Ansatz VIEHWEGS ist aber die Überlegung, dass die Anwendung formaler Topoi in einem umgrenzten Problembereich dazu führt, dass sich bestimmte materielle Aspekte herauskristallisieren, die immer wie-

---

Frankfurt/Main 1976, S. 109 ff., im Hinblick auf *Wilhelmus Antonius de Pater,* Les Topiques d'Aristote et la Dialectique Platonicienne: La Méthodologie de la Définition, Fribourg 1965.

[145] *Martin Kriele,* Theorie der Rechtsgewinnung, entwickelt am Problem der Verfassungsinterpretation, 2. Aufl., Berlin 1976, S. 143; *Klaus Rehbock,* Topik und Recht. Eine Standortanalyse unter besonderer Berücksichtigung der aristotelischen Topik, München 1988, S. 69, 71, hebt hervor, dass Topoi „Orientierungshilfen" bieten, aber die zu treffenden Entscheidungen und Wertungen nicht vorwegnehmen können.

[146] Dazu auch *Thomas-Michael Seibert,* „Juristische Topik", in: LiLi 10 (1980), S. 169–177, S. 175.

[147] Vgl. *Martin Kriele,* Theorie der Rechtsgewinnung, entwickelt am Problem der Verfassungsinterpretation, 2. Aufl., Berlin 1976, S. 142 f., 146, unter Bezug auf *E. Mertner,* Topos uns Commonplace, in: Strena Anglica, FS Ritter, Halle 1956, S. 178 ff., demzufolge dieser Wandel im 18. Jahrhundert einsetzte und mit einer Degradierung des Topos-Begriffs im Sinne von Gemeinplatz oder Klischee einherging. In der neueren Literaturwissenschaft wurde auch *Ernst Robert Curtius,* Europäische Literatur und lateinisches Mittelalter, 1. Aufl. Bern 1948, 11. Aufl., Tübingen/Basel 1993, eine Gleichsetzung von „Topos" und Argument vorgeworfen, dessen Verständnis sich in seiner Disziplin aber durchgesetzt hat, vgl. *Klaus Rehbock,* Topik und Recht. Eine Standortanalyse unter besonderer Berücksichtigung der aristotelischen Topik, München 1988, S. 7; s. auch *Heinrich Lausberg,* Handbuch der literarischen Rhetorik. Eine Grundlegung der Literaturwissenschaft, 3. Aufl., Stuttgart 1990.

[148] Vgl. *Karl Larenz,* Methodenlehre der Rechtswissenschaft, 6. Aufl., Berlin u. a. 1991, S. 153 f.; *Franz Horak,* Rationes Decidendi. Entscheidungsbegründungen bei den älteren römischen Juristen bis Labeo, Bd. I, Innsbruck 1969, S. 54 ff.

der auftauchen, bis sie – gleichsam in Verkürzung der gedanklichen Prozesse – ihrerseits als Topoi fungieren, also als vielseitig verwendbare Anhaltspunkte, die der Problemerörterung dienen, ohne aber das Ergebnis vorzugeben.[149] Formale Topoi unterscheiden sich demnach in ihrem Abstraktionsgrad von materiellen Topoi, nicht aber in ihrer Funktion. Es scheint daher gerechtfertigt, auch inhaltliche Gesichtspunkte als Topoi zu begreifen. Ein entsprechend erweitertes Topos-Verständnis hat sich im juristischen Sprachgebrauch auch durchgesetzt.[150]

Der Sammlung und Nachweisung solcher in der juristischen Praxis gebräuchlicher inhaltlicher Topoi gilt allerdings nicht VIEHWEGS eigentliches Interesse. Ihm kommt es vielmehr auf Struktur und Funktion topischen Denkens in der Jurisprudenz an.[151] Genau an diesem Punkt setzt die aus literaturwissenschaftlicher Perspektive formulierte Kritik BORNSCHEUERS ein. Dieser wendet gegen die Annahme eines topisch strukturierten Denkens innerhalb der Jurisprudenz als Fachdisziplin ein, dass der erfinderische Geist der aristotelischen Topik mit der „durch zwei Jahrtausende stetig fortentwickelten juristischen Methodologie (mit einer Sondertopik)“[152] nicht identifiziert werden könne. VIEHWEG müsse sich hierin von ARISTOTELES sagen lassen: „Je mehr man nämlich die Dialektik oder Rhetorik als Wissenschaft zu betreiben sucht und nicht als bloße Fähigkeiten, wird man unvermerkt ihr Wesen aus den Augen verlieren, indem man sich anschickt, in Wissenszweige über bestimmte

---

149 Vgl. *Lothar Bornscheuer,* Topik. Zur Struktur der gesellschaftlichen Einbildungskraft, Frankfurt/Main 1976, S. 53, der feststellt, „dass der aristotelische Topos-Begriff (…) weder ein rein formallogischer noch ein ontologischer Begriff ist, sondern ein komplexer Funktionsbegriff, der sowohl formale wie auch thematische Ableitungszusammenhänge eröffnet und zudem die Problemlage jeweils aus ihrem pragmatischen Situationsbezug heraus beleuchtet.“ Siehe außerdem *ders.,* Topik. Zur Struktur der gesellschaftlichen Einbildungskraft, Frankfurt/Main 1976, S. 62, wo er auf Cicero verweist, der feststellt, dass bei gründlichem Studium eigener und gegnerischer Falldarstellungen „die Argumentationsgesichtspunkte (loci) von selbst und haufenweise zum Vorschein“ kommen und „dann teils einzeln, teils miteinander kombiniert zu festen Argumenten“ führen (*Cicero,* De inventione, 2, 45 f.)

150 *Arno Bokeloh,* Der Beitrag der Topik zur Rechtsgewinnung, Göttingen 1973, S. 30.; vgl. auch *Helmut Coing,* Grundzüge der Rechtsphilosophie, 5. Aufl., Berlin 1993, S. 101.

151 Vgl. die klarstellenden Bemerkungen Viehwegs im Vorwort zur 4. Auflage von „Topik und Jurisprudenz“ von 1969 sowie dem in der 5. Auflage 1953 angefügten Anhang zur Fortentwicklung der Topik, wo er zwischen formaler und inhaltlicher Topik differenziert.

152 *Lothar Bornscheuer,* Topik. Zur Struktur der gesellschaftlichen Einbildungskraft, Frankfurt/Main 1976, S. 117 ff.

gegebene Gegenstände überzuwechseln und nicht mehr bei der bloßen Verständigung über den ‚Sinn von Aussagen' (logoi) stehen zu bleiben."[153]

Soweit BORNSCHEUER damit darauf zielt, dass die aristotelische Topik als vorwissenschaftliches Verfahren der Problemerörterung konzipiert ist und „schulmäßig tradierte detaillistische Topoikataloge", die in ihrer inventorischen Bedeutsamkeit hinter einer Allgemeintopik zurückbleiben, einer solchen zu ihrer Ergänzung deshalb weiterhin bedürfen[154], ist VIEHWEG nichts Substantielles entgegengesetzt. Denn der Umstand, „daß die Topik an den umgangssprachlichen und vorwissenschaftlichen Argumentationsbereich (doxa) gebunden bleiben muß"[155], steht deren Wirksamkeit im Bereich der Jurisprudenz nach VIEHWEG nicht entgegen. Umgekehrt resultiert nach VIEHWEG die Bedeutsamkeit topischen Denkens innerhalb der Jurisprudenz eben daraus, dass es eine solche Rückbindung leistet. Entsprechend hebt VIEHWEG auch hervor, dass die Topik zwar Gegenstand rechtswissenschaftlicher Reflexion sein sollte, sich aber nicht selbst zu einer wissenschaftlichen Methode erheben lässt.

Darüber hinaus meint BORNSCHEUER aber offenbar, dass der erfinderische Geist der Topik mit der „durch zwei Jahrtausende stetig fortentwickelten juristischen Methodologie" – also der juristischen Systematik – grundsätzlich nicht vereinbar sei. Eine Deutung des juristischen Denkens als Topik verkenne die eigentliche Besonderheit des aristotelischen Ansatzes, „nämlich die dem Topos selbst innewohnende ambivalente Unruhe zwischen Methodenanspruch und Methodenverzicht, wenn man so will: zwischen ganzheitlicher ‚System'- und okkasioneller ‚Problem'-Relevanz"[156]. Diese Kennzeichnung der Topik macht nun allerdings sichtbar, dass BORNSCHEUERS Kritik tatsächlich nicht VIEHWEGS Topik-Verständnis betrifft, sondern sein Verständnis der

---

153 Zitiert bei *Lothar Bornscheuer,* Topik. Zur Struktur der gesellschaftlichen Einbildungskraft, Frankfurt/Main 1976, S. 117 (*Aristoteles,* Rhetorik, I, 4 1359b).

154 Vgl. *Lothar Bornscheuer,* Topik. Zur Struktur der gesellschaftlichen Einbildungskraft, Frankfurt/Main 1976, S. 62 ff., 118 f.

155 Vgl. *Lothar Bornscheuer,* Topik. Zur Struktur der gesellschaftlichen Einbildungskraft, Frankfurt/Main 1976, S. 122.

156 *Lothar Bornscheuer,* Topik. Zur Struktur der gesellschaftlichen Einbildungskraft, Frankfurt/Main 1976, S. 119.

Jurisprudenz. Denn wenn BORNSCHEUER hier die dem Topos innewohnende „Unruhe zwischen Methodenanspruch und Methodenverzicht" hervorhebt, dann scheint er sich durchaus im Einklang mit VIEHWEG zu befinden, der von Bindung und Beweglichkeit spricht und betont, die Bedeutung der Topoi liege darin, „erst einmal ein bestimmtes Verständnis festzulegen und aufzubauen", zugleich aber auch „neue Verständnismöglichkeiten zu erschließen"[157]. Indem BORNSCHEUER ohne wieteres annimmt, eine solche „Unruhe" stehe im Widerspruch zur juristischen Methodologie, setzt er voraus, was es nach VIEHWEG gerade zu hinterfragen gilt, nämlich den „systematischen" Charakter des juristischen Denkens.

d) Vicos Topik-Verständnis und die Unterscheidung alter und neuer Studienart

Es bleibt darauf hinzuweisen, dass VIEHWEGS Deutung der Topik als Techne des Problemdenkens, das sich in der Art, in der es sich seine Prämissen beschafft und an diesen festhält, von einem deduktiv-systematischen Denken unterscheiden lässt, maßgeblich durch Überlegungen VICOS angestoßen wurde. VIEHWEG weist darauf in der Einleitung und im ersten Abschnitt von „Topik und Jurisprudenz" ausdrücklich hin. Während sich nun zahlreiche Kritiker VIEHWEGS damit auseinandersetzen, ob VIEHWEGS Bezugnahme auf die Unterscheidung HARTMANNS zwischen aporetischer und systematischer Denkweise mit einem topischen Ansatz vereinbar sei[158], bleibt der Rückgriff auf VICO meist außer Betracht.[159] Dies ist bedauerlich, da sich mit dem Hinweis auf VICO die maßgebliche Weichenstellung für die Gedankenführung VIEHWEGS und seine Betrachtung der Topik verbindet.

---

[157] *Theodor Viehweg,* Topik und Jurisprudenz, Ein Beitrag zur rechtswissenschaftlichen Grundlagenforschung, 5. Aufl., München 1974, S. 41 f.; vgl. auch S. 77: „Wie wir sahen, hat die Topik große Verdienste um die Jurisprudenz. Aber wir sahen überdies, dass es auch sie ist, die die Jurisprudenz nicht zur Methode werden lässt, wen man Methode nur ein Verfahren nennt, das logisch streng nachprüfbar ist. (Sie) ist hiernach keine Methode, sondern ein Stil. Dieser ist wie jeder andere Stil sehr viel mehr als gestaltlose Willkür, jedoch weniger als strenge Nachprüfbarkeit."

[158] Dazu noch unten S. 128 ff.

[159] Zu Vico aber *Martin Kriele,* Theorie der Rechtsgewinnung, entwickelt am Problem der Verfassungsinterpretation, 2. Aufl., Berlin 1976, S. 125 ff.

VICO geht es in seiner von VIEHWEG vorrangig herangezogenen Schrift „De nostri tempore studiorum ratione" um die „Versöhnung der modernen und antiken Studienart"[160]. Als solche unterscheidet VICO zwei wissenschaftliche Methoden (scientiarum instrumenta), nämlich eine rhetorische (topische) und eine neue, die er als kritische charakterisiert. Die eine bildet antikes Erbgut, die andere meint den sog. Cartesianismus.[161] Die neue Methode kennzeichnet, dass sie bei einem *primum verum* ansetzt und daraus möglichst lange Kettenschlüsse entwickelt. Die alte Studienart dagegen nimmt ihren Ausgangspunkt beim *sensus communis*, wechselt im Weiteren nach Maßgabe der Topik die Gesichtspunkte und entwickelt eine Fülle von Syllogismen. VICOS Beurteilung beider Studienarten fasst VIEHWEG wie folgt sehr drastisch zusammen: „Die Vorteile der neuen Studienart liegen nach VICO in der Schärfe und Genauigkeit des Gedankens (falls das *primum verum* ein *verum* ist); die Nachteile scheinen aber zu überwiegen, nämlich Verlust an kluger Einsicht, Verkümmerung der Phantasie und des Gedächtnisses, Dürftigkeit der Sprache, Unreife des Urteils, kurz: Depravierung des Menschlichen. Das alles aber verhindert nach VICO die alte rhetorische Methode und insbesondere ihr Kernstück die rhetorische Topik. Sie vermittelt humane Klugheit, schult Phantasie und Gedächtnis und lehrt, einen Sachverhalt von sehr verschiedenen Seiten zu betrachten. (...) Man muß, meint VICO, die alte topische Denkart der neuen vorschalten, denn diese kommt in Wirklichkeit ohne jene gar nicht durch (diss. III, Abs. 2 u. 3)"[162]. Die letztlich aber angestrebte Versöhnung beider Methoden findet VICO darin, sie unterschiedlichen Bereichen zuzuordnen: „Wer nicht zum Physiker oder Mechaniker, sondern zum Dienst an der Allgemeinheit ausgebildet wird, sei es für das Gericht, oder den Senat oder die Kirche, der soll sich bei den Studien der neueren Methode weder als Knabe noch für längere Zeit aufhalten (...), die Topik soll er pflegen, (...) so daß er jeweils das Ansprechendere und Wahrscheinlichere trifft, damit nicht, alles

---

[160] *Gian Battista Vico,* Vom Wesen und Weg der geistigen Bildung (De nostri temporis studiorum ratione, 1708), deutsch-lateinische Ausgabe, Godesberg 1947. Zu Vicos Unterscheidung auch *Jürgen Habermas,* „Die klassische Lehre von der Politik in ihrem Verhältnis zur Sozialwissenschaft", in: Theorie und Praxis, Neuwied/Berlin 1963, S. 13–51, S. 15 ff., 44 f.

[161] Dazu *Theodor Viehweg,* Topik und Jurisprudenz, Ein Beitrag zur rechtswissenschaftlichen Grundlagenforschung, 5. Aufl., München 1974, S. 16.

[162] *Theodor Viehweg,* Topik und Jurisprudenz, Ein Beitrag zur rechtswissenschaftlichen Grundlagenforschung, 5. Aufl., München 1974, S. 17.

in allem, die Modernen gelehrter sind als die Alten, diese aber weiser als wir."[163]

Von Interesse ist dieser Bezug auf VICO vorliegend zunächst deshalb, weil er noch einmal daran erinnert, dass es zu kurz greift, zum Zwecke einer Beurteilung der VIEHWEGschen Überlegungen zur Topik den ursprünglichen aristotelischen Ansatz zum allein entscheidenden Maßstab zu machen. Denn VICO – und ihm – folgend VIEHWEG betrachten die Topik aus einer Perspektive, die sich erst im Kontrast zur „kritischen" Methode eröffnet.[164] Darin, dass diese vergleichende Betrachtung bei VICO entgegen dem Geist seiner Zeit zu einer günstigen Beurteilung der Topik führt, liegt dessen Originalität. Seit BACON und DESCARTES – der in der Topik nicht mehr sah als eine Kunst, die selbst Knaben innerhalb weniger Tage lernen könnten, um über jede Sache zu schwätzen, die aber hochmütig mache und die Vernunft verderbe[165]– war die Topik lange Zeit allgemein verpönt. Dies illustrieren auch die viel zitierten Einschätzungen von KANT, der die Topik als Methode sieht, um „mit einem Schein von Gründlichkeit zu vernünfteln und wortreich zu schwatzen"[166], sowie auch HEGEL, der sie allein „für die Bildung von Rednern und das Schwatzen sehr zweckmäßig"[167] findet. Entgegen dem die Philosophie des 17. Jahrhunderts prägenden mathematischen Erkenntnisideal und dem Bestreben, auch in anderen Bereichen im Wege unantastbarer Beweisführung Gesamtsysteme zu schaffen[168], die auf wenigen sicheren Grundbegriffen ruhen, fragt VI-

---

[163] *Gian Battista Vico,* Vom Wesen und Weg der geistigen Bildung (De nostri temporis studiorum ratione, 1708), deutsch-lateinische Ausgabe, Godesberg 1947, S. 75.

[164] Vgl. dazu *Lothar Bornscheuer,* „Toposforschung? Gewiss! Aber im Lichte des zu Erforschenden. Zum topikgeschichtlichen Paradigmenwechsel bei Vico und Baumgarten", in: *Thomas Schirren, Gert Ueding (Hrsg.)* Topik und Rhetorik. Ein interdisziplinäres Symposium, Tübingen 2000, 275–306, S. 275 ff.

[165] Vgl. Oeuvres de *Descartes,* Paris 1897–1909, Bd. VIII, Teil 2, S. 50 f., zitiert nach *Martin Kriele,* Theorie der Rechtsgewinnung, entwickelt am Problem der Verfassungsinterpretation, 2. Aufl., Berlin 1976, S. 115 Fn. 11.

[166] *Immanuel Kant,* Kritik der reinen Vernunft, S. 268 f., zitiert nach *Martin Kriele,* Theorie der Rechtsgewinnung, entwickelt am Problem der Verfassungsinterpretation, 2. Aufl., Berlin 1976, S. 116 Fn. 12.

[167] *Georg Wilhelm Friedrich Hegel, H. Glockner (Hrsg.),* Werke, Bd. 18, S. 409, zitiert nach *Martin Kriele,* Theorie der Rechtsgewinnung, entwickelt am Problem der Verfassungsinterpretation, 2. Aufl., Berlin 1976, S. 116 Fn. 13.

[168] Dazu *Hans Joachim Störig,* Kleine Geschichte der Weltphilosophie, Frankfurt/Main 1992, S. 313. Zum Versuch des jungen Leibniz, den mathematischen Zeitgeist des 17. Jahrhunderts mit dem tradierten Denkstil der Jurisprudenz in Einklang zu bringen, s. *Theodor Viehweg,* Topik und Jurisprudenz, Ein Beitrag zur rechtswissenschaftlichen Grundlagenforschung, 5. Aufl., München 1974, S. 77 ff.

CO also nach den Vorzügen einer topischen Struktur im Verhältnis zum logischen System. Er verbindet damit allgemeine Überlegungen zum menschlichen Verständnis der Welt und die Verständigung über diese, an die später nicht nur verschiedene philosophische Richtungen des 19. Jahrhunderts, sondern im 20. Jahrhundert auch konstruktivistische Konzeptionen[169] anknüpfen. Auf die Philosophie VICOS und ihre Auswirkungen ist vorliegend zwar nicht näher einzugehen[170], denn VIEHWEG bezieht von diesem nur sein Thema, um sodann, wie er sagt, den historischen VICO zu verlassen.

Jedoch liegt die Vermutung nahe, dass VIEHWEGS Interesse an VICO durchaus Parallelen aufweist zu dem des Konstruktivismus, das hier schlagwortartig als Verhältnis von Erkenntnis, Sprache und Einbildungskraft umrissen sei. Dies gilt es in Betracht zu ziehen, wenn VIEHWEG anmerkt, nach VICO könne man sich ohne die Topik in Wirklichkeit gar nicht orientieren, und dazu feststellt: „Sieht man sich in seinem Sinne um, wird man finden, daß die Topik sehr viel häufiger anzutreffen ist, als man zunächst vermuten möchte. Sie scheint der menschlichen Natur und Situation nicht gänzlich unangemessen zu sein, und es erscheint zumindest geboten, sie nicht ganz außer acht zu lassen, wenn man versucht, sich über menschliches Denken, wo auch immer, Rechenschaft abzulegen.“[171] VIEHWEG geht mit seinem Verständnis der Topik also deutlich über die Vorstellung von einer zielgerichteten und mehr oder minder reflektierten Technik zur plausiblen Lösung gegebener (Sach-)Fragen hinaus. Vielmehr rekonstruiert er die Struktur topischen Denkens vor dem Hintergrund einer allgemeinen Struktur menschlichen Denkens, die er wiederum offenbar wesentlich bestimmt sieht durch die der menschlichen Erkenntnisfähigkeit gezogenen Grenzen einerseits und andererseits dem Bedürfnis

---

[169] Grundlegend etwa *Heinz von Foerster,* Sicht und Einsicht. Versuche einer operationalen Erkenntnistheorie, Braunschweig/Wiesbaden 1985; *Humberto R. Maturana,* Erkennen. Die Organisation und Verkörperung von Wirklichkeit. Ausgewählte Arbeiten zur biologischen Epistemologie, 2. Aufl., Braunschweig/Wiesbaden 1985; *Paul Watzlawick (Hrsg.),* Die erfundene Wirklichkeit, 2. Aufl., München 1985; *Siegfried J. Schmidt (Hrsg.),* Der Diskurs des radikalen Konstruktivismus, 2. Aufl., Frankfurt/Main 1992; Überblick bei *Karin Knorr-Cetina,* „Spielarten des Konstruktivismus“, in: Soziale Welt 1989, S. 86–97, S. 87 ff.

[170] Eine Kurzeinführung gibt *Bertrand Russell,* Denker des Abendlandes. Eine Geschichte der Philosophie, 5. Aufl., München 1997, S. 281 ff., der kritisiert, dass Vico die Bedeutung der Mathematik für die Forschung unterschätzt habe.

[171] *Theodor Viehweg,* Topik und Jurisprudenz, Ein Beitrag zur rechtswissenschaftlichen Grundlagenforschung, 5. Aufl., München 1974, S. 41.

nach einer umfassenden, sinnvollen Weltdeutung.[172] Das topische Verfahren als Erfindungskunst, ausgerichtet am wahr Scheinenden und allgemein Anerkannten, scheint prädestiniert dafür, entsprechende gemeinsame Deutungen zu entwickeln und anzupassen. Es verweist auf die im menschlichen Denken scheinbar tief verwurzelte Tendenz, Widersprüche, Zweifel und Unsicherheiten vorstellungsmäßig zu verarbeiten, auszugleichen oder zu überspielen.

Vor diesem Hintergrund lässt sich die aristotelische Allgemeintopik als ein bereits stark reflektiertes und formalisiertes Verfahren auffassen, das mit einer viel weiter zu fassenden Form allgemeiner Verständigungs- und Orientierungsprozesse korrespondiert, die gerade in bestimmten Bereichen eine Funktion erfüllen, die das Systemdenken nicht übernehmen kann. Nimmt man aber eine solche Form einer intuitiven Alltagstopik an, liegt es nahe, in verschiedensten Lebensbereichen die Herausbildung einschlägiger Topoi zu vermuten, auch ohne dass diese notwendig als solche gekennzeichnet oder katalogisiert würden. So verweist VIEHWEG auf das Vorliegen einer Topik in der Musik und Malerei. Im literarischen Problemkreis, so stellt VIEHWEG im Anschluss an CURTIUS fest, bedeuten „die Topoi immer wiederkehrende leitende Gesichtspunkte, feststehende Themen, schließlich allgemein verwendbare Klischees. Sie geben nicht nur ein bestimmtes Kunst- und Lebensverständnis wieder, sondern helfen es auch aufbauen.“[173] In eine ähnliche Richtung weist in der Soziologie auch das Verständnis von KESTING, der das Konzept einer „sozialen Topik“ für den Bereich der gesellschaftlichen Bewusstseinsbildung entworfen hat.[174]

---

[172] *Gert Ueding,* Klassische Rhetorik, 2. Aufl., München 1996, S. 83: „Die topoi dienen somit der Erschließung der Wirklichkeit und verhelfen den Individuen zu ihrer sozialen und kulturellen Orientierung.“

[173] *Theodor Viehweg,* Topik und Jurisprudenz, Ein Beitrag zur rechtswissenschaftlichen Grundlagenforschung, 5. Aufl., München 1974, S. 37 f.; vgl. *Ernst Robert Curtius,* Europäische Literatur und lateinisches Mittelalter, 11. Aufl., Tübingen/Basel 1993, S. 87 ff. (Kap. 5 „Topik“). Allerdings ist dieses Verständnis innerhalb der neueren Literaturwissenschaft umstritten, vgl. *Lothar Bornscheuer,* Topik. Zur Struktur der gesellschaftlichen Einbildungskraft, Frankfurt/Main 1976, S. 92, der den Topos-Begriff Curtius' „zwischen der Skylla eines historisch-philologischen Positivismus und der Charybdis einer idealistischen Kunstmetaphysik“ ansiedelt. S. auch *Klaus Rehbock,* Topik und Recht. Eine Standortanalyse unter besonderer Berücksichtigung der aristotelischen Topik, München 1988, S. 7.

[174] Vgl. *Hanno Kesting,* „Zur sozialen Topik“, in: *H. Popitz, H. P. Bahrdt, E. A. Jüres, Hanno Kersting (Hrsg.),* Das Gesellschaftsbild des Arbeiters. Soziologische Untersuchungen in der Hüttenindustrie, 1. Aufl., Tübingen 1957, 5. Aufl., Tübingen 1977, S. 81–88 S. 81 ff., der sich ausdrücklich auf Curtius bezieht, dazu wiederum *Lothar Bornscheuer,* Topik. Zur Struktur der gesellschaftlichen Einbildungskraft, Frankfurt/Main (→)

Wenngleich VIEHWEG sich über dahingehende Implikationen und Hintergründe seines Topik-Verständnisses nicht weitergehend äußert, so wird doch deutlich, dass es VIEHWEG bei der Struktur topischen Denkens um mehr geht als um eine etwaige schulmäßige Anwendung des überkommenen topischen Verfahrens in der Jurisprudenz, nämlich um die Strukturen einer „rhetorischen Geistigkeit“[175] und ihrer Bedeutung für das juristische Denken. Man kann diese Ausrichtung hinterfragen, aber man kann sie nicht ignorieren, wenn man sich mit dem Ansatz VIEHWEGS auseinandersetzen will. Dies aber ist etwa OTTE vorzuwerfen, wenn er VIEHWEG entgegenhält, Topik kennzeichne sich durch die Anwendung von Topoikatalogen, da aber die Jurisprudenz solche nicht (mehr) in Gebrauch habe, lasse sie sich auch nicht als topisches Denken auffassen.[176]

2. Topik, Rhetorik und Rationalität in der Jurisprudenz

Nachdem bis hierher versucht wurde, VIEHWEGS Verständnis der allgemeinen Topik nachzuzeichnen, ist im Weiteren zu fragen, inwiefern eine so verstandene Topik zum Verständnis der heutigen Jurisprudenz beitragen kann bzw. welche Bedenken gegen eine topische Betrachtungsweise der Jurisprudenz erhoben werden.

1976, S. 129 ff. Zur Topik aus soziologischer Perspektive ferner *Oskar Negt,* Soziologische Phantasie und exemplarisches Lernen. Zur Theorie der Arbeiterbildung, 1. Aufl., Frankfurt/Main 1968, 7. Aufl., Frankfurt/Main 1981, insb. S. 62 ff.

[175] Vgl. *Theodor Viehweg,* Topik und Jurisprudenz, Ein Beitrag zur rechtswissenschaftlichen Grundlagenforschung, 5. Aufl., München 1974, S. 37.

[176] *Gerhard Otte,* „Zwanzig Jahre Topik-Diskussion: Ertrag und Aufgaben“, in: Rechtstheorie 1 (1970), S. 183–197, S. 186 f., im Hinblick auf dessen Kritik *Lothar Bornscheuer,* Topik. Zur Struktur der gesellschaftlichen Einbildungskraft, Frankfurt/Main 1976, S. 120, anmerkt, dass damit „das Problem weit unter dem Ansatz von Viehweg aufgefasst und erledigt wird“; s. ferner *Arno Bokeloh,* Der Beitrag der Topik zur Rechtsgewinnung, Göttingen 1973, S. 27 ff., sowie *Reinhold Zippelius,* „Problemjurisprudenz und Topik“, in: NJW 1967, S. 2229–2234, S. 2231.

a) Juristische Topoi

Es erscheint hilfreich, zu diesem Zwecke vorab noch einmal zu veranschaulichen, wo sich im Bereich der Jurisprudenz eine Bezugnahme auf Topoi verzeichnen und von einem topischen Denken sprechen lässt.

Mit VIEHWEG ist dahingehend zunächst auf die Schlussformen der sog. „juristischen Logik“[177] zu verweisen, die fast vollständig der aristotelischen „Topik“ entstammen[178]. So behandelt schon ARISTOTELES den Analogieschluss (argumentum a simili)[179], die Lehre vom Gegensatz, die weitgehend dem Umkehrschluss (argumentum e contrario)[180] entspricht, sowie die Topoi vom Mehr oder Minder, die heute als *argumentum a maiore ad minus* und *argumentum a minore ad maius* (argumentum a fortiori)[181] geläufig sind[182]. Die aristotelischen Topoi der Identität und der Widerspruchsfreiheit korrespondieren mit dem Gebot der Methodenlehre, die „obersten Denkgesetze“ zu beachten.[183] Auch im Hinblick auf den sog. juristischen Auslegungskanon[184] finden sich Entsprechungen bei ARISTOTELES: Der Topos der „Rückführung eines Begriffs auf seinen ursprünglichen Bedeutungsgehalt“ ist mit der grammatischen Auslegung vergleichbar, der Topos der „Idee des Dinges“ ist der teleologischen Auslegung ähnlich, und die Topoi, die den jeweiligen gedanklichen Zusammenhang bzw. die richtige Zuordnung und Gliederung betonen, weisen

---

177 Zu diesem Begriff *Ulrich Klug,* Juristische Logik, 4. Aufl., Berlin u. a. 1982, S. 7.

178 Vgl. *Theodor Viehweg,* Topik und Jurisprudenz, Ein Beitrag zur rechtswissenschaftlichen Grundlagenforschung, 5. Aufl., München 1974, S. 40; ferner *Klaus Rehbock,* Topik und Recht. Eine Standortanalyse unter besonderer Berücksichtigung der aristotelischen Topik, München 1988, insbes. S. 68 ff., der ausführlich untersucht, welche der bereits von Aristoteles behandelten Topoi in der gegenwärtigen juristischen Praxis anzutreffen sind.

179 *Aristoteles,* Topik, II. 10. 1.; Top. IV. 4. 1. ff.

180 *Aristoteles,* Topik, II. 7.; Top. II. 8.

181 *Aristoteles,* Topik, II. 11. 1. ff.

182 *Klaus Rehbock,* Topik und Recht. Eine Standortanalyse unter besonderer Berücksichtigung der aristotelischen Topik, München 1988, S. 70 f., weist darauf hin, dass das *argumentum ad absurdum* zwar nicht in der „Topik“, wohl aber in den „Sophistischen Widerlegungen“ behandelt wird.

183 Dazu *Klaus Rehbock,* Topik und Recht. Eine Standortanalyse unter besonderer Berücksichtigung der aristotelischen Topik, München 1988, S. 71 m. w. N.

184 Vorherrschend ist die Vierteilung in „grammatische“ Auslegung, d. h. nach dem Wortlaut der Norm, „systematische“ Auslegung, d. h. aus dem ihrem Zusammenhang, „historische“ Auslegung, d. h. aus ihrer Entstehungsgeschichte, und „teleologische“ Auslegung, also nach Sinn und Zweck, vgl. nur *Karl Larenz,* Methodenlehre der Rechtswissenschaft, 6. Aufl., Berlin u. a. 1991, 6. Aufl., S. 319 ff.

Parallen zur systematischen Auslegung auf.[185] Das Instrumentarium der etablierten juristischen Methodenlehre stellt sich insoweit also als Zusammenstellung juristisch anerkannter und bewährter Topoi dar. Entsprechend erfolgt ihr Einsatz nicht mit logischer Zwangsläufigkeit. Ob etwa die eine oder andere Schlussform – z. B. Analogie oder Umkehrschluss – zur Anwendung gelangt, bestimmt sich bekanntlich nicht nach Maßgabe logischer Regeln, sondern aufgrund wertender Erwägungen.[186] Auch unterliegt die Heranziehung und Gewichtung der verschiedenen Auslegungskriterien bekanntermaßen keinen allgemein feststehenden Regeln.[187] Mithin kann ein solches Instrumentarium zwar als Hilfestellung bei der Gewinnung plausibler Problemlösungen dienen, ist aber nicht geeignet, zwingende und eindeutige Ergebnisse herbeizuführen.

Korrespondierend dazu ist auf einen weiteren aristotelischen Topos zu verweisen, der in der juristischen Praxis eine wichtige Rolle spielt, nämlich den Gesichtspunkt der „Mehrfachbegründung“[188]. Im Rahmen eines streng logischen Verfahrens wäre es unnötig und sinnlos, zur Stützung einer Aussage, die zwingend folgt, noch weitere Gründe anzuführen.[189] Anders verhält es sich im topisch-dialektischen Bereich, wo sich ein Ergebnis durch die Angabe unterschiedlicher Gründe besser und sicherer begründen lässt. Bezeichnend für die Selbstverständlichkeit juristischer Mehrfachbegründungen ist ein Beispiel von DIEDERICHSEN, das dieser einem Lehrbuch zum Sachenrecht von WESTERMANN entnimmt und das die Frage betrifft, ob für die Annahme eines

---

[185] Dazu *Klaus Rehbock,* Topik und Recht. Eine Standortanalyse unter besonderer Berücksichtigung der aristotelischen Topik, München 1988, S. 71 ff., 80 m. w. N.

[186] *Norbert Horn,* „Zur Bedeutung der Topiklehre Theodor Viehwegs für eine einheitliche Theorie des juristischen Denkens“, in: NJW 1967, S. 601–608, S. 604; *Klaus Rehbock,* Topik und Recht. Eine Standortanalyse unter besonderer Berücksichtigung der aristotelischen Topik, München 1988, S. 69, 77, jeweils m. w. N.

[187] Zur Uneinheitlichkeit in Theorie und Praxis insoweit schon *Werner Krawietz,* „Welche Methode lehrt die juristische Methodenlehre?“, in: JuS 1970, S. 425–432, S. 430; ferner *Hans-Martin Pawlowski,* Methodenlehre für Juristen, 3. Aufl., Heidelberg 1999, Rn. 7; *Ulrich Schroth,* Theorie und Praxis subjektiver Auslegung im Strafrecht, Berlin 1983, S. 78 ff.; *Arthur Kaufmann,* Das Verfahren der Rechtsgewinnung. Eine rationale Analyse, München 1999, S. 37. Zur methodologischen Praxis des BVerfG Beispiele bei *Konrad Hesse,* Grundzüge des Verfassungsrechts der Bundesrepublik Deutschland, 20. Aufl., Heidelberg 1995, Rn. 58.

[188] Zum Nutzen der Nennung vieler verschiedener Gründe *Aristoteles,* Topik, II. 5.; vgl. zur Mehrfachbegründung in der Jurisprudenz *Winfried Hassemer,* Tatbestand und Typus. Untersuchungen zur strafrechtlichen Hermeneutik, Köln u. a. 1968, S. 61.

[189] S. schon *Wolfgang Wieland,* „Aristoteles als Rhetoriker und die exoterischen Schriften“, in: Hermes 86 (1958), S. 323–346, S. 335.

Besitzmittlungsverhältnisses im Sinne von § 868 BGB ein wirksames Rechtsverhältnis erforderlich ist oder ob es genügt, dass das Besitzmittlungsverhältnis ernstlich gewollt ist und ein Herausgabeanspruch besteht.[190] Nach DIEDERICHSEN bildet WESTERMANNS Lösung, wonach es nur auf den Willen des unmittelbaren Besitzers ankommen soll, eine Demonstration systematischen Denkens, nämlich „insofern, als er sie aus dem Wesen des Besitzes als (reiner) Sachherrschaft ableitet. (...) Erst im Anschluß an diese begriffliche Deduktion wird die Lösung am Interessengegensatz kontrolliert, wobei WESTERMANN zu dem Ergebnis kommt, daß seine Auffassung zu einer interessengemäßen Ausdehnung der Friedensschutzwirkungen führt."[191] Zutreffend hat indes bereits HORN darauf hingewiesen, dass DIEDERICHSEN „damit ungewollt ein Beispiel für topisches Argumentieren" in Form der Mehrfachbegründung gibt.[192] Zugleich ist im Übrigen auch die Durchführung einer „Ergebniskontrolle" im Anschluss an eine begriffliche Deduktion für topisches Denken bezeichnend.

Neben dem Gebrauch der genannten, bereits von ARISTOTELES behandelten Allgemeintopoi finden im Bereich der Jurisprudenz aber auch fachlich approbierte, d. h. insbesondere auch materiale Topoi Verwendung.[193] Eine Sammlung solcher juristischen Fachtopoi hat allen voran Gerhard STRUCK

[190] *Uwe Diederichsen,* „Topisches und systematisches Denken in der Jurisprudenz", in: NJW 1966, S. 697–705, S. 698, unter Bezugnahme auf *Harry Westermann,* Sachenrecht, 4. Aufl., Karlsruhe 1960.

[191] *Uwe Diederichsen,* „Topisches und systematisches Denken in der Jurisprudenz", in: NJW 1966, S. 697–705, S. 698.

[192] *Norbert Horn,* „Zur Bedeutung der Topiklehre Theodor Viehwegs für eine einheitliche Theorie des juristischen Denkens", in: NJW 1967, S. 601–608, S. 604. Weiteres Beispiel: Westermann vertritt, dass ein Sicherungsnehmer im Falle der Zwangsvollstreckung gegen den Sicherungsgeber keine Widerspruchsklage nach § 771 ZPO erheben, sondern nur vorzugsweise Befriedigung nach § 805 ZPO verlangen kann. *Uwe Diederichsen,* „Topisches und systematisches Denken in der Jurisprudenz", in: NJW 1966, S. 697–705, S, 698, meint, dass Westermann, indem er den Begriff der Sicherungsübereignung im Hinblick auf den besonderen Übereignungszweck abweichend von dem der allgemeinen Eigentumsübertragung bestimme, die Anwendung des § 805 ZPO mit dem spezifischen Sicherungsübereignungszweck systematisch begründen könne. *Norbert Horn,* „Zur Bedeutung der Topiklehre Theodor Viehwegs für eine einheitliche Theorie des juristischen Denkens", in: NJW 1967, S. 601–608, S. 606, betont dagegen, dass Westermann gerade nicht deduzierend vorgehe (also aus den allgemeinen Rechtsgrundsätzen der Eigentümerstellung die Anwendung des § 771 ZPO ableite), sondern auf einen Aspekt abstelle, der sich erst unter Berücksichtigung der besonderen Problemlage ergebe (Sicherungszweck).

[193] Zu dieser Unterscheidung bereits oben S. 58 f.

vorgelegt.[194] Die von ihm erstellte Liste umfasst 64 Topoi, verstanden als Standardargumente, die häufig und in unterschiedlichen rechtlichen Zusammenhängen auftauchen, z. B.: *Lex posterior derogat legi priori*; Verbot des Richters in eigener Sache; Kompensation; *Nemo plus iuris transferre potest quam ipso haberet*; Wer begünstigt, benachteiligt auch; *Casum sentit dominus*; Veranlassungsprinzip; Priorität; Privatautonomie; *Venire contra factum proprium*; Sachwidrigkeit; Verkehrsschutz; Verhältnismäßigkeit; Praktikabilität; Verwirkung; Unzumutbares darf nicht verlangt werden; Rechtssicherheit.[195] Ferner versucht STRUCK, die Eigenschaften solcher juristischen Topoi näher zu bestimmen. Für kennzeichnend hält er zunächst, dass sie ungeachtet ihrer fachspezifischen Formulierung dem Kerngehalt nach auch außerhalb der Jurisprudenz geläufig seien, also die Allgemeinheit ihrer Geltung (z. B.: *Casum sentit dominus* = Pech gehabt!; Priorität = Wer zuerst kommt, mahlt zuerst).[196] Weiter seien Topoi „überzeugend – vernünftig – gerecht", und zwar in dem Sinne, dass sie an Richtigkeitsvorstellungen appellierten, denen niemand ernsthaft widersprechen kann (wer wollte Unverhältnismäßiges, Unzumutbares oder Unpraktikables fordern?).[197] Ferner zeichneten sich Topoi durch ihr Durchsetzungsvermögen aus, nämlich eine Tendenz zur Erweiterung ihres Anwendungsbereichs.[198] Konstruktiv könne dies im Wege von Analogien geschehen, aber etwa auch dadurch, dass man erwünschte Topoi zur Interpretation von Normen oder Verträgen heranziehe und selbst Tatbeständen mit einem geschlossenen Kreis von Merkmalen implementiere.[199]

---

[194] *Gerhard Struck,* Topische Jurisprudenz. Argument und Gemeinplatz in der juristischen Arbeit, Frankfurt/Main 1971, passim. Vgl. auch die kritische Bestandsaufnahme zum Begriff des juristischen Topos bei *Jürgen Rödig,* Die Denkform der Alternative in der Jurisprudenz, Berlin u. a. 1969.

[195] *Gerhard Struck,* Topische Jurisprudenz. Argument und Gemeinplatz in der juristischen Arbeit, Frankfurt/Main 1971, S. 20 ff.

[196] *Gerhard Struck,* Topische Jurisprudenz. Argument und Gemeinplatz in der juristischen Arbeit, Frankfurt/Main 1971, S. 35 ff., 72.

[197] Ihre Abstraktheit berge dabei zugleich die Gefahr einer manipulativen, nämlich zu undifferenzierten und suggestiven Verwendung, vgl. *Gerhard Struck,* Topische Jurisprudenz. Argument und Gemeinplatz in der juristischen Arbeit, Frankfurt/Main 1971, S. 38 f.

[198] *Gerhard Struck,* Topische Jurisprudenz. Argument und Gemeinplatz in der juristischen Arbeit, Frankfurt/Main 1971, S. 39 ff. Ein Beispiel bilde der Topos der Verhältnismäßigkeit, der von Juristen zum Verfassungsrecht erhoben worden sei und zudem etwa als Kriterium einer „gebotenen" Verteidigung im Rahmen der Notwehr gemäß § 32 StGB auftauche.

[199] Als Beispiel benennt Struck eine Entscheidung des OLG Stuttgart, NJW 1969, S. 1777, in der eine Anwendbarkeit von § 132 Abs. 1 Nr. 1 StGB verneint wird, weil im konkreten Fall das unbefugte Führen der *(→)*

Charakteristisch sei außerdem die Vagheit und wechselseitige Durchdringung juristischer Topoi.[200] Inhalt und Tragweite der einzelnen Topoi blieben meist unbestimmt. Kein Topos gelte absolut, vielmehr überschneide und begrenze sich die Gesamtheit der Topoi gegenseitig, was im Privatrecht etwa im Hinblick auf das Verhältnis von Privatautonomie, Verbraucherschutz, Verkehrsschutz, Minderjährigenschutz usw. deutlich werde. Schließlich verweist STRUCK auf die praktische Brauchbarkeit juristischer Topoi, die aus ihrer Problembezogenheit resultiere und sich vor allem bei der Erfassung von Zweifelsfällen erweise.[201]

Freilich sind die von STRUCK angeführten Merkmale nicht definitorisch gemeint und bleiben als Abgrenzungskriterien unscharf. Ebenso vermag STRUCKS juristischer Topoikatalog keine Vollständigkeit zu beanspruchen, es kommen sowohl Ergänzungen als auch abweichende Akzentuierungen in Betracht.[202] Gleichwohl lässt sich im Hinblick auf die Wirkungsweise juristischer Topoi demnach jedoch festhalten, dass diese nicht nur dann relevant werden, wenn es um die Schließung sog. Regelungslücken, die Konkretisierung wertausfüllungsbedürftiger Begriffe und Generalklauseln oder darum geht, „im Ansturm der täglichen Arbeit“ und „in Ermangelung methodisch gesicherter Überlegungen“ ausnahmsweise einen argumentativen Notbehelf

---

Dienstbezeichnung Major die „Interessen der Allgemeinheit“ nicht berührt habe. Vgl. ferner schon die Beispiele bei *Wilhelm A. Scheuerle*, „Finale Subsumtionen. Studien über Tricks und Schleichwege in der Rechtsanwendung“, in: AcP 167 (1967), S. 305–349, S. 305 ff.

[200] *Gerhard Struck*, Topische Jurisprudenz. Argument und Gemeinplatz in der juristischen Arbeit, Frankfurt/Main 1971, S. 46 ff., 55 ff.

[201] Dazu *Gerhard Struck*, Topische Jurisprudenz. Argument und Gemeinplatz in der juristischen Arbeit, Frankfurt/Main 1971, S. 58 ff. Eine praktische Funktion sieht Struck zugleich darin, dass sich anhand von Topoi rekonstruieren lasse, welche Überlegungen hinter der Verwendung bestimmter Systemelemente stünden, etwa im Hinblick auf eine „Zweckkonstruktion“ wie dem Vertrag mit Schutzwirkung zugunsten Dritter, die die Rechtsprechung erfunden habe, um systemwidrige Rechtsfolgen zu ermöglichen.

[202] Als Topoi lassen sich etwa auch die in § 46 Abs. 2 StGB aufgezählten Strafzumessungsgesichtspunkte auffassen, obwohl sich ihre Bedeutung nur auf ein Rechtsgebiet beschränkt, oder die Auflistung typischer Fallgruppen in Kommentaren zu § 242 BGB (z. B. *Helmut Heinrichs*, in: *Palandt*, BGB-Kommentar, § 242, Rn. 42 ff.: Unredlicher Erwerb der eigenen Rechtsstellung; Verletzung eigener Pflichten; Fehlen eines schutzwürdigen Eigeninteresses; Geringfügige Interessenverletzung, Unverhältnismäßigkeit; Widersprüchliches Verhalten). Letztlich ist insoweit immer auf Funktion und Verwendungsweise eines Gesichtspunktes abzustellen; vgl. auch *Arno Bokeloh*, Der Beitrag der Topik zur Rechtsgewinnung, Göttingen 1973, S. 30 (Funktion „*per omnes locos tractare*“); vgl. ferner *Klaus Rehbock*, Topik und Recht. Eine Standortanalyse unter besonderer Berücksichtigung der aristotelischen Topik, München 1988, S. 124 ff.

zu finden.[203] Zugleich impliziert die Heranziehung von Topoi keineswegs, dass sich eine Entscheidung im Verweis auf bloße Schlagworte erschöpft.[204] Vielmehr eröffnen Topoi Optionen für die Arbeit am und mit dem Gesetz, und zwar immer schon dann, wenn in einer schulmäßigen Lösungsskizze ein „(P)“ notiert wird. VIEHWEG verdeutlicht das, indem er darlegt, dass selbst die Verwendung „scheinbar rein rechtstechnischer Begriffe“ im Rahmen der Rechtsanwendung regelmäßig die „Einschaltung einer zusätzlichen Deutung“ erfordert[205]: Zu dem Ergebnis etwa, dass eine „Willenserklärung“ angefochten und der Vertrauensschaden bezahlt werden muss, obwohl von vornherein kein „Erklärungswille“ vorlag, gelangt man nur durch Berücksichtigung des anerkannten Topos „Vertrauensschutz“[206]. Entsprechend verhält es sich bei anderen gesetzlichen Begriffen, deren konkrete juristische Bedeutung im Hinblick auf Gesichtspunkte wie Zumutbarkeit, Erkennbarkeit, Interessenlage oder Erfordernisse des Wirtschafts- und Warenverkehrs bestimmt wird.[207] Da-

---

[203] So *Uwe Diederichsen,* „Topisches und systematisches Denken in der Jurisprudenz“, in: NJW 1966, S. 697–705, S. 703 f.

[204] *Uwe Diederichsen,* „Topisches und systematisches Denken in der Jurisprudenz“, in: NJW 1966, S. 697–705, S. 703, hebt zunächst zutreffend hervor, dass es niemandem einfiele, allein mit topischen Wendungen wie: „Wer den guten Tropfen genießt, muss auch den bösen genießen“ oder „Wer zuerst kommt, mahlt zuerst“ moderne Rechtsfälle zu lösen. Dabei bestreitet er nicht, dass solche Gesichtspunkte der Sache nach auch in juristischen Diskussionen wirksam werden. Nur geschehe das in spezifisch rechtlicher Form: „Wer den guten Tropfen genießt (...)“ tauche etwa in Gestalt der bereicherungsrechtlichen „Saldotheorie“ auf, „Wer zuerst kommt (...)“ in Form des Prioritätsprinzips. Problematisch ist dann allerdings Diederichsens Folgerung, dass damit der topische Charakter entfalle. Zur Begründung führt er aus, dass die Qualität und der Anwendungsbereich von Topoi unsicher sei. Zum Prinzip oder zur Theorie könnten dagegen nicht beliebige Gesichtspunkte erhoben werden, sondern nur „objektive Rechtsgedanken“, deren Anwendbarkeit durch ihren Sinngehalt beschränkt werde. So sei etwa die Saldotheorie nur bei der Abwicklung nichtiger gegenseitiger Verträge anwendbar und nicht übertragbar auf andere Verhältnisse, in denen sich Anspruch und Verpflichtung gegenüberstünden. Dazu nur folgende Bemerkungen; Zum einen findet der Gesichtspunkt „Wer zuerst kommt (...)“ – d. h. der Gedanke der Kompensation oder Vorteilsausgleichung – im Bereicherungsrecht keineswegs einen abgeschlossenen Anwendungsbereich. Zum anderen lässt Diederichsen offen, woran er die „Objektivität“ festmacht, die er dem einem Prinzip oder einer Theorien innewohnenden Rechtsgedanken beimisst. Diederichsens Versuch, Rechtsgedanken von bloßen Topoi im Hinblick auf Qualität und Anwendungsbereich abzugrenzen, bleibt vielmehr Postulat.

[205] *Theodor Viehweg,* Topik und Jurisprudenz, Ein Beitrag zur rechtswissenschaftlichen Grundlagenforschung, 5. Aufl., München 1974, S. 101 f., 104, mit Bezug auf *Esser*, Elementi di diritto naturale nel pensiero guiridico dogmatico, in: Nuova Rivista die Diritto commerciale, Diritto dell'economia, Diritto sociale, Anno V (1952), S. 11 ff.

[206] Schulfall Trierer Weinversteigerung: Ein Ortsfremder winkt auf der Versteigerung durch Erheben der Hand seinem Freund zu. Er weiß nicht, dass sein Verhalten hier die Abgabe eines höheren Kaufangebots bedeutet.

[207] So ist z. B. die Echtheit eines Kunstwerks als „Eigenschaft“ einer Sache im Sinne des § 119 Abs. 2 BGB zu beurteilen, nicht aber sein Wert.

hingehend kann schließlich auch auf die Ausführungen von Thomas-Michael SEIBERT verwiesen werden, der – angeregt durch VIEHWEG – das Verhältnis von Fall, Regel und Topos anhand von Urteilsanalysen näher bestimmt hat.[208]

b) Endoxa und Geltung juristischer Prämissen

Vor diesem Hintergrund gilt es nun, einen Einwand zu betrachten, der einem topischen Verständnis der Jurisprudenz mit besonderem Nachdruck entgegengehalten wird, und den etwa CANARIS kurz und bündig wie folgt formuliert: „(…) was geltendes Recht ist, welcher Gesichtspunkt also jeweils verbindlich ist, bestimmt sich i. d. R. eben nicht nach dem ‚common sense' oder der ‚Meinung aller oder der meisten oder der Weisesten', sondern nach objektivem Recht."[209] Ein topisches Verständnis des Rechts spreche deshalb „jeder juristischen Geltungslehre Hohn": Denn „ein Gesetz ‚gilt' auch dann, wenn es nicht von der Meinung ‚aller oder der meisten oder der Weisesten' getragen ist, und umgekehrt kann die Meinung ‚aller oder der meisten oder der Weisesten' durchaus falsch sein, d. h. etwas verkünden, was keineswegs geltendes Recht ist".[210]

CANARIS wirft VIEHWEG hier also vor, geltendes Recht und unverbindliches Meinen gleichzusetzen und damit das Gesetzesbindungspostulat zu missachten.[211] So einfach lässt sich VIEHWEGS These von der topischen Struktur des juristischen Denkens allerdings nicht erledigen.

---

[208] Dazu *Th.-M. Seibert,* Fall, Regel und Topos, in: *ders., O. Ballweg (Hrsg.),* Rhetorische Rechtstheorie, FS Viehweg, Freiburg/München 1982, 321 ff.; *ders.,* Grundlagen der Urteilsanalyse: Fall, Regel und Topos, in: *Feldner, Forgó (Hrsg.),* Norm und Entscheidung. Prolegomena zu einer Theorie des Falls, Wien/New York 2000, S. 127 ff. Die Orientierung an juristischen Topoi als Gesichtspunkten mittlerer Reich- und Abstraktionsweite – wie Gleichbehandlung, Priorität, Umweltverträglichkeit oder Kompensation – erleichtert es – Seibert zufolge – Einzelumstände des Fallgeschehens als rechtserhebliche Daten so auszuwählen, dass sie die Geltung einer Regel gleichzeitig plausibel machen und absichern.

[209] *Claus-Wilhelm Canaris,* Systemdenken und Systembegriff in der Jurisprudenz: entwickelt am Beispiel des deutschen Privatrechts, 2. Aufl. Berlin 1983, S. 144.

[210] *Claus-Wilhelm Canaris,* Systemdenken und Systembegriff in der Jurisprudenz: entwickelt am Beispiel des deutschen Privatrechts, 2. Aufl. Berlin 1983, S. 145.

[211] Vgl. ferner *Werner Flume,* „Richter und Recht. Schlussvortrag", in: Verhandlungen des 46. Deutschen Juristentages, Bd. II, München/Berlin 1967, Teil K, S. 1–35, S. 29 ff., S. 34 Fn. 85; *Uwe Diederichsen,* „Topisches und systematisches Denken in der Jurisprudenz", in: NJW 1966, S. 697–705, S. 702 f.; *Friedrich* *(→)*

Zunächst geht es VIEHWEG gar nicht darum, ob das Gesetzesbindungspostulat beachtet werden sollte, sondern inwieweit es sich realisieren lässt.[212] Nach VIEHWEGS Ansatz ergibt sich also keineswegs, dass eine Bezugnahme auf gesetzliche Vorgaben innerhalb juristischer Entscheidungsprozesse schlichtweg aufzugeben und etwa die beliebige Bezugnahme auf einen unspezifischen „common sense" vorzugswürdig sei. Er besagt aber auch nicht, dass den gesetzlichen Vorgaben faktisch keine Bedeutung zukomme. Nur ist das Verhältnis von Rechtssätzen und meinungsmäßigen Sätzen komplizierter als CANARIS mit seiner Entgegensetzung zu suggerieren sucht. Denn die Topik erlangt nach VIEHWEG innerhalb der Jurisprudenz gerade deshalb Relevanz, weil sich der Inhalt des „objektiven Rechts" regelmäßig nicht eindeutig bestimmen lässt, sondern verschiedene, mehr oder minder „vertretbare" Lösungen, oder: Meinungen, in Betracht kommen.

Zur Verdeutlichung ist noch einmal bei VIEHWEGS Überlegung anzusetzen, wonach die Anwendung des topischen Verfahrens in einem umgrenzten Problembereich offenbar zur Herausbildung einer Fachtopik führt. Ausgehend von allgemeinen Topoi und allgemeinen Überzeugungen entwickeln sich demnach im Laufe der Zeit spezifische inhaltliche Topoi und etablierte Meinungen zu fachspezifisch wiederkehrenden Fragestellungen. Diese bilden sodann ihrerseits Grundlage und Anreiz für Systematisierungsversuche. Vor diesem Hintergrund betrachtet, lässt sich die bestehende Rechtsordnung als positivierter Systementwurf auffassen. Die darin enthaltenen Sätze und Begriffe schaffen eine gemeinsame Ausgangsgrundlage für die Beantwortung rechtlicher Fragestellungen und ersetzen damit den unmittelbaren und expliziten Rückgriff auf den „common sense" als materielle Entscheidungsbasis. Gleichwohl unterliegen sie VIEHWEGS Rekonstruktion zufolge weiterhin einer permanenten Anpassung und Interpretation im Wege der Topik, sie fungieren

---

Müller, Normstruktur und Normativität. Zum Verhältnis von Recht und Wirklichkeit in der juristischen Hermeneutik, entwickelt an Fragen der Verfassungsinterpretation, Berlin 1966, S. 59.

[212] Treffend insoweit *Martin Kriele,* Theorie der Rechtsgewinnung, entwickelt am Problem der Verfassungsinterpretation, 2. Aufl., Berlin 1976, S. 149, These Nr. 1: „Die These ‚Juristisches Denken ist topisch' will besagen, es sei unentrinnbar so, man könne sich nicht dafür oder dagegen entscheiden, sondern sich nur im klaren oder im unklaren darüber sein. Deshalb ist die sich als Einwand verstehende Frage, ob juristisches Denken topisch sein solle oder sein dürfe, sinnlos."

also gleichsam als fachlich approbierte Endoxa[213]: Führen sie zu einer Lösung, die eindeutig erscheint, so wird, wie ARISTOTELES sagt, niemand „ein Problem aus etwas machen, was allen oder den meisten einleuchtet“[214]. Stets werden aber Normauswahl, Begriffsarbeit und Tatbestandskonstitution auch durch außersystematische Maßstäbe kontrolliert.[215] Erst recht gilt dies für die Lösung der sog. schwierigen Fälle. Zur Gewinnung passender, hinreichend konkreter Prämissen, d. h. zu einer fallbezogenen Gesetzeskonkretisierung, bedarf es insoweit einer wertenden Deutung der gesetzlichen Vorgaben unter Rückgriff auf anerkannte und teils gegenläufige Gesichtspunkte und Prinzipien (Topoi), die nicht allein den Gesetzen selbst zu entnehmen sind, sondern auch der „bewährten Lehre und Überlieferung“ sowie dem Lebens- und Sprachverständnis der Rechtsgemeinschaft. Die rechtsdogmatische Verarbeitung solcher Gesichtspunkte[216] zu „herrschenden Meinungen“ ermöglicht es, diesen Vorgang in der Praxis zu stabilisieren[217].

---

[213] Dahingehend auch schon *Norbert Horn*, „Zur Bedeutung der Topiklehre Theodor Viehwegs für eine einheitliche Theorie des juristischen Denkens“, in: NJW 1967, S. 601–608, S. 607, den Canaris ausdrücklich in seine Kritik einbezieht.

[214] Vgl. *Aristoteles*, Top. I. 10. 1. Wenn ein Gesetzestext als nicht interpretationsbedürftig behandelt wird, dann deshalb, weil über die einschlägige Interpretation derzeit Einigkeit herrscht, s. auch *Viehweg*, Rechtsphilosophie als Grundlagenforschung (1961), in: *ders.*, Rechtsphilosophie und Rhetorische Rechtstheorie, Baden-Baden 1995, S. 45 ff. (48).

[215] *Josef Esser*, Grundsatz und Norm in der richterlichen Fortbildung des Privatrechts, 5. Aufl., Tübingen 1990, S. 254: „Rechtsfindung ist nie bloße Subsumtionsarbeit.“ Vgl. *ders.*, Vorverständnis und Methodenwahl in der Rechtsfindung. Rationalitätsgrundlagen richterlicher Entscheidungspraxis (1970), 2. Aufl., Frankfurt/Main 1972, S. 197: „Der Gesetzestext ist vorhanden und wird nicht verleugnet. Seine Wertausfüllung ist nicht eine Verbiegung, sondern eine Sinnhaftmachung aus dem Zweck des Funktionszusammenhangs und seiner Erhaltung. Er dient also nicht als bloße Kulisse für eine irrational und emotional erstrebte Entscheidung. Er kann nur nicht ohne Bezug auf die konkreten Konfrontationen mit aktuellen Konfliktlagen und ihre nur teilweise dogmatisch festgelegte Einordnung sinnvoll interpretiert werden.“

[216] Als Aufgaben der Dogmatik werden traditionell Interpretation, Konstruktion und Systembildung angegeben. Ihre Arbeit erschöpft sich aber nicht darin, das geschriebene Recht als konsistentes Begriffs- und Aussagensystem zu rekonstruieren. Sie berücksichtigt nicht nur, was der Gesetzgeber tatsächlich gewollt hat, sondern auch, was er sinnvollerweise gewollt haben könnte oder sollte sowie das, was die Gerichte tatsächlich tun oder sinnvollerweise tun sollten. Zutreffend bemerkt insofern *Dreier*, Verfassungsinterpretation, S. 112, dass die Frage, inwieweit dabei außergesetzliche Wertungen in die dogmatische Argumentation eingehen, weniger durch eine klare Methodologie als vielmehr durch das soziale Substrat definiert zu sein scheint, das die Dogmatik trägt, d. h. durch den Erwartungs- und Toleranzhorizont eines professionalisierten Juristenstandes, der eine spezifische Ausbildung durchlaufen hat.

[217] Zur Theorie der Rechtsdogmatik *Franz Wieacker*, „Zur praktischen Leistung der Rechtsdogmatik“, in: *Rüdiger Bubner, Hans-Georg Gadamer (Hrsg.)*, Hermeneutik und Dialektik, FS Gadamer, Bd. II, Tübingen 1970, S. 311–336, S. 331 ff.; *Josef Esser*, Möglichkeit und Grenzen dogmatischen Denkens im Zivilrecht, AcP 172 (1972), S. 97 ff.; *Gerhard Struck*, Dogmatische Diskussion über Dogmatik, JZ 1975, 84 ff.

Wenn also VIEHWEG zufolge die Entwicklung rechtlicher Problemlösungen anhand der gesetzlichen Vorgaben eine topische Struktur aufweist, dann impliziert das nicht, dass sie sich im Wege einer freischwebenden allgemein-topischen Problemerörterung vollziehen muss oder vollziehen soll. Der von CANARIS formulierte Vorwurf, VIEHWEGS Sichtweise spreche „jeder juristischen Geltungslehre Hohn", trifft daher nicht zu.[218] Vielmehr geht CANARIS seinerseits von unrealistischen Vorstellungen über Grund und Umfang der Gesetzesgeltung aus. Zwar wird auch von CANARIS eingeräumt, dass eine Gesetzesanwendung ohne Durchgriff auf wertende und sozial-funktionale Gesichtspunkte nicht auskomme.[219] Zugleich nimmt er jedoch an, dass eine methodische Abgrenzung zwischen zulässigen teleologischen Wertungselementen und unzulässigen meinungsmäßigen, also außerrechtlichen Wertungselementen möglich und geboten sei. So fordert er, den Rechtsfindungsprozess auf den bloßen „Nachvollzug objektiv vorgegebener geistiger Gebilde" bzw. „bereits gesetzter Wertungen"[220] zu beschränken. Eine Relevanz der Topik erkennt er deshalb nur ausnahmsweise, nämlich im Falle von Gesetzeslücken sowie im Bereich wertausfüllungsbedürftiger Generalklauseln an, und auch dann nur in Ergänzung durch „objektive Kriterien wie die Rechtsidee oder die Natur der Sache"[221]. Diese idealisierenden Postulate bleiben freilich unbefriedigend, denn sie setzen für die Bestimmung des geltenden Rechts die Kenntnis des „objektiven" Rechts immer schon voraus.[222]

VIEHWEG legt demgegenüber dar, dass die Ausfüllung und Umsetzung der gesetzlichen Vorgaben nur im Hinblick auf die jeweilige Problemlage erfolgen kann und dabei ein topisch verfahrendes Denken erfordert. Das Geset-

---

[218] Dahingehend auch *Arno Bokeloh,* Der Beitrag der Topik zur Rechtsgewinnung, Göttingen 1973, S. 79 ff. m. w. N.

[219] Darüber besteht als Resultat des „juristischen Methodenstreits" zu Beginn des 19. Jahrhunderts für den Bereich der Zivilistik, wo er zur Durchsetzung der Interessen- bzw. später der Wertungsjurisprudenz führte, wie auch für den Bereich der Staatsrechtslehre wohl grds. Übereinstimmung. Dazu auch *Franz Wieacker,* Gesetz und Richterkunst. Zum Problem der außergesetzlichen Rechtsordnung, Karlsruhe 1958, S. 5 ff.

[220] Vgl. *Claus-Wilhelm Canaris,* Systemdenken und Systembegriff in der Jurisprudenz: entwickelt am Beispiel des deutschen Privatrechts, 2. Aufl. Berlin 1983, S. 148 f.

[221] *Claus-Wilhelm Canaris,* Systemdenken und Systembegriff in der Jurisprudenz: entwickelt am Beispiel des deutschen Privatrechts, 2. Aufl. Berlin 1983, S. 149 ff.; ähnlich *Uwe Diederichsen,* „Topisches und systematisches Denken in der Jurisprudenz", in: NJW 1966, S. 697–705, S. 704 f.

[222] Zutreffend insoweit *Arno Bokeloh,* Der Beitrag der Topik zur Rechtsgewinnung, Göttingen 1973, S. 78.

zesbindungspostulat führt nicht weiter, wenn die gesetzlichen Vorgaben im konkreten Fall gerade Raum für unterschiedliche Lösungen lassen und damit eine eindeutige juristische Beurteilung als richtig oder falsch ausscheidet. Wie immer die Entscheidung ausfällt, sie impliziert Prämissen, die sich nicht gewiss und zweifellos, sondern nur möglichst plausibel machen lassen, nämlich als Meinung darüber, was ausgehend von den geltenden Gesetzestexten als Recht anzusehen ist. Worauf aber stützt sich die Geltung von Rechtsmeinungen? Im Hinblick darauf trifft für die Begründung juristischer Prämissen entsprechend zu, was BLÜHDORN zur Charakterisierung der aristotelischen Endoxa oder – wie er übersetzt – glaubwürdigen Sätze schreibt: „Die glaubwürdigen Sätze stützen ihren Geltungsanspruch auf Autoritäten, auf Ähnlichkeit, auf Sachverstand (...). Sie sind hier Ausgangspunkte für die dialektische Argumentation, für eine Praxis des Argumentierens *e concessis* also, und nicht für theoretische Erkenntnis. Es sind sinnvolle Annahmen, deren Sinn durch den *common sense*, durch tradierte Erfahrungen oder durch Erfahrungen der Fachleute erwiesen ist und die sich daher als Ausgangssätze anbieten."[223] Die unvermeidliche Abstraktheit und evaluative Offenheit der Gesetze zwingt also zur Einschaltung zusätzlicher Prämissen und verweist für ihre Gewinnung auf eine ergänzende und konkretisierende Berücksichtigung einer außergesetzlichen Realität, innerhalb derer sich ihre Geltung erst bestimmt und entfaltet. Die juristische Geltung der Gesetze, begründet durch ihre autoritative Setzung, kann insoweit nicht losgelöst von den Dimensionen ihrer sozialen und moralischen Geltung, begründet durch ihre faktische Wirksamkeit und Anerkennung, erfasst werden.[224]

Entsprechend wird inzwischen allgemein anerkannt, dass sich das geltende Recht durch das Zusammenspiel verschiedener Faktoren konstituiert, zu denen neben dem geschriebenen Recht die richterliche Spruchpraxis selbst

---

[223] *Jürgen Blühdorn,* „Kritische Bemerkungen zu Theodor Viehwegs Schrift: Topik und Jurisprudenz", in: Tijdschrift voor Rechtsgeschiedenis 1970, S. 269–314, S. 290.

[224] Dazu grundlegend *Hans Kelsen,* Reine Rechtslehre, 2. Aufl., Wien 1960, S. 10, 48, 91 f., 215 ff.; ferner *Hart,* The concept of law (1961), 2. Aufl., Oxford 1994, S. 91 ff.; *Klaus F. Röhl,* Rechtsgeltung und Rechtswirksamkeit, JZ 1971, 576. Dem kann hier im Übrigen nicht nachgegangen werden. Einen noch immer sehr guten Überblick zum Streit um Begriff und Geltung des Rechts bietet *Ralf Dreier,* Recht und Moral, in: *ders.,* Recht – Moral – Ideologie, Frankfurt/Main 1981, S. 180 ff.; *ders.,* Der Begriff des Rechts, in: *ders.,* Recht – Staat – Vernunft, Frankfurt/Main 1991, S. 95 ff.

wie auch die Rechtsüberzeugungen der Rechtsgenossen gehören.[225] Vor diesem Hintergrund wird dann aber auch plausibel, dass VIEHWEG die sog. Gesetzesanwendung als Bestandteil des „Suchens nach dem jeweilig Gerechten, aus dem das positive Recht erst entspringt, und das sich anhand des positiven Rechts fortsetzt“[226], ansieht, nicht als etwas davon Isoliertes. Im Rahmen der Entscheidungsfindung wird die Frage nach dem geltenden Recht durch die Frage nach dem „hier und jetzt jeweils Gerechten“ nicht konterkariert, sondern es greifen beide ineinander. Der Geltungsanspruch der Gesetze wird dadurch nicht überspielt, sondern gerade verwirklicht[227]: Denn zur Plausibilisierung und meinungsmäßigen Begründung der jeweiligen Ergebnisse ist deren argumentative Rückbindung an die gesetzlichen Vorgaben erforderlich. Dies aber gewährleistet zugleich auch eine stetige interpretative Rückbindung der gesetzlichen Vorgaben an die faktischen Rechtsüberzeugungen und -erwartungen und damit erst deren dauerhafte Anerkennung und Wirksamkeit.[228] Die Differenzierung zwischen „neuerdings“ vertretenen, „im Vordringen befindlichen“, „ganz herrschenden“, „früher herrschenden“ und „nicht mehr“ vertretenen Meinungen in der Dogmatik spiegelt diese Anpassungsprozesse wider.

Dieser Zusammenhang wird im übrigen wiederum von OTTE völlig verfehlt, der im Hinblick auf die Geltungsproblematik zwar selbst konstatiert, dass jede Norm, um Bestandteil des positiven Rechts zu werden und zu bleiben, der Anerkennung bedürfe, sodann aber überraschenderweise feststellt:

---

[225] *Ralf Dreier,* Was ist und wozu Allgemeine Rechtstheorie, in: *ders.,* Recht – Moral – Ideologie, Frankfurt/Main 1981, S. 17 ff., S. 24.

[226] Vgl. *Theodor Viehweg,* Topik und Jurisprudenz, Ein Beitrag zur rechtswissenschaftlichen Grundlagenforschung, 5. Aufl., München 1974, S. 93.

[227] Im Ansatz vergleichbar vertritt Kriele, dass es Sinn der Rechtsordnung sei, der Gerechtigkeit zu dienen, weshalb auch die Gesetzesinterpretation der Gerechtigkeit zu dienen habe und somit der Einfluss wertender, teleologischer Gesichtspunkte bei der Interpretation nichts ihr Fremdes an die Rechtsordnung herantrage, sondern ihrer Intention erst zur Wirkung verhelfe. Die praktische Bedeutung dieses Zusammenhangs sieht er darin, dass erst die Einsicht in diesen Zusammenhang das richtige Verständnis und die Interpretation der Gesetzestexte ermögliche, weil sie eine Erwartungshaltung impliziere, die zu einer Vernünftigkeits- und Ergebniskontrolle auf jeder Stufe der Gesetzesinterpretation und -anwendung führe. Darüber hinaus versucht er, ausgehend von dieser Einsicht die Wertungen ihres „subjektiven Charakters zu entkleiden“, vgl. *Martin Kriele,* Theorie der Rechtsgewinnung, entwickelt am Problem der Verfassungsinterpretation, 2. Aufl., Berlin 1976, S. 169 ff.

[228] Ähnlich *Norbert Horn,* „Zur Bedeutung der Topiklehre Theodor Viehwegs für eine einheitliche Theorie des juristischen Denkens“, in: NJW 1967, S. 601–608, S. 607.

„In der Topik interessiert diese Seite nicht. Ihr geht es darum, aus der Anerkennung von Sätzen herzuleiten, daß man andere Sätze anerkennen solle. Ihre Betrachtungsweise ist also nicht empirisch, sondern normativ."[229]

c) Topik und Hermeneutik: Vorverständnis und Konsensorientierung

Ausgehend von den bisherigen Überlegungen ist zunächst festzuhalten, dass die im Hinblick auf den Geltungsgesichtspunkt durch CANARIS geäußerte Kritik an VIEHWEGS Ansatz nicht durchgreift. Der Einwand, die Topik könne Geltung und Anerkennung ihrer Prämissen nicht ausweisen, findet aber namentlich bei OPPERMANN noch eine andere Akzentuierung.[230] OPPERMANN kritisiert, dass die Topik, weil sie selbst zur Geltungsfrage nicht viel beitragen könne, andernorts habe Antworten suchen müssen, nämlich bei der juristischen Hermeneutik. Indes sei die Bezugnahme der Topik auf die Hermeneutik inkonsistent und nicht geeignet, diesen Schwachpunkt zu beheben. Dieser Aspekt verdient eine gesonderte Betrachtung, weil der topische Ansatz seit den Siebziger-Jahren in der Tat seine eigenständige Wahrnehmung eingebüßt hat und die Topik-Debatte einer verbreiteten Auffassung zufolge „auf breiter Front in der allgemeinen Hermeneutikdebatte aufgegangen"[231] ist.

Die juristische Rezeption der allgemeinen Hermeneutik (SCHLEIERMACHER, DILTHEY) als Lehre vom Sinnverstehen geistig fixierter Geisteswerke setzte in den Fünfziger-Jahren ein, und zwar namentlich durch COING und BETTI[232]. Das Interesse COINGS richtet sich dabei auf eine Betrachtung der juristischen Gesetzesinterpretation mittels der Auslegungskanones aus hermeneutischer Perspektive. In diesem Rahmen konstatiert er, dass die juristische wie auch jede andere Interpretation nicht „rein deduktiv", sondern topisch verfahre, und stellt insoweit einen ausdrücklichen Bezug zu VIEHWEGS „To-

---

229 *Gerhard Otte*, „Zwanzig Jahre Topik-Diskussion: Ertrag und Aufgaben", in: Rechtstheorie 1 (1970), S. 183–197, S. 188.

230 *Bernd H. Oppermann*, Die Rezeption des Nordamerikanischen Rechtsrealismus durch die Deutsche Topikdiskussion, Frankfurt/Main 1985, S. 27 ff.

231 So etwa *Dreier*, Verfassungsinterpretation, S. 117.

232 Vgl. *Coing*, Auslegungsmethoden, S. 208 ff.; *Betti*, Die Problematik der Auslegung in der Rechtswissenschaft, in: FS Engisch, Frankfurt/Main 1969, S. 205 ff.

pik und Jurisprudenz“ her.[233] Den eigentlichen Hintergrund für die Kritik OPPERMANNS bilden indes vorrangig die Schriften ESSERS, der neben VIEHWEG wohl als wichtigster Vertreter einer juristischen Topik angesehen wird. In seiner vielbeachteten Monographie „Grundsatz und Norm“ aus dem Jahre 1956 setzt sich ESSER unter vergleichender Betrachtung deutschen und amerikanischen Rechts zunächst mit der Funktion gesetzlicher und außergesetzlicher Prinzipien für Normverständnis und Entscheidungsfindung auseinander[234], wobei er die Bedeutung eines problem- und fallorientierten Denkens für die juristische Praxis besonders hervorhebt und insoweit auch mehrfach auf VIEHWEGS „Topik und Jurisprudenz“ verweist[235]. Zu einer stärkeren Verbindung von Topik und Hermeneutik gelangt ESSER dann später in seiner zweiten Monographie „Vorverständnis und Methodenwahl in der Rechtsfindung“[236] aus dem Jahr 1970. Sie fällt damit in eine zweite Phase der juristischen Hermeneutikrezeption, die sich maßgeblich an den Lehren GADAMERS[237] orientiert und darauf zielt, diese für die rechtstheoretische Debatte fruchtbar zu machen[238].

Wesentlicher Anknüpfungspunkt ist dabei für ESSER – wie der Titel „Vorverständnis und Methodenwahl“ bereits erkennen lässt – die Einsicht in die Unhintergehbarkeit des sog. „hermeneutischen Zirkels“, wonach Voraussetzung eines jeden Verstehens ist, dass der Interpretierende bereits mit einem Vorverständnis an den jeweiligen Text herantritt; Interpretation und Applikation von Sinn sind demnach untrennbar verbunden. In der Jurisprudenz mani-

---

[233] *Coing,* Auslegungsmethoden, S. 227.

[234] *Josef Esser,* Grundsatz und Norm in der richterlichen Fortbildung des Privatrechts, 5. Aufl., Tübingen 1990. Grundlegend zur Prinzipienthematik inzwischen *Hart,* The Concept of Law; *Dworkin,* Taking Rights Seriously, Cambridge/Massachusetts 1978; *Alexy,* Zum Begriff des Rechtsprinzips, Rechtstheorie Beiheft Nr. 1 (1979), 59 ff.; *ders.*, Theorie der Grundrechte (1985), 2. Aufl., Frankfurt/Main 1994.

[235] *Josef Esser,* Grundsatz und Norm in der richterlichen Fortbildung des Privatrechts, 5. Aufl., Tübingen 1990, S. 6 Fn. 13, 46 f., 218 ff.

[236] *Esser,* Vorverständnis; vgl. dazu *Frommel,* Die Rezeption der Hermeneutik bei Karl Larenz und Josef Esser, Ebelsbach 1981.

[237] Grundlegend *Gadamer,* Wahrheit und Methode (1960), 5. Aufl., Tübingen 1986.

[238] Angestoßen namentlich durch *A. Kaufmann,* Analogie und „Natur der Sache“ (1965), 2. Aufl., Heidelberg 1982, und *Hassemer,* Tatbestand und Typus; vgl. außerdem *Friedrich Müller,* Normstruktur und Normativität. Zum Verhältnis von Recht und Wirklichkeit in der juristischen Hermeneutik, entwickelt an Fragen der Verfassungsinterpretation, Berlin 1966; allgemein zur juristischen Hermeneutik *Stelmach,* Die hermeneutische Auffassung der Rechtsphilosophie, Ebelsbach 1991.

festiert sich dieser Zirkel nach ESSER „in dem Verhältnis von Fragestellungen und Antworten qua Normverständnis, also in der Tatsache, dass ohne Vorurteil über die Ordnungsbedürftigkeit und Lösungsmöglichkeit die Sprache der Norm überhaupt nicht das aussagen kann, was erfragt wird: die gerechte Lösung“[239]. Das insoweit maßgebliche Vorverständnis des Rechtsanwenders entwickelt sich gemäß ESSER im Rahmen seiner fachlichen Sozialisation, „vom Ausbildungsgang bis zum wichtigsten Lernmaterial, den exemplarisch begriffenen Konfliktfällen, mit denen er persönlich und beruflich, sei es selbst, sei es durch Identifizierung mit den Traditionen seines Gerichts und seiner Rechtsprechung, vertraut wurde“[240]. Das soll allerdings nicht bedeuten, dass sich die Entscheidungsfindung in der Reproduktion tradierter Verhaltensrichtlinien und verinnerlichter Dogmatik erschöpft. Laut ESSER bildet der Rechtsanwender im konkreten Fall vielmehr auf Grundlage seines Vorverständnisses eine Richtigkeitsüberzeugung, die sich unter Berücksichtigung von „Evidenzmöglichkeiten in der vordogmatischen Bewertung“ nach Maßgabe des Konsenshorizontes der Rechtsgemeinschaft konstituiert und dann den Auslegungsprozess entsprechend steuert.[241] Insoweit kommt es nach ESSER zu einer Reflexion des Vorverständnisses im Wege eines topischen Denkens, wobei dogmatische Stimmigkeits- und rationale Richtigkeitskontrolle Hand in Hand gehen.[242] Die Offenlegung der Argumente soll schließlich die Konsensfähigkeit und Kontrollierbarkeit des Ergebnisses absichern.[243]

Demgegenüber weist OPPERMANN darauf hin, dass Begriffe wie „Verstehen“, „Vorverständnis“ und „hermeneutischer Zirkel“ der Topik als solcher fremd seien, da diese als Prämissen Endoxa zugrunde lege und nicht originär nach auszulegenden (Gesetzes-)Texten frage.[244] Weil aber ein Geltungsgrund

---

[239] *Esser,* Vorverständnis, S. 137.

[240] *Esser,* Vorverständnis, S. 10.

[241] *Esser,* Vorverständnis, insbes. Kap. VI.

[242] Vgl. *Esser,* Vorverständnis, S. 153: „(…) die Wahl der ‚offenbar' in Betracht kommenden Interpretationsweisen ist bereits durch topische Vorüberlegungen gesteuert.“

[243] *Esser,* Vorverständnis, 25.

[244] Vgl. *Bernd H. Oppermann,* Die Rezeption des Nordamerikanischen Rechtsrealismus durch die Deutsche Topikdiskussion, Frankfurt/Main 1985, S. 27, 30; ähnlich schon *Franz Wieacker,* „Zur Topikdiskussion in der zeitgenössischen deutschen Rechtswissenschaft“, in: *Ernst von Caemmerer, P. J. Zepos (Hrsg.),* XENION, FS für P. J. Zepos, Bd. I, Athen u. a. 1973, S. 391–415, S. 402 ff.; vgl. ferner *Gerhard Otte,* „Zwanzig Jahre Topik-Diskussion: Ertrag und Aufgaben“, in: Rechtstheorie 1 (1970), S. 183–197, S. 188.

für die Endoxa angegeben werden müsse, werde die Konsensorientierung der topischen Prämissensuche dem Vorverständnis implementiert und dieses so zur Vernunftinstanz erklärt. Jedoch handele es sich bei dem danach angestrebten Konsens lediglich um einen fiktiven Konsens, der eine hinreichende Legitimation und Kontrolle außerrechtlicher Prämissen nicht vermitteln könne. Vor dieser Geltungs- und Konsensproblematik schütze auch der Rückgriff auf die Hermeneutik nicht.[245]

Im Hinblick darauf ist zunächst hervorzuheben, dass die Ansätze VIEHWEGS und ESSERS zwar Berührungspunkte aufweisen, aber keineswegs deckungsgleich sind. Insbesondere ist gerade die von OPPERMANN problematisierte Bezugnahme auf die Hermeneutik der VIEHWEGschen Topik fremd. Entsprechend kann OPPERMANN auch unumwunden darin zugestimmt werden, dass „Verstehen", „Vorverständnis" und „hermeneutischer Zirkel" keine originär topischen Begriffe bilden. Das schließt natürlich nicht aus, dass Topik und juristische Hermeneutik ungeachtet ihrer unterschiedlichen Prämissen und Zielrichtungen hier wenigstens partiell zu konvergierenden Überlegungen gelangen und einander damit Anschlussmöglichkeiten bieten.[246] Für den Begriff des „Vorverständnisses" ließe sich eine solche Anschlussstelle etwa darin finden, dass VIEHWEG als Basis eines topischen Denkens „notwendigerweise ein vorläufiges Verständnis voraus(setzt), nach dem irgendetwas überhaupt als ernstzunehmende Frage erscheint"[247]. Dem ist hier indes nicht weiter nachzugehen, vielmehr ist im vorliegenden Zusammenhang nur von Interesse, ob

---

245 Vgl. *Bernd H. Oppermann,* Die Rezeption des Nordamerikanischen Rechtsrealismus durch die Deutsche Topikdiskussion, Frankfurt/Main 1985, S. 30 ff.

246 Dazu aber *Ottmar Ballweg,* „Phronetik, Semiotik und Rhetorik", in: *ders., Thomas-Michael Seibert (Hrsg.),* Rhetorische Rechtstheorie, FS für Theodor Viehweg, Freiburg/München 1982, S. 27–71, S. 51: „Ironischerweise werden gerade die Versuche der Hermeneutiker, die rhetorische Eikos-Lehre derart umzuinterpretieren, daß in dem bloßen Wahrscheinen der Meinung, ihrem Anschein von Wahrheit, das Durchscheinen der Wahrheit ‚wahrgenommen' wird, und damit ihr philosophischer Anspruch auf Erkenntnis und ein ‚Meinungswissen' durch die Ergebnisse der Hermeneutik selbst, als da sind der hermeneutische Zirkel, der Perspektivismus der Horizonte, und die Voraus-Setzung des Verstehens im Vorverständnis, (…) zunichte gemacht."

247 *Theodor Viehweg,* Topik und Jurisprudenz, Ein Beitrag zur rechtswissenschaftlichen Grundlagenforschung, 5. Aufl., München 1974, S. 32. Ähnlich auch die Annahme eines „offenen" Rechtssystems, wenn auch mit anderer Begründung. Gegensätzlich aber die Einordnung der Jurisprudenz als „Lehre vom Handeln" (Topik) und nicht als „Lehre vom Verstehen" (Hermeneutik). Zu den Implikationen dieser Unterscheidung *Viehweg,* Antirhetorische und rhetorische Kontrolle rechtlicher Argumentationen (1985), in: *ders.,* Rechtsphilosophie und Rhetorische Rechtstheorie, Baden-Baden 1995, S. 220 f.

und inwieweit die von OPPERMANN formulierte Kritik hinsichtlich der Geltungs- und Konsensfrage auch den Ansatz VIEHWEGS berührt. Eine Auseinandersetzung mit der philosophischen Hermeneutik[248] wie auch mit der allgemeinen juristischen Hermeneutikdebatte ist dafür entbehrlich[249]. Vor diesem Hintergrund ist OPPERMANN wie bereits CANARIS zu entgegnen, dass der topische Ansatz VIEHWEGS nicht impliziert, dass die gesetzlichen Vorgaben als primärer Anknüpfungspunkt der Rechtsfindung suspendiert werden. Dies steht auch nicht im Widerspruch zur Charakterisierung der Topik als einem sich auf Endoxa stützenden Verfahren, weil im Bereich rechtlicher Entscheidungen vorrangig die Sätze des positiven Rechts als Endoxa fungieren. Ungeachtet dessen bleibt dafür, welche Normen im konkreten Fall wie angewandt werden, die Orientierung an einschlägigen Topoi und der ergänzende Rückgriff auf Lehr- und Alltagssätze maßgeblich.[250] Anders als OPPERMANN offenbar annimmt, bedarf die Topik zur Begründung dessen durchaus keiner Unterstützung durch die Hermeneutik.

Zu prüfen bleibt allerdings, inwieweit die von OPPERMANN im Hinblick auf ESSER thematisierte Konsensfrage auch den VIEHWEGschen Ansatz betrifft. Diesbezüglich hinterfragt OPPERMANN, in welcher Weise das Konsenskriterium eine Legitimation gesetzlich nicht determinierter Wertungsgesichtspunkte in der Entscheidungsfindung eigentlich soll bewirken können: Die Einholung eines Konsenses aller Rechtsgenossen durch den Rechtsanwender scheide aus und auch eine potentielle Übereinstimmung könne bestenfalls im

---

[248] Kritisch zur Rezeption der Topik seitens der Hermeneutik auch *Lothar Bornscheuer,* Topik. Zur Struktur der gesellschaftlichen Einbildungskraft, Frankfurt/Main 1976, S. 180 ff.

[249] Problematisch ist insbes. das Postulat der Überwindung und kritischen Reflexion des Vorverständnisses zur Ausschaltung unerwünschter irrationaler und ideologischer Einflüsse, das die Erforschung der psychologischen und soziologischen Mechanismen der – auch individuellen – Vorurteilsbildung voraussetzt. Dazu bemerkt *Dreier,* Verfassungsinterpretation, S. 118: „Will man daraus nicht den Schluss ziehen, dass der Schlüssel zur Rationalität der Jurisprudenz auf der Couch des Psychiaters liegt, so wird man konstatieren müssen, dass die Hermeneutik an Rationalitätsgrenzen führt, die in der Komplexität psychischer Prozesse liegen und faktisch unaufhebbar sind." Das ist freilich kein Argument gegen die Erforschung tatsächlicher Rechtsgewinnungsprozesse, sondern gegen überhöhte Rationalitätserwartungen; s. auch *Rottleuthner,* Richterliches Handeln. Zur Kritik der juristischen Dogmatik, Frankfurt/Main 1973.

[250] Was selbstverständlich nicht bedeutet, dass das Ergebnis immer der „herrschenden Meinung" folgt. Vgl. insoweit aber etwa *Gerhard Otte,* „Zwanzig Jahre Topik-Diskussion: Ertrag und Aufgaben", in: Rechtstheorie 1 (1970), S. 183–197, S. 188, der meint, ausdrücklich hervorheben zu müssen, dass man von herrschenden Meinungen auch abweichen können muss.

Bereich „trivialer Gemeinwahrheiten“ angenommen werden; ein Konsens aller fachlich Zuständigen aber, selbst wenn er herzustellen sei, bedeute eine Exklusivität und argumentative Abgeschlossenheit, die einer Entscheidungslegitimation durch die, die es angehe, gerade entgegenstehe.[251] Insgesamt folgt daher für OPPERMANN, dass sich die Konsensorientierung darin erschöpfe, dass der Rechtsanwender seine eigene, durch seine Sozialisation und Rolle bestimmte Rationalität auf eine fiktive gesellschaftliche Rationalität projiziere. Soweit ESSER sich darauf berufe, dass im kontrollierten Einfließen außersystematischer Wertungen die einzige Möglichkeit liege, eine Richtigkeitsgewähr und Wertkonsens herzustellen, bleibe zu konstatieren, daß jene Kontrolle des Einfließens nicht bestehe, da es an einer verbindlichen juristischen Argumentationstheorie fehle und die richterliche Entscheidungsrationalität nicht vorausgesetzt werden könne.[252]

Demgegenüber gilt es, grundsätzlich noch einmal hervorzuheben, dass das Problem der Unsicherheit, die aus der fehlenden Determinierbarkeit der Entscheidungsfindung durch die gesetzlichen Vorgaben resultiert, keine Erfindung oder Schwierigkeit gerade der Topik darstellt. Kennzeichen der VIEHWEGschen Topik ist allerdings, dass sie – und zwar in deutlicher Abgrenzung zu hermeneutischen Ansätzen – auch keine umfassenden Rationalitätsgewährleistungen verspricht. Insbesondere behauptet sie nicht, daß der Konsens die Richtigkeit oder Vernünftigkeit einer Entscheidung ausweise[253]; tatsächlich ist in „Topik und Jurisprudenz“ von Konsens überhaupt keine Rede. Vielmehr geht es darum, die Bedingungen eines auf Plausibilität und Überzeugungsfähigkeit angelegten Entscheidungsfindungsprozesses zu erfassen. Wenn demnach eine Bezugnahme auf allgemein anerkannte Gesichtspunkte und Anschauungen erfolgt, dann nicht zum Zwecke der Rechtfertigung, sondern aus Gründen der Plausibilität, d. h. als Basis für die Gewinnung von Prämissen, deren Zustimmungsfähigkeit im jeweiligen Zu-

---

[251] *Bernd H. Oppermann,* Die Rezeption des Nordamerikanischen Rechtsrealismus durch die Deutsche Topikdiskussion, Frankfurt/Main 1985, S. 31.

[252] *Bernd H. Oppermann,* Die Rezeption des Nordamerikanischen Rechtsrealismus durch die Deutsche Topikdiskussion, Frankfurt/Main 1985, S. 37; *Koch,* Zur Rationalität richterlicher Entscheidungen, Rechtstheorie 4 (1973), 183 ff. (203); *Klenner,* Juristische Argumentation in Brüssel, Neue Justiz, 1972, S. 15 ff. (17).

[253] Soweit Topik und Konsensorientierung dahingehend in Verbindung gebracht werden, können sie sich also nicht auf Viehweg berufen.

sammenhang vermutet werden darf. In diesem Sinne spricht VIEHWEG davon, dass sich die Bestimmung der Prämissen am „tatsächlichen oder voraussichtlichen Widerstand des Gegners" orientieren müsse und diese „durch die Annahme des Gesprächspartners legitimiert" würden.[254] Dabei bilden die vom Richter zu überzeugenden Gesprächspartner hier die Entscheidungsadressaten, d. h. neben den Parteien bzw. ihren Anwälten vor allem die Rechtsmittelgerichte sowie eine mehr oder minder breite (Fach-)Öffentlichkeit.[255] Es geht also nicht darum, dass ein allgemeiner Konsens über die Bedürfnisse und Erwartungen der Rechtsgemeinschaft vom Richter antizipiert oder angestrebt wird. Vielmehr finden diese Bedürfnisse je und je ihre ganz konkrete und tatsächliche Repräsentation durch die Parteien und die von ihnen vorgebrachte Konfliktlage. Eine Rückkopplung zwischen Durchschnittswertungen und -erwartungen und der Anwendung gesetzlichen Vorgaben kann sich insoweit nur in einem stetigen, durch das reale Rechtsgeschehen vermittelten Wechselwirkungsprozess vollziehen

Von der Frage, ob ein Konsens als Kriterium der Entscheidungslegitimation herangezogen wird, ist allerdings die weitere Frage zu unterschieden, ob in einer wertpluralistischen Industriegesellschaft überhaupt noch genügend Gemeinsamkeiten für eine topische Verständigung vorliegen – oder ob diese an eine traditionalistisch-aristokratische Bildungsgesellschaft gebunden bleibt. So meint WIEACKER, dass in einer arbeitsteiligen Welt der Bereich allgemein verfügbarer Gemeinwahrheiten immer geringer werde und als Verständigungsbasis ausscheide; die juristische Fachtopik aber wirke „in ihrer herausfordernden Exklusivität" sogar konsensstörend.[256] Dem folgt OPPER-

---

[254] *Theodor Viehweg,* Topik und Jurisprudenz, Ein Beitrag zur rechtswissenschaftlichen Grundlagenforschung, 5. Aufl., München 1974, S. 42.

[255] *Ottmar Ballweg,* „Phronetik, Semiotik und Rhetorik", in: *ders., Thomas-Michael Seibert (Hrsg.),* Rhetorische Rechtstheorie, FS für Theodor Viehweg, Freiburg/München 1982, S. 27–71, S. 44: „Dabei ist es nicht der Konsens, sondern es sind mehrfache Kontexte (Gesetzestext, Rechtsprechung, Lehrmeinungen, allgemeine Standesideologien, Traditionen etc.), die diese Art der (…) Meinungsbildung steuern, und der Konsens, soweit er durch Information gedeckt ist, verläuft in diesen vorgezeichneten Bahnen sozialer Kontextsysteme (…)."

[256] *Franz Wieacker,* „Zur Topikdiskussion in der zeitgenössischen deutschen Rechtswissenschaft", in: *Ernst von Caemmerer, P. J. Zepos (Hrsg.),* XENION, FS für P. J. Zepos, Bd. I, Athen u. a. 1973, S. 391–415, S. 406, 393 f.; s. auch *Ernst-Wolfgang Böckenförde,* „Rezension zu Viehweg, ‚Topik und Jurisprudenz'", in: Der Staat 3 (1964), S. 517.

MANN, wenn er – wie ausgeführt – die Möglichkeit einer Übereinstimmung der Rechtsgenossen nur im Bereich „trivialer Gemeinwahrheiten" annimmt. Demgegenüber ergibt sich aus dem Fehlen eines gesamtgesellschaftlichen Konsenses nicht, dass keine selbstverständlichen und alltäglichen normativen Orientierungen mehr vorhanden sind, die eine Verständigungsgrundlage bilden. Vielmehr lassen sich trotz nicht zu bestreitender sozialer Gegensätze und divergierender Weltanschauungen gesamtgesellschaftliche Sprach- und Handlungselemente, ähnliche lebenspraktische Einstellungen und Erwartungen sowie Bestände gemeinsamen Alltagswissens antreffen.[257] Im Übrigen ist nicht ersichtlich, dass die Heranziehung juristischer Fachtopoi im Hinblick auf ein konkretes Fallgeschehen für den juristischen Laien unverständlich bleiben muss, sofern man diesem nicht unterstellt, den Sinn rechtlicher Regelungen schlechthin nicht erfassen zu können.

d) Topik und Rhetorik: Überredung versus Überzeugung?

Im Rahmen der bisherigen Erwägungen wurden zwei Aspekte der behandelten Kritik an VIEHWEG noch ausgeklammert. Zum einen handelt es sich dabei um den Vorwurf, dass der von der Topik konstatierte Rückgriff auf außergesetzliche Wertungsgesichtspunkte zu seiner Legitimation und Kontrolle eine verbindliche (normative) juristische Argumentationstheorie erfordere, die von der Topik aber gerade nicht vorgelegt werde. In engem Zusammenhang damit steht der zweite Aspekt, nämlich die Frage, welche Konsequenzen sich gemäß der VIEHWEGschen Rekonstruktion der Entscheidungsfindung im Hinblick auf die Begründung richterlicher Entscheidungen ergeben, d. h. namentlich, welche Bedeutung und Realisierungschancen nach VIEHWEGS Ansatz den etwa von ESSER für die entscheidungserheblichen Wertungsgesichtspunkte formulierten Postulaten der Ehrlichkeit und Offenlegung beizumessen sind.

Eine verbindliche Argumentationstheorie und entsprechende juristische Begründungsstandards – wie seitens seiner Kritiker eingefordert – ergibt sich aus VIEHWEGS Ansatz tatsächlich nicht, und VIEHWEG selbst räumt die Unvollständigkeit seines Unternehmens unter diesem Gesichtspunkt freimütig

[257] S. dazu *Schreckenberger*, Rhetorik und Demokratie, ARSP 86 (2000), 367 ff. (389 f.) m. w. N.

ein. Man mag das als Schwäche der VIEHWEGschen Arbeit betrachten. Dabei darf man aber nicht übersehen, dass die Ausarbeitung einer dergestalt dezidierten und verbindlichen Argumentationstheorie auch andernorts und bis heute auf erhebliche Schwierigkeiten stößt. Zugleich ist zu berücksichtigen, dass die Forderung einer verbindlichen Argumentationstheorie nicht nur über das Anliegen VIEHWEGS, sondern auch über den Diskussionsstand zur Zeit des Erscheinens von „Topik und Jurisprudenz" deutlich hinaus weist. Darauf sowie auf die Perspektiven einer späteren Präzisierung und Ergänzung seiner Rekonstruktion juristischer Verständigungs- und Argumentationsprozesse, wie VIEHWEG sie insbesondere in dem der 5. Auflage von „Topik und Jurisprudenz" angefügten „Anhang zur Fortentwicklung der Topik"[258] ins Auge fasst, ist an späterer Stelle zurückzukommen.

Im vorliegenden Zusammenhang aber bleibt zu fragen, ob der eigentlich anstößige Aspekt am VIEHWEGschen Ansatz tatsächlich in der fehlenden argumentationstheoretischen Ausarbeitung oder nicht vielmehr in der Weichenstellung gesehen werden muss, die sein Ansatz für eine solche Ausarbeitung impliziert: nämlich dem Bezug der Topik zur Rhetorik. So scheint der Gedanke, dass eine rhetorische Betrachtungsweise der Jurisprudenz fruchtbar sein könnte, vielerorts eine geradezu reflexhafte Abwehrhaltung hervorzurufen. Bezeichnend dafür ist die Einschätzung von CANARIS, wonach „von vornherein klar" sei, dass die Topik innerhalb der Jurisprudenz „jedenfalls insoweit unbrauchbar ist, als sie sich mit der Rhetorik verbindet"; darin, dass VIEHWEG gegen eine solche Verbindung nicht eindeutig Stellung bezogen habe, sondern „im Gegenteil offenbar auch diese Komponente der Topik für seine Analyse der Jurisprudenz nutzbar machen will", sieht CANARIS einen „schweren Mißgriff", der „die Auseinandersetzung um seine Thesen stark belastet" habe.[259] Es liegt auf der Hand, dass solche Ressentiments auf der weit

---

[258] *Theodor Viehweg,* Topik und Jurisprudenz, Ein Beitrag zur rechtswissenschaftlichen Grundlagenforschung, 5. Aufl., München 1974, S. 111 ff.

[259] *Claus-Wilhelm Canaris,* Systemdenken und Systembegriff in der Jurisprudenz: entwickelt am Beispiel des deutschen Privatrechts, 2. Aufl. Berlin 1983, S. 141; vgl. auch *Uwe Diederichsen,* „Topisches und systematisches Denken in der Jurisprudenz", in: NJW 1966, S. 697–705, S. 702; ferner *Martin Kriele,* Theorie der Rechtsgewinnung, entwickelt am Problem der Verfassungsinterpretation, 2. Aufl., Berlin 1976, S. 127 f., der dem Verhältnis von Topik und Rhetorik anhand der Überlegungen Vicos nachgeht und konstatiert, dass der Verdacht entstehe, „daß die Topik als ein Mittel jener Beredsamkeit dienen könnte, die (...) dazu verhilft, im Prozeß auch der ungerechten Sache zum Sieg zu verhelfen oder sich in der Politik an die Macht zu bringen *(→)*

verbreiteten Annahme beruhen, Rhetorik sei gleichzusetzen mit listiger Überredung und absichtsvoller Manipulation. Im Folgenden gilt es deshalb, die Berechtigung einer solchen Ablehnung in den Blick zu nehmen und das Verhältnis von Topik und Rhetorik näher zu bestimmen.

Nach einer in der Antike entwickelten allgemeinen Definition meint Rhetorik die Theorie und Praxis der auf Wirkung bedachten Rede.[260] Für eine nähere Betrachtung der Rhetorik bietet sich vorliegend wiederum eine Bezugnahme auf ARISTOTELES an, wenngleich bereits zahlreiche frühere Autoren sich mit der Rhetorik sowie deren Verhältnis zur Philosophie beschäftigt haben.[261] Gegenstand und Ziel der aristotelischen „Rhetorik" bildet eine Theorie der Beredsamkeit. Einleitend stellt ARISTOTELES insoweit fest: „Die Theorie der Beredsamkeit ist das korrespondierende Gegenstück zur Dialektik; denn beide beschäftigen sich mit Gegenständen solcher Art, deren Erkenntnis auf eine gewisse Weise allen und nicht einer speziellen Wissenschaft gemeinsam ist. Daher haben auch alle auf irgendeine Weise Anteil an beiden (Disziplinen); denn alle bemühen sich bis zu einem gewissen Grade, ein Argument zu prüfen bzw. zu stützen sowie sich zu verteidigen oder anzuklagen. Nun tut die Mehrheit dies entweder planlos oder mit einer auf der geistigen Konstitution beruhenden Gewohnheit. Da es aber auf beide Weisen möglich ist, so ist klar, daß es auch möglich sein muß, dies zu methodisieren (...)"[262]. ARISTOTELES betrachtet die Rhetorik also als fachübergreifende Disziplin, deren Funktion er darin sieht, „bei jedem Gegenstand das möglicherweise Glaubenerweckende zu erkennen"[263].

Dabei fasst er sämtliche überzeugungsfördernden Sprechhandlungen ins Auge und unterscheidet drei Arten technischer Überzeugungsmittel: „Sie sind nämlich entweder im Charakter des Redners begründet oder darin, den Hörer in eine gewisse Stimmung zu versetzen, oder schließlich in der Rede

---

oder dort zu halten." Er weist aber auch darauf hin, dass Vicos Plädoyer keineswegs einer „verschlagenen Rhetorik" galt, „sondern einer Rhetorik, die auf Grund reicher humanistischer Bildung ein gereiftes Urteil zu vermitteln versteht."

[260] Vgl. *Haft*, Juristische Rhetorik, 6. Aufl., Freiburg/München 1999, S. 17.

[261] Dazu *Perelman*, Das Reich der Rhetorik, München 1980, S. 155 ff.

[262] *Aristoteles*, Rhetorik, 1354a 1 f.

[263] *Aristoteles*, Rhetorik, 1355b 1.

selbst, d. h. durch Beweisen oder scheinbares Beweisen."[264] Für die Überzeugungskraft einer Rede kommt es mithin darauf an, dass der Redner als glaubwürdige Persönlichkeit erscheint (Ethos), dass er die Zuhörer affektiv für seine Sache einzunehmen vermag (Pathos), und schließlich darauf, dass sich die Rede selbst als folgerichtige Argumentation darstellt (Logos). Die letztgenannte Art der Überzeugung beruht dabei nach ARISTOTELES darauf, dass entweder ein Enthymem (verkürzter Syllogismus, bei dem eine Prämisse als bekannt vorausgesetzt wird und unausgesprochen bleibt) oder ein Paradeigma (Beispiel) vorgebracht wird.[265] Der Sache nach handelt es sich um modifizierte Formen deduktiven und induktiven Schließens, die ARISTOTELES als verständlicher und daher für rhetorische Zwecke als besser geeignet ansieht. Im Zusammenhang mit den redebezogenen Überzeugungsmitteln behandelt ARISTOTELES ferner auch das nur scheinbare Schließen, allerdings nicht zum Zwecke der Täuschung, „sondern damit es uns nicht entgeht, wie es sich verhält, und damit wir selbst entkräften können, wenn ein anderer die Unterredung in unrechter Weise gebraucht"[266].

Im Weiteren unterscheidet ARISTOTELES – im Anschluss an eine traditionelle Einteilung[267] – als unterschiedliche Redegattungen die beratende bzw. politische Rede (genus deliberativum), die Lob- (oder Tadel-)Rede (genus demonstrativum) sowie die Gerichtsrede (genus iudiciale), die er in den Mittelpunkt seiner Untersuchung stellt. Ferner scheidet er drei grundsätzlich für jede Art der Rede zu beachtende Arbeitsschritte, nämlich das Auffinden des Stoffes, der Argumente und Beweise (inventio), ihre sprachlich-stilistische Verarbeitung (elocutio) sowie die Gliederung der Gedanken bzw. Gedankenführung (dispositio). Für die Zusammenstellung des jeweiligen Redestoffes und die Findung einschlägiger Gesichtspunkte und Argumente, also die *inventio*, verweist ARISTOTELES wiederum auf das topische Verfahren.[268] Allerdings sind die in der „Rhetorik" vorgeführten Topoi nicht gänzlich deckungsgleich mit denen der „Topik"; vielmehr sind einige speziell auf die rhetorische Pra-

---

264 *Aristoteles,* Rhetorik, 1356a 3.

265 *Aristoteles,* Rhetorik, 1356b 8 f.

266 Vgl *Aristoteles,* Rhetorik, 1355a 12.

267 267 Dazu *Düring,* Aristoteles. Darstellung und Interpretation seines Denkens, Heidelberg 1966, S. 138.

268 Vgl insbesondere die Kapitel 23 und 24: *Aristoteles,* Rhetorik, 1397a ff.

xis zugeschnitten, andere speziell auf die Dialektik. Insoweit wird gängigerweise zwischen rhetorischer und dialektischer Topik unterschieden, obschon sich eine trennscharfe Abgrenzung daraus nicht ergibt.[269]

Indem die Rhetorik nach ARISTOTELES auf das jeweils Glaubenerweckende eines Redegegenstandes zielt, ist sie wie auch die Dialektik auf das allgemeine Bewusstsein, die allgemeine Meinung gerichtet; beide Disziplinen kennzeichnen sich durch die Bezugnahme auf die Mitmenschen, sind in der Auswahl ihrer Prämissen durch diese bestimmt und bedienen sich insoweit des topischen Verfahrens. Während allerdings die Dialektik vor allem auf die Gewinnung von Einsichten im Wege der topischen Verständigung ausgerichtet ist, richtet sich die Rhetorik primär auf deren publikumswirksame Vermittlung, den zielgerichteten Überzeugungserfolg. Die Rhetorik umfasst daher auch das Verhältnis zwischen dem Wahrscheinlichen, Glaubhaften und Meinungsmäßigen zu den menschlichen Charakteren und Empfindungen.[270] Die Problematik der damit zugleich eröffneten Dimension irrational-manipulativer Techniken ist unbestritten.[271]

Damit einhergehend eröffnet aber auch erst die rhetorische Perspektive den Blick darauf, dass namentlich im Bereich praktischer Fragestellungen das Problem der Gewinnung von Einsichten immer schon auf das Problem ihrer Vermittelbarkeit verweist. So wird die Notwendigkeit, mit einer Überlegung glaubwürdig zu wirken, spätestens dann bemerkbar, wenn sie praktisch werden und menschliche Lebensvollzüge bestimmen soll. Insoweit ist nicht etwa

---

[269] Vgl. zu dieser Unterscheidung und ihrer Entwicklung *Martin Kriele,* Theorie der Rechtsgewinnung, entwickelt am Problem der Verfassungsinterpretation, 2. Aufl., Berlin 1976, S. 148, insbes. Fn. 131, m. w. N.; *Thomas-Michael Seibert,* „Juristische Topik", in: LiLi 10 (1980), S. 169–177, S. 176, differenziert zwischen dem „institutionellen" und dem „rhetorischen Charakter" der Topik.

[270] Vgl. insoweit *Sieveke,* Anmerkung 1 zu Aristoteles, Rhetorik, S. 227; zur Abgrenzung von Dialektik und Rhetorik außerdem *Hellwig,* Untersuchungen zur Theorie der Rhetorik bei Platon und Aristoteles, Göttingen 1973, S. 46 ff.

[271] Diese Dimension sieht auch *Aristoteles,* Rhetorik, 1354a 5, 1355b 13, kritisch, wenn er bemerkt: „Man soll den Richter nämlich nicht verwirren, indem man ihn zu Zorn, Neid und Mitleid verleitet; das wäre ja gerade so, wie wenn man das, was man als Richtlatte gebrauchen will, zuvor verbiegt." An späterer Stelle heißt es: „Wenn es aber so ist, daß jemand großen Schaden anrichtet bei der Anwendung einer solchen Fähigkeit der Worte in unrechter Weise, so besteht hier eine Gemeinsamkeit mit den anderen Gütern – außer mit der Tugend – und vornehmlich mit den nützlichsten: wie körperliche Stärke, Gesundheit, Reichtum, Feldherrenkunst; denn durch diese kann jemand durch richtigen Gebrauch den größten Nutzen erzielen, durch unrechten Gebrauch den größten Schaden."

garantiert, dass das Wahre oder Wahrscheinliche schon aus sich heraus auch akzeptabel und überzeugend erscheint. Es muss vielmehr auf bereits vorhandene Überzeugungen bezogen und dadurch plausibel gemacht werden. Im Übrigen ist zu berücksichtigen, dass es eine gleichsam naturgemäße Selbstrepräsentation einer Sache nicht gibt; jede Präsentation, jede Darstellung ist also schon ein rhetorischer Akt, darauf gerichtet, den jeweiligen Gegenstand ins rechte Licht zu rücken.[272] Vor diesem Hintergrund erweist sich Rhetorizität nicht als Übel, sondern schlicht als Notwendigkeit.

Die vielfach und namentlich von CANARIS geforderte Ausklammerung der Rhetorik bei der Frage nach juristischen Herstellungs- und Darstellungsstandards könnte also nur eine Sichtverengung bedeuten. Und wenn KRIELE dem VIEHWEGschen Ansatz gegenüber durchaus wohlmeinend hervorhebt, dass die „Verdammungsurteile" über die rhetorische Topik keineswegs auch die dialektische Topik treffen[273], so verkennt er dessen eigentliche Reichweite, und zwar in zweifacher Hinsicht: Einerseits vermag gerade ein solcher Ansatz im Sinne einer analytisch und empirisch ausgerichteten rhetorischen Wirkungsforschung wertvolle Einsichten in den Ablauf rechtlicher Kommunikations- und Überzeugungsprozesse zu liefern, die bei der – von etlichen Kritikern VIEHWEGS angestrebten – Suche nach normativen Argumentationsstandards nicht außer Betracht gelassen werden sollten.[274] Zum anderen ist zu betonen, dass eine rechtsrhetorische Sichtweise, indem sie irrationale Momente als unvermeidlichen Verhaltens- und Verständigungsfaktor in ihre Betrachtung einbezieht[275], keineswegs einem unkontrollierten Recht des rhetorisch Stärkeren das Wort reden muss, sondern zur Suche nach Kriterien zur rationalen Nachprüfbarkeit rechtlicher Argumentationen beitragen kann.[276]

---

[272] Dahingehend *Gert Ueding*, Klassische Rhetorik, 2. Aufl., München 1996, S. 79 f. sowie S. 33: „Es gibt nur die Wahl zwischen einer mehr oder weniger überzeugenden Demonstration, und die Sachlichkeitsattitüde von Juristen und Politikern ist ein genuin rhetorisches Mittel, kein Absehen von rhetorischer Argumentation."

[273] *Martin Kriele*, Theorie der Rechtsgewinnung, entwickelt am Problem der Verfassungsinterpretation, 2. Aufl., Berlin 1976, S. 146.

[274] Zu verweisen ist hier insbes. auf die Arbeiten von *Sobota*, dazu unten S. 217 ff.

[275] Dazu *Schreckenberger*, Rhetorik und Demokratie, S. 374, 389, 395.

[276] Vgl. *Viehweg*, Rhetorische und antirhetorische Kontrolle rechtlicher Argumentation (1985), in: *ders.*, Rechtsphilosophie und Rhetorische Rechtstheorie, Baden-Baden 1995, 218 ff.

Diesbezüglich bleibt ein Autor hervorzuheben, der unabhängig von VIEHWEG und ungefähr zeitgleich eine ähnliche Richtung eingeschlagen hat wie dieser, nämlich der Belgier Chaïm PERELMAN. Dieser ist – teils gemeinsam mit Lucie OLBRECHTS-TYTECA – seit den Fünfziger-Jahren mit zahlreichen Arbeiten über Logik, Rhetorik und Argumentation hervorgetreten und hat damit eine als „Nouvelle Rhétorique" bezeichnete Strömung der philosophischen Grundlagenforschung begründet[277], auf die VIEHWEG im Vorwort zur dritten Auflage von „Topik und Jurisprudenz" besonders hinweist.[278] PERELMAN teilt mit VIEHWEG die Annahme vom Gerechtigkeitsbezug einer funktionsfähigen Rechtsordnung sowie die Überlegung, dass mit dem Begriff der Gerechtigkeit Wertvorstellungen bzw. Werturteile angesprochen sind, die sich im Wege einer formal-logischen Betrachtungsweise nur unzureichend erfassen lassen. Nach PERELMAN ist es deshalb nicht möglich, eine allgemeingültige und exakte Beurteilung von Werturteilen – eine Logik der Werturteile – zu erreichen; möglich und erforderlich sei es aber, Gründe für Werturteile anzugeben und dadurch Zustimmung zu erzielen. Die Begründung von Werturteilen ist gemäß PERELMAN somit eine Frage sprachlich vermittelter Übereinstimmung und also Sache der Rhetorik. Ausgehend davon entwickelt PERELMAN eine rhetorische Argumentationstheorie, die die klassisch rhetorische Unterscheidung der Elemente Sprecher, Zuhörerschaft und Rede aufnimmt, dabei aber die Rede selbst, d. h. die Argumente und ihre Struktur, in den Mittelpunkt stellt. Dabei sucht PERELMAN auch nach Kriterien, um die Qualität von Argumenten zu bestimmen, und gelangt zu dem Ergebnis, dass diese nicht objektiv, sondern nur im Hinblick auf die Zustimmung der Zuhörerschaft beurteilt werden könne. Maßgeblich wird damit die Qualität der Zuhörerschaft, und insoweit gilt es nach PERELMAN, die Zustimmung eines unbeschränkten und rational denkenden Auditoriums anzustreben. Zugleich konzediert PERELMAN, dass sich eine trennscharfe Abgrenzung zwischen

---

277 Dazu bereits die Nachweise in Fn. 3; ferner *Perelman*, Über die Gerechtigkeit, München 1967; *ders.*, Juristische Logik als Argumentationslehre, Freiburg/München, 1979; *ders.*, Logik und Argumentation, Königstein 1979; *ders.*, Das Reich der Rhetorik, München 1980.

278 Auch später hat Viehweg ausdrücklich auf Perelman Bezug genommen, s. *ders.*, Reine und Rhetorische Rechtslehre (1981), in: *ders.*, Rechtsphilosophie und Rhetorische Rechtstheorie, Baden-Baden 1995, S. 214 ff. (216 f.). Der gedankliche Austausch mit Perelman erweist sich auch darin, dass Viehweg die beiden Abhandlungen Perelmans „Über die Gerechtigkeit" für die deutsche Ausgabe übersetzt und mit einem Vorwort versehen hat.

Überzeugung und Überredung, zwischen rationaler Argumentation und ornamentaler Rhetorik nicht erreichen lasse.

Die Überlegungen PERELMANS sind mit diesen Bemerkungen freilich nur grob und unvollständig angedeutet, und auch auf die Schwächen seiner Konzeption ist hier nicht einzugehen.[279] Als richtungsweisend festzuhalten bleibt das von PERELMAN und VIEHWEG geteilte Anliegen, ausgehend von einem rhetorischen Ansatz zu einer juristischen Argumentationstheorie zu gelangen, die sowohl dem Rationalitäts- bzw. Gerechtigkeitspostulat als auch dessen faktischen Grenzen Rechnung zu tragen vermag.

[279] S. etwa *Alexy,* Theorie der juristischen Argumentation, S. 197 ff., insbes. 212 ff.; *Weinberger,* Jurisprudenz zwischen Logik und Plausibilitätsargumentation, Juristische Analysen 3 (1971), S. 553 ff. (565).

III. Dimensionen der Unterscheidung von Problem- und Systemdenken

Im Rahmen der bisherigen Ausführungen ging es darum, VIEHWEGS allgemeine Deutung der Topik klarzustellen und zu verdeutlichen, welche Vorbehalte einem topischen Verständnis der Jurisprudenz grundsätzlich entgegengehalten werden, insbesondere im Hinblick auf den Aspekt der Rechtsgeltung. Weitgehend ausgespart blieb noch der Bezug zu VIEHWEGS Einordnung der Jurisprudenz als Problemdenken und die damit verbundene Abgrenzung zum Systemdenken. Dem Verhältnis von Problem- und Systemdenken, das im Zentrum der sog. „Topikdebatte" steht, ist nun gesondert nachzugehen.

1. Die Zielrichtung des viehwegschen Begriffs des Systemdenkens

a) Zur Kritik an Viehwegs Begriffsbildung: Verkürzungs- und Gleichsetzungsthese

Als Ansatzpunkt für eine vertiefte Analyse der VIEHWEGschen Unterscheidung zwischen Problem- und Systemdenken sowie deren Rezeption bietet sich in besonderer Weise die Deutung KRIELES an, der sich in seiner „Theorie der Rechtsgewinnung" ausführlich mit der „Topik-These" auseinandersetzt.[280] In diesem Rahmen beurteilt KRIELE die Begriffsbildung VIEHWEGS als historisch anfechtbar und systematisch-terminologisch unbrauchbar.[281] Dabei scheint die insgesamt durchaus wohlwollende Behandlung des Ansatzes VIEHWEGS durch KRIELE dessen Kritikpunkten besondere Autorität und Glaubwürdigkeit verliehen zu haben. In jedem Falle hat sich seine Einschätzung weitgehend durchgesetzt und bis heute erhalten.[282] Sie lautet im Kern wie folgt: „Bei VIEHWEG ist ‚topisches' Denken identisch mit ‚aporetischem' Denken und Gegenbegriff zu ‚Systemdenken' im Sinne Nicolai HARTMANNS. Das ist eine

[280] *Martin Kriele,* Theorie der Rechtsgewinnung, entwickelt am Problem der Verfassungsinterpretation, 2. Aufl., Berlin 1976, S. 114–153.

[281] *Martin Kriele,* Theorie der Rechtsgewinnung, entwickelt am Problem der Verfassungsinterpretation, 2. Aufl., Berlin 1976, S. 117, insb. Fn 16.

[282] Vgl. oben S. 42.

Gegenüberstellung, die den klassischen Vertretern der Topik noch fern lag und deren Zweckmäßigkeit auch heute noch der Diskussion bedarf (...). Wenn VIEHWEG statt von ‚systematischem' von ‚deduktivem' Denken spricht, so liegt hier keine Bedeutungsverschiedenheit vor, d. h. VIEHWEG meint die Deduktion aus dem axiomatisch gedachten, pyramidenförmig aufgebauten juristischen System."[283]

Wie bereits oben im Rahmen der einleitenden Feststellungen angemerkt wurde, lassen sich anhand der Ausführungen KRIELES zwei Aussagen über die für das Verständnis VIEHWEGS zentralen Begrifflichkeiten als Arbeitshypothesen formulieren, nämlich „Verkürzungsthese" und „Gleichsetzungsthese": Als Gleichsetzungsthese wird im folgenden die zitierte Annahme KRIELES bezeichnet, VIEHWEG setze topisches und aporetisches Denken gleich und konfundiere damit den Begriff der Topik mit der HARTMANNschen Unterscheidung zwischen aporetischem (Problem-)denken und Systemdenken. Korrespondierend zu dieser Gleichsetzungsthese ergibt sich nach KRIELE für den VIEHWEGschen Begriff des systematischen Denkens oder „Systemdenkens", dass dieses allein als Deduktion aus einem axiomatisch gedachten System aufgefasst werden könne. Damit setze der Begriff des Systemdenken im Sinne VIEHWEGS das Bestehen eines axiomatisches bzw. axiomatisierbares Systems voraus, so dass genauer von „axiomatischem Systemdenken" gesprochen werden müsste. Da in dieser Annahme KRIELES impliziert ist, dass es sich dabei um ein enges oder gar verkürzendes Verständnis dessen handelt, was gewöhnlicherweise als „systematisches Denken" aufgefasst wird, wird diese Annahme im folgenden als *Verkürzungsthese* bezeichnet.

Beiden Thesen kommt insofern große Tragweite zu, als sie die Grundlage der meistdiskutierten Einwände gegen VIEHWEG bilden und – in der einen oder anderen Ausprägung – in zahlreichen Stellungnahmen unterschiedlicher Autoren anzutreffen sind. Berechtigung und Implikationen von *Verkür-*

---

283 *Martin Kriele,* Theorie der Rechtsgewinnung, entwickelt am Problem der Verfassungsinterpretation, 2. Aufl., Berlin 1976, S. 117 f. Kriele fügt hinzu: „Die Kettendeduktion oder die Deduktion aus dem Gesetzestext mittels eines Interpretationsalgorithmus mögen der Sache nach mitgemeint sein, die begriffliche Gegenüberstellung ‚topisch – systematisch' lässt das aber nicht explizit werden."

zungsthese und *Gleichsetzungsthese* sollen in den folgenden Kapiteln schrittweise überprüft werden.

b) Viehwegs Ansatz als Angriff auf die Begriffsjurisprudenz: Zur Verkürzungsthese

Ein erster auf der Verkürzungsthese beruhender Einwand wird dezidiert von DIEDERICHSEN und KRIELE erhoben: Weil VIEHWEGS Ansatz nur ein juristisches Systemdenken erfassen könne, das die Axiomatisierung eines Rechtsgebiets anstrebe, erschöpfe sich dessen kritischer Gehalt letztlich in einem Scheingefecht gegen die Begriffsjurisprudenz.[284] Das Dogma von der Lückenlosigkeit der Kodifikationen sei nämlich bereits um die Wende vom 18. zum 19. Jahrhundert überall vollständig preisgegeben worden, und entsprechend werde ein juristisches Systemdenken, das eine Axiomatisierung des Rechtssystems voraussetze oder anstrebe, schon lange nicht mehr vertreten.[285] Auch habe bereits KELSEN in seiner „Reinen Rechtslehre" deutlich gemacht, dass und in welcher Form eine Axiomatisierung des Rechtssystems zwar technisch denkbar sei, jedoch wegen der daraus resultierenden Lebensferne für die Jurisprudenz als „Realwissenschaft" ausscheiden müsse.[286] VIEHWEGS Betonung der problemabweisenden Wirkung eines axiomatischen Systems verkenne schließlich, dass die Abweisung von Problemen, also die Verweigerung einer Antwort auf eine gegebene Fragestellung im Interesse der Reinheit des vorgegebenen Systems, für die Jurisprudenz tatsächlich noch nie ein Thema gewesen sei: Selbst die Begriffsjurisprudenz habe weder der Intention noch der Sache nach die Behandlung von Problemen verweigert, sondern diese lediglich

---

[284] *Uwe Diederichsen,* „Topisches und systematisches Denken in der Jurisprudenz", in: NJW 1966, S. 697–705, S. 699 f.; *Martin Kriele,* Theorie der Rechtsgewinnung, entwickelt am Problem der Verfassungsinterpretation, 2. Aufl., Berlin 1976, S. 122; im Anschluss an Diederichsen auch *Claus-Wilhelm Canaris,* Systemdenken und Systembegriff in der Jurisprudenz: entwickelt am Beispiel des deutschen Privatrechts, 2. Aufl. Berlin 1983, S. 10, sowie *Klaus Rehbock,* Topik und Recht. Eine Standortanalyse unter besonderer Berücksichtigung der aristotelischen Topik, München 1988, S. 162. Gegen diesen Vorwurf aber *Norbert Horn,* „Zur Bedeutung der Topiklehre Theodor Viehwegs für eine einheitliche Theorie des juristischen Denkens", in: NJW 1967, S. 601–608, S. 605.

[285] *Martin Kriele,* Theorie der Rechtsgewinnung, entwickelt am Problem der Verfassungsinterpretation, 2. Aufl., Berlin 1976, S. 120.

[286] *Uwe Diederichsen,* „Topisches und systematisches Denken in der Jurisprudenz", in: NJW 1966, S. 697–705, S. 699.

nach einer bestimmten Methode – der sog. Inversionsmethode – lösen wollen; sie habe dabei bestimmte Probleme „zwar oft ungerecht und falsch gelöst, sie aber nicht abgewiesen“[287]. Im Rahmen der geltenden Rechtsordnung komme eine solche Abweisung von Problemen zudem auch schon wegen Art. 19 IV GG nicht in Betracht.[288]

Eine gewisse Berechtigung gesteht KRIELE der VIEHWEGschen Kritik am juristischen Systemdenken allerdings insoweit zu, als sich die Bezugnahme auf HARTMANN für die Jurisprudenz tatsächlich fruchtbar machen lasse. Denn die von HARTMANN für die Philosophie formulierte Forderung nach „Problemoffenheit“ betreffe eben nicht nur die Problemabweisungen eines axiomatischen Systemdenkens, sondern ebenso Formen der Problemverkürzung, die aus einem weiter zu fassenden deduktiven Denken resultierten.[289] Die Forderung nach „Problemoffenheit“ im Bereich der Jurisprudenz finde daher – Recht betrachtet – tatsächlich eine Angriffsfläche, nur eben nicht in Form des nicht mehr anzutreffenden „axiomatischen Systemdenkens“, das nur einen Sonderfall des deduktiven Denkens bilde.[290] Die eigentliche Angriffsfläche bilde vielmehr die überkommene „juristische Methode“, die in der guten Absicht, politische Neutralität zu wahren, zu einer Scheuklappenjurisprudenz und zu einer Abstrahierung rechtlicher Institutionen von den ihnen zugrunde liegenden Lebensbereichen geführt habe.[291] Nicht die Abweisung

---

[287] *Martin Kriele,* Theorie der Rechtsgewinnung, entwickelt am Problem der Verfassungsinterpretation, 2. Aufl., Berlin 1976, S. 120.

[288] *Martin Kriele,* Theorie der Rechtsgewinnung, entwickelt am Problem der Verfassungsinterpretation, 2. Aufl., Berlin 1976, S. 120 ff.; zusammenfassend S. 149 f. These Nr. 3.

[289] *Martin Kriele,* Theorie der Rechtsgewinnung, entwickelt am Problem der Verfassungsinterpretation, 2. Aufl., Berlin 1976, insb. S. 117, 124. *Kriele,* ebd., S. 119 f., hebt insbes. hervor, dass die Unterscheidung zwischen aporetischer und systematischer Denkweise, die Hartmann in seinem Aufsatz „Diesseits von Idealismus und Realismus“ entwickelt, auf eine gegen Kant erhobene Kritik ziele, derzufolge Kant sein eigenes philosophisches System nicht konsequent beachtet, sondern immer wieder regellos durchbrochen habe. Hartmann bestreite insoweit nicht das Vorliegen der Systembrüche, wohl aber deren Vorwerfbarkeit. In der Durchbrechung des eigenen Systems manifestiere sich die positiv zu bewertende Bereitschaft Kants, sich den behandelten Problemen in ihrer ganzen Dimension zu stellen. Diese Bereitschaft sei einem Systemdenken vorzuziehen, das unbeirrbar und starr an einmal konstruierten Systemen festhalte, damit neu auftauchende Probleme negiere und deren Untersuchung dadurch abschneide. Allein auf die Vermeidung solcher Problemverkürzungen ziele die „Problemoffenheit“ aporetischen Denkens bei Hartmann.

[290] Vgl. *Martin Kriele,* Theorie der Rechtsgewinnung, entwickelt am Problem der Verfassungsinterpretation, 2. Aufl., Berlin 1976, S. 123.

[291] *Martin Kriele,* Theorie der Rechtsgewinnung, entwickelt am Problem der Verfassungsinterpretation, 2. Aufl., Berlin 1976, S. 123 f.

von Problemen aufgrund der axiomatischen Systematisierung eines Rechtsgebiets stehe damit in Rede, sondern eine „vorurteilsvolle Einordnung der Jurisprudenz in das System der Wissenschaften" und die daraus resultierende Abweisung nicht etwa der Probleme als solcher, sondern bestimmter, als unzulässig erachteter Gesichtspunkte bei der Problemlösung.[292] Dass die überkommene „juristische Methode" als deduktives Denken im weiteren Sinne aufzufassen und als Ursache eines doktrinären Mangels Problemoffenheit innerhalb der Jurisprudenz anzusehen sei, verdeutlicht KRIELE anhand der von ihm so genannten „deduktiven Interpretationsmethode":

Unter dieser Bezeichnung fasst KRIELE Ansätze zusammen, die die Stufen der SAVIGNYschen Gesetzesauslegung zu einem „algorithmischen Katalog" von Interpretationsstufen zu erweitern und damit die Deduktion von Entscheidungen aus Gesetzestexten zu ermöglichen suchten.[293] Gemeinsame Grundlage dieser Versuche bilde die Annahme, dass bestimmte Fragen im Gesetzestext zwar keine explizit formulierten Antworten finden, aber gleichwohl deutlich vom Gesetzgeber vorentschieden seien. Mit Hilfe von Interpretationsschemata, die präzise die Reihenfolge der bei der Rechtsgewinnung jeweils zu vollziehenden Denkschritte vorschreiben, beanspruchten diese Ansätze – irrtumsfrei angewandt – eindeutig zur gesetzgeberischen Entscheidung und damit zum einzig richtigen Ergebnis zu führen.[294] Die sich darin manifes-

---

[292] *Martin Kriele,* Theorie der Rechtsgewinnung, entwickelt am Problem der Verfassungsinterpretation, 2. Aufl., Berlin 1976, S. 123 f., S. 150 These Nr. 3.

[293] Nach *Martin Kriele,* Theorie der Rechtsgewinnung, entwickelt am Problem der Verfassungsinterpretation, 2. Aufl., Berlin 1976, S. 88, erwecken nicht wenige Äußerungen zur Methodenlehre den Eindruck, dass sie auf ein solches Schema hinzielen und sich als bruchstückhafte Beiträge zu einem solchen Unternehmen verstehen.

[294] Das Ansinnen der deduktiven Interpretationsmethode ist, wie *Martin Kriele,* Theorie der Rechtsgewinnung, entwickelt am Problem der Verfassungsinterpretation, 2. Aufl., Berlin 1976, S. 85 ff., zutreffend darlegt, aussichtslos. Ein (Gesetzes-)Text, über dessen Bedeutung Zweifel auftreten, kann die Formen seiner richtigen Interpretation niemals selbst festlegen. Denn wie in der Rechtstheorie insbes. Hart unter Bezugnahme auf Wittgenstein deutlich gemacht hat, vermag kein Auslegungskanon zugleich auch die Regeln seiner eigenen Anwendung und Auslegung mitzuliefern. Die Richtigkeit der Interpretationsmethoden bestimmt sich letztlich vielmehr durch die Beurteilung der mit ihnen erzielten Ergebnisse. Diese Beurteilung der Resultate basiert jedoch wiederum auf solchen außerhalb des Textes liegenden Wertungsgesichtspunkten, die mit der Festlegung bestimmter Interpretationsschritte gerade eliminiert werden sollen. Tatsächlich werden diese Wertungen also nicht vermieden, sondern stillschweigend impliziert. Kriele stellt daher fest, dass man „dem wertenden, normativ-teleologischen, rechtspolitischen Element, das in jeder Interpretation steckt, schlechterdings nicht entgehen" kann, *ders.,* Theorie der Rechtsgewinnung, entwickelt am Problem der Verfassungsinterpretation, 2. Aufl., Berlin 1976, S. 96.

tierende Bemühung, nur politische Wertungen des Gesetzgebers nachzuvollziehen und keine eigenen zu treffen, führe indes dazu, bei der juristischen Problemlösung zahlreiche Gesichtspunkte als „nicht juristisch“ außer Acht zu lassen. Eine entsprechende Ausblendung ökonomischer, historischer und soziologischer Aspekte und der mit ihnen verbundenen „Wertungsfragen“ erziele aber immer nur eine scheinbare Eindeutigkeit der Ergebnisse. Diesem Systemdenken der „deduktiven Jurisprudenz“ lasse sich nun in der Tat ein problemoffenes Denken gegenüberstellen, das die verdrängten Aspekte mit in die Erörterung einbeziehe.[295] Folglich werde nicht – wie VIEHWEG meine – die Existenz eines axiomatischen Systems im juristischen Denken gewöhnlich vorausgesetzt, sehr wohl aber „die Möglichkeit eines algorithmischen Katalogs der Interpretationsstufen, die man auch dort weiter behauptet, wo man den Gedanken an die Möglichkeit des axiomatischen Systems längst aufgegeben hat“[296]. VIEHWEGS kritische Betrachtung des juristischen Systemdenkens sei damit insgesamt nur dem Anliegen nach zu unterstützen, insoweit sie nämlich darauf ziele, die ganze Komplexität juristischer Probleme zu würdigen und zu verhindern, dass lösungsrelevante Gesichtspunkte durch „doktrinäres Vorurteil“ abgeschnitten und der Argumentation entzogen werden.[297]

c) Zur Vergeblichkeit des Eindeutigkeitsanspruchs in der Jurisprudenz

Hinsichtlich der dargelegten Kritik ist zunächst natürlich nicht zu bestreiten, dass Forderungen nach einer Axiomatisierung des Rechtssystems – wie von der Begriffsjurisprudenz erhoben – in der Tat schon zur Zeit des Erscheinens von „Topik und Jurisprudenz“ nicht mehr anzutreffen waren. Zutreffend ist ferner, dass sich der VIEHWEGsche Begriff des Systemdenkens auf ein deduktives Denken bezieht, also auf ein logisch streng nachprüfbares Verfahren, das

---

[295] Dazu *Martin Kriele,* Theorie der Rechtsgewinnung, entwickelt am Problem der Verfassungsinterpretation, 2. Aufl., Berlin 1976, S. 123: „So interpretiert, würde also das, was Viehweg ‚topisches‘ Denken nennt, als ‚problemorientiertes‘ Denken plausibel.“ Kriele hält es auch für möglich, Viehwegs Schrift dahingehend zu verstehen, obschon dies – wie er meint – aus dem Text nicht hinreichend deutlich hervorgehe.

[296] *Martin Kriele,* Theorie der Rechtsgewinnung, entwickelt am Problem der Verfassungsinterpretation, 2. Aufl., Berlin 1976, S. 124; vgl. auch *Rothacker*, Die Geisteswissenschaften bilden kein „System“, Studium Generale 11 (1958), S. 141 ff.

[297] *Martin Kriele,* Theorie der Rechtsgewinnung, entwickelt am Problem der Verfassungsinterpretation, 2. Aufl., Berlin 1976, S. 124.

einen eindeutigen Begründungszusammenhang schafft.[298] Allerdings begründen beide Feststellungen keinen Einwand gegen VIEHWEG im Sinne der eingangs formulierten Verkürzungsthese, derzufolge der Ansatz VIEHWEGS sich in einem Angriff gegen die Begriffsjurisprudenz erschöpfe, weil er nur solche Konzeptionen eines juristischen Denkens betreffe, die ein axiomatisches juristisches System anstreben oder behaupten.

Wie es vielmehr hervorzuheben gilt, geht das Anliegen VIEHWEGS ganz grundsätzlich dahin, das Verhältnis der Jurisprudenz zum Ideal wissenschaftlicher Exaktheit und Logizität zu beleuchten. Von diesem Ideal her konzipiert VIEHWEG einen allgemeinen Begriff des Systemdenkens, um im Kontrast dazu die spezifischen Anforderungen und Restriktionen des juristischen Denkens zu demonstrieren. In diesem Zusammenhang stellt VIEHWEG fest, dass die Gewinnung eindeutiger juristischer Konfliktentscheidungen im Wege der Ableitung, also die Anwendung einer streng logischen Methode in der Jurisprudenz, eine deduktive Systematisierung der juristischen Aussagen und Begriffe und Sätze voraussetzen würde und deswegen nicht in Betracht kommt.[299] Entsprechend legt VIEHWEG seinen Überlegungen einen Begriff des Systemdenkens zugrunde, der an die einem logisch-analytischen Denken zuzuordnenden Kategorien der Eindeutigkeit und Exaktheit anknüpft, ohne indes eine dezidierte Auseinandersetzung mit den in der juristischen Methodendebatte vertretenen Spielarten davon abweichender Systembegriffe vorzunehmen.[300] Dieser Umstand mag eine gewisse Rolle dafür spielen, warum einige Kritiker VIEHWEGS den Eindruck gewonnen oder zu erwecken vermocht haben, die Überlegungen VIEHWEGS gingen an der allgemeinen juristischen Grundlagendiskussion vorbei. Tatsächlich aber kommt es für das Vorhaben VIEHWEGS auf eine solche Auseinandersetzung sowie auf die längst vollzogene Verabschiedung der Begriffsjurisprudenz gar nicht an. Denn indem VIEHWEG die Unerreichbarkeit einer deduktiven Systematisierung des

---

[298] Vgl. *Theodor Viehweg,* Topik und Jurisprudenz, Ein Beitrag zur rechtswissenschaftlichen Grundlagenforschung, 5. Aufl., München 1974, S. 77, 81 f.

[299] *Theodor Viehweg,* Topik und Jurisprudenz, Ein Beitrag zur rechtswissenschaftlichen Grundlagenforschung, 5. Aufl., München 1974, S. 81 ff.

[300] Insbes. Konzeptionen, die von einer „wertungs- und wesensmäßigen" Folgerichtigkeit oder Evidenz ausgehen, finden bei Viehweg keine ausdrückliche Erwähnung.

Rechts hervorhebt, stehen zugleich alle Ansätze auf dem Prüfstand, die mit der Begriffsjurisprudenz zwar nicht das proklamierte Mittel – die logische Perfektionierung der Rechtssystems – wohl aber im weitesten Sinne deren Zielsetzung teilen, nämlich das eines eindeutigen und zwingenden Verfahrens der Rechtsgewinnung bzw. Entscheidungsbegründung. Denn jeder Ansatz der juristischen Methodenlehre, der eindeutige Ergebnisse fordert und zu ermöglichen beansprucht, ruft die Maßstäbe der Logik herbei und muss sich entsprechend den Vergleich mit logisch perfekten Systemen, die deren Eindeutigkeitsanspruch wirklich einzulösen vermögen, gefallen lassen.

Die Vorstellung, dass es möglich und wünschenswert sei, eindeutige Entscheidungen aus dem Gesetz herzuleiten, kennzeichnet nun insbesondere auch die von KRIELE ins Visier genommene „deduktive Interpretationsmethode“. Die Einschätzung KRIELES, wonach „VIEHWEGS falsch gezielte Polemik – nämlich gegen den längst erledigten Gegner axiomatischer Systeme statt gegen die deduktive Interpretationsmethode – die Ursache einiger Dunkelheit in seinem Buche“[301] sei, bleibt daher unverständlich: Den Nachweis, dass die Aufstellung von Interpretationsstufenkatalogen keinen gangbaren Weg zur Verwissenschaftlichung der Jurisprudenz bildet, erbringt VIEHWEG nämlich nicht weniger als KRIELE. Nur wählt VIEHWEG, indem er den Eindeutigkeitsanspruch juristischer Methodik abstrakt unter dem Gesichtspunkt des Systemgedankens betrachtet, einen allgemeineren Begründungsweg, der im Folgenden noch einmal zu verdeutlichen ist.

VIEHWEG spielt – von KRIELE unwidersprochen – durch, welche denkbaren Arbeitsschritte erforderlich wären, um den Anspruch, wie ihn etwa die „deduktive Interpretationsmethode“ erhebt, d. h. eindeutige und zwingende juristische Entscheidungen zu ermöglichen, tatsächlich zu verwirklichen: Nämlich die Herstellung von Vollständigkeit, Verträglichkeit und Eindeutigkeit der Prämissen sowie die Definition von Operationsregeln für die zulässigen Begründungsschritte durch eine deduktive Systematisierung nach axiomatischer Methode. Diese Anforderungen gelten ganz unabhängig davon, ob eine Konzeption – etwa die Begriffsjurisprudenz – die Vollständigkeit und

---

301 *Martin Kriele,* Theorie der Rechtsgewinnung, entwickelt am Problem der Verfassungsinterpretation, 2. Aufl., Berlin 1976, S. 124 Fn. 43; zur Relevanz der „deduktiven Interpretationsmethode“ S. 97.

Eindeutigkeit der Gesetze als anzuwendende Prämissen proklamiert, oder ob zwar die Lückenhaftigkeit der Gesetze zugestanden wird, diese aber durch die Hinzunahme bestimmter außergesetzlicher Sätze und Anwendungsregeln (etwa in Form von Interpretationsstufenkatalogen) heilbar sein soll. Die Relevanz der von KRIELE behaupteten Unterscheidung zwischen einem engen Begriff „axiomatischen Systemdenkens" im Sinne VIEHWEGS und einem deduktivem Denken im weiteren Sinne bleibt insoweit fragwürdig. Denn der von der „deduktiven Interpretationsmethode" geforderte eindeutige Begründungszusammenhang beschränkt sich offenbar nicht auf eine denkfehlerfreie Ableitung aus allerdings beliebigen Prämissen. Vielmehr geht ihr Anspruch dahin, eindeutige Ergebnisse gerade aus der als System rekonstruierten Gesamtheit gesetzgeberischer Entscheidungsinhalte zu deduzieren. In diesem Falle werden die Schwierigkeiten aber lediglich auf eine andere Ebene verlagert, weil die Erfordernisse der Vollständigkeit, Verträglichkeit und Eindeutigkeit der Prämissen dann zusätzlich auch auf die außergesetzlichen Hilfssätze und Operationsregeln bezogen werden müssten.

So oder so – und allein darauf kommt es VIEHWEG an, wenn er die Anforderungen und Konsequenzen der Axiomatisierung eines Rechtsgebiets demonstriert – muss der Eindeutigkeitsanspruch für eine funktionsfähige Rechtsordnung illusorisch bleiben. Dagegen besagt das Gedankenspiel VIEHWEGS offensichtlich nicht, dass irgendeine juristische Konzeption des „Systemdenkens" oder „deduktiven Denkens" ein axiomatisches System tatsächlich anstrebt, sondern – und dies sei nochmals betont – dass jedes juristische Denken, das auf eindeutige und zwingende Ergebnisse abzielt, ein solches axiomatisches System konsequenterweise anstreben müsste. Gezeigt ist mithin, dass der Eindeutigkeitsanspruch im juristischen Denken, in welchem Gewande auch immer er daherkommen mag, zu Voraussetzungen führt, die nicht erfüllt werden können. Dies gilt für die Begriffsjurisprudenz, die ein vollständiges juristisches System wirklich proklamiert hat, und es gilt für die von KRIELE kritisierte „deduktive Interpretationsmethode", die die Implikationen ihres eigenen Anspruchs nicht einmal hinreichend reflektiert, erst recht.

Der Vorwurf KRIELES, VIEHWEG mache den kritischen Gehalt des von HARTMANN rezipierten Gesichtspunkts der Problemoffenheit im Hinblick auf das juristische Denken nicht hinreichend deutlich und fruchtbar, erweist sich damit als gegenstandslos: Aus dem Ansatz VIEHWEGS ergibt sich, dass jedes juristische Denken, das eindeutige Ergebnisse anstrebt, tendenziell zur Verkürzung von Problemen neigt, indem das Bestehen von alternativen Lösungsmöglichkeiten bestritten und ggf. auch nicht hinreichend danach gesucht wird.[302]

d) Der Viehwegsche Begriff des Systemdenkens im Sinne der Annäherungsthese

Im Hinblick auf die oben formulierte Verkürzungsthese ist damit zunächst festzuhalten, dass sich ein Einwand gegen den Ansatz VIEHWEGS jedenfalls nicht damit begründen lässt, er renne mit seiner Kritik einer als Systemdenken verstandenen Jurisprudenz offene Türen ein, weil diese lediglich ein „axiomatisches Systemdenken" im Sinne der Begriffsjurisprudenz treffe. Tatsächlich erschöpft sich der Ansatz VIEHWEGS nicht schon in dem Nachweis, dass die Errichtung deduktiver Systeme im Wege der Axiomatisierung für den Bereich des Rechts nicht in Betracht kommt. Vielmehr ergibt sich nach VIEHWEG zugleich, dass mit der Unerreichbarkeit einer deduktiven Methode für die Jurisprudenz zugleich jeder Anspruch auf Eindeutigkeit und damit schlussendlich auch jede Hoffnung auf die Richtigkeitsgarantie einer methodisch vorgegebenen Rechtserkenntnis hinfällig wird.

Bei dieser Konsequenz handelt es sich, wie im Übrigen schon KRIELES eigene Auseinandersetzung mit der von ihm so bezeichneten „deduktiven Interpretationsmethode" exemplarisch belegt, keineswegs um einen Gemeinplatz. Denn die Vorstellung, für die rechtliche Entscheidungsfindung sei allein der Wille des Gesetzgebers maßgeblich, der in den – ggf. durch Auslegung zu konkretisierenden – Vorschriften des Rechtssystems seinen eindeutig bestimmbaren Ausdruck finde, ist, anders als die Begriffsjurisprudenz, nach wie vor lebendig. Dabei stimmen VIEHWEG und KRIELE der Sache nach darin

---

[302] Krieles Kritik an Viehweg, wonach es nicht um Problemabweisungen gehe, „sondern die Abweisung von eventuell infragekommenden Gesichtspunkten bei der Problemlösung", erscheint um so spitzfindiger, als er selbst davon spricht, dass neue Probleme durch die Gerichte „vielfach als ‚nicht juristisch', d. h. als für den Juristen ‚systemfremd' angesehen und deshalb ignoriert werden", und schließlich seinerseits feststellt: „Eine solche Problemabweisung kann in der Tat erhebliche Folgen für die Richtung haben, die die Entscheidung nimmt"; s. *Martin Kriele,* Theorie der Rechtsgewinnung, entwickelt am Problem der Verfassungsinterpretation, 2. Aufl., Berlin 1976, S. 149 f., S. 123.

überein, dass sich der Prozess der Rechtsgewinnung nicht auf einen bloßen Nachvollzug der vom Gesetzgeber vorgegebenen Entscheidungen reduzieren lässt, und dass die Komplexität der rechtlicher Problemstellungen nur umfassend und angemessen zu würdigen sind, wenn in reflektierter Weise auch „die ökonomischen, historischen, soziologischen und die entscheidenden Wertungsfragen“ Berücksichtigung finden, die sich eindeutigen Beurteilungen von vornherein entziehen.[303]

Während allerdings KRIELE den kritisierbaren Eindeutigkeitsanspruch nur den Vertretern einer „deduktiven Interpretationsmethode“ zuschreibt und unter diesem Aspekt lediglich vor überzogenen Erwartungen an ein juristisches Systemdenken warnen will, geht VIEHWEG einen entscheidenden Schritt weiter, indem er den Eindeutigkeitsanspruch in den Begriff des Systemdenkens implementiert. VIEHWEG macht den Eindeutigkeitsanspruch mithin zur Bedingung für die Einordnung einer Denkweise als Systemdenken, weswegen gemäß VIEHWEG für das juristische Denken eine Qualifizierung als Systemdenken notwendig ausscheiden muss. Um entsprechend den von VIEHWEG hergestellten Zusammenhang zwischen Systemdenken und Eindeutigkeitsanspruch zum Ausdruck zu bringen, lässt sich der Verkürzungsthese nach KRIELE, wonach der VIEHWEGsche Begriff des Systemdenkens gleichbedeutend sei mit „Deduktion aus dem axiomatisch gedachten, pyramidenförmig aufgebauten juristischen System“, in präziserer Formulierung wie folgt die Annäherungsthese gegenüberstellen: Danach dient der Begriff des Systemdenkens bei VIEHWEG zur Kennzeichnung solcher Denkweisen, die eine exakte und möglichst umfassende Systembildung anstreben und sich dabei dem Ziel der eindeutigen und zwingenden Lösbarkeit aller der den jeweiligen Problembereich betreffenden Fragestellungen wenigstens anzunähern vermögen. Demnach ist es für den VIEHWEGschen Begriff des Systemdenkens als entscheidend anzusehen, dass mit dem Ziel eindeutiger und zwingender Problemlösungen seiner Konsequenz nach notwendig auch das Ziel einer fortschreitenden deduktiven Systematisierung des Problembereichs einhergeht. Daraus darf allerdings anders, als die Verkürzungsthese es nahelegt, weder gefolgert werden, VIEHWEG

---

[303] *Martin Kriele,* Theorie der Rechtsgewinnung, entwickelt am Problem der Verfassungsinterpretation, 2. Aufl., Berlin 1976, S. 123.

erfasse mit dem Begriff des Systemdenkens allein die Deduktionen und Reduktionen innerhalb eines bestehenden axiomatischen Systems, noch dass es für eine Beurteilung als Systemdenken womöglich auf die Endgültigkeit eines einmal errichteten Systems ankäme. Darauf ist noch zurückzukommen.

Zunächst aber ist zu zeigen, dass die Verkürzungsthese ihren Namen nicht nur deswegen verdient, weil sie eine unsachgemäße Enge des VIEHWEGschen Begriff des Systemdenkens behauptet, sondern auch, weil dieser Behauptung ihrerseits ein verkürzendendes Verständnis der Ausführungen VIEHWEGS zugrunde liegt.

2. Zur Begründbarkeit der Kennzeichnung der Jurisprudenz als Problemdenken

a) Der Vorwurf der „Systemfeindlichkeit"

Mit den bisherigen Ausführungen ist zwar klargestellt, dass der vor allem von DIEDERICHSEN und KRIELE formulierte Einwand, wonach VIEHWEGS Verständnis des Systemdenkens nur Konzeptionen erfasse, die die lückenlose Systematisierung eines Rechtsgebiets postulieren, und also zu kurz greife, nicht zutrifft.

Gleichzeitig wird im Zusammenhang mit der Verkürzungsthese aber auch der viel weitergehende Vorwurf erhoben, VIEHWEGS Ansatz laufe auf eine Negierung und Aufhebung jeglicher Systembindung und -bildung innerhalb des juristischen Denkens überhaupt hinaus.[304] Selbst wenn VIEHWEG dies in letzter Konsequenz nicht intendiert habe, so lege seine Begriffsbildung eine solche Deutung jedenfalls nahe. Zur Begründung wird ausgeführt, dass VIEHWEG – indem er als Systemdenken nur ein „axiomatisches Systemden-

---

[304] In besonderer Deutlichkeit *Claus-Wilhelm Canaris,* Systemdenken und Systembegriff in der Jurisprudenz: entwickelt am Beispiel des deutschen Privatrechts, 2. Aufl. Berlin 1983, S. 135 ff., insbes. Fn. 1a; dahingehend ferner etwa *Uwe Diederichsen,* „Topisches und systematisches Denken in der Jurisprudenz", in: NJW 1966, S. 697–705, S. 698 ff.; *Werner Flume,* „Richter und Recht. Schlussvortrag", in: Verhandlungen des 46. Deutschen Juristentages, Bd. II, München/Berlin 1967, Teil K, S. 1–35, S. 29 ff.; *Karl Larenz,* Methodenlehre der Rechtswissenschaft, 6. Aufl., Berlin u. a. 1991, S. 167; *Klaus F. Röhl,* Allgemeine Rechtslehre, Köln u. a. 1994, S. 446.

ken“ auffasse – deduktives Systemdenken einerseits und topisches Problemdenken andererseits unzutreffend in eine strikte Entgegensetzung bringe. Tatsächlich stünden beide Denkweisen dagegen nicht in einem alternativen, sondern in einem kumulativen Verhältnis zueinander.[305] Die Reduzierung des Begriffs des Systemdenkens allein auf ein „axiomatisches Systemdenken“ in Gegenüberstellung zum Problemdenken, die jede Form des Systemdenkens im weiteren Sinne außer Betracht lasse, sei daher sachlich nicht gerechtfertigt und erweise sich insbesondere für die Jurisprudenz als unpassend. Denn eine Begriffsbildung, die den spezifischen Systembezug des juristischen Denkens nicht erfassen könne, müsse die Jurisprudenz schon im Ansatz verfehlen. Insgesamt sei VIEHWEGS Kennzeichnung der Jurisprudenz als Problemdenken und die sich darin manifestierende „Systemfeindlichkeit“ weder hilfreich noch haltbar.[306]

Es drängt sich angesichts dieser Kritik der Eindruck auf, dass bei manchen Autoren das Bedürfnis, schon den bloßen Gedanken an einen Angriff auf das „juristische Systemdenken“ abzuwehren, das Interesse an einer genauen Prüfung des VIEHWEGschen Ansatzes überwogen hat. Der Grund für diese Vehemenz ist darin zu sehen, dass die betreffenden Kritiker hier Wesentliches in Gefahr sehen: Zugleich mit der Frage, ob eine spezifisch juristische Form des Systemdenkens möglich und geboten ist, geht es ihnen darum, ein Maximum an Gesetzesbindung, Rechtssicherheit und Gleichbehandlung methodisch abzusichern und einer Preisgabe rechtsstaatlicher Errungenschaften vorzubeugen. Der Vorwurf der „Systemfeindlichkeit“ zielt insoweit in die gleiche Richtung wie der bereits an früherer Stelle angesprochene Einwand, ein topisches Rechtsverständnis spreche „jeder juristischen Geltungslehre Hohn“: So wird

---

305 *Reinhold Zippelius*, „Problemjurisprudenz und Topik“, in: NJW 1967, S. 2229–2234, S. 2230; *Claus-Wilhelm Canaris*, Systemdenken und Systembegriff in der Jurisprudenz: entwickelt am Beispiel des deutschen Privatrechts, 2. Aufl. Berlin 1983, S. 151 ff.; *Ludwig Raiser*, „Rechtswissenschaft und Rechtspraxis“, in: NJW 1964, S. 1201–1208, S. 1203; *Weinberger*, Topik und Plausibilitätsargumentation, ARSP 59 (1973), 17 ff. (34).

306 So auch Autoren, die Viehwegs „Topik-These“ grds. befürworten, ausdrücklich etwa *Klaus Rehbock*, Topik und Recht. Eine Standortanalyse unter besonderer Berücksichtigung der aristotelischen Topik, München 1988, S. 180 Fn. 86; tendenziell auch *Arno Bokeloh*, Der Beitrag der Topik zur Rechtsgewinnung, Göttingen 1973, S. 8. Umgekehrt gibt es Gegner Viehwegs, die sich vom Vorwurf der Systemfeindlichkeit distanzieren, vgl. *Schwerdtner*, Rechtswissenschaft und kritischer Rationalismus, Rechtstheorie 2 (1971), 67 ff., 224 ff. (82); *Bernd H. Oppermann*, Die Rezeption des Nordamerikanischen Rechtsrealismus durch die Deutsche Topikdiskussion, Frankfurt/Main 1985, S. 10 f.

kritisiert, VIEHWEG lasse „ein Bekenntnis zur geltenden Rechtsordnung und zu dem sonst jedem Juristen selbstverständlichen Satz, bei der Rechtsanwendung an Gesetz und Recht gebunden zu sein“, vermissen.[307] VIEHWEGS Generalisierung des einzelfallorientierten Problemdenkens müsse vor dem Gebot, wiederkehrende Problemstellungen trotz wechselnder Kontexte gemäß den Gesetzen gleich zu behandeln und Rechtssicherheit herzustellen, kapitulieren. Selbst wenn das juristische System immer auf Modifikationen und Ergänzungen durch das Problemdenken verwiesen bleibe, dürfe die Einordnung des juristischen Denkens als Systemdenken nicht aufgegeben werden, da nur eine als Systemdenken verstandene Jurisprudenz das doch immerhin mögliche Optimum an System- und damit Gesetzesbindung gewährleisten könne. Jedenfalls drohe dort, wo die juristischen Anstrengungen bei der Systembildung für vergeblich erklärt würden, wenn nicht Willkür oder ein Rückfall in primitive Frühformen des Rechts, so doch jedenfalls mangelnde Sorgfalt bei der Entscheidungsfindung und ungerechtfertigte Billigkeitsrechtsprechung.[308]

Zur Klärung des Vorwurfs der „Systemfeindlichkeit“ und der damit verbundenen Bedenken muss beachtet werden, dass VIEHWEG seine Unterscheidung zwischen System- und Problemdenken an fachübergreifenden Strukturmerkmalen der in verschiedenen Bereichen anzutreffenden Denkweisen festzumachen sucht, um anhand dieser Unterscheidung in einem weiteren Schritt die spezifischen Anforderungen des juristischen Denkens rekonstruieren und erklären zu können. Dem Gang der VIEHWEGschen Gedankenführung folgend[309], gilt es daher auch vorliegend zunächst, die Unterscheidung VIEHWEGS zwischen System- und Problemdenken abstrakt auf ihre Plausibilität zu untersuchen, um auf Grundlage dessen sodann die Zweckmäßigkeit dieser Unterscheidung für den Bereich des juristischen Denkens erörtern zu können. Eine angemessene Beurteilung des Ansatzes VIEHWEGS kann also nur erfolgen, wenn klargestellt ist, worin genau die von VIEHWEG als System- bzw.

---

[307] *Uwe Diederichsen*, „Topisches und systematisches Denken in der Jurisprudenz“, in: NJW 1966, S. 697–705, S. 702; vgl. auch *Herschel*, Rechtssicherheit und Rechtsklarheit, JZ 1967, 727 ff. (730).

[308] Zu diesen Kritikpunkten ausführlich *Arno Bokeloh*, Der Beitrag der Topik zur Rechtsgewinnung, Göttingen 1973, S. 77 m. w. N.

[309] Vgl. *Theodor Viehweg*, Topik und Jurisprudenz, Ein Beitrag zur rechtswissenschaftlichen Grundlagenforschung, 5. Aufl., München 1974, S. 31 ff., 81 ff.

Problemdenken gekennzeichneten Denkweisen sich unterscheiden oder übereinstimmen.

b) Das Ineinandergreifen von Problem- und Systemdenken

VIEHWEG entwickelt seine Unterscheidung von System- und Problemdenken zunächst von einem allgemeinen Modell der gedanklichen Problemlösung her, wonach sich die Lösung eines Problems ganz grundsätzlich als rationales Verfahren rekonstruieren lässt, in dessen Verlauf eine bestimmte Fragestellung umformuliert und in einen Ableitungszusammenhang gebracht wird, aus dem heraus sich die Lösung erschließt. Als „Problem" betrachtet VIEHWEG dabei „eine jede Frage, die anscheinend mehr als eine Antwort zuläßt", und die insoweit „notwendigerweise ein vorläufiges Verständnis voraus(setzt), nach dem irgendetwas überhaupt als ernstzunehmende Frage erscheint"[310]. Notwendigerweise deshalb, weil sich eine Frage generell nur vor dem Hintergrund eines wie auch immer gearteten Verständniszusammenhangs ernsthaft stellen kann, der als Bezugsrahmen und Maßstab für etwaige Antworten fungiert. Als „System" bezeichnet er dabei den Ableitungszusammenhang, in den das Problem zu seiner Lösung gebracht wird, wobei dieses „von kleinem und kleinsten Umfang" sein kann.[311]

Ausgehend davon gelangt VIEHWEG zur Unterscheidung von Problem- und Systemdenken, indem er darlegt, dass das von ihm skizzierte Verfahren der Problemlösung unterschiedliche Akzentuierungen finden bzw. aus unterschiedlichen Perspektiven erfolgen kann: Das Systemdenken geht danach zur Lösung eines Problems von einem bestehenden System aus und greift auf die darin bereits vorgegebenen Prämissen zurück. Damit einhergehend entfaltet das Systemdenken eine selektive Wirkung, weil eine Lösung nur im Hinblick auf die Gesichtspunkte erfolgen kann, die im jeweiligen System bereits berücksichtigt sind. Während also das Systemdenken den Akzent auf das gege-

---

310 *Theodor Viehweg,* Topik und Jurisprudenz, Ein Beitrag zur rechtswissenschaftlichen Grundlagenforschung, 5. Aufl., München 1974, S. 32.

311 *Theodor Viehweg,* Topik und Jurisprudenz, Ein Beitrag zur rechtswissenschaftlichen Grundlagenforschung, 5. Aufl., München 1974, S. 33: „Nennt man einen Ableitungszusammenhang ein System, könnte man (...) sagen, dass das Problem zum Zwecke seiner Lösung in ein System eingeordnet wird."

bene System legt, dessen Erhaltung die Abweisung systemüberschreitender Problemgehalte impliziert, setzt das Problemdenken beim als solches empfundenen Problem an, zu dessen Lösung ein passender Ableitungszusammenhang bzw. ein System gesucht oder geschaffen wird – allerdings mit der Folge, dass mit der Lösung unterschiedlicher Probleme eine Pluralität möglicherweise unverträglicher Systeme entstehen kann.[312] Das Problemdenken ordnet also den Lösungsprozeß nicht etwaigen Systemvorgaben unter, sondern führt – je nach Erforderlichkeit für die Gewinnung einer angemessenen Lösung – neue Prämissen ein. Dafür aber bedarf es eines inventiven, prämissensuchenden Verfahrens wie der Topik, die VIEHWEG deshalb als Techne des Problemdenkens bezeichnet.

Die damit gegebene Unterscheidung zwischen Problem- und Systemdenken zielt nun aber keineswegs auf deren strikte Entgegensetzung im Sinne einer gegenseitigen Ausschließung, sondern darauf, die grundsätzliche Unterscheidbarkeit einer problem- und eines systemorientierten Richtung des Denkens unter dem Gesichtspunkt ihrer inventiven bzw. selektiven Wirkung idealtypisch deutlich zu machen. Insoweit ist VIEHWEG weit davon entfernt, das wechselspielerische Verhältnis beider Denkrichtungen zu übersehen. Ganz im Gegenteil basiert seine Differenzierung gerade auf der Einsicht, dass die Konstitution von Problem und System sich gegenseitig bedingt und dass entsprechend Problem- und Systemdenken ineinandergreifen und miteinander verflochten sind.[313] So geht aus den Ausführungen VIEHWEGS unmissverständlich hervor, dass das topisch verfahrende Problemdenken, indem es anhand konkreter Problemstellungen bewährte Prämissen und eine Vielzahl kleiner und kleinster Ableitungszusammenhänge oder Systeme entwickelt, als Grundlage für die Bildung umfänglicherer Systeme dient. „Die Topik muß

---

[312] Vgl. *Theodor Viehweg,* Topik und Jurisprudenz, Ein Beitrag zur rechtswissenschaftlichen Grundlagenforschung, 5. Aufl., München 1974, S. 33; unklar aber für *Martin Kriele,* Theorie der Rechtsgewinnung, entwickelt am Problem der Verfassungsinterpretation, 2. Aufl., Berlin 1976, S. 124, Fn. 43, der den Rekurs „auf die ‚Pluralität von Systemen', von denen die Problemlösung eines ‚auszulesen' habe" für besonders missverständlich hält.

[313] Viehweg hat angesichts der Verständnisschwierigkeiten, auf die seine Ausführungen in „Topik und Jurisprudenz" gestoßen sind, später noch einmal ausdrücklich klargestellt, dass er das Verhältnis von Topik und Logik bzw. Problem- und Systemdenken nicht antithetisch versteht. Das wird aber auch schon aus dem Ursprungstext ersichtlich; so auch *Norbert Horn,* „Zur Bedeutung der Topiklehre Theodor Viehwegs für eine einheitliche Theorie des juristischen Denkens", in: NJW 1967, S. 601–608, S. 605.

erst einmal zeigen, wie man Prämissen findet. Die Logik nimmt sie hin und verarbeitet sie."[314]

Während also einerseits das Problemdenken zur Systembildung hinführt, bleibt andererseits das Systemdenken umgekehrt zur Erweiterung und Fortentwicklung seines Systems auf die inventive Wirkung des Problemdenken verwiesen.[315] Indem das Problemdenken Gesichtspunkte sammelt und zu Prämissen verarbeitet, um daraus eine Problemlösung ableiten zu können, führt und strebt es zu Systembildung hin. Umgekehrt ist das Systemdenken zur Gewinnung seiner Prämissen und zur Fortentwicklung seines Systems auf das Problemdenken angewiesen. Die logische Strukturierung der Prämissen und die Entwicklung konsistenter Systeme dient dem Problemdenken wiederum als Grundlage bei der Suche nach angemessenen Lösungen für neue Problemstellungen usw. In diesem Sinne stehen System- und Problemdenken in einem als dialektisch zu verstehenden Ergänzungsverhältnis zueinander.

Wenn VIEHWEG seine wie vorstehend erläuterte Differenzierung zwischen Problem- und Systemdenken zur Charakterisierung verschiedener Denkweisen heranzieht, bedeutet das entsprechend auch nicht, dass er einer als Problemdenken gekennzeichneten Denkweise jede Systembildung und logische Strukturierung abspricht. Ebenso wenig impliziert eine Einordnung als Systemdenken, dass darin jede problembezogene Invention schlechthin ausgeschlossen ist, wie etwa KRIELE annimmt, wenn er mit der Verkürzungsthese unterstellt, Systemdenken meine gemäß VIEHWEG allein die Reduktionen und Deduktionen innerhalb eines geschlossenen axiomatischen Systems.[316] Es ist vielmehr festzuhalten: Die begriffliche Trennung zwischen

---

[314] *Theodor Viehweg,* Topik und Jurisprudenz, Ein Beitrag zur rechtswissenschaftlichen Grundlagenforschung, 5. Aufl., München 1974, S. 40.

[315] *Theodor Viehweg,* Topik und Jurisprudenz, Ein Beitrag zur rechtswissenschaftlichen Grundlagenforschung, 5. Aufl., München 1974, S. 82 ff. *Martin Kriele,* Theorie der Rechtsgewinnung, entwickelt am Problem der Verfassungsinterpretation, 2. Aufl., Berlin 1976, S. 145, 150, merkt an, dass die ursprüngliche Wortbedeutung von „topos" den „Ort" im rudimentären System in Gestalt eines Topoikatalogs meinte, an dem der Gesichtspunkt zu finden ist.

[316] Dazu steht auch nicht im Widerspruch, dass Viehweg an späterer Stelle axiomatische Systeme als Anwendungsgebiet „reinen" Systemdenkens behandelt und den problemorientierten Charakter der Jurisprudenz unter Hinweis auf die Unmöglichkeit einer Axiomatisierung des Rechts begründet. Denn daraus folgt nur, dass nach Viehweg eine als Systemdenken zu qualifizierende Denkweise die Errichtung eines logisch perfekten, eindeutigen Systems anstreben muss, und nicht etwa, dass sie mit einem solchen System identisch ist. *(→)*

Problem- und Systemdenken ist als Idealtypisierung aufzufassen, die von einer künstlichen Isolierung beider Denkformen ausgeht. Diese Isolierung erfolgt aus analytischen Gründen und in der Absicht, ein Instrumentarium zur Rekonstruktion tatsächlicher Denk- und Problemlösungsprozesse zu gewinnen.

In Wirklichkeit handelt es sich freilich dort, wo von einer in einem bestimmten Wissensbereich anzutreffenden „Denkweise“ die Rede ist, um die Beschreibung der Merkmale und Resultate einer Vielzahl von mehr oder minder unabgeschlossenen Problemlösungsprozessen, die einen mehr oder weniger unbestimmten Problembereich betreffen. Dies wird leicht einsichtig, wenn man sich vor Augen führt, dass der Begriff der Denkweise ersichtlich nicht allein auf die Lösung eines einzigen Problems zielt, die entweder topisch begründet oder aus einem bestimmten System deduziert wird. Vielmehr ist von einer Denkweise im Hinblick auf die Gesamtheit der Problemlösungsprozesse und Systematisierungsversuche zu sprechen, die auf einen bestimmten Problemkreis zielen. Eine Denkweise lässt sich entsprechend immer nur als „Gemengelage“ sowohl problem- als auch systemorientierter Denkprozesse auffassen, innerhalb derer sich allerdings gleichwohl entweder der Problem oder der Systembezug als insgesamt führend erweisen kann.

Das bedeutet, dass die Qualifizierung einer Denkweise als Problem- oder Systemdenken immer nur *pars pro toto* erfolgen kann. Welcher Anteil aber innerhalb einer Denkweise als führend zu erachten ist, hängt VIEHWEG zufolge davon ab, ob diese Denkweise über „einen relativ kleinen und konstanten Schatz letzter Prämissen verfügt“ und daraus „lange Kettenschlüsse (sorites) entwickeln“ kann – oder ob die „Problematik, die man zu bewältigen wünscht, sich nicht einmal in einem gewissen Umfange restlos erledigen läßt“ und „in immer neuer Gestalt auftaucht“[317]. Während also in systemorientierten Denkweisen die Invention immerhin zeitweise und partiell entbehrlich wird und die Logizität der Begründungen in den Vordergrund tritt, verhindert

---

Eine systemorientierte Denkweise muss mithin den sie konstituierenden Gegenstandsbereich nicht etwa vollständig in einem axiomatischen System erfasst haben und ist auch nicht gehindert, ein einmal errichtetes axiomatisches System wieder aufzubrechen und zu verändern.

[317] *Theodor Viehweg,* Topik und Jurisprudenz, Ein Beitrag zur rechtswissenschaftlichen Grundlagenforschung, 5. Aufl., München 1974, 39 f.

in problemorientierten Denkweisen die permanente Einschaltung der Topik zur immer neuerlichen Prämissensuche die Entstehung umfassender Ableitungszusammenhänge, weswegen diese sich gerade durch das Fehlen langer Folgerungen und stattdessen durch eine Vielzahl von Syllogismen und häufige Analogieschlüsse kennzeichnet.

Ausgehend davon lässt sich mithin im Anschluss an VIEHWEG wie folgt eine doppelte Begriffsbestimmung treffen: Die Unterscheidung zwischen Problem- und Systemdenken zielt zunächst in einem engeren Sinne auf zwei mögliche Akzentuierungen bei der Problemlösung; danach kennzeichnet sich Problemdenken dadurch, dass es gegebene Probleme jeweils angemessen lösen will, indem es im Wege der Topik passende Prämissen sucht und dabei – falls nötig – ein bestehendes System(gefüge) aufgibt oder verändert. Problemdenken ist daher inventiv, aber nicht zwingend. Systemdenken demgegenüber kennzeichnet sich dadurch, dass es Probleme exakt und eindeutig lösen will, indem es sie in ein gegebenes System einsetzt und dabei Probleme oder Problemgehalte, die die Systemkapazität überschreiten, abweist. Systemdenken ist daher – bezogen auf die dem System zugrunde liegenden Prämissen – zwingend, aber zugleich selektiv. In diesem Sinne handelt es sich zunächst um eine analytische Unterscheidung, die als Instrumentarium zur Rekonstruktion und Charakterisierung unterschiedlicher Denkweisen dient, wobei als Denkweise die Gesamtheit der Problemlösungen aufzufassen ist, die sich auf einen bestimmten Problem- bzw. Gegenstandsbereich beziehen und durch diesen zusammengehalten werden. Auf Grundlage einer entsprechenden Rekonstruktion lassen sich sodann die in unterschiedlichen Bereichen anzutreffenden Denkweisen miteinander vergleichen und danach unterscheiden, ob innerhalb der jeweiligen Denkweise insgesamt der Problem- oder der Systembezug als führend zu erachten ist und die Begründungsstruktur der darin anzutreffenden Lösungen prägt. Insoweit dienen die Begriffe des Problem- und Systemdenkens in einem weiteren Sinne zugleich auch der Bezeichnung der betreffenden Denkweisen selbst.

Ausdrücklich bleibt zu betonen, dass der so verstandenen begrifflichen Unterscheidung zwischen Problem- und Systemdenken in ihrem engeren wie weiteren Sinne keinerlei wertende Funktion zukommt: Die Einordnung einer Denkweise als Systemdenken oder Problemdenken impliziert keine Auf- oder Abwertung; weder die mit dem Problemdenken verbundene Bereitschaft zu

Systembrüchen noch die mit dem Systemdenken verbundene Selektivität begründet für sich genommen einen Mangel.

Der Vorwurf der „Systemfeindlichkeit" VIEHWEGS im Sinne einer Verabsolutierung des Problemdenkens unter Negierung jeglichen Systembezugs des juristischen Denkens ist nach allem gegenstandslos. Tatsächlich hat VIEHWEG nie verkannt, dass topischproblemorientierte und deduktivsystemorientierte Elemente innerhalb einer jeweiligen Denkweise grundsätzlich ineinandergreifen und aufeinander angewiesen sind – auch wenn es Jahrzehnte gedauert hat, bis sich diese Erkenntnis im Kreise seiner Interpreten allgemein durchsetzen konnte.[318]

c) Aufhebung der Differenzierung Viehwegs im Begriff des „offenen Systems"?

Ausgehend davon bedeutet VIEHWEGS Einordnung des juristischen Denkens als Problemdenken auch nicht die Auflösung andernfalls gewährleisteter rechtsstaatlicher Bindungen, wie es der Vorwurf eines fehlenden Bekenntnisses zur geltenden Rechtsordnung unterstellt. VIEHWEG geht es allein um die Feststellung der unhintergehbaren Grenzen, die dem Systemdenken innerhalb der Jurisprudenz – ganz unabhängig von ihrer Einordnung und Klassifizierung – gezogen sind. In Rede steht nicht ein „Weniger" an Gesetzesbindung, sondern die immer schon bestehende Notwendigkeit, innerhalb der Entscheidungsfindung auch auf außersystematische Lösungsgesichtspunkte zurückzugreifen. Die topischproblemorientierten Erwägungen, die insoweit unverzichtbar sind, führen nach VIEHWEG weder zu einem Verlust „juristischer Präzision" noch zum Einzug von Beliebigkeit und Willkür. Vielmehr dienen sie dazu, Entscheidungsoptionen auszuloten, und werden jeweils wirksam, wenn sie zur Lösung konkreter Probleme erforderlich und angemessen

---

[318] Vgl. *Martin Kriele,* Theorie der Rechtsgewinnung, entwickelt am Problem der Verfassungsinterpretation, 2. Aufl., Berlin 1976, S. 150, der als Ergebnis die These präsentiert: „Der Satz ‚Juristisches Denken ist topisch' ist auch dann missverstanden, wenn ihm eine polemische Wendung gegen die Versuche zu dogmatischer Systematisierung des Rechtsstoffes beigelegt wird. (Ein Missverständnis, das aus der unzweckmäßigen Gegenüberstellung von ‚topischem' und ‚systematischem' Denken erwachsen ist.)" Bezeichnend auch *Klaus Rehbock,* Topik und Recht. Eine Standortanalyse unter besonderer Berücksichtigung der aristotelischen Topik, München 1988, S. 180, der noch in den späten Achtziger-Jahren unterschiedlichste Autoren – mit Ausnahme Viehwegs – dafür anführt, dass ein Zusammenhang zwischen beiden Denkweisen besteht.

erscheinen. Das Problemdenken wirkt dabei inventiv, aber nicht etwa aus einem systemunabhängigen „normativen Nichts" heraus, sondern in Orientierung am Bestehenden.[319] Dort, wo das Rechtssystem Fragen und Spielräume offenlässt oder zu „unvertretbaren" Ergebnissen führt, wird das Problemdenken „aktiv", und es eröffnet sich dabei zwischen den Polen der Eindeutigkeit auf der einen und der Zufälligkeit auf der anderen Seite das weite Feld des mehr oder weniger Vertretbaren oder „Wahrscheinlichen". In diesem Bereich herrscht nicht Willkür, sondern das Erfordernis, plausible und vermittelbare Ergebnisse zu erzielen.

Wenn VIEHWEG demnach also keineswegs jegliche juristische Systembildung und -bindung ablehnt, während umgekehrt die Kritiker VIEHWEGS durchaus bereit sind, dem topischproblemorientierten Denken innerhalb der Jurisprudenz immerhin eine gewisse Berechtigung einzuräumen[320], dann stellt sich die Frage, ob überhaupt grundlegende Divergenzen vorliegen[321]. Wäre dies nicht der Fall, erwiese sich die Auseinandersetzung um die Kennzeichnung der Jurisprudenz als Problem- oder Systemdenken in weiten Zügen als ein terminologisches Missverständnis, dessen sachlicher Gehalt in etwa dem der Frage vergleichbar wäre, ob ein bis zur Hälfte gefülltes Glas halbvoll oder halbleer ist. Als dahingehender Vermittlungsversuch[322] lässt sich die bereits angesprochene Konzeption von KRIELE betrachten, der für ein problembewusstes juristisches Systemdenken im „offenen System" plädiert[323]: Nach

---

[319] Zutreffend dahingehend bereits *Otto,* Methode und System in der Rechtswissenschaft, ARSP 55 (1969), 493 ff. (506 f.).

[320] Sogar *Claus-Wilhelm Canaris,* Systemdenken und Systembegriff in der Jurisprudenz: entwickelt am Beispiel des deutschen Privatrechts, 2. Aufl. Berlin 1983, S. 149 ff., und *Uwe Diederichsen,* „Topisches und systematisches Denken in der Jurisprudenz", in: NJW 1966, S. 697–705, S. 703, 705.

[321] Etwa spricht *Oswald,* Topisches und systematisches Denken, S. 20, von „künstlich hochgespielte(n) Antinomien".

[322] *Ernst A. Kramer,* „Topik und Rechtsvergleichung", in: RabelsZ 33 (1969), 1–16, S. 3, beklagt die fehlende „Bereitschaft zum einfühlenden Kompromiss" der Kritiker Viehwegs. Abfällig zu Kooperationstendenzen *Müller, Christensen,* Juristische Methodik, Rn. 112.

[323] *Martin Kriele,* Theorie der Rechtsgewinnung, entwickelt am Problem der Verfassungsinterpretation, 2. Aufl., Berlin 1976, S. 122, unter Berufung auf *F. Schulz,* History of Roman Legal Science, Oxford 1946, S. 69. Von einem „offenen System" spricht auch schon *Josef Esser,* Grundsatz und Norm in der richterlichen Fortbildung des Privatrechts, 5. Aufl., Tübingen 1990, S. 44, 239; dazu ferner *Claus-Wilhelm Canaris,* Systemdenken und Systembegriff in der Jurisprudenz: entwickelt am Beispiel des deutschen Privatrechts, 2. Aufl. Berlin 1983, S. 61 ff.; *Karl Larenz,* Methodenlehre der Rechtswissenschaft, 6. Aufl., Berlin u. a. 1991, S. 165 ff., jeweils m. w. N.

Auffassung KRIELES ist die „Topik-These“ zwar insofern berechtigt, als im Prozess der Rechtsgewinnung Wertungsfragen Relevanz erlangen, die sich nach Maßgabe der im Rechtssystem vorgegebenen Prämissen nicht eindeutig beurteilen lassen. Die Bewältigung entsprechender Wertungsprobleme erfordere daher ein Verfahren, das neuen, im System nicht vorgesehenen Argumenten Raum gebe, denen es im Falle überzogener Systemerwartungen drohte, übersehen oder unterschlagen zu werden.[324] Entgegen VIEHWEG ergebe sich aber als notwendige Konsequenz dieser Anerkennung topischer Elemente innerhalb des juristischen Denkens nicht etwa die Verabschiedung einer als Systemdenken verstandenen Jurisprudenz, sondern vielmehr die Entwicklung eines der Jurisprudenz adäquaten Systembegriffs. Hierfür kommt es KRIELE zufolge maßgeblich darauf an, sich von dem „Vorurteil, ein System könne vollständig und endgültig sein“, zu befreien und stattdessen von der „Offenheit“ des Systems auszugehen, also der Zulässigkeit einer „ständige(n) Korrektur, Erweiterung und Modifikation“ des Systems.[325] Ausgehend von einem solch „offenen“ Systembegriff gelangt man laut KRIELE zu einer Deutung des juristischen Denkens als Systemdenken, das sich seiner eigenen Unzulänglichkeiten bewusst und daher auch in der Lage sei, Problemverkürzungen zu vermeiden. Gleichzeitig könne ein solches Verständnis des juristischen Denkens als Denken im „offenen“ System aber auch dem Umstand Rechnung tragen, dass – ungeachtet aller Ergänzungsbedürftigkeit des juristischen Systems durch topisch-problemorientierte Elemente – der Systembezug ein für die Jurisprudenz konstituierendes Merkmal bilde.[326]

Demzufolge wäre die differenzierende Begriffsbildung VIEHWEGS sowie dessen Einordnung der Jurisprudenz insgesamt als Problemdenken (im weiteren Sinne) als einseitige und unnötige Überzeichnung zu betrachten. Zugunsten einer solchen Sichtweise – verstanden als konstruktiver Kritik an

---

[324] Im übrigen meint *Martin Kriele,* Theorie der Rechtsgewinnung, entwickelt am Problem der Verfassungsinterpretation, 2. Aufl., Berlin 1976, S. 153 ff., dass die Topik die für die Methodenlehre entscheidende Frage, nämlich nach welchen Rationalitätskriterien die topisch entwickelten Problemlösungsvorschlägen zu beurteilen sind, nicht beantworten kann, und daher als Gesamtkonzeption unzureichend bleibt.

[325] *Martin Kriele,* Theorie der Rechtsgewinnung, entwickelt am Problem der Verfassungsinterpretation, 2. Aufl., Berlin 1976, S. 150 These Nr. 4 sowie S. 121 f, 145.

[326] *Martin Kriele,* Theorie der Rechtsgewinnung, entwickelt am Problem der Verfassungsinterpretation, 2. Aufl., Berlin 1976, S. 121.

VIEHWEG, die dessen Hinweis auf die erforderliche Problemoffenheit des juristischen Denkens aufnimmt, ohne diese jedoch zu verabsolutieren – scheinen sich auf den ersten Blick zwei Gesichtspunkte ins Feld führen zu lassen. So kann zum einen nicht außer Betracht bleiben, dass sich auch fünfzig Jahre nach dem Erscheinen von „Topik und Jurisprudenz" die Charakterisierung des juristischen Denkens als Problemdenken nicht einmal ansatzweise hat durchsetzen können, womit als offensichtlich gelten darf, dass der Systembezug des Fachs zumindest für das Selbstverständnis der Juristen ein konstituierendes Merkmal bildet. Zum anderen muss darauf hingewiesen werden, dass VIEHWEG in einem alsbald nach der Veröffentlichung von KRIELES Kritik herausgegebenen Aufsatz[327] selbst ausdrücklich vom Vorliegen eines „topischen" oder „offenen" Systems im Bereich des Rechts spricht.[328] Indes lässt sich bei genauerer Betrachtung der skizzierten Konzeption eines „offenen" Systemdenkens im Sinne KRIELES zeigen, dass diese im Verhältnis zum Ansatz VIEHWEGS über eine terminologische Kritik mit leichter Akzentverschiebung deutlich hinausgeht. Vielmehr läuft der Ansatz KRIELES auf die Beseitigung des von VIEHWEG hergestellten Zusammenhangs zwischen Systemdenken und Eindeutigkeitsanspruch hinaus, und das heißt zugleich, auf die Einschmelzung der von VIEHWEG gerade intendierten Unterscheidbarkeit zwischen Problem- und Systemdenken im Begriff des „offenen Systems".

Um dies zu demonstrieren, bedarf zunächst KRIELES Hinweis auf das „Vorurteil, ein System könne vollständig und endgültig sein", einer Klarstellung. KRIELE scheint hier zu übersehen, dass mit der Vollständigkeit und der Endgültigkeit eines Systems zwei ganz unterschiedliche Aspekte angesprochen werden. Bei der Vollständigkeit handelt es sich um ein Gebot der Logik, das es bei der Errichtung eines axiomatischen Deduktivsystems zu beachten gilt, denn insoweit ist die Vollständigkeit, Verträglichkeit und Unabhängigkeit der dem System zugrunde liegenden Axiome zu verlangen.[329] Dagegen weist

---

[327] *Viehweg,* Systemprobleme in Rechtsdogmatik und Rechtsforschung (1968), in: *ders.,* Rechtsphilosophie und Rhetorische Rechtstheorie, Baden-Baden 1995, S. 97 ff. (106).

[328] Heftige Kritik daran bei *Claus-Wilhelm Canaris,* Systemdenken und Systembegriff in der Jurisprudenz: entwickelt am Beispiel des deutschen Privatrechts, 2. Aufl. Berlin 1983, insbes. S. 135 Fn. 1a.

[329] In diesem Sinne skizziert *Theodor Viehweg,* Topik und Jurisprudenz, Ein Beitrag zur rechtswissenschaftlichen Grundlagenforschung, 5. Aufl., München 1974, S. 82 f., die an eine deduktive Systematisierung eines bestimmten Problemstoffes zu stellenden Anforderungen im Anschluss an *D. Hilbert, W. Ackermann,* Grund-
(→)

die Frage nach der Endgültigkeit eines Systems über die Frage nach dessen logischer Konsistenz hinaus auf die davon unabhängige Frage, ob sich der einer wissenschaftlichen Disziplin zugrunde liegende Problembereich in einem System abschließend erfassen und verarbeiten lässt.[330] Betrachtet man den wissenschaftlichen Fortschritt als prinzipiell unlimitierten Prozess, so liegt auf der Hand, dass in keinem Wissensbereich der Anspruch erhoben werden kann, ein endgültiges System errichtet zu haben. Ein endgültiges System müsste für seinen Bereich alle Probleme beantwortet haben, so dass das Spannungsverhältnis von System- und Problemdenken aufgelöst wäre. Während also die Vollständigkeit eines Systems keineswegs als ein von vornherein abwegiges Systemerfordernis erscheint, erweist sich die Vorstellung von der Endgültigkeit eines Systems tatsächlich als utopisch oder „vorurteilshaft". Es ist deshalb im Hinblick auf den Ansatz VIEHWEGS hervorzuheben, dass VIEHWEG seinen Systembegriff in „Topik und Jurisprudenz" vom Leitbild des logisch perfekten und also vollständigen Deduktivsystems her konzipiert, aber an keiner Stelle von der Endgültigkeit eines zu errichtenden Systems ausgeht.

Nach dieser Klarstellung und unter Berücksichtigung des Befundes, dass VIEHWEGS Unterscheidung zweier gedanklicher Richtungen bei der Problemlösung als Problem- und Systemdenken (im engeren Sinne) nicht deckungsgleich ist mit der Anwendung dieser Unterscheidung zur Charakterisierung der in bestimmten Wissensbereichen anzutreffenden Denkweisen (als Problem- bzw. Systemdenken im weiteren Sinne), erweisen sich KRIELES eigene Ausführungen im Verhältnis zum Ansatz VIEHWEGS als irreleitend und ungenau:

---

züge der theoretischen Logik, 3. Aufl. 1949. Zwar ist anzumerken, dass nach Erkenntnissen der modernen Logik ein System von gewisser Aussagekraft niemals Vollständigkeit erreichen kann (1. Gödelscher Unvollständigkeitssatz). Im vorliegenden Zusammenhang kann das aber außer Betracht bleiben, zumal auch nicht ersichtlich ist, dass Kriele diese Problematik im Auge hat.

330 Vgl. dazu *Martin Kriele,* Theorie der Rechtsgewinnung, entwickelt am Problem der Verfassungsinterpretation 2. Aufl., Berlin 1976, S. 121, der unter Berufung auf Hartmann hervorhebt, dass die „vollständige Bildung" eines Systems nur für einen unendlichen Verstand möglich sei, „der alle Problemlinien bis in ihre entferntesten Konsequenzen überschauen könnte". Damit sei klargestellt, dass Systeme immer als bloße Systementwürfe zu verstehen seien. Die Unfertigkeit juristischer Systeme als Mangel aufzufassen, sei folglich ebenso abwegig, wie den Juristen das Fehlen eines unendlichen Verstandes vorwerfen zu wollen.

Irreleitend ist es, die „Offenheit“ des Systems als notwendiges Merkmal einer jeden Denkweise zu betonen, da die Korrektur- und Ergänzungsmöglichkeit eines bestehenden Systems innerhalb jeder Disziplin gewährleistet sein müsse. Insoweit hebt KRIELE lediglich noch einmal hervor, was VIEHWEG ohnehin voraussetzt, nämlich dass system- und problemorientierte Denkprozesse grundsätzlich innerhalb jeder Denkweise ineinandergriffen und aufeinander verwiesen blieben. Wie oben im Hinblick auf die Verkürzungsthese bereits dargelegt, impliziert gemäß VIEHWEG die Einordnung einer Denkweise insgesamt als Systemdenken (im weiteren Sinne) keineswegs den Ausschluss von Korrekturen oder Ergänzungen des einmal errichteten Systems – wie auch umgekehrt die Einordnung als Problemdenken nicht jede Systembildung ausschließt. Danach gilt, dass auch eine insgesamt als Systemdenken (im weiteren Sinne) zu qualifizierende Denkweise eben deshalb, weil sich das deduktiv verfahrende Systemdenken (im engeren Sinne) nicht etwa von selbst im Bedarfsfall „öffnen“ und seine Selektivität suspendieren kann, sondern die Beantwortung einer neuen Problemstellung im Wege der Systemmodifikation oder -ergänzung immer erst durch das Problemdenken (im engeren Sinne) induziert werden muss, nur als „Gemengelage“ beider Denkrichtungen aufgefasst werden kann.

Über diesen Befund hinausgehend richtet sich aber VIEHWEGS Interesse darauf, wie genau sich dieses Zusammenspiel problem- und systemorientierter Anteile innerhalb verschiedener Denkweisen gestaltet. Denn während die Wechselwirkung beider Denkrichtungen innerhalb mancher Denkweisen zur Errichtung immer umfangreicherer und exakter deduktiver Systeme führt, schreitet dieser Systematisierungsprozess innerhalb anderer Denkweisen niemals so weit voran, dass die Gewinnung eindeutiger und zwingender Ergebnisse im Wege der Kettendeduktion möglich würde. VIEHWEG folgend muss mithin die entscheidende Anschlussfrage lauten, wie sich diese Strukturunterschiede erklären lassen, d. h. ob und warum innerhalb einer jeweiligen Denkweise gerade dem Problem- oder dem Systemdenken (im engeren Sinne) eine führende Funktion und Bedeutung zukommt. Nur wenn sich eine solche Funktions- und Bedeutungsverschiedenheit begründen lässt, kann eine Charakterisierung dieser Denkweise insgesamt als Problem- oder Systemdenken (im weiteren Sinne) erfolgen, und nur dann lässt sich eine entsprechende Charakterisierung auch für einen Vergleich dieser Denkweise mit der Struktur der in anderen Bereichen anzutreffenden Denkweisen fruchtbar machen.

KRIELE dagegen stellt sich diese Anschlusfrage nicht. Er ignoriert, das die „Offenheit“ einer Denkweise eine ganz unterschiedliche Dynamik entfalten kann, nämlich entweder als Motor eines zunehmend voranschreitenden Systematisierungsprozesses, da erst die Korrektur und Ergänzungsfähigkeit des jeweiligen Systems dessen ständige Vergrößerung und Präzisierung ermöglicht, oder aber als Bremse eines solchen Prozesses, da die ständigen Modifikationen und Korrekturen eine durchgängige deduktive Systematisierung des Problemstoffes verhindern. Ganz im Gegenteil suggeriert KRIELE unzutreffend, dass die Bereitschaft zur Korrektur und Ergänzung bestehender Systeme innerhalb einer „offenen“ Denkweise, die er der Endlichkeit des menschlichen Verstandes und damit der Unerreichbarkeit endgültiger Systeme geschuldet sieht, zugleich auch die Frage nach der Erreichbarkeit logisch perfekter und insoweit „geschlossener“ Systeme obsolet mache. Auf diese Weise blendet er genau den Aspekt aus, der bei VIEHWEG den entscheidenden Anknüpfungspunkt für die Einordnung einer Denkweise insgesamt als Problem- oder Systemdenken liefert, nämlich ob sich darin der Anspruch auf die Ableitbarkeit eindeutiger und exakter Ergebnisse aus dem jeweiligen System sinnvollerweise erheben und einlösen lässt oder nicht.

Darin erweist sich die Ungenauigkeit des Ansatzes KRIELES, aufgrund derer zugleich auch KRIELES eigene Kennzeichnung der Jurisprudenz als („offenes“) Systemdenken als bloße Etikettierung erscheint: Zwar schließt tatsächlich nicht schon die „Offenheit“ des juristischen Denkens, also das grundsätzlich innerhalb jeder Denkweise anzutreffende Zusammenspiel problem- und systemorientierter Denkprozesse, deren Charakterisierung als Systemdenken (im weiteren Sinne) aus. Dies ist aber nicht hinreichend, um eine Einordnung als Systemdenken positiv zu begründen, dafür bedürfte es vielmehr der Angabe eines Kriteriums, anhand dessen sich die spezifische Bedeutung gerade der systemorientierten Anteile bemessen lässt. Sollte dagegen das bloße Vorliegen irgendeines Systementwurfs – und sei er noch so unzulänglich – zur Einordnung einer Denkweise als Systemdenken genügen, wäre die Konsequenz, dass jede Denkweise, die immerhin auch deduktiv-systemorientierte Anteile aufweist – also jede Denkweise – als „offenes" Systemdenken zu qualifizieren und der Begriff des Systemdenkens entwertet wäre.[331] Mithin ist es nicht die Begriffsbildung VIEHWEGS, die sich als überflüssig bzw. unzweckmäßig erweist, sondern KRIELES Begriff des „offenen Systems", der als Charakteristikum einer Denkweise ohne Relevanz bleibt, weil er über die spezifische Funktion und Bedeutung der Anteile problem- bzw. systemorientierten Denkens innerhalb einer Denkweise und damit auch über die unterschiedliche Struktur verschiedener Denkweisen nichts auszusagen vermag. Entsprechend bleibt auch KRIELES Kritik an VIEHWEG, wonach dieser das Gewicht des Systemdenkens in der Jurisprudenz zu gering veranschlage, ohne hinreichende Fundierung, weil KRIELE es versäumt, insoweit eigene Gewichtungskriterien anzugeben. Insgesamt kann daher KRIELES Versuch, die VIEHWEGsche Kennzeichnung der Jurisprudenz als Problemdenken (im weiteren Sinne) zu widerlegen, indem er den spezifischen Problembezug des juristischen Denkens – den VIEHWEG auch in späteren Schriften nie relativiert hat – auf den Aspekt der „Systemoffenheit" reduziert, nicht überzeugen.

d) Bestätigung der viehwegschen Begriffsbildung im Sinne der Annäherungsthese

Das bei KRIELE gerade fehlende Differenzierungskriterium dafür, ob eine Denkweise – unbeschadet der darin anzutreffenden Gemengelage beider Denkrichtungen – insgesamt als Problem- oder als Systemdenken einzuordnen ist, bildet bei VIEHWEG gemäß der hier vertretenen Deutung der Eindeutigkeitsanspruch. Zwar verweist VIEHWEG zur Bestimmung der führenden Rolle, die innerhalb einer Denkweise dem problem- oder systemorientierten Anteil zukommt, zunächst auf die in dieser Denkweise anzutreffende Begründungsstruktur: So lassen sich dort, wo topisch verfahrendes Problemdenken

---

[331] Vgl. *Martin Kriele,* Theorie der Rechtsgewinnung, entwickelt am Problem der Verfassungsinterpretation, 2. Aufl., Berlin 1976, S. 149 f. (These Nr. 3, 4): Kriele nimmt an, dass sich die Einordnung der Jurisprudenz als „topisches" oder „aporetisches" Denken in der Forderung nach „Systemoffenheit" erschöpfe und diese „Systemoffenheit" zur Vermeidung von Problemverkürzungen ausreiche. Demgemäß sieht Kriele zwar einen Unterschied zwischen „offenem" und „geschlossenem" Systemdenken, aber der Begriff des Problemdenkens bleibt ihm rätselhaft.

vorherrscht, neben zahlreichen Analogieschlüssen eine Vielzahl kurzer Ableitungszusammenhänge oder Kleinstsysteme finden; dort, wo das Systemdenken vorherrscht, dagegen lange Kettendeduktionen.[332] Anhand dieser Begründungsstruktur kann aber nur eine ungefähre quantitativbeschreibende Angabe darüber getroffen werden, welcher Anteil überwiegt, weswegen ihr eine nur indizielle Bedeutung zukommt. So findet das Problemdenken (im engeren Sinne) etwa innerhalb junger Disziplinen naturgemäß mehr Raum als innerhalb solcher, in denen sich bereits über lange Zeiträume umfangreiche Systeme haben entwickeln können. Inwiefern dagegen das Kriterium des Eindeutigkeitsanspruchs im Sinne der oben formulierten Annäherungsthese über die bloße Deskription hinausgeht, gilt es nunmehr zu zeigen.

Wie dargelegt, kennzeichnet sich nach VIEHWEG das Systemdenken (im engeren Sinne) durch seine Selektivität und die Ausrichtung auf eindeutig-zwingende Problemlösungen. Dieser Anspruch auf Eindeutigkeit kann innerhalb einer Denkweise insgesamt nur durch die Errichtung möglichst umfassender und exakter Deduktivsysteme eingelöst werden. Denn nur eine zunehmende Präzisierung erlaubt es, den Einfluss inventiv-topischer Elemente im Lösungsprozess kontrollierbar zu machen und jedenfalls partiell auszuschalten. Darum ergibt sich nach der Annäherungsthese als Einordnungskriterium für eine insgesamt als Systemdenken zu charakterisierenden Denkweise, dass sie eine exakte und möglichst umfassende Systembildung anstrebt und sich dabei dem Ziel der eindeutigen und zwingenden Lösbarkeit aller der den jeweiligen Problembereich betreffenden Fragestellungen wenigstens annähern kann. Diese Qualifikation einer Denkweise als Systemdenken richtet sich mithin weder nach dem Selbstverständnis einer Denkweise, noch zielt sie auf eine – praktisch wohl kaum realisierbare – Bestimmung des genauen quantitativen Anteils der systemorientierten Denkprozesse: Maßgeblich ist vielmehr die Funktion des Systemdenkens, innerhalb einer Denkweise zu eindeutigen und zwingenden Problemlösungen hinzuführen.

Diese Deutung des Systemdenkens im Sinne der dargelegten Annäherungsthese scheint geeignet, die Fehldeutungen des Ansatzes VIEHWEGS zu

[332] Vgl. *Theodor Viehweg*, Topik und Jurisprudenz, Ein Beitrag zur rechtswissenschaftlichen Grundlagenforschung, 5. Aufl., München 1974, S. 40.

vermeiden. So macht die Formulierung der Annäherungsthese deutlich, dass es sich bei einer Denkweise grundsätzlich nicht um etwas Statisches handelt, sondern dass damit ein komplexer Prozess gemeint ist, innerhalb dessen das Wechselspiel von System- und Problemdenken (im engeren Sinne) eine spezifische Dynamik entfaltet. Zugleich wird klargestellt, dass die Errichtung eines möglichst umfassenden, logisch perfekten deduktiven Systems als Leitbild des Systemdenkens fungiert[333], ohne dass allerdings die Gewinnung eines logisch „geschlossenen" Systems zugleich den Verlust der „Offenheit" des Denkens implizieren würde. Wie bereits festgestellt, stehen Eindeutigkeitsanspruch und „Offenheit" einer insgesamt als Systemdenken zu qualifizierenden Denkweise also durchaus nicht im Widerspruch zueinander. Der Rückgriff auf inventive Verfahren, der erforderlich wird, wenn neue Problemgehalte auftauchen und sich das Erfordernis von Systemerweiterungen oder -korrekturen ergibt, steht nämlich der Gewinnung exakter und eindeutiger Ergebnisse dann nicht im Wege, wenn auch diese Erweiterungen und Korrekturen selbst dem Maßstab der Exaktheit unterliegen.

Anders formuliert: Bedingung für die Einlösbarkeit des Eindeutigkeitsanspruchs und damit für die Kennzeichnung einer Denkweise insgesamt als Systemdenken ist, dass sich darin das jeweils in Bezug genommene System logisch exakt formulieren und ändern lässt. Innerhalb einer insgesamt als Systemdenken zu einzuordnenden Denkweise manifestiert sich folglich die „Offenheit" – also die Korrektur- und Ergänzungsfähigkeit – des bestehenden Systems nicht in dessen Ungenauigkeit, sondern in der Möglichkeit, das bisherige System durch ein korrigiertes oder erweitertes Nachfolgesystem zu ersetzen. Bei einer als Systemdenken qualifizierenden Denkweise führen Modifikationen und Ergänzungen des Systems deshalb dazu, dass innerhalb der betreffenden Denkweise der Anteil des Systemdenkens zunimmt und aus dem nunmehr verbesserten System mehr und genauere Problemlösungen abgeleitet, d. h. ohne Hinzunahme systemfremder Gesichtspunkte gelöst werden können. Veränderungen dürfen dabei bisherige Prämissen oder Operationsre-

---

[333] Entgegen Kriele ist damit also die Errichtung eines formalisierten axiomatischen Systems nicht als Sonderfall, sondern als idealtypischer Fall der Systembildung zu erachten. Vgl. auch *Theodor Viehweg*, Topik und Jurisprudenz, Ein Beitrag zur rechtswissenschaftlichen Grundlagenforschung, 5. Aufl., München 1974, S. 44, wonach aus logischer Perspektive jede Wissenschaft ein entsprechendes System anstreben müsse.

geln revidieren, aber im Resultat nicht zu einer Verminderung der logischen Stringenz und Exaktheit des Systems führen. Insofern müssen sich Systemmodifikationen darauf richten, nicht nur die die Änderung veranlassende Problemstellung zu beantworten, sondern das bisherige System insgesamt abzulösen und in seiner neuen Gestalt zur Grundlage auch aller weiteren Problemlösungen im jeweiligen Wissensbereich zu werden[334], so dass eine Pluralität gleichberechtigter Systeme vermieden wird.[335]

Einhergehend mit dem Gebot der Exaktheit oder der „systemerhaltenden Kontinuität", dem Systemkorrekturen und -erweiterungen innerhalb einer insgesamt als Systemdenken zu charakterisierenden Denkweise zu unterwerfen sind, ergibt sich ein weiterer Gesichtspunkt: Die vorzunehmenden Modifikationen eines bisherigen Systems müssen explizit erfolgen. Die Beantwortung einer neuartigen Problemstellung setzt voraus, dass explizit ein neues Systems formuliert wird, welches es im Anschluss ermöglicht, die Lösung eindeutig und zwingend zu deduzieren. Insofern beruht der wenigstens partiell und zeitweise zu erreichende Ausschluss topisch-inventiver Elemente und damit deren Kontrollierbarkeit innerhalb einer als Systemdenken zu kennzeichnenden Denkweise darauf, dass sich das Zusammenspiel problem- und systemorientierten Denkens zunehmend genauer als unterscheidbare Prozesse der inventiven Systemveränderung einerseits und der deduktiven Systemanwendung andererseits rekonstruieren lässt.

Dagegen sind Systemmodifikationen und Systemanwendungen innerhalb einer als Problemdenken einzuordnenden Denkweise wie etwa der Jurisprudenz regelmäßig miteinander verschmolzen: Die Lösung einer neuen Problemstellung setzt dort also nicht notwendig eine Gesetzesänderung voraus, sondern erfolgt im Wege der wechselseitigen Interpretation von System und Problem, wobei das System eine implizite Anreicherung erfährt. Da das Sys-

---

334 S. dazu für den Bereich der Physik *Feynman,* QED. The Strange Theory of Light an Matter, Princeton 1988, S. 3 ff.

335 Hier ist zweierlei zu beachten: Zum einen geht es bei der Vermeidung gleichberechtigter Systeme selbstverständlich um solche, die innerhalb einer Disziplin dieselbe Problemstellung zu lösen beanspruchen. Ausgeschlossen ist ferner nicht, dass zur Lösung einer Problemstellung (zunächst) zwei einander widersprechende Systeme als Erklärungsmodelle miteinander konkurrieren: dann ist ein Modell falsch, nicht sind beide „vertretbar".

tem dabei äußerlich unverändert bleibt, bleiben auch Art und Ausmaß einer solchen Anreicherung sowie das logische Gewicht der gewonnenen Lösung unbestimmt.

Die Begriffsbildung VIEHWEGS, wonach eine Denkweise nur dann als Systemdenken (im weiteren Sinne) zu charakterisieren ist, wenn sie eine exakte und möglichst umfassende Systembildung anstrebt und sich damit dem Ziel der eindeutigen und zwingenden Lösbarkeit aller der den jeweiligen Problembereich betreffenden Fragestellungen wenigstens annähern kann, erweist sich demnach als ebenso zweckmäßig wie schlüssig. VIEHWEGS Ansatz bewährt sich gerade auch unter dem Gesichtspunkt der „Offenheit" einer Denkweise, weil er zu verdeutlichen geeignet ist, dass sich „Offenheit" innerhalb von insgesamt als Systemdenken zu kennzeichnenden Denkweisen anders darstellt als innerhalb von Denkweisen, die als Problemdenken zu charakterisieren sind: Im Systemdenken (im weiteren Sinne) endet die „Offenheit" zugunsten einer systemerhaltenden Selektivität dort, wo sich eine bestimmte Problemstellung (noch) nicht konsistent lösen und in einem expliziten Folgesystem verarbeiten lässt – solche Problemstellungen bleiben abzuweisen. Innerhalb einer als Problemdenken zu kennzeichnenden Denkweise dagegen, die sich dem Maßstab der Exaktheit von vornherein entzieht, meint „Offenheit" die nicht zu beseitigende Unterdeterminiertheit des in Bezug genommenen Systems. Die daraus resultierende Gleichzeitigkeit inventiver und deduktiver Elemente begründet demzufolge den entscheidenden Strukturunterschied gegenüber insgesamt als Systemdenken zu charakterisierenden Denkweisen. Wenn VIEHWEG also als Kriterium des Problemdenkens im weiteren Sinne die latente Wirksamkeit der Topik ansieht, die sich innerhalb einer Denkweise entfaltet und damit den Anspruch auf Eindeutigkeit im Sinne der Annäherungsthese illusorisch macht, so geht es nicht nur um die Möglichkeit von Systemkorrekturen oder -erweiterungen, sondern darum, dass sich solche darin permanent und jenseits klarer Steuerungsmechanismen vollziehen.

Es ist daher festzuhalten, dass zwischen VIEHWEGS Rekonstruktion des juristischen Denkens als Problemdenken (im weiteren Sinne) und Ansätzen, wonach die Bedeutung topischproblemorientierter Elemente in der Jurisprudenz zwar nicht gänzlich zu leugnen, aber doch auf die Erfüllung mehr oder minder scharf abgegrenzter Ergänzungsfunktionen zu beschränken sei, ein grundlegender Gegensatz besteht. Dies gilt auch für die Konzeption KRIELES, der zwar die Kompatibilität problem- und systemorientierten Denkens im „offenen System" proklamiert, sich aber der Einsicht in das tatsächliche Ausmaß ihrer Verbundenheit in der Jurisprudenz verschließt. Diese Zusammenhänge sollten nicht verdunkelt werden, ungeachtet dessen, ob sich für das juristische Selbstverständnis und den juristischen Sprachgebrauch daraus letzlich Konsequenzen ergeben und welcher Art diese ggf. sind.

Vor diesem Hintergrund gilt es nun einen weiteren Aspekt zu betrachten, nämlich die Stellung, die der Bezugnahme VIEHWEGS auf den Begriff des „aporetischen" Denkens innerhalb seines Ansatzes zukommt. Dass sich diese Bezugnahme auf Grundlage des dargelegten Verständnisses der Unterscheidung zwischen Problem- und Systemdenken in die Konzeption VIEHWEGS schlüssig und sinnvoll einfügt, soll im folgenden Abschnitt erläutert werden.

IV. Problembezug und Systemfunktion

1. Zur ihrem Gegenstand angemessenen Denkweise

a) Aporie-Begriff und Gegenstandsbezug des Denkens nach Viehweg

Ausweislich der bisherigen Ausführungen ist VIEHWEG darin zu folgen, dass sich die in verschiedenen Problem- bzw. Wissensbereichen anzutreffenden Denkweisen strukturell danach unterscheiden und als Problem- bzw. Systemdenken (im weiteren Sinne) einordnen lassen, ob darin dem topisch-problemorientierten oder dem deduktiv-systemorientierten Denken die führende Rolle zukommt. Eine solche Einordnung aber weist über eine rekonstruierende Beschreibung der Strukturunterschiede, also über die Frage nach dem „Wie", hinaus auf die Frage nach dem „Warum", also nach dem Grund dafür, dass sich innerhalb bestimmter Denkweisen eindeutige und exakte Lösungen im Wege einer fortschreitenden deduktiven Systematisierung des zugrunde liegenden Problemstoffes gewinnen lassen, während entsprechende Systematisierungsbemühungen innerhalb anderer Denkweisen schon bald an unüberwindbare Grenzen stoßen. Die Antwort dafür liegt ersichtlich im ebenso schlichten wie fruchtbaren Leitgedanken VIEHWEGS, wonach eine Denkweise ihrem jeweiligen Gegenstand angemessen sein muss und also nicht genauer sein kann als der diese Denkweise konstituierende Problem- oder Gegenstandsbereich selbst[336]: Der Charakter einer Denkweise erklärt sich durch den Charakter der Fragestellung, die den Gegenstandsbereich dieser Denkweise konstituiert und die spezifische Mittel ihrer Erledigung fordern.[337]

---

[336] Völlig verkannt von *Ratschow,* Rechtswissenschaft und formale Logik, Baden-Baden 1998, S. 83 f., der Viehweg kritisiert, weil dieser „dem Unternehmen der Logifizierung des Rechts generell die Adäquanz" abspreche, selbst aber nicht plausibel machen kann, was mit dem „Projekt der Logikanwendung" zu gewinnen sei.

[337] *Theodor Viehweg,* Topik und Jurisprudenz, Ein Beitrag zur rechtswissenschaftlichen Grundlagenforschung, 5. Aufl., München 1974, S. 97, zitiert hier *Max Weber,* Schriften der dt. Gesellschaft für Soziologie, Bd. I (1911), S. 267: „Wir werden meines Erachtens ganz allgemein davon auszugehen haben, daß Wissenschaften und das, womit sie sich beschäftigen, dadurch entstehen, daß Probleme bestimmter Art auftauchen und spezifische Mittel ihrer Erledigung postulieren."

Vor diesem Hintergrund wird VIEHWEGS Bezugnahme auf den Begriff der „Aporie“ plausibel. Unter einer Aporie versteht VIEHWEG eine „Weglosigkeit“, eine „aufgedrungene und unausweichliche Frage“, die Ausdruck einer „nicht zu beseitigende(n) Problemsituation“ bildet.[338] Aporetische Fragestellungen kennzeichnen sich also einerseits durch ihre Unausweichlichkeit sowie andererseits dadurch, dass sie sich einer zweifelsfreien Beantwortung entziehen und deshalb „nie ganz ihren Problemcharakter (…) verlieren“[339]. Dabei resultiert die Unausweichlichkeit aporetischer Fragestellungen gemäß VIEHWEG offenbar daraus, dass sie aus dem „Bereich der menschlichen Handlung“ erwachsen[340], dass also menschliches Handeln entsprechende Fragestellungen ebenso unausweichlich aufwirft wie es ihre Beantwortung verlangt. Gleichzeitig vermögen die einmal gefundenen Antworten die „Weglosigkeit“ letztlich nicht zu beseitigen, weil in diesem Bereich weder eine theoretische Verifizierung noch eine empirische Bestätigung die Dignität sachhaltiger Antworten gewährleisten kann. Die Ursache dafür, daß sich innerhalb bestimmter Denkweisen ein fester Bestand sowohl sachhaltiger als auch gesicherter letzter Prämissen nicht gewinnen lässt und es damit am Fundament fehlt, auf dem sich sinnvoll umfassende und exakte Systeme errichten ließen[341], liegt mithin im aporetischen Charakter der den jeweiligen Problembereich konstituierenden Fragestellung. Deshalb bildet der latente Einfluss der Topik dort eine unverzichtbare Voraussetzung nicht nur dafür, Prämissen zu finden und eine Verständigung über konkrete Problemlagen herbeizuführen, sondern auch dafür, einmal gewonnene Prämissen durch Interpretation immer wieder neu zu verwenden und ihnen eben dadurch dauerhafte Relevanz zu sichern. Eben deshalb lässt sich auch der Anspruch auf Eindeutigkeit und Ex-

---

[338] *Theodor Viehweg,* Topik und Jurisprudenz, Ein Beitrag zur rechtswissenschaftlichen Grundlagenforschung. 5. Aufl., München 1974, S. 31 sowie S. 96 f. Es sind dies Fragestellungen, die gemäß der aristotelischen Begrifflichkeit in den Bereich der Dialektik verweisen.

[339] *Theodor Viehweg,* Topik und Jurisprudenz, Ein Beitrag zur rechtswissenschaftlichen Grundlagenforschung. 5. Aufl., München 1974, S. 38.

[340] Vgl. *Theodor Viehweg,* Topik und Jurisprudenz, Ein Beitrag zur rechtswissenschaftlichen Grundlagenforschung. 5. Aufl., München 1974, S. 97.

[341] *Theodor Viehweg,* Topik und Jurisprudenz, Ein Beitrag zur rechtswissenschaftlichen Grundlagenforschung. 5. Aufl., München 1974, S. 97: „(W)ährend die eine Disziplin sichere und für ihr Gebiet wirklich ergiebige sachhaltige Basissätze finden kann und deshalb systematisierbar ist, erweist sich die andere als unsystematisierbar, weil sich auf ihrem Gebiete keine Basissätze finden lassen, die sowohl gesichert als auch sachhaltig ergiebig wären. Liegt dieser Fall vor, ist nur Problemerörterung möglich.“

aktheit im Sinne der Annäherungsthese nicht realisieren und sinnvollerweise nicht einmal anstreben.[342] Es liegt also auf der Hand, dass sich die VIEHWEGsche Unterscheidung zwischen Problem- und Systemdenken letztlich nur von ihrem Gegenstandsbezug her angemessen verstehen lässt.

Der Zusammenhang zwischen dem Gegenstand einer Denkweise und ihrer Struktur ist es auch, der erklärt, warum sich VIEHWEG sowohl für ARISTOTELES als auch für HARTMANN interessiert. Wenn VIEHWEG die Topik als Techne des Problemdenkens bezeichnet, dann deshalb, weil er sie als Verfahren begreift, das im Bereich aporetischer Fragen, wo ein Rückgriff auf gesichertes Wissen und darauf aufbauende Systeme nicht in Betracht kommt, eine umfassende Würdigung und plausible Lösung konkreter Problemlagen ermöglicht. In diesem Sinne verleiht er der Formulierung von ARISTOTELES, die Topik verhelfe dazu, „über jedes aufgestellte Problem aus meinungsmäßigen Sätzen Schlüsse bilden" zu können[343], eine neue Akzentuierung, indem er selbst von derjenigen denkerischen Techne spricht, „die sich am Problem orientiert"[344]. Er leitet damit von ARISTOTELES zu der Unterscheidung zwischen Problem- und Systemdenken über, die in der aristotelischen Konzeption nicht vorkommt, und greift die HARTMANNsche Gegenüberstellung von „aporetischer" und „systematischer" Denkweise[345] auf, in der wiederum eine Bezugnahme auf die Topik nicht vorkommt. Damit nimmt sich VIEHWEG bewusst die Freiheit heraus, den Überlegungen der von ihm zitierten Autoren eine eigenständige Wendung zu geben. Anknüpfungspunkt hierfür bildet das verbindende Element in den Konzeptionen ARISTOTELES' und HARTMANNS, das unabhängig von den im Übrigen divergierenden Implikationen beider Ansätze hervorsticht: ARISTOTELES sucht mit der Topik ein gedankliches Verfahren zu entwickeln, das im Bereich dialektischer Fragestellungen zu plausiblen

---

[342] Somit erhält die Logik „im entscheidenden Augenblick immer wieder den zweiten Platz angewiesen", *Theodor Viehweg*, Topik und Jurisprudenz, Ein Beitrag zur rechtswissenschaftlichen Grundlagenforschung, 5. Aufl., München 1974, S. 91.

[343] *Theodor Viehweg*, Topik und Jurisprudenz, Ein Beitrag zur rechtswissenschaftlichen Grundlagenforschung, 5. Aufl., München 1974, S. 21 unter Zitierung von Aristoteles, Top I. 9. 1. 3.

[344] *Theodor Viehweg*, Topik und Jurisprudenz, Ein Beitrag zur rechtswissenschaftlichen Grundlagenforschung, 5. Aufl., München 1974, S. 31.

[345] *Hartmann*, Diesseits von Idealismus und Realismus, S. 160 ff, insbes. S. 163 f. 346 Vgl. auch *Helmut Coing*, „Über einen Beitrag zur rechtswissenschaftlichen Grundlagenforschung", in: ARSP 41 (1954/55), S. 436–444, S. 439: Viehweg zeige, „dass die antike Topik der methodische Ausdruck des Problemdenkens ist".

Ergebnissen verhilft. HARTMANNS Forderung nach „Problemoffenheit“ zielt in Abgrenzung zum „systematischen“ Denken auf die Charakterisierung einer Denkweise, die zu einer angemessenen Behandlung aporetischer Fragestellungen verhilft. Insoweit behauptet VIEHWEG natürlich nicht, dass ARISTOTELES mit dem topischen Verfahren im Bereich der Dialektik nichts anderes beschreibe als HARTMANN mit dem „problemoffenen“ Denken im Bereich aporetischer Fragen, sondern er sucht Parallelen als Grundlage für seine eigene Konzeption: Wird danach der Problem- bzw. Gegenstandsbereich einer Denkweise durch eine aporetische Fragestellung konstituiert, so bewirkt und erfordert dies, dass topisch-inventiven Denkprozessen darin bei der Problemlösung eine führende Rolle zukommt und sich somit insgesamt eine Charakterisierung als Problemdenken (im weiteren Sinne) ergibt.[346]

b) Konfundierung von Aporetik und Topik? Zur Gleichsetzungsthese

Kontrastierend dazu gilt es nun die Kritik an VIEHWEG zu betrachten, die oben als Gleichsetzungsthese gekennzeichnet wurde und an deren eingangs bereits zitierte Formulierung durch KRIELE hier noch einmal zu erinnern ist: Demnach ist bei „VIEHWEG (...) ‚topisches‘ Denken identisch mit ‚aporetischem‘ Denken und Gegenbegriff zu ‚Systemdenken‘ im Sinne Nicolai HARTMANNS. Das ist eine Gegenüberstellung, die den klassischen Vertretern der Topik noch fern lag und deren Zweckmäßigkeit auch heute noch der Diskussion bedarf.“[347] Die hier behauptete Gleichsetzung von „Topik“ und „Aporetik“ macht KRIELE an der VIEHWEGschen Kennzeichnung der Topik als Techne des Problemdenkens fest. Zur Begründung seiner Bedenken führt KRIELE aus, dass VIEHWEGS Feststellung, die Topik diene der Lösung von „Problemen“, für sich genommen nichtssagend bleibe. ARISTOTELES nämlich habe als „Problem“ schlicht Fragen der Form „Ist das so und so (oder nicht)?“ aufgefasst, und solche Fragen lägen „durchaus auch den mathematischen oder logisti-

---

[346] Vgl. auch *Helmut Coing,* „Über einen Beitrag zur rechtswissenschaftlichen Grundlagenforschung“, in: ARSP 41 (1954/55), S. 436–444, S. 439: Viehweg zeige, „dass die antike Topik der methodische Ausdruck des Problemdenkens ist“.

[347] *Martin Kriele,* Theorie der Rechtsgewinnung, entwickelt am Problem der Verfassungsinterpretation, 2. Aufl., Berlin 1976, S. 117; ebenso *Arno Bokeloh,* Der Beitrag der Topik zur Rechtsgewinnung, Göttingen 1973, S. 7.

schen Untersuchungen zugrunde und werden dort mit Hilfe von Ableitungen aus dem axiomatischen System beantwortet“[348]. Folglich könne die Charakterisierung der Jurisprudenz als topisch verfahrendes Problemdenken überhaupt nur dann Sinn haben, wenn damit eine Besonderheit gekennzeichnet werde, die wiederum „nur in einer Eigentümlichkeit der Probleme oder in einer Eigentümlichkeit der Lösungsweise gefunden werden“[349] könne.

Bedauerlicherweise verliert sich KRIELE sodann in Ausführungen über die Lösungsweise – nämlich deren „Offenheit“, dazu bereits oben – ohne sich aber auf die Frage nach Eigentümlichkeiten der zu lösenden Probleme eingelassen zu haben. Dabei ignoriert KRIELE, dass eine „Eigentümlichkeit der Probleme“ sich nicht nur aus der Form der Fragestellung ergeben kann, sondern auch aus der Eigentümlichkeit des Gegenstandsbereichs, auf den sich die Fragestellung bezieht.[350] Insofern bleibt schon sein Rückgriff auf ARISTOTELES ungenau, weil er übergeht, dass dessen Verständnis von „Problemen“ als Fragen der Form „Ist das so und so (oder nicht)?“ im Kontext mit der Erörterung dialektischer Probleme steht, die aus widerstreitenden Meinungen erwachsen und keineswegs auch durch Ableitung aus mathematischen Axiomen gelöst werden können.[351] Indem KRIELE damit die Spezifik des Gegenstandsbereichs, die nach VIEHWEG die Struktur einer Denkweise bestimmt, aus seiner Betrachtung ausblendet, verkennt er genau den Gesichtspunkt, auf den es VIEHWEG bei seiner Bezugnahme auf den Aporie-Begriff offensichtlich ankommt. Vor diesem Hintergrund entledigt er sich so des gewichtig daherkommenden Einwandes einer zweifelhaften Identifizierung von „Topik“ und „Aporetik“:

In begrifflicher Hinsicht ist die Gleichsetzungsthese nach KRIELE schlicht ungenau, weil VIEHWEG Topik und Problemdenken (nicht: Aporetik)

---

348 *Martin Kriele,* Theorie der Rechtsgewinnung, entwickelt am Problem der Verfassungsinterpretation, 2. Aufl., Berlin 1976, S. 119, unter Hinweis auf *Aristoteles,* Topik, I. 4. 4.

349 *Martin Kriele,* Theorie der Rechtsgewinnung, entwickelt am Problem der Verfassungsinterpretation, 2. Aufl., Berlin 1976, S. 119.

350 Dieser Einwand trifft auch *Claus-Wilhelm Canaris,* Systemdenken und Systembegriff in der Jurisprudenz: entwickelt am Beispiel des deutschen Privatrechts, 2. Aufl. Berlin 1983, S. 136, der meint, „alles wissenschaftliche Denken überhaupt“ sei Problemdenken, weil es Fragen behandele, deren Beantwortung nicht von vornherein klar sei.

351 Dazu bereits oben S. 51 f.

einander zwar zuordnet, aber nicht gleichsetzt. Der Begriff der Topik bezeichnet eine Technik der Invention bzw. Prämissenfindung. Der Begriff des Problemdenkens bezeichnet Denkprozesse, innerhalb derer die Topik zur Anwendung gelangt, weil sich eine befriedigende Lösung nicht schon durch den Einsatz des Problems in ein anerkanntes System bzw. durch Ableitung aus wahren und ersten Sätzen erschließt (Problemdenken im engeren Sinne). Zugleich dient der Begriff des Problemdenkens zur Bezeichnung von Denkweisen, in denen topisch-problemorientierten Denkprozessen insgesamt die führende Rolle zukommt, weil ihnen aporetische Fragestellungen zugrunde liegen, die einer systematischen Erfassung nur begrenzt zugänglich sind (Problemdenken im weiteren Sinne).

In sachlicher Hinsicht setzt sich KRIELE weder mit VIEHWEGS Aporie-Begriff noch mit dem Verhältnis von Topik und HARTMANNscher Aporetik wirklich auseinander. Eine solche Auseinandersetzung erübrigt sich für ihn auch, weil er seinerseits meint, das „aporetische" Denken im Sinne HARTMANNS, auf das sich VIEHWEGS „Problemdenken" beziehe, als bloße Forderung nach „Problemoffenheit" im Sinne seines eigenen Konzepts des „offenen" Systemdenkens deuten zu können, in welchem „Aporien" eben nicht vorkämen.[352] Inhaltlich weist die Gleichsetzungsthese bei KRIELE also letztlich nicht über die Verkürzungsthese hinaus, wonach die Einordnung der Jurisprudenz als Problemdenken auf VIEHWEGS zu engem Verständnis von Systemdenken beruhe. Dass indes KRIELES Konzeption des „offenen" Systemdenkens gegenüber der VIEHWEGschen Analyse des juristischen Denkens nicht zu überzeugen vermag, wurde bereits ausführlich dargelegt.

Ungeachtet dessen ist die Gleichsetzungsthese auch bei anderen Autoren wie insbesondere CANARIS und GRÖSCHNER anzutreffen – wenngleich teilweise mit anderer Akzentuierung.[353] CANARIS schließt sich der Gleichset-

---

[352] Vgl *Martin Kriele,* Theorie der Rechtsgewinnung, entwickelt am Problem der Verfassungsinterpretation, 2. Aufl., Berlin 1976, S. 119 ff., insbes. S. 121 f.: „Vernünftigerweise verbinden sich System und aporetisches Denken im ‚offenen System'". Danach sind Topik und Aporetik zwar durchaus miteinander vereinbar. Fasste man indes Kriele folgend die Kennzeichnung der Topik als „Techne des Problemdenkens" als gleichbedeutend mit „Techne des offenen Systemdenkens" auf, wäre sie in der Tat sinnlos.

[353] Vgl. *Claus-Wilhelm Canaris,* Systemdenken und Systembegriff in der Jurisprudenz: entwickelt am Beispiel des deutschen Privatrechts, 2. Aufl. Berlin 1983, 136 ff.; *Rolf Gröschner,* Dialogik und Jurisprudenz. Die Philosophie des Dialogs als Philosophie der Rechtspraxis, Tübingen 1982, S. 199 ff.

zungsthese im Sinne KRIELES vertrauensvoll an[354] und erklärt zur angeblichen Identifizierung von Topik und aporetischem Denken durch VIEHWEG: „(D)iese ist in höchstem Maße irreführend, ist doch auch die Denkweise in einwandfrei nicht-topischen Wissenschaften ‚aporetisch' im Sinne HARTMANNS, da die Abweisung von in das (bisherige) System nicht einzuordnenden Problemen für jede Disziplin als Sünde wider den Geist der Wissenschaft angesehen werden muß; gewiß würde doch kein Physiker oder Chemiker ein den bisherigen Lehrsätzen widersprechendes Phänomen ignorieren, aber niemand wird auf den Gedanken kommen, Physik und Chemie deshalb der Topik zuzuordnen. Aporetisches Denken führt daher keineswegs notwendig zur Topik, sondern nur zur ‚Offenheit' des Systems."[355] Da sich also auch das naturwissenschaftliche Denken, das unzweifelhaft als Systemdenken einzuordnen sei, durch „Problemoffenheit" auszeichne, sei der Hinweis auf die „Problemoffenheit" des juristischen Denkens nicht geeignet, überhaupt irgendwelche Aufschlüsse über die Struktur gerade der Jurisprudenz zu geben – geschweige denn, etwa deren topischen Charakter nachzuweisen.[356]

Dem sind die schon früher gegen KRIELE erhobenen Einwände entgegenzuhalten: Die „Offenheit" des Systems, also gemäß CANARIS „die Unabgeschlossenheit, die Entwicklungsfähigkeit, die Modifizierbarkeit des Systems"[357], besagt für sich genommen nur, dass eine Denkweise immer als Zusammenspiel sowohl topisch-inventiver als auch systemorientierter Denkprozesse rekonstruiert werden muss. Denn jede „Systemöffnung" setzt zunächst das vom Problemdenken vermittelte Verständnis von der Relevanz einer das bisherige System überschreitenden Problemstellung bzw. der Unangemessenheit einer aus dem bestehenden System abgeleiteten Problemlösung voraus und bedarf zu ihrer Realisierung topisch-inventiver Verfahren der Prämissenfindung oder -veränderung. Eine Kennzeichnung als Problem- oder

---

[354] Siehe dazu *Claus-Wilhelm Canaris,* Systemdenken und Systembegriff in der Jurisprudenz: entwickelt am Beispiel des deutschen Privatrechts, 2. Aufl. Berlin 1983, S. 136 ff., insbes. Fn. 11 und 16.

[355] *Claus-Wilhelm Canaris,* Systemdenken und Systembegriff in der Jurisprudenz: entwickelt am Beispiel des deutschen Privatrechts, 2. Aufl. Berlin 1983, S. 137 f.

[356] *Claus-Wilhelm Canaris,* Systemdenken und Systembegriff in der Jurisprudenz: entwickelt am Beispiel des deutschen Privatrechts, 2. Aufl. Berlin 1983, S. 139.

[357] *Claus-Wilhelm Canaris,* Systemdenken und Systembegriff in der Jurisprudenz: entwickelt am Beispiel des deutschen Privatrechts, 2. Aufl. Berlin 1983, S. 61.

Systemdenken erschließt sich daher erst im Hinblick auf Problem- bzw. Gegenstandsbereich einer Denkweise, der erklärt, ob sich darin gemäß der Annäherungsthese eine fortschreitende Perfektionierung des zugrunde liegenden Systems und zugleich die eindeutige und zwingende Lösbarkeit von Problemen wenigstens anstreben lässt – oder ob demgegenüber die latente Wirksamkeit der Topik unaufhebbar bleibt. Diesen Gegenstandsbezug der VIEHWEGschen Unterscheidung lässt CANARIS nicht anders als KRIELE außer Betracht, weshalb er ebenfalls keinen Einwand dagegen begründet, sondern lediglich deren Konturen bis zur Unkenntlichkeit verwischt.

Dagegen weist der Vorwurf einer Konfundierung von Topik und Aporetik bei GRÖSCHNER in eine andere Richtung.[358] GRÖSCHNER konstatiert, dass „eine teilweise sehr weitgehende Kritik" VIEHWEG unterstellt habe, die Verflechtungen zwischen topischem und systematischem Denken verkannt zu haben. Als Ursache dafür betrachtet GRÖSCHNER nun die Übernahme des HARTMANNschen Aporetik-Begriffs, der er sodann nachgeht, „um VIEHWEG gegen äußerlich gesehen zwar nicht ganz unverständliche, in der Sache aber doch unberechtigte Unterstellungen zu verteidigen"[359]. Dabei geht er grundsätzlich zutreffend davon aus, dass VIEHWEGS Verständnis der Topik in „Topik und Jurisprudenz" im Sinne des von ihm bevorzugten Begriffs der „Dialogik" zu verstehen sei, nämlich als konkret-praktische Erörterung meinungsmäßiger Prämissen.[360] Mithin sei die Dialogik ergebnisorientiert und setze die Möglichkeit, die gesuchten Antworten in einem „dialogischen Zwischen" bestimmen zu können, gerade voraus.[361] Der Aporetiker dagegen verfolge die ausweglose Frage nach dem „Wesen" von Gegenständen und betreibe die Problemerörterung dabei nur um der Problemerörterung willen, also ohne sie um jeden Preis lösen zu wollen.[362] Die Jurisprudenz dagegen habe „es nicht

[358] Siehe *Rolf Gröschner*, Dialogik und Jurisprudenz. Die Philosophie des Dialogs als Philosophie der Rechtspraxis, Tübingen 1982, S. 199 ff.

[359] *Rolf Gröschner*, Dialogik und Jurisprudenz. Die Philosophie des Dialogs als Philosophie der Rechtspraxis, Tübingen 1982, S. 200 Fn. 20.

[360] Dem Dialogik-Konzept Gröschners, das er in „Dialogik und Jurisprudenz" entfaltet, soll hier nicht vertiefend nachgegangen werden.

[361] Vgl. *Rolf Gröschner*, Dialogik und Jurisprudenz. Die Philosophie des Dialogs als Philosophie der Rechtspraxis, Tübingen 1982, S. 203.

[362] Vgl. *Rolf Gröschner*, Dialogik und Jurisprudenz. Die Philosophie des Dialogs als Philosophie der Rechtspraxis, Tübingen 1982, S. 202.

mit Aporien, die bestenfalls diskutiert werden können, zu tun, sondern mit Problemen, die in jedem Fall gelöst werden müssen"[363]. Dies habe auch VIEHWEG als Theoretiker der Praxis keinesfalls bestreiten wollen. Um so missverständlicher aber sei es von VIEHWEG, „daß er die Topik der Logik nicht nur vorangestellt (...), sondern daß er der Topik auch noch die Aporetik zur Seite gestellt hat – was juristisch nicht ohne Missverständnis der Aporetik und philosophisch nicht ohne Mißverständnis der Jurisprudenz begründbar ist". Wenn es aber mit VIEHWEG Aufgabe der Jurisprudenz sei, zur Aporie der Gerechtigkeit „Stellung zu nehmen", dann müsse dieses „Stellungnehmen" nicht ein nur „rechtlich unverbindliches, rechtsphilosophisches oder rechtswissenschaftliches, sondern ein rechtsverbindliches, rechtspraktisches und insbesondere richterliches" sein – und also kein aporetisches.[364]

GRÖSCHNER weist damit völlig zu Recht darauf hin, dass die HARTMANNsche Aporetik auf das akademische Nachdenken über philosophische Fragen zielt und insoweit für die Jurisprudenz als denkerische Techne der Praxis nicht passt. Trotzdem greift die Folgerung GRÖSCHNERS, VIEHWEGS Anliegen hätte „unmißverständlich nur ohne Anlehnung an die Aporetik zum Ausdruck gebracht werden können"[365], zu kurz. Wenn VIEHWEG die Gerechtigkeitsfrage als Aporie auffasst, d. h. als Problem, das insofern nicht entscheidbar ist, als es sich keiner eindeutigen oder „wahren" Antwort zuführen lässt, dann schließt das natürlich die Möglichkeit nicht aus, praktische Entscheidbarkeit dadurch zu erreichen, dass der Problemerörterung in einer wie auch immer näher zu bestimmenden Weise verfahrensmäßig oder autoritativ ein Ende gesetzt wird.[366] Tatsächlich geschieht dies hinsichtlich rechtlicher Probleme in zwei Stufen, nämlich abstrakt durch die Statuierung einer positiven Rechtsordnung und konkret durch die richterliche Entscheidung. In einem

---

[363] *Rolf Gröschner*, Dialogik und Jurisprudenz. Die Philosophie des Dialogs als Philosophie der Rechtspraxis, Tübingen 1982, S. 205 f. Zur parallel gelagerten Kritik Blühdorns an Viehwegs Deutung der Topik als Techne des Problemdenkens bereits oben S. 50 ff.

[364] *Rolf Gröschner*, Dialogik und Jurisprudenz. Die Philosophie des Dialogs als Philosophie der Rechtspraxis, Tübingen 1982, S. 205.

[365] *Rolf Gröschner*, Dialogik und Jurisprudenz. Die Philosophie des Dialogs als Philosophie der Rechtspraxis, Tübingen 1982, S. 206.

[366] *Ballweg*, Rechtswissenschaft und Jurisprudenz, Basel 1970, S. 105: „Der Konflikt wird nicht durch Lösung beendet, sondern durch Beendung gelöst."

streng „aporetischen“ Sinne ließe sich darin eine unzulässige Festlegung, eine gewaltsame Erzwingung von Antworten erblicken, worauf aber ersichtlich weder HARTMANNS Kritik des philosophischen Denkens noch der Ansatz VIEHWEGS hinauswill. VIEHWEG hebt den aporetischen Charakter der Gerechtigkeitsfrage vielmehr hervor, weil die daraus resultierende Ungewissheit unvermeidlich auch auf die Struktur des Rechtssystems und des juristischen Denkens durchschlägt. Erst die Bezugnahme auf den Aporie-Begriff im Rahmen der Unterscheidung zwischen Problem- und Systemdenken erklärt, warum juristische Systementwürfe unzulänglich bleiben müssen, und dass eben diese Unzulänglichkeit, indem sie bei der Herstellung konkreter Entscheidungen zur Einschaltung zur Topik zwingt, zugleich für die Wahrung des Problem- und Gerechtigkeitsbezugs Raum schafft.

Vor diesem Hintergrund erscheint VIEHWEGS Bezugnahme auf den Aporie-Begriff innerhalb seiner Konzeption also keineswegs überflüssig, sondern gerade geeignet, das besondere Spannungsverhältnis von Topik und Systematik innerhalb juristischer Entscheidungsprozesse in den Blick zu nehmen. Mithin kann auch die Einschätzung GRÖSCHNERS, wonach sich VIEHWEG die Vehemenz seiner Kritiker ausgerechnet mit philosophiegeschichtlichen Ungenauigkeiten im Hinblick auf HARTMANN eingehandelt habe, nicht geteilt werden.[367] Dies um so mehr, als bezweifelt werden darf, dass die Deutung „aporetischen“ Denkens durch KRIELE und CANARIS, wonach dieses nicht nur mit einem juristischen Systemdenken voll vereinbar[368], sondern ebenso auch in den Naturwissenschaften anzutreffen sei, dem ursprünglichen Ansatz HARTMANNS näher kommt als die Ausführungen VIEHWEGS.

---

[367] Vgl auch *Helmut Coing,* „Über einen Beitrag zur rechtswissenschaftlichen Grundlagenforschung“, in: ARSP 41 (1954/55), S. 436–444, S. 439, 442, der Viehwegs Bezugnahme auf Hartmann als außerordentlich einleuchtend beurteilt.

[368] *Martin Kriele,* Theorie der Rechtsgewinnung, entwickelt am Problem der Verfassungsinterpretation, 2. Aufl., Berlin 1976, S. 121, zitiert die Formulierung von H. J. Wolff „Rechtswissenschaft ist systematisch oder sie ist nicht“ mit der Bemerkung, dies stehe mit dem aporetischen Denken in vollem Einklang; zustimmend *Claus-Wilhelm Canaris,* Systemdenken und Systembegriff in der Jurisprudenz: entwickelt am Beispiel des deutschen Privatrechts, 2. Aufl. Berlin 1983, S. 138 Fn. 16.

c) Gegenstandsbezug und „objektives System"

Tatsächlich lässt die von KRIELE wie von CANARIS geäußerte Kritik weniger Inkonsistenzen und Begründungsschwächen im Ansatz VIEHWEGS zutage treten als vielmehr den Umstand, dass ihnen dessen Resultate schlicht nicht zusagen. Wenn sie sich also gegen VIEHWEGS Bezugnahme auf den Aporie-Begriff sperren und dazu HARTMANN als „Gewährsmann" VIEHWEGS ins Feld führen, dann nicht, weil ihnen an der Kompatibilität der Ansätze VIEHWEGS und HARTMANNS gelegen wäre, sondern als Vehikel für durchaus angreifbare eigene Prämissen. Anschaulich wird dies an einer von VIEHWEG zitierten Formulierung HARTMANNS, die sich bei den Kritikern VIEHWEGS besonderer Beliebtheit erfreut, weil sie glauben, diese gegen VIEHWEG wenden zu können: „Sie (die aporetische Denkweise) zweifelt nicht daran, daß es das System gibt und daß es vielleicht in ihrem eigenen Denken latent das Bestimmende ist. Darum ist sie seiner gewiß, auch wenn sie es nicht erfaßt."[369]

Aus dieser Feststellung folgert KRIELE, der Versuch einer Beschreibung des von HARTMANN angesprochenen „vorausgesetzten Systems" sei möglich und finde seine Bestätigung für juristische Systementwürfe darin, „daß die einzelnen Rechtssätze auf allerlei Weise (durch gemeinsame Voraussetzungen, Begriffe, Gründe u. a.) miteinander verschränkt sind und deshalb idealiter tatsächlich ein System bilden, das nur nicht endgültig erkennbar ist"; außerdem folgert KRIELE, „daß er (der Systementwurf) nicht nur das Produkt subjektiver Willkür ist, sondern daß in ihm auch Wahrheit zum Ausdruck kommt"[370]. Diese Formulierungen deuten darauf hin, dass KRIELE hier die klassische Unterscheidung zwischen einem „System der Gegenstände der Erkenntnis" oder „objektiven" Systems einerseits und einem „System der Erkenntnisse" oder „wissenschaftlichen" System andererseits, das das „objektive" System abzu-

---

[369] *Hartmann,* Diesseits von Idealismus und Realismus, S. 164; zitiert bei *Martin Kriele,* Theorie der Rechtsgewinnung, entwickelt am Problem der Verfassungsinterpretation, 2. Aufl., Berlin 1976, S. 121; und *Claus-Wilhelm Canaris,* Systemdenken und Systembegriff in der Jurisprudenz: entwickelt am Beispiel des deutschen Privatrechts, 2. Aufl. Berlin 1983, S. 137.

[370] So *Martin Kriele,* Theorie der Rechtsgewinnung, entwickelt am Problem der Verfassungsinterpretation, 2. Aufl., Berlin 1976, S. 121. Soweit Kriele hier lediglich meint, dass mit dem System wirkliche Einsichten angestrebt werden und sich darin ein anerkannter Schatz an Erfahrungswissen manifestiert, so bleibt darauf hinzuweisen, dass dies nach Viehweg für Topoikataloge nicht minder gilt.

bilden sucht, vorschwebt.[371] In diesem Sinne wäre nach KRIELE die positive Rechtsordnung als wissenschaftliches System zu betrachten, das eine überpositive „objektive" Ordnung – immerhin annäherungsweise – repräsentiert. Eine solche überpositive Ordnung und einen wie auch immer vermittelten Zugriff darauf vorausgesetzt, wäre es für KRIELE allerdings nur konsequent, sich im Hinblick auf VIEHWEG nicht mit dem Verhältnis von Topik und Aporetik aufzuhalten, sondern gleich den aporetischen Charakter der Gerechtigkeitsfrage zu bestreiten. Freilich will KRIELE diese Konsequenz nicht ziehen, und es ist hier nicht der Ort zu ergründen, was er mit zitierten Formulierungen wirklich meint. Immerhin ist es bemerkenswert, dass er sich im Nachwort zur zweiten Auflage seiner „Theorie der Rechtsgewinnung" darüber verwundert zeigt, dass seine Ausführungen „Assoziationen an die vernunftrechtlichen Systeme des 17. und 18. Jhs. ausgelöst" haben.[372]

Auch CANARIS sieht durch die eingangs wiedergegebene HARTMANN-Passage seine eigene Konzeption bestätigt.[373] CANARIS geht von der bereits erwähnten Unterscheidung zwischen „objektivem" und „wissenschaftlichem" System aus und stellt sodann für die juristische Systembildung fest, „daß sie nur dann sinnvoll möglich ist, wenn ihr Objekt, d. h. das Recht, ein derartiges ‚objektives' System überhaupt aufweist"[374], was wiederum anhand der Strukturmerkmale „Ordnung" und „Einheit" zu bestimmen sei[375]. Danach könne das Vorliegen eines objektiven Systems im Hinblick auf die bestehende

---

[371] Zu dieser Unterscheidung *Claus-Wilhelm Canaris,* Systemdenken und Systembegriff in der Jurisprudenz: entwickelt am Beispiel des deutschen Privatrechts, 2. Aufl. Berlin 1983, S. 13; vgl. ferner *Popper*, Logik der Forschung (1934), 9. Aufl., Tübingen 1989, S. 31 ff.

[372] *Martin Kriele,* Theorie der Rechtsgewinnung, entwickelt am Problem der Verfassungsinterpretation, 2. Aufl., Berlin 1976, S. 313.

[373] Vgl. nochmals *Claus-Wilhelm Canaris,* Systemdenken und Systembegriff in der Jurisprudenz: entwickelt am Beispiel des deutschen Privatrechts, 2. Aufl. Berlin 1983, S. 137.

[374] *Claus-Wilhelm Canaris,* Systemdenken und Systembegriff in der Jurisprudenz: entwickelt am Beispiel des deutschen Privatrechts, 2. Aufl. Berlin 1983, S. 13.

[375] Unter Berufung auf *R. Eisler,* Wörterbuch der philosophischen Begriffe, 4. Aufl., Berlin 1930, Bd. III, Stichwort „System", und die Definition von Kant, wonach ein System „die Einheit der mannigfaltigen Erkenntnisse unter einer Idee" bzw. „ein nach Prinzipien geordnetes Ganzes der Erkenntnis" ist, s. *Claus-Wilhelm Canaris,* Systemdenken und Systembegriff in der Jurisprudenz: entwickelt am Beispiel des deutschen Privatrechts, 2. Aufl. Berlin 1983, S. 11 ff. Anknüpfend an Canaris dazu *Klaus Rehbock,* Topik und Recht. Eine Standortanalyse unter besonderer Berücksichtigung der aristotelischen Topik, München 1988, S. 165 ff.

Rechtsordnung bejaht werden[376], weil bereits der Gleichheitssatz – der seinerseits in der „Rechtsidee (als dem Inbegriff der obersten Rechtswerte)“ wurzele – die Kriterien von Ordnung und Einheit impliziere: Der Gleichheitssatz verlange nämlich, „einmal getroffene Wertungen“ konsequent zu verfolgen „und sie nur sinnvoll, d. h. aus sachlichem Anlaß zu durchbrechen, – mit anderen Worten: folgerichtig zu verfahren“. „Rationale Folgerichtigkeit“ sei aber gerade das, worauf es bei dem Merkmal der „Ordnung“ im Sinne des Systembegriffs ankomme, „und deshalb bildet das aus dem Gleichheitssatz folgende Gebot wertungsmäßiger Folgerichtigkeit den ersten entscheidenden Ansatz für die Verwendung des Systemgedankens in der Jurisprudenz“[377]. Zugleich sei auch das Merkmal der „Einheit“ erfüllt, weil es mit dem der „Ordnung“ korrespondiere; es gewährleiste insoweit, „daß die ‚Ordnung‘ des Rechts nicht in eine Vielzahl unzusammenhängender Einzelwertungen zerfällt, sondern sich auf verhältnismäßig wenige allgemeine Kriterien zurückführen läßt“[378]. Mithin sei der Systemgedanke „jedem positiven Recht immanent“, weil und sofern dieses eine bestimmte historische Konkretisierung der Rechtsidee darstelle.[379] Aufgabe eines juristischen Systembegriffs sei es entsprechend, „die wertungsmäßige Folgerichtigkeit und innere Einheit der Rechtsordnung darzustellen und zu verwirklichen“, nämlich als „axiologische oder teleologische Ordnung“[380]. Die Rechtsgewinnung aus einer solchen Ordnung soll sich mithin im Wege „axiologischen oder teleologischen Denkens“

---

[376] Das „objektive“ System ist dabei indes nicht identisch mit dem geschriebenen Recht, gemeint ist vielmehr die „Sinneinheit“ der konkreten Rechtsordnung, d. h. deren „tragende Grundwertungen“ und „Rechtsprinzipien“, die wiederum ihren Geltungsgrund nicht notwendig im Gesetz finden, sondern teilweise auch unmittelbar in der „Rechtsidee“ oder in der „Natur der Sache“, s. *Claus-Wilhelm Canaris,* Systemdenken und Systembegriff in der Jurisprudenz: entwickelt am Beispiel des deutschen Privatrechts, 2. Aufl. Berlin 1983, S. 40 ff., 63, 66, 70; das „wissenschaftliche“ System besteht demgegenüber aus den „Lehrsätzen der Jurisprudenz“, ebd., S. 62.

[377] *Claus-Wilhelm Canaris,* Systemdenken und Systembegriff in der Jurisprudenz: entwickelt am Beispiel des deutschen Privatrechts, 2. Aufl. Berlin 1983, S. 16.

[378] *Claus-Wilhelm Canaris,* Systemdenken und Systembegriff in der Jurisprudenz: entwickelt am Beispiel des deutschen Privatrechts, 2. Aufl. Berlin 1983, S. 17.

[379] *Claus-Wilhelm Canaris,* Systemdenken und Systembegriff in der Jurisprudenz: entwickelt am Beispiel des deutschen Privatrechts, 2. Aufl. Berlin 1983, S. 18, Fn. 37. Zwar seien Folgerichtigkeit und Einheit des Systems oft nur bruchstückhaft verwirklicht, doch besage diese „nichts gegen die grundsätzliche Möglichkeit des Systems, sondern macht nur deutlich, dass dessen vollständiger Ausführung ersichtlich gewisse Grenzen gesetzt sind“.

[380] *Claus-Wilhelm Canaris,* Systemdenken und Systembegriff in der Jurisprudenz: entwickelt am Beispiel des deutschen Privatrechts, 2. Aufl. Berlin 1983, S. 18, 40 ff. m. w. N.

vollziehen, wobei durchaus von Ableitbarkeit gesprochen werden könne, „sofern man nur beachtet, daß ‚Ableitung‘ nicht i. S. logischer Deduktion, sondern i. S. wertungsmäßiger Zuordnung zu verstehen ist“[381].

In diesen Ausführungen tritt noch einmal das Bestreben zutage, den Systemcharakter der bestehenden Rechtsordnung sowie den Systembezug des juristischen Denkens zu bestimmen, ohne auf den von VIEHWEG hervorgehobenen aporetischen Charakter der Gerechtigkeitsfrage einzugehen.

Zugleich wird eine bemerkenswerte Parallele in den Ansätzen von KRIELE und CANARIS sichtbar. Beide gehen nämlich davon aus, dass sich der von ihnen behauptete Systemcharakter der Rechtsordnung begrifflich nur erfassen lasse, wenn man sich vom „zu engen“ Maßstab der Logizität emanzipiere – und zugleich ist doch beiden sehr daran gelegen, den Anschluss an die Unterscheidung zwischen objektivem und wissenschaftlichem System zu wahren. Wie im Weiteren noch auszuführen sein wird, verweist aber gerade diese Unterscheidung auf die deduktiven Systeme im Bereich der Naturwissenschaften und erscheint also – zumal in Anbetracht der von KRIELE und CANARIS selbst geforderten Eigenständigkeit eines juristischen Systembegriffs – als denkbar ungeeignet für eine Übertragung auf die Jurisprudenz. Das Doppelziel, das KRIELE wie CANARIS dabei mutmaßlich vorschwebt, ist einsichtig: Sie wollen einerseits die Bedeutung logischer Stringenz, so weit sie eben reicht, für die Jurisprudenz klargestellt und anerkannt wissen. Andererseits und darüber hinaus wollen sie den Systemcharakter der Rechtsordnung an einer weiteren, anders gearteten Form von Einheit und Ordnung ausweisen. Namentlich CANARIS zufolge hat man sich diese andere Form von Ordnung im Sinne einer „Teleologik“ als der Logik ebenbürtig und analog vorzustellen.[382] Indes bleibt die Struktur der von ihm postulierten „wertungsmäßigen

---

[381] *Claus-Wilhelm Canaris,* Systemdenken und Systembegriff in der Jurisprudenz: entwickelt am Beispiel des deutschen Privatrechts, 2. Aufl. Berlin 1983, S. 45, 88.

[382] Vgl. zu dieser Gleichwertigkeit *Claus-Wilhelm Canaris,* Systemdenken und Systembegriff in der Jurisprudenz: entwickelt am Beispiel des deutschen Privatrechts, 2. Aufl. Berlin 1983, S. 45: „Schließlich kann es doch kein Zufall sein, dass sowohl dem Laien als auch häufig dem Juristen selbst juristisches Denken geradezu als ein Musterfall ‚logischen‘ Denkens erscheint; vergegenwärtigt man sich, dass in Wahrheit nicht formal-logisches, sondern nur teleologisches Denken den spezifischen Problemen der Jurisprudenz gerecht wird und allein ihre Argumentation zu tragen vermag, so wird deutlich, was hinter diesem Urteil steht: das Erlebnis einer besonderen Evidenz der Folgerichtigkeit und rationalen Überzeugungskraft axiologischen und teleo- *(→)*

Folgerichtigkeit“ und ihr Verhältnis zur logischen Folgerichtigkeit denkbar vage. Der Versuch, einen angeblich spezifisch juristischen Systembegriff unabhängig vom Maßstab der Logizität zu konzipieren, bleibt halbherzig, weil er letztlich von der Anlehnung an mathematisch-naturwissenschaftliche Kategorien lebt, ohne diesen indes gerecht zu werden. Nimmt man demgegenüber das Modell von objektivem und wissenschaftlichem System ernst, so erweist sich, dass gerade der VIEHWEGsche Ansatz, der die Jurisprudenz von der Gerechtigkeitsfrage als Grundaporie her deutet, geeignet ist, die Bedeutung des Systems innerhalb der Jurisprudenz zu erfassen.

d) Gegenstandsbezug im naturwissenschaftlichen und im juristischen Denken

Um dies zu zeigen, bedarf es zunächst einer Klarstellung dessen, worauf die Unterscheidung zwischen objektivem und wissenschaftlichem System eigentlich zielt. Zu diesem Zwecke sei noch einmal an den von CANARIS gegen VIEHWEG erhobenen Einwand erinnert, „die Abweisung von in das (bisherige) System nicht einzuordnenden Problemen“ sei „für jede Disziplin als Sünde wider den Geist der Wissenschaft“ anzusehen, und „gewiß würde doch kein Physiker oder Chemiker ein den bisherigen Lehrsätzen widersprechendes Phänomen ignorieren, aber niemand wird auf den Gedanken kommen, Physik und Chemie deshalb der Topik zuzuordnen“[383]. Ersichtlich führt CANARIS hier – ganz im Einklang mit VIEHWEG – die Bereiche der Physik und Chemie als idealtypische Beispiele von Systemdenken ins Felde, und konstatiert, dass auch innerhalb dieser Disziplinen die Modifizierbarkeit des jeweiligen wissenschaftlichen Systems Grundvoraussetzung sei. Bezeichnend ist nun, woran CANARIS dies festmacht. Denn wenn er von unzulässigen Problemabweisun-

---

logischen Denkens. Mag dessen Struktur auch noch wenig aufgehellt sein, so wird man alles in allem doch sagen dürfen: die Hypothese, dass die Folgerichtigkeit juristisch-axiologischen oder teleologischen Denkens rationaler Art und daher rational begründbar ist und dass sie sich somit in einem entsprechenden System erfassen lässt, ist hinreichend erhärtet, um als wissenschaftliche Prämisse brauchbar zu sein“. Vgl. auch *Uwe Diederichsen,* „Topisches und systematisches Denken in der Jurisprudenz“, in: NJW 1966, S. 697–705, S. 699, der ebenfalls darauf hinweist, dass sich die Jurisprudenz „im konkreten Werterlebnis“ als sinnvolles Ganzes darstelle.

383 *Claus-Wilhelm Canaris,* Systemdenken und Systembegriff in der Jurisprudenz: entwickelt am Beispiel des deutschen Privatrechts, 2. Aufl. Berlin 1983, S. 137 f.

gen spricht, meint er ja nicht, dass ausgehend etwa vom wissenschaftlichen System der Physik eine neu auftauchende physikalische Problemstellung nicht als (noch) unerklärbar qualifiziert werden dürfte, sondern dass ein den bisherigen Lehrsätzen widersprechendes Phänomen nicht ignoriert werden darf. Für die im naturwissenschaftlichen Denken zu fordernde „Offenheit" kommt es also darauf an, dass das wissenschaftliche System nicht in Widerspruch zur empirisch beobachtbaren Wirklichkeit, d. h. dem objektiven System, gerät.

Anders als CANARIS zu suggerieren sucht, ist diese Feststellung keineswegs nebensächlich oder trivial. Ausgehend von der VIEHWEGschen Terminologie ergibt sich vielmehr Folgendes: Innerhalb der Naturwissenschaften als Systemdenken (im weiteren Sinne) unterliegt sowohl die Gewinnung von Problemlösungen im Wege der Ableitung aus dem wissenschaftlichen System als auch die Modifikation dieses Systems zur Erfassung neuer Problemgehalte dem Anspruch logischer Folgerichtigkeit oder Kohärenz. Zur Erfüllung dieses Anspruchs muss das Systemdenken im engeren Sinne darin die führende Rolle einnehmen. Dass es das kann, erklärt sich nun aus der Anbindung an die empirische Wirklichkeit als Bezugsgröße.[384] Denn dort, wo der Gegenstandsbereich einer Denkweise durch Fragestellungen konstituiert wird, die auf die empirisch erforschbare Wirklichkeit zielen, findet das Problemdenken (im engeren Sinne), das im Hinblick auf eine bisher nicht näher bestimmte „Angemessenheit" der zu erzielenden Ergebnisse die Prämissenfindung steuert, ebenfalls einen objektivierbaren Maßstab: nämlich den der Korrespondenz bzw. Konvergenz von wissenschaftlichem und objektivem System.[385] Um „angemessen" zu sein, müssen die gesuchten Problemlösungen den jeweils betrachteten Bereich der empirischen gegebenen Wirklichkeit so genau und treffend wie möglich abbilden bzw. repräsentieren. Die Grundlage hierfür bildet die Objektivität des Gegenstandsbereichs, d. h. dessen von seiner Beschreibung unabhängigen und unveränderlichen Existenz, in Verbindung mit

---

[384] Maßgeblich ist dabei nicht, ob eine objektive Erkenntnis der empirischen Wirklichkeit möglich ist, sondern allein die Voraussetzung, dass beobachtungsunabhängig „etwas da ist", das dem menschlichen Wahrnehmungsvermögen zugänglich ist – wie zerrbildhaft auch immer.

[385] Grundlegend zur Prüfbarkeit und Bestätigungsfähigkeit von Sätzen *Popper,* Logik der Forschung; *Carnap,* Testability and Meaning, New Haven 1950.

dem Falsifikationsprinzip.[386] Die Auswahl der Prämissen unterliegt demnach einer dahingehenden Prüfung, ob und inwieweit sie zutreffende Vorhersagen über empirisch messbare Ausschnitte des Problembereichs ermöglichen, und im Falle bzw. für die Dauer ihrer Bestätigung – und nur dann – ist die „Angemessenheit" der darauf gestützten Problemlösungen und mithin ihre Anerkennung gesichert. Innerhalb der Naturwissenschaften ermöglicht somit das Falsifikationsprinzip die Gewinnung der sowohl sachhaltigen als auch gesicherten Prämissen, die als Grundlage für die Errichtung stabiler und exakter Systeme erforderlich sind.[387]

Zugleich kann der Umstand, dass die vom Problemdenken her zu bestimmende „Angemessenheit" von Problemlösungen am objektivierbaren Konvergenzkriterium ansetzt, auch die Zulässigkeit bestimmter systembedingter Problemabweisungen begründen. Denn wie bereits an früherer Stelle dargelegt, hängt die Frage, ob solche durch die Selektivität des Systemdenkens bedingten Problemabweisungen als problemverkürzend zu kritisieren sind, davon ab, ob die abgewiesenen Problemstellungen aus – außerhalb des Systems liegenden – Gründen eine Lösung und damit eine Systemmodifikation oder -erweiterung fordern. Gemäß dem Konvergenzkriterium ist dies aber nur dann der Fall, wenn sich solche Systemmodifikationen auf das Falsifikationsprinzip stützen können bzw. wenn umgekehrt bei Unterlassung solcher „Systemöffnungen" die aus dem bestehenden System abzuleitenden Lösungen in Widerspruch zum Falsifikationsprinzip geraten. Solange dies nicht der Fall ist, können Problemstellungen aus Gründen der systemerhaltenden Kohärenz abgewiesen werden. Das Falsifikationsprinzip kann so die Prämissenfindung wie die durch das Problemdenken induzierte „Offenheit" bestehender (wissenschaftlicher) Systeme steuern und begrenzen, ohne dass deren Rückbindung an den vorgegebenen Problembereich (das objektive System) beeinträchtigt würde.[388] Infolgedessen ist innerhalb der Naturwissenschaften über

---

386 Dazu *Popper,* Logik der Forschung, S. 15 ff., 47 ff.

387 Vgl. zur Illustration der Leistungsfähigkeit des naturwissenschaftlichen Systemdenkens im hier dargelegten Sinne nochmals *Feynman,* QED. The Strange Theory of Light an Matter, S. 3 ff., der betont, dass die Theorie der Quantenelektrodynamik seit weit mehr als fünfzig Jahren Bestand hat und alle bekannten physikalischen Phänomene mit Ausnahme der Gravitation und der Radioaktivität exakt beschreibt.

388 Den Zugang zu der Frage, warum sich Reichweite und Restriktionen der „Systemoffenheit" im naturwissenschaftlichen Denken von der „Offenheit" anderer Denkweisen unterscheiden, verbaut sich Kriele dagegen *(→)*

weite Strecken eine Konzentration und Beschränkung auf systemdefinierte Fragehorizonte und gesicherte Antworten möglich ist.[389] Damit bewährt sich in den Naturwissenschaften gerade das dem Systemdenken immanente „Alles-oder-Nichts-Prinzip“, das, indem es zur Trennung des Klaren vom Unklaren hinführt, zwar nicht jede Frage beantwortet, aber Wissensbereiche sichert, innerhalb derer eindeutige Lösungen möglich und anzustreben sind.

Demgegenüber gilt für den Bereich aporetischer Fragestellungen, dass gerade die fehlende Rückbindung an einen empirisch gegebenen Gegenstand deren „Weglosigkeit“ ausmacht. Wirklichen Bestand hat hier, wie VIEHWEG hervorhebt, allein die Grundaporie, die sich im Bereich des Rechts als Frage nach dem, was hier und jetzt gerecht sei, formulieren lässt. Diese Frage findet ihren Ursprung und Ansatzpunkt in einem nicht näher bestimmten Bereich der sozialen Um- und Innenwelt, und die jeweiligen Lösungen resultieren aus den „immer schon vorhandenen“ Verständniszusammenhängen, von denen man zunächst nicht weiß, ob sie sich als Ableitungszusammenhang rekonstruieren lassen und ob sie überhaupt überblickbar gemacht werden können.[390] Weil es also anders als im Bereich der Naturwissenschaften insoweit an einer verlässlichen empirischen Bezugsgröße fehlt, kommen als Maßstab für die „Angemessenheit“ sachhaltiger Problemlösungen letztlich nur die (inter-)subjektiv konstituierten und veränderlichen Ordnungsvorstellungen in Betracht, die ihrerseits „nicht als solche erfasst“ werden und sich einer Objektivierung entziehen. Indem die juristische Denkweise mithin auf eine Bezugsgröße verwiesen bleibt, die selbst dem Ursprung und der Ausprägung nach unbestimmt und wandelbar ist, bleibt auch die „Angemessenheit“ der Antworten notwendig relativ zu und abhängig von den amorphen und ggf. inkohärenten Vorstellungswelten derer, die die Gerechtigkeitsfrage stellen und um die jeweiligen Lösungen ringen. Weswegen generell für das aporetische Denken gilt, „daß

---

bereits dadurch, dass er die Selektivität des Systemdenkens, d. h. dessen problemabweisende Wirkung, mit der Kritikwürdigkeit von Problemverkürzungen gleichsetzt; vgl. *Martin Kriele,* Theorie der Rechtsgewinnung, entwickelt am Problem der Verfassungsinterpretation, 2. Aufl., Berlin 1976, S. 137 f.

[389] So auch zutreffend hervorgehoben von *Garrn,* Rechtsproblem und Rechtssystem, Bielefeld 1973, S. 16.

[390] Nochmals *Theodor Viehweg,* Topik und Jurisprudenz, Ein Beitrag zur rechtswissenschaftlichen Grundlagenforschung, 5. Aufl., München 1974, S. 32, 34: Die Topik ist nicht zu verstehen, „wenn man nicht die (…) Eingeschlossenheit in eine wie auch immer zu bestimmende Ordnung, die nicht als solche erfaßt wird, annimmt, gleichgültig, wie man sie im einzelnen gedanklich ausgestaltet“.

dieses Denken nur mit fragmentarischen Einsichten rechnen kann“ und – permanent – auf die Topik verwiesen bleibt.[391] In dem Maße aber, in dem sich die „Angemessenheit“ oder „Richtigkeit“ bisheriger Problemlösungen, die in Systementwürfen verarbeitet und diesen zugrunde gelegt werden, wieder in Zweifel ziehen lässt, lassen sich auch die aus Gründen der Systemerhaltung erfolgenden Problemabweisungen als problemverkürzend kritisieren.

Vor diesem Hintergrund muss der Versuch, die Unterscheidung zwischen objektivem und wissenschaftlichem System auf die Jurisprudenz anzuwenden, in Widersprüchlichkeiten führen. Zwar kann man, wie es sich in den Ausführungen KRIELES ungewollt anzudeuten scheint, trotz des Fehlens einer empirisch beobachtbaren Bezugsgröße vom Vorhandensein eines objektiven Systems in Gestalt einer überpositiven Rechtsordnung ausgehen. Dies führt aber nicht weiter, da es jedenfalls an einem dem Falsifikationsprinzip entsprechenden Instrumentarium fehlt, welches gewährleisten könnte, dass die positiven Rechtsordnung im Sinne eines wissenschaftlichen Systems mit dieser überpositiven Vorgabe korrespondiert.[392] Man kann auch mit CANARIS die positive Rechtsordnung selbst als objektives System zu deuten versuchen. Dagegen spricht jedoch, dass diese die Voraussetzungen einer „objektiven“, d. h. beschreibungsunabhängigen Vorgabe nicht erfüllt. Dabei ist gar nicht entscheidend, dass die positive Rechtsordnung Veränderungen durch den Gesetzgeber unterworfen ist; insoweit mag man von einer Abfolge verschiedener objektiver Systeme ausgehen. Erheblich ist jedoch, dass die positive Rechtsordnung zugleich permanenten Einflüssen durch die „Lehrsätze der Jurisprudenz“ – die nach CANARIS als wissenschaftliches System fungieren – und durch die Rechtsprechung unterliegt. Da auch CANARIS diese Einflüsse nicht abstreiten oder für schlichtweg unzulässig erklären will, interpretiert er sie als Konsequenz daraus, dass die positive Rechtsordnung im Lichte einer dieser selbst noch vorgeschalteten „Rechtsidee“ oder „Natur der Sache“ gesehen

---

[391] *Theodor Viehweg,* Topik und Jurisprudenz, Ein Beitrag zur rechtswissenschaftlichen Grundlagenforschung, 5. Aufl., München 1974, S. 34.

[392] Zu den wenig überzeugenden Versuchen, das Falsifikationsprinzip für die Jurisprudenz fruchtbar zu machen, *Neumann,* Juristische Argumentationslehre, Darmstadt 1986, S. 37 ff., S. 41 ff.

werden müsse[393] – was aber wiederum zu der Annahme einer überpositiven Rechtsordnung und den damit verbundenen Schwierigkeiten führt.

2. Die Grundaporie als einheitsstiftendes Moment im Recht

a) Handlungsorientierung als Systemfunktion im Bereich der Gerechtigkeitsfrage

Ausweislich der bisherigen Überlegungen scheitern die Versuche von KRIELE und CANARIS, VIEHWEG anhand des von ihm selbst zitierten Satzes HARTMANNS zu widerlegen, wonach die aporetische Denkweise nicht daran zweifele, „daß es das System gibt und daß es vielleicht in ihrem eigenen Denken latent das Bestimmende ist"[394]. Ganz im Gegenteil offenbart sich in diesen Versuchen bei KRIELE und CANARIS die Tendenz, den fraglichen Satz als Hinweis auf eine ideale und allein metaphysisch zu begründende Entität zu interpretieren. Demgegenüber wird er im Kontext mit den Ausführungen VIEHWEGS plausibel: Nach VIEHWEG bilden (inter-)subjektiv konstituierte Ordnungsvorstellungen sowohl die Grundlage dafür, dass sich Probleme überhaupt in bestimmter Weise stellen, als auch den Maßstab für die „Angemessenheit" der Lösungen, deren Verträglichkeit zunächst nicht klar ist, von denen aber jeweils Richtigkeit und – in ihrer Gesamtheit – Verträglichkeit erwartet wird. Auch wenn es insoweit gelingt, bestimmte Problemkonstellationen und entsprechende Lösungen zu typisieren und in gewissem Grade logisch zu strukturieren, bleiben die so entstehenden Systementwürfe doch weiterhin von den unterschiedlichen subjektiven Vorstellungswelten abhängig, denen auch die darin verarbeiteten Einzellösungen entstammen. Wenn also, wie HARTMANN meint, die aporetische Denkweise gleichwohl nicht daran zweifelt, dass es „das System gibt", so liegt es nahe, diese Vorstellung von der Metaebene her zu deuten und sie als heuristische Grundannahme aufzufassen.

---

393 *Claus-Wilhelm Canaris,* Systemdenken und Systembegriff in der Jurisprudenz: entwickelt am Beispiel des deutschen Privatrechts, 2. Aufl. Berlin 1983, S. 67 ff., insbes. S. 70 f.

394 S. oben Fn. 369.

Als unhinterfragbare Prämisse des Problemdenkens ist demzufolge die – möglicherweise kontrafaktische – Erwartungshaltung anzusehen, dass für die Vielzahl sich konkret stellender Problemlagen „richtige“ Einzellösungen existieren, die sich auf allgemeingültige und kohärente Grundprinzipien zurückführen lassen. Die Überzeugung, dass es „das System gibt“, beruht demnach nicht darauf, dass es tatsächlich – und sei es nur als reale Möglichkeit – existiert, sondern darauf, dass ein Bedürfnis danach besteht.[395] Damit kommt dem „vorausgesetzten System“ im Bereich aporetischer Fragestellungen der Stellenwert eines „methodologischen Apriori“ zu, das es ermöglicht, gewonnene Problemlösungen als angemessen und nicht kontingent zu betrachten, obwohl sich die ihnen letztlich zugrunde liegenden (inter-)subjektiven Vorstellungswelten tatsächlich einer allgemeingültigen und objektiven Beurteilung entziehen. Der Voraussetzung des „Systems“ kommt insofern die Funktion zu, es Menschen zu ermöglichen, sich die ihnen in vielerlei Hinsicht problematisch erscheinende Welt als sinnvolles und beständiges Ganzes vorzustellen und damit überschaubar zu machen. Diese Voraussetzung motiviert zu Systembildungen, die die eingenommene Erwartungshaltung bestätigen und es erlauben, die Komplexität der Probleme und die Unsicherheit der Lösungen durch Schematisierungen und Festsetzungen zu reduzieren.[396] In einem sehr weiten Sinne ließe sich menschliches Handeln und Denken insoweit schlechthin als notwendig „systemgebunden“ betrachten.[397] Die Annahme, dass es „das System gibt“, und die Anstrengungen, seiner habhaft zu werden, lassen sich demnach als Ausdruck der unabweisbaren Notwendigkeit auffassen, im Bereich aporetischer Fragestellungen überhaupt zu einer Verständigung über die Entscheidbarkeit praktischer Fragen zu kommen, d. h. Handlungsorientierung und Handlungssteuerung zu ermöglichen.

---

[395] Wie auch etwa die Annahme, dass ein Gott existiere, zu Systemanstrengungen führen mag, ohne dass dies die tatsächliche Existenz eines Gottes wahrscheinlicher machte.

[396] In diese Richtung weisend *Garrn,* Rechtsproblem, S. 13. Garrn nimmt hier A. Gehlens Formulierung von der „unfertigen Verfasstheit des Menschen“ auf.

[397] Vgl. *Garrn,* Rechtsproblem, S. 32, wonach jedes Denken einer Systemgebundenheit unterliegt, wenn man von System – im weiteren Sinne – bereits in Hinsicht auf eine wie auch immer geartete Ordnung spricht. Systemgebundenheit besteht mithin auch dort, wo das Rechtsdenken weniger durch die Begrifflichkeit umfassender Kodifikationen bestimmt, sondern in erster Linie Fallrechtsdenken ist. Eben deshalb können die Begriffe „Rechtssystem“ und „Rechtsordnung“ synonym verwendet werden. Vgl. auch *Schmitthoff,* Systemdenken und Fallrecht in der Entwicklung des englischen Privatrechts, JZ 1967, 1 ff.

In gewissem Sinne ist KRIELE und CANARIS deshalb durchaus zuzustimmen, wenn sie den „Systemgedanken“ als für die Jurisprudenz konstituierend betrachten. Nur entfaltet sich die Bedeutung der Systembildung im Bereich menschlicher Interaktionen, auf den die Gerechtigkeitsfrage zielt, nicht darin, eine vorgegebene Ordnung und Einheit zu entdecken und zu erfassen, sondern darin, eine vorstellungsmäßige Ordnung auszudenken und zu verwirklichen, die einen gemeinsamen Verständigungs- und Handlungsrahmen absteckt. Juristische Systementwürfe führen dazu frühere Verständigungsresultate auf allgemeine Gesichtspunkte zurück, die sie zugleich verobjektivieren und perpetuieren. Sie müssen in der Lage sein, die damit verbundene Erwartungshaltung zu erfüllen und in immer wieder neuen Kontexten eine zuverlässige und verbindliche Sinnstruktur auszuweisen.[398] Insoweit steigen die Anforderungen an die Differenziertheit eines Systems mit zunehmender Komplexität der Lebensverhältnisse. Doch kann die Dichte der Systemvorgaben, die den Genauigkeitsgrad der postulierten Ordnung markiert, weder die Vielgestaltigkeit der sich ergebenden Problemkonstellationen umfassend vorwegnehmen, noch darf sie die Tragfähigkeit der festgeschriebenen Verständigungsbasis überstrapazieren. Juristische Systementwürfe müssen also Raum für konkret-situativ ausgehandelte Lösungen lassen. Die Gerechtigkeitsfrage als Frage nach dem hier und jetzt jeweils Gerechten ist insoweit mit der „ewige(n) Sehnsucht des Menschengeistes nach Einheit und Umspannung“[399] intrinsisch verbunden, ohne darin indes ihre Auflösung finden zu können.

Obschon ein juristisches System demnach letztlich „nur“ auf (inter-) subjektiv konstruierten Vorstellungswelten beruht, innerhalb derer sich unpräzisierbare oder irrationale Größen wie Gefühl, Geschmack, Phantasie oder Gewohnheit nicht ausschalten lassen und für die ein Korrektiv in Gestalt eines „objektiven“ Systems nicht zur Verfügung steht, verkörpert es nicht bloß „subjektive Willkür“. Vielmehr ist zu beachten, dass „Subjektivität“ und „Willkür“ keineswegs gleichbedeutend sind. Dass Systementwürfe beliebigen Inhalts gleichermaßen angemessen und in der Lage sind, Handlungsorientie-

---

[398] Die Kohärenz eines Rechtssystems spielt deshalb nicht nur unter den Gesichtspunkten von Übersichtlichkeit und Arbeitseffektivität eine Rolle, sondern auch für die Akzeptabilität der daraus gewonnenen Lösungen, also als Bestandteil des Rechtssuchens selbst.

[399] Die nach *Hartmann,* Diesseits von Idealismus und Realismus, S. 164, die Systembildung veranlasst.

rung zu gewährleisten und die Gerechtigkeitsvorstellungen der Rechtsadressaten im dazu erforderlichen Umfang zu repräsentieren und zu reproduzieren, darf man aber ebenso bezweifeln wie die Möglichkeit, aus den ihnen zugrunde liegenden Vorstellungen ein Naturrechtssystem zu destillieren. So schwierig es also auch sein mag, die für die Festlegung und Anerkennung rechtlicher Inhalte bestimmenden Faktoren und Mechanismen präzise zu erfassen, so wenig scheint die hier dargelegte Sichtweise andererseits Anlass zu geben, ihr Szenarien von Willkürherrschaft entgegenzuhalten.[400]

b) Bindung und Beweglichkeit im dogmatischen System

VIEHWEG folgend ist also zu konstatieren, dass die Suche nach dem hier und jetzt jeweils Gerechten eine permanente Verständigung erfordert, die eine durchgängige Systematisierung des Rechtsstoffes ausschließt, und doch von der Vorstellung einer Ordnung lebt, die Stabilität und Gewissheit vermittelt. Ein juristisches System muss deshalb eine erhebliche Flexibilität aufweisen, gleichzeitig aber gerade dann, wenn die Logik – meist schon nach wenigen Ableitungsschritten – nicht mehr weiterführt, das Postulat von Ordnung und Einheit aufrechterhalten können. Die strukturellen Anforderungen an das Rechtssystem lassen sich demnach nur unter Berücksichtigung seiner Funktion, Handlungsorientierung und -steuerung zu gewährleisten, angemessen verstehen. Ausgehend von einer solch funktionellen Betrachtungsweise gilt es im Folgenden zu verdeutlichen, welcher Stellenwert dem Rechtssystem, ausgehend von der Konzeption VIEHWEGS, beizumessen und inwieweit diese geeignet ist, den Bindungsanspruch des Rechtssystem zu berücksichtigen. Damit ergibt sich zugleich ein wichtiger Ansatzpunkt für die Frage nach dem von den Kritikern VIEHWEGS eingeforderten spezifisch juristischen Systembegriff:

Soll ein juristischer Systementwurf Handlungsorientierung und -steuerung – also Bindungen – bewirken, muss er dauerhafte Verbindlichkeit

---

400 Das Verständnis sozialer und rechtlicher Konstruktionsprozesse soll nach Viehweg gerade verhindern, dass das positive Recht der Irrationalität verfällt, s. *Viehweg*, Zur Topik, insbesondere auf juristischem Gebiete (1981), in: *ders.*, Rechtsphilosophie und Rhetorische Rechtstheorie, Baden-Baden 1995, S. 210 ff. (213); *ders.*, Reine und Rhetorische Rechtslehre (1981), ebd., S. 214 ff. (216).

erlangen. Wie ausgeführt, lassen sich stabile Systeme aber grundsätzlich nur gewinnen, wenn sich die darin verarbeiteten Erkenntnisse anhand von Kriterien absichern lassen, die einer permanenten Hinterfragung langfristig standhalten. Im Bereich aporetischer Fragestellungen – wie der Gerechtigkeitsfrage – fehlen solche Kriterien indes. Um juristischen Systementwürfen trotzdem die Stabilität zu sichern, die sie benötigen, um dem unabweisbaren praktischen Bedürfnis nach ganzheitlicher Ordnung und Orientierung zu entsprechen, ist es also erforderlich, sie einer permanenten Hinterfragbarkeit zu entziehen. Dies geschieht durch autoritative Festschreibung, d. h. durch Dogmatisierung, und entsprechend lassen sich juristische Systembildungen – wie VIEHWEG in späteren Aufsätzen ausführt – als dogmatische Systeme von wissenschaftlichen (zetetischen) Systemen abgrenzen, die demgegenüber Forschungszwecken dienen und auf Erkenntnisgewinnung angelegt sind.[401] Zugespitzt formuliert verlangt das Erfordernis der Handlungsorientierung für die Jurisprudenz mithin gerade das, was HARTMANN für das philosophische Denken ablehnt, nämlich den Versuch, Probleme unbedingt zur Lösung zu führen und „ihnen auf Grund unbeweisbarer Voraussetzungen die Lösung zu erzwingen“[402]. Jedoch ist die Dogmatisierung im Bereich juristischer Entscheidungen nicht Ausdruck mangelnder intellektueller Redlichkeit, sondern Grundlage dafür, überhaupt die Begründbarkeit und in diesem Sinne die Rationalität von Entscheidungen abzusichern, weil ein wissenschaftliches System, das die Funktionen des dogmatischen Systems unmittelbar selbst erfüllen könnte, nicht zu haben ist.[403] Das Dilemma, dass das dogmatische System seinerseits auf der Metaebene einer Legitimationsbasis bedarf, die unter Voraussetzungen der Säkularisierung wiederum nur ein wissenschaftliches System liefern könnte[404], lässt sich dabei nicht beseitigen, sondern nur handhaben.

Unter diesen Voraussetzungen bleibt die im Rechtssystem postulierte Ordnung wie in jedem dogmatischen System ein Konstrukt, das die Suche nach dem hier und jetzt jeweils Gerechten präformieren, aber nicht ersetzen

---

[401] *Viehweg,* Systemprobleme, S. 101; vgl. *ders.*, Ideologie und Rechtsdogmatik (1969), in: *ders.*, Rechtsphilosophie und Rhetorische Rechtstheorie, Baden-Baden 1995, S. 86 ff.

[402] Vgl. *Hartmann,* Diesseits von Idealismus und Realismus, S. 166: „Diese Metaphysik ist ‚dogmatisch‘.“

[403] *Viehweg,* Systemprobleme, S. 102.

[404] Vgl. *Viehweg,* Systemprobleme, S. 102 f.

kann.[405] Der Gesetzgeber trifft im Gesamtzusammenhang der Wirklichkeit Ordnungsentscheidungen, die als temporäre Antworten die Frage nach Gerechtigkeit strukturieren und präzisieren, aber in ihrer Ausgestaltung von veränderlichen Verständnisvoraussetzungen abhängig bleiben.[406] Entsprechend verlangen die zur Vermittlung von Handlungsorientierung und -steuerung erforderlichen Bindungskräfte des Rechtssystems, dass die darin enthaltenen Festschreibungen situationsbezogene Ausfüllungen und Anpassungen im Wege der Interpretation zulassen, ohne aber generell aufgegeben oder hinterfragt werden zu müssen.[407] Daher kann „die Ableitung, die natürlich bei allem Denken unentbehrlich ist", in der Jurisprudenz keine „führende Rolle" einnehmen; „(a)usschlaggebend ist vielmehr eine besondere Prämissenwahl, die in einem bestimmten Rechtsverständnis im Hinblick auf die Grundaporie erfolgt."[408] Wer dagegen „nicht über eine hinreichende juristische Prämissenkunde verfügt, das heißt, wer nicht gelernt hat, wo im Hinblick auf die Grundaporie im Rahmen eines bestimmten Rechtsverständnisses neue Prämissen eingeschaltet werden müssen und können, sondern sich berechtigt oder womöglich gehalten fühlt, der einmal eingeschlagenen Ableitung unbeirrt zu folgen, der wird in unserer Disziplin kaum Gehör finden"[409].

---

[405] Dazu auch *Norbert Horn,* „Zur Bedeutung der Topiklehre Theodor Viehwegs für eine einheitliche Theorie des juristischen Denkens", in: NJW 1967, S. 601–608, S. 607: Das „notwendige Bestreben nach Verständigung, nach allgemeinen Festlegungen, nach Beherrschung der vielgestaltigen und drängenden Probleme durch das Außer-Frage-Stellen bestimmter Sätze ist eine der maßgeblichen Triebkräfte einer jeden Gesetzgebung. Es kennzeichnet insbesondere auch die neuzeitlichen Kodifikationsbestrebungen. Diese waren freilich von einer Überschätzung der Möglichkeiten legislatorischer Festlegungen begleitet, einer Begeisterung für das eindeutige und perfekte Gesetzeswerk, die heute verflogen ist."

[406] Vgl. bei *Theodor Viehweg,* Topik und Jurisprudenz, Ein Beitrag zur rechtswissenschaftlichen Grundlagenforschung, 5. Aufl., München 1974, S. 99 ff., die Bezugnahme auf *v. Hippel,* Zur Gesetzmäßigkeit, der das Rechtssystem als Gefüge von Antworten auffasst, das beanspruchen müsse, auf die Gerechtigkeitsfrage zu antworten und insoweit stets historische Aufgabe bleibe. Diese Trennung zwischen Problem- und Antwortseite als Ansatzpunkt für eine rechtliche Systematik findet sich auch schon bei *Salomon,* Grundlegung zur Rechtsphilosophie, 2. Aufl., Berlin 1925, S. 26 ff., 54 ff. Salomon tendiert allerdings dazu, der Problematik eine gleichsam ontologisch vorgegebene Struktur beizumessen; vgl. dazu *Jürgen Blühdorn,* „Zum ‚Problemdenken' und seiner Funktion in der Rechtsfindungslehre", in: JbRSoz, Bd. II, Düsseldorf 1972, S. 447–465, S. 462 ff. Hiervon ist der viehwegsche Ansatz abzugrenzen.

[407] Ähnlich *Garrn,* Rechtsproblem, S. 18.

[408] *Theodor Viehweg,* Topik und Jurisprudenz, Ein Beitrag zur rechtswissenschaftlichen Grundlagenforschung, 5. Aufl., München 1974, S. 104.

[409] *Theodor Viehweg,* Topik und Jurisprudenz, Ein Beitrag zur rechtswissenschaftlichen Grundlagenforschung, 5. Aufl., München 1974, S. 105; insoweit auch *Ludwig Raiser,* „Rechtswissenschaft und Rechtspraxis", in: NJW 1964, S. 1201–1208, S. 1208: „Juristen tragen eine gemeinsame Verantwortung dafür, daß die *(→)*

Eine Entwertung der positiven Rechtsordnung wird durch die VIEHWEGsche Konzeption damit weder intendiert noch impliziert, und sie läuft auch nicht auf eine Auflösung andernfalls bestehender rechtsstaatlicher Bindungen hinaus. Denn die Bindungskräfte eines dogmatischen Systems können sich immer erst im Zusammenspiel mit einem topischproblemorientierten Denken entfalten, weil die Topik die geschmeidige Anpassung und situative Fortbildung der Begriffe und Sätze des Systems steuert und zu einer kontinuierlichen Verständigung über die vorstellungsmäßigen Grenzen und Kriterien der Problemlösungen verhilft. Indem die Topik hierzu an latente (inter-) subjektive Ordnungsvorstellungswelten anknüpft und appelliert, wirkt sie gleichzeitig – und dies ist entscheidend – auch konkretisierend und bestätigend auf diese zurück. Die so erzielte und permanent fortzuschreibende Verständigungsbasis macht die Überzeugungskraft der topischen Problemlösung aus und kann nicht ohne Verlust des „Beweisverständnisses" überschritten werden.[410] Also ermöglicht die Topik eine Berücksichtigung neuer Gesichtpunkte nur, wenn und soweit sie vor dem Hintergrund etablierter Lösungshorizonte sachgerecht scheinen.

Hervorzuheben gilt es allerdings, dass demzufolge die Bindungskräfte des juristischen Denkens über weite Strecken faktischer Art sind. Weil die Bestandteile des Rechtssystems zwar einen Ausgangs- und Anhaltspunkt der Suche nach dem jeweils Gerechten bilden, das Ergebnis dieser Suche aber nicht logisch determinieren können, sind es die Grenzen der topisch vermittelten Verständigungsbasis, die etwa bestimmen, wie weit die Interpretierbarkeit eines Begriffs reicht, ob eine berichtigende Auslegung geboten erscheint, eine Regelungslücke eine Analogie zu rechtfertigen vermag usw. Diese Bindungskräfte entfalten sich grundsätzlich unabhängig davon, wie eine Denkweise deklariert oder welche Methodik darin postuliert wird. So mögen zwar etwa

---

rechtliche Ordnung in den verschiedenen Gemeinschaften, in denen wir stehen, verwirklicht, aufrechterhalten und den sich wandelnden Lebensverhältnissen und gemeinsamen Wertvorstellungen angepaßt wird. (...) Theorien der Doktrin oder Problemlösungen der Judikatur, auch wenn sie zur ‚herrschenden Meinung' und zur ‚ständigen Rechtsprechung' geworden sind, können sich auf die Dauer doch nur behaupten und in den festen Bestand des positiven Rechts eingehen, wenn sie auch die Zustimmung des kritischen Gegenübers finden'.

[410] Vgl. *Theodor Viehweg*, Topik und Jurisprudenz, Ein Beitrag zur rechtswissenschaftlichen Grundlagenforschung, 5. Aufl., München 1974, S. 41 f.

Forderungen nach strikter Systembindung das Bild und Selbstverständnis der Jurisprudenz sowie das Rechtsverständnis der Entscheider beeinflussen. Dies führt aber nicht zu einer Stärkung der logischen (oder etwa teleologischen) Bindungen und verhilft dem Systemdenken nicht zur führenden Rolle, sondern verleiht lediglich dem „Systemargument", das selbst als Topos fungiert, ein besonderes Gewicht.

In Anbetracht dessen darf die relative faktische Bindungskraft, die ein einmal etablierter Systementwurf – bei latentem Einfluss der Topik und damit permanenter Rückbindung an den Problembereich – tatsächlich zu entfalten vermag, nicht mit der (absoluten) normativen Bindungskraft identifiziert werden, die dieser Systementwurf etwa beanspruchen oder die ihm beigemessen werden mag. Umgekehrt führt ein topisches Rechtsverständnis, das keine vergleichbar weitgehenden normativen Ansprüche erhebt, auch nicht zur Auflösung der bestehenden Bindungen und der doch immerhin relativen Gleichförmigkeit und Konsistenz der Rechtspraxis. Vielmehr sind System- und Problemorientierung in gegenseitiger Beschränkung und Ergänzung an der Rechtsfindung beteiligt. Der Einfluss der Topik, die gleichsam zwischen Systemerfordernissen und Problemerfordernissen vermittelt, erweist sich daher zugleich als Bedingung wie Grenze juristischer Systembildung wie -bindung.

c) Nachträgliche Revidierung seiner Ausgangskonzeption durch Viehweg?

Den vorstehenden Ausführungen gemäß vermag der Begriff des dogmatischen Systems den Systembezug des juristischen Denkens und zugleich dessen topisch-problemorientierte Struktur zu erfassen. Wie bereits erwähnt, hat VIEHWEG seine Vorstellung von einem dogmatischen System allerdings erst geraume Zeit nach dem Erscheinen von „Topik und Jurisprudenz" entwickelt. Deshalb wird darin teilweise eine Relativierung und Richtigstellung der ursprünglich in „Topik und Jurisprudenz" entwickelten Konzeption gesehen, d. h. das erst nachträgliche Eingeständnis, dass eine vollkommene Verwerfung systematischer Komponenten in der Rechtswissenschaft zu weit gehe.[411] Nach

---

[411] Vgl. *Klaus Rehbock,* Topik und Recht. Eine Standortanalyse unter besonderer Berücksichtigung der aristotelischen Topik, München 1988, S. 12 f.; *Arno Bokeloh,* Der Beitrag der Topik zur Rechtsgewinnung, Göt- *(→)*

hier vertretener Auffassung handelt es sich demgegenüber nicht um eine Zurücknahme früherer Überlegungen, sondern vor allem um eine Klarstellung und Weiterführung, so dass es aus Gründen der besseren Verständlichkeit zweckmäßig und im Anschluss an die zu „Topik und Jurisprudenz" ausgeführten Überlegungen gerechtfertigt erscheint, den Gesichtspunkt des dogmatischen Systems – wie geschehen – im unmittelbaren Zusammenhang mit dem ursprünglichen Ansatz zu berücksichtigen. Hinsichtlich der Annahme einer nachträglichen Relativierung seiner Ausgangskonzeption durch VIEHWEG ist im Übrigen Folgendes festzuhalten:

Wie bereits im Rahmen der Analyse der Unterscheidung zwischen Problem- und Systemdenken dargelegt wurde, dient VIEHWEG diese Differenzierung vor allem dazu, die Struktur des juristischen Denkens in bewusster Kontrastierung zum deduktiv-systematischen Denken im Sinne der Annäherungsthese herauszuarbeiten und zugleich zu verdeutlichen, „daß die Terminologie wissenschaftstheoretischer Art auf unserem Gebiet nicht selten in eine falsche Richtung zeigt"[412]. Die Berechtigung dieses Anliegens wird im Hinblick auf die Terminologie von KRIELE und CANARIS bestätigt. Deren Forderung nach einem spezifisch juristischen Systembegriff – die zudem erst auf Grundlage von und in Auseinandersetzung mit dem Ansatz VIEHWEGS ihre dezidierte Formulierung gefunden hat – vermögen KRIELE und CANARIS innerhalb ihrer eigenen Konzeptionen selbst nicht befriedigend zu erfüllen, weil sie gerade an der Abgrenzung zum deduktiv-systematischen Denken scheitern. Ungeachtet dessen ist den Kritikern von „Topik und Jurisprudenz" allerdings einzuräumen, dass diese Forderung insofern Unterstützung verdient, als der Verbindlichkeitsanspruch des positiven Rechts durch eine Kennzeichnung als „differenzierter Topoikatalog" nicht hinreichend zum Ausdruck gelangt. Und insofern mag man die späteren Ausführungen VIEHWEGS zum Begriff des dogmatischen Systems als Antwort auf diese Forderung auffassen.

---

tingen 1973, S. 9; *Claus-Wilhelm Canaris,* Systemdenken und Systembegriff in der Jurisprudenz: entwickelt am Beispiel des deutschen Privatrechts, 2. Aufl. Berlin 1983, S. 135 Fn. 1a. Vgl. auch Viehwegs eigenen Hinweis auf die fraglichen Aufsätze im Vorwort zur 4. Auflage von „Topik und Jurisprudenz", 1969 (abgedruckt in der 5. Auflage, S. 9), die m. E. nicht als Widerruf gedeutet werden kann.

[412] *Theodor Viehweg,* Topik und Jurisprudenz, Ein Beitrag zur rechtswissenschaftlichen Grundlagenforschung, 5. Aufl., München 1974, 109.

Eine Angleichung an das Verständnis von KRIELE oder CANARIS oder ein Zugeständnis an deren Kritik liegt darin jedoch nicht. Tatsächlich führt VIEHWEG die Einordnung des juristischen Denkens als Problemdenken (im weiteren Sinne) bereits in „Topik und Jurisprudenz" zu der Frage, welche Konsequenzen sich daraus für die Systematik des positiven Rechts ergeben. Insoweit geht VIEHWEG auch keineswegs davon aus, dass der Begriff des Systems notwendigerweise auf deduktive Systeme zu beschränken sei, sondern er spricht insofern von einem „System im weiteren Sinne"[413]. Für den Bereich des Privatrechts sieht er Ansatzpunkte für ein entsprechendes Verständnis in den Entwürfen von Fritz VON HIPPEL und Walter WILBURG.[414] Beide Autoren beschäftigen sich in den von VIEHWEG in „Topik und Jurisprudenz" zitierten Schriften mit der Frage, wie sich der Gerechtigkeitsanspruch als Bedingung eines jeden Rechtssystems auf dessen Struktur auswirkt bzw. wie er sich darin umsetzen und fördern lässt. Bei VON HIPPEL interessiert VIEHWEG der Gedanke, der Aufbau des Privatrechts sei „gleichbedeutend mit dem Zwang zu positiver Beantwortung der immanenten Dauerfragen, mit deren Regelung sich für unseren Stern eine solche Organisationsform erst verwirklicht"[415]. Im Hinblick auf WILBURG hebt VIEHWEG dessen Überlegung hervor, dass die Verabsolutierung einzelner Prinzipien die Rechtssuche behindere und nur ein System, das ein bewegliches Zusammenspiel verschiedener Gesichtspunkte erlaube, alle denkbaren Fälle in ihrer Eigenart zu erfassen vermöge.[416] In beiden Konzeptionen findet er den Gedanken wieder, dass die „Gesamtstruktur der Jurisprudenz (...) nur vom Problem bestimmt werden" könne.[417] Entspre-

---

[413] Vgl. *Theodor Viehweg,* Topik und Jurisprudenz, Ein Beitrag zur rechtswissenschaftlichen Grundlagenforschung, 5. Aufl., München 1974, S. 99.

[414] *Uwe Diederichsen,* „Topisches und systematisches Denken in der Jurisprudenz", in: NJW 1966, S. 697–705, S. 698 f., weist darauf hin, dass für diese Autoren „die Verbindlichkeit des Systemgedankens selbstverständlich" sei und findet es deshalb befremdlich, „wenn Viehweg zum Beweis für seine These, daß zwischen den Begriffen und Sätzen der Jurisprudenz keine Verbindungen bestehen außer denen, die der jeweilige Problembezug mit sich bringt, ausgerechnet auf Fritz von Hippel und Walter Wilburg Bezug nimmt." Tatsächlich zeigt diese Bezugnahme, dass auch Viehweg den „Systemgedanken" nicht per se abweist.

[415] *Von Hippel,* Zur Gesetzmäßigkeit, S. 2 f.

[416] Vgl. *Theodor Viehweg,* Topik und Jurisprudenz, Ein Beitrag zur rechtswissenschaftlichen Grundlagenforschung, 5. Aufl., München 1974, S. 105 ff.; Wilburg, Entwicklung eines beweglichen Systems, insbes. S. 6, 14.

[417] *Theodor Viehweg,* Topik und Jurisprudenz, Ein Beitrag zur rechtswissenschaftlichen Grundlagenforschung, 5. Aufl., München 1974, S. 100, 109.

chend stellt VIEHWEG fest, „daß in der Grundaporie das einheitsstiftende Moment unserer Disziplin liegt; und es ist schwer einzusehen, wo sonst überhaupt eine sinnvolle Einheit auffindbar sein soll. (...) Es wird ersichtlich, daß alle Bestandteile des Rechtssuchens notwendigerweise unselbständig bleiben müssen, und daß es daher unerlaubt ist, den Versuch zu machen, sie vom Problemgrund loszulösen, um sie alsdann in einem isolierten Zustand in sich zu ordnen."[418]

Die zumindest temporär außer Frage gestellten Begriffe und Sätze des positiven Rechts dienen also einerseits dazu, der permanenten Rechtssuche Orientierung und Kontinuität zu verleihen, andererseits konkretisiert und manifestiert sich ihre Bedeutung immer erst im Hinblick auf die Frage nach dem hier und jetzt jeweils Gerechten im realen Rechtsgeschehen. Ihre inhaltliche Reichweite und ihr Verhältnis zueinander lassen sich demnach nicht eindeutig definieren und festlegen; vielmehr ist es nach VIEHWEG die Ausrichtung an der Grundaporie, die ihren inneren Zusammenhang und ihre Zugehörigkeit zu einem „System im weiteren Sinne" begründet. VIEHWEGS spätere und prägnantere Kennzeichnung als dogmatisches System macht diese ursprüngliche Rekonstruktion nun aber ersichtlich nicht hinfällig, sondern baut darauf auf. Entsprechend ändert die funktionelle Betrachtung als dogmatisches System auch nichts an den strukturellen Erfordernisse, die VIEHWEG in „Topik und Jurisprudenz" im Hinblick auf die Begriffe und Sätze des positiven Rechts formuliert: Diese müssen zweckmäßigerweise auf ein problemorientiertes Denken und das topisch vermittelte Zusammenspiel von Bindung und Beweglichkeit zugeschnitten bleiben.

d) Konsequenzen für einen spezifisch juristischen Systembegriff

Ausgehend vom Ansatz VIEHWEGS und korrespondierend zu dessen Kennzeichnung der Jurisprudenz als Problemdenken (im weiteren Sinne) gelangt man nach allem zu einem juristischen Systembegriff, wonach sich das Rechtssystem funktionell als dogmatisches System darstellt, das strukturell auf eine

[418] *Theodor Viehweg,* Topik und Jurisprudenz, Ein Beitrag zur rechtswissenschaftlichen Grundlagenforschung, 5. Aufl., München 1974, S. 100.

latente Wirksamkeit der Topik ausgelegt ist. Ein solcher Systembegriff scheint als spezifisch juristischer Systembegriff insofern zweckmäßig, als er die besondere Verflochtenheit systematisch-deduktiver und topisch-inventiver Momente eines handlungsbezogenen Denkens im Bereich der Gerechtigkeitsfrage als Grundaporie erfasst[419], und damit den Unterschied zu Systemen mit wissenschaftlicher Funktion, denen der Anspruch auf eine durchgängig deduktive Struktur immanent ist, sichtbar werden lässt. Er zielt also, anders als normative Systembegriffe, nicht auf die Behauptung von oder die Anleitung zu systematischer Folgerichtigkeit (sei es logischer oder „teleologischer"), sondern primär auf die Beschreibung und Erklärung systemischer Funktionalität.[420] Dieser Systembegriff leugnet oder untergräbt den immanenten normativen Anspruch nicht, den das Rechtssystem im Hinblick auf seine innere Folgerichtigkeit und auf seine anwendungsbezogene Verbindlichkeit erhebt, sondern will ihn vielmehr in seiner tatsächlichen Bedingtheit verstanden wissen.[421]

Dem so verstandenen Ansatz VIEHWEGS kann auch nicht entgegengehalten werden, dass die Kennzeichnung der Jurisprudenz als topisches Denken dem juristischen Selbstverständnis nicht gerecht werde. In diesem Sinne betont etwa DIEDERICHSEN, „daß das Selbstverständnis der Rechtswissenschaft bisher fast durchgängig die systematische Struktur unserer Disziplin vorausgesetzt" habe.[422] Ähnlich hebt CANARIS hervor, dass das juristische Selbstverständnis, das zugleich ein Indiz für die Struktur der Rechtsordnung als Gegenstand der Jurisprudenz bilde, vom Systemgedanken geprägt sei.[423] Demgegenüber ist indes zu berücksichtigen, dass allein der Hinweis auf das juristische Selbstverständnis – auch wenn man diesem eine gewisse Indizwir-

---

[419] Vgl. *Garrn,* Rechtsproblem, S. 17 f..

[420] S. auch *Garrn,* Rechtsproblem, S. 20, 28 f; vgl. ferner *Ballweg,* Rechtswissenschaft, S. 66 f., 77 ff., 83 ff., der sich an der Systemtheorie orientiert und ein kybernetisches Modell des Systems der Jurisprudenz entwickelt.

[421] *Garrn,* Rechtsproblem, S. 28 ff., spricht von einem „unentwegte(n) Suchen nach systematischer Stimmigkeit", dem die Wandelbarkeit der Rechtssätze sowie die „Disparität zwischen Problemvielfalt und Systemkapazität" entgegensteht.

[422] *Uwe Diederichsen,* „Topisches und systematisches Denken in der Jurisprudenz", in: NJW 1966, S. 697–705, S. 699.

[423] *Claus-Wilhelm Canaris,* Systemdenken und Systembegriff in der Jurisprudenz: entwickelt am Beispiel des deutschen Privatrechts, 2. Aufl. Berlin 1983, S. 15.

kung beimessen will – die analytische Rekonstruktion des juristischen Denkens und seiner Voraussetzungen weder ersetzen noch widerlegen kann. Wie gezeigt, haben DIEDERICHSEN und CANARIS den Feststellungen VIEHWEGS in analytischer Hinsicht aber wenig entgegenzuhalten. Ein Einwand gegen VIEHWEG ließe sich daher allenfalls dann begründen, wenn das von CANARIS und DIEDERICHSEN im Kern wohl zutreffend beschriebene juristische Selbstverständnis ausgehend von VIEHWEGS Ansatz nicht zu erklären wäre. Das ist jedoch nicht der Fall.

Insofern ist zunächst darauf hinzuweisen, dass entgegen dem Vorwurf der „Systemfeindlichkeit" auch nach VIEHWEG das positive Rechtssystem – als dogmatisches System – den maßgeblichen Ausgangs- und Anknüpfungspunkt im Prozess der rechtlichen Entscheidungsfindung. Die Effektivität eines dogmatischen Systems und die Leistung der Praxis liegen nach VIEHWEG eben darin, angemessene Ergebnisse unter Rückbindung an das System zu gewährleisten. Der angestrebte und zu wahrende Systembezug rechtlicher Entscheidungen ergibt sich dabei nicht von selbst, indem man die Lösung ohne Weiteres aus dem System ableitet, sondern es bedarf regelmäßig eines nicht unerheblichen Argumentations- und Begründungsaufwandes, um diesen Systembezug auszuweisen. Soweit also die Praktiker in der Selbsteinschätzung ihrer Tätigkeit dem Systembezug einen besonderen Stellenwert einräumen, steht dies mit VIEHWEGS Verständnis grundsätzlich durchaus im Einklang. Ein Gegensatz zum juristischen Selbstverständnis ergibt sich erst insofern, als eine zwingende logische (oder teleologische) Systembindung angenommen oder behauptet und in diesem Sinne eine Einordnung als Systemdenken verlangt wird. Auch das ist aber nicht überraschend. Vielmehr entspricht ein solches Selbstverständnis den offiziellen Vorgaben und Rollenerwartungen, wie sie etwa von CANARIS und DIEDERICHSEN gepflegt werden. Zugleich spiegelt sich darin die funktionelle Anforderung eines dogmatischen Systems wider, die Differenz zwischen Problemvielfalt und Systemkapazität latent zu halten.[424]

---

[424] Dazu auch *Launhardt,* Methodenlehre aus rechtsrhetorischer Perspektive: Abschied von der Normativität?, Rechtstheorie 32 (2001), 141 ff. (155 ff.).

Insgesamt ist festzuhalten, dass VIEHWEGS Einordnung der Jurisprudenz als Problemdenken (im weiteren Sinne), das sich durch eine latente Wirksamkeit der Topik kennzeichnet, nach wie vor eine hohe Plausibilität für sich in Anspruch nehmen kann. Entgegen dem wohl vorherrschenden Verständnis schließlich wird VIEHWEGS Ansatz auch nicht durch das formelkompromisshaft anmutende Zugeständnis obsolet, dass das juristische Denken als Denken im „offenen" System zwar gewisse topische Elemente aufweise, die aber nicht verabsolutiert werden dürften. Dies vermeintliche Zugeständnis geht an VIEHWEG vorbei, weil er eine derartige Verabsolutierung nie vorgenommen hat, und entsprechend hat die Postulierung eines „offenen" juristischen Systems durch KRIELE und andere die „Topik-Debatte" zwar vordergründig zu einem Abschluss gebracht, die eigentlichen Implikationen und Probleme des Ansatzes VIEHWEGS aber verfehlt.

Ein solches Problem bildet etwa die Frage, ob sich aus der VIEHWEGschen Einordnung des juristischen Denkens und seiner Deutung des Rechtssystems als dogmatischem System für die Beurteilung der geltenden Rechtsordnung Konsequenzen ergeben und welche Konsequenzen dies ggf. sind. Wie weit kann danach die Regelungsdichte und der Ordnungsgrad des dogmatischen Systems reichen, um die Ziele von Handlungssicherheit und -steuerung optimal zu verwirklichen, ohne aber den konkreten Problembezug ungebührlich zu behindern? Sind die von VIEHWEG benannten unvermeidlichen Einbruchsstellen der Topik, insbesondere der Gebrauch der natürlichen Sprache, bereits ausreichende Gewährleistungen der erforderlichen Flexibilität, oder besteht konkreter Handlungsbedarf, weil namentlich die von VIEHWEG ins Auge gefasste Zivilrechtsordnung an hinderlichen Erstarrungen leidet, die es zu beseitigen gilt?

VIEHWEGS Hinweis auf den Modellcharakter des WILBURGschen Vorschlags zur Entwicklung eines beweglichen Systems im bürgerlichen Recht, mit dem der Kerngedankengang in „Topik und Jurisprudenz" schließt[425], ist nicht ausreichend, um darüber letzte Klarheit zu vermitteln, gibt aber eine Richtung an. WILBURG selbst betrachtet ihn lediglich als Anfang und Anstoss

---

[425] *Theodor Viehweg,* Topik und Jurisprudenz, Ein Beitrag zur rechtswissenschaftlichen Grundlagenforschung, 5. Aufl., München 1974, S. 110.

für weitere Überlegungen.[426] Zugleich macht er deutlich, dass er seinem Anliegen, „das System des Privatrechts so zu gestalten, daß es ohne Verlust seines inneren Haltes die Eignung erlangt, die vielfältigen Kräfte des Lebens in sich aufzunehmen", „zunächst dogmatische Bedeutung" beimisst, und erst in zweiter Linie an eine entsprechende Gesetzestechnik denkt.[427] Zugunsten einer höheren Elastizität von Gesetzen merkt er dabei an, dass diese nur scheinbar die Verantwortung des Richters erhöhe, denn der Stand des Richters sei anderenfalls noch viel schwerer, nämlich „wenn er Grundsätze anwenden soll, die zu unannehmbaren Konsequenzen führen. (...) Oft müssen Künste der Auslegung, die eine versteckte Korrektur des Gesetzes sind, oder Gewaltmittel der Sachverhaltsfeststellung zu diesem Zwecke helfen."[428]

In diesem Sinne muss auch VIEHWEG verstanden werden: Sein Ziel ist zunächst ein vertieftes Verständnis der tatsächlichen Anforderungen und Restriktionen der Jurisprudenz, verbunden mit dem insbesondere an die Rechtswissenschaft gerichteten Appell, diese Anforderungen im Hinblick auf das geltende Recht zu berücksichtigen und im Bereich der Dogmatik wie der Methodik auf unrealistische Gewissheitserwartungen, wie sie sich mit dem Streben nach zunehmender Exaktheit und Technizität verbinden, zu verzichten. Vor allem aber sieht VIEHWEG in dieser Richtung noch erheblichen Forschungsbedarf. Danach liegt die Aufgabe der Rechtswissenschaft darin, die Jurisprudenz als Stil selbst zum Gegenstand wissenschaftlicher Untersuchungen zu machen, um die Prozesse des unablässigen Suchens nach dem jeweilig Gerechten, aus dem das positive Recht erst entspringt, und das sich anhand des positiven Rechts fortsetzt, weiter aufzuklären.[429]

Korrespondierend dazu bedarf es nach VIEHWEG der Rechtstheorie als einer „konzise(n) Theorie der im weitesten Sinne verstandenen Praxis", die er

---

[426] Vgl. *Wilburg,* Entwicklung eines beweglichen Systems, S. 3, 22.

[427] *Wilburg,* Entwicklung eines beweglichen Systems, S. 22.

[428] *Wilburg,* Entwicklung eines beweglichen Systems, S. 23.

[429] Vgl. *Theodor Viehweg,* Topik und Jurisprudenz, Ein Beitrag zur rechtswissenschaftlichen Grundlagenforschung, 5. Aufl., München 1974, S. 77, 81, 93.

erst in Ansätzen sieht.[430] Aber nicht nur deshalb hält sich VIEHWEG mit konkreten Forderungen für etwaige Umgestaltungen des Rechtssystems zurück. Die behutsame Flexibilisierung, die ihm offenbar vorschwebt, zielt im Kern gerade nicht auf eine Umstrukturierung, sondern darauf, die die Rechtsfindung ohnedies leitenden Prozesse zur ungestörten Wirksamkeit zu bringen. Das Zusammenspiel von Topik und Systematik, von Tendenzen zur Lockerung und zur Festigung rechtlicher Strukturen scheint insoweit einer Eigendynamik zu folgen, die gestört werden kann, aber letztlich in ständiger Anpassung an sich wandelnde gesellschaftliche Bedürfnisse und Befindlichkeiten doch ihr eigenes Gleichgewicht sucht. Entsprechende Entwicklungen müssen dabei keineswegs das Banner der Topik vor sich her tragen. So ließe sich etwa auf die in jüngster Zeit erfolgte Neuordnung des Rechts der Leistungsstörungen im Rahmen der Schuldrechtsreform verweisen, die nicht nur dazu geführt hat, dass der Begriff der „Unmöglichkeit" seine zentrale Stellung an den viel weiteren der „Pflichtverletzung" abtreten musste, sondern auch zu einer Vielzahl von Verweisen auf die Berücksichtigungsfähigkeit besonderer Umstände, der beiderseitigen Interessen, der Zumutbarkeit oder Billigkeit.[431] Man könnte hierin durchaus eine Befreiung von verfehlten oder nicht mehr zeitgemäßen, den Problembezug störenden systematischen Fixierungen sehen, die allerdings auch neue Unsicherheiten geschaffen hat, welche durch allmählich nachwachsende Dogmatisierungen wieder behoben werden.

Entsprechende Überlegungen sind hier indes nicht weiter zu verfolgen. Vielmehr gilt es den Blick nun darauf zu richten, wie VIEHWEG selbst und andere, ihm nahestehende Autoren den topischen Ansatz auch jenseits breit geführter Debatten fortgeführt haben.

---

[430] *Theodor Viehweg,* Topik und Jurisprudenz, Ein Beitrag zur rechtswissenschaftlichen Grundlagenforschung, 5. Aufl., München 1974, S. 93; uum Praxisbezug *Arno Bokeloh,* Der Beitrag der Topik zur Rechtsgewinnung, Göttingen 1973, S. 99 ff.; s. auch schon Fn. 13.

[431] Vgl. etwa §§ 275 IV, 281 II, 284, 286 II Nr. 4 BGB (n. F.).

2. Teil: Von der Topik zur Rhetorischen Rechtstheorie

I. Entfaltung der Rechtsrhetorik in Viehwegs späteren Schriften

VIEHWEG hat seine bereits in „Topik und Jurisprudenz" angestellten Überlegungen später in zahlreichen kleineren Schriften fortgeführt. Sie behandeln vor allem zwei Themenbereiche, nämlich *das Verhältnis der Rechtsphilosophie zur Rechtswissenschaft und zur Rechtsdogmatik* und die *argumentative Struktur eines entscheidungsbezogenen juristischen Denkens*. Sie bilden den Gegenstand dieses Kapitels. Die sprachtheoretischen Überlegungen, die VIEHWEG im Hinblick auf den zweiten Themenbereich anstellt, genauer: die Verbindung von Rhetorik und Semiotik, bilden zugleich den Hauptanknüpfungspunkt für die Arbeiten späterer Autoren, die in der Tradition VIEHWEGS stehen („Mainzer Schule"). Vorrangig konzentrieren sich diese Autoren wie auch VIEHWEG auf die Aufklärung rechtlicher *Herstellungsprozesse* (BALLWEG, SCHRECKENBERGER, SEIBERT, RODINGEN); in den Arbeiten von SOBOTA rückt dann der *Darstellungsaspekt* in den Vordergrund. Von diesen Ansätzen handelt Kapitel II. Um den Stand der Rhetorischen Rechtstheorie und ihre Stellung in der aktuellen Debatte geht es ausgehend davon schließlich in Kapitel III.

1. Das Verhältnis von Rechtsphilosophie, Rechtswissenschaft und Rechtsdogmatik

a) Dogmatisches Meinungsdenken und zetetisches Forschungsdenken

Eine Klärung der Aufgaben von und der Zusammenhänge zwischen *Rechtsphilosophie, Rechtswissenschaft* und *Rechtsdogmatik* bildet insbesondere für den späteren VIEHWEG ein wichtiges Anliegen. Die bereits in „Topik und Jurisprudenz" formulierte These, dass die Jurisprudenz als besonderes Verfahren der Problemerörterung aufzufassen und als solches zum Gegenstand rechtswissenschaftlicher Forschung zu machen sei, findet damit eine Präzisierung und wird zugleich in einen größeren Rahmen gestellt.

Als Ausgangspunkt für seine Dreiteilung[432] der Rechtsdisziplin erweist sich dabei wie schon in „Topik und Jurisprudenz“ eine Differenzierung unterschiedlicher Denkweisen, die allerdings gegenüber derjenigen zwischen Problem- und Systemdenken eine veränderte Akzentsetzung aufweist. In „Topik und Jurisprudenz“ zielt die Gegenüberstellung von Problem- und Systemdenken (im weiteren Sinne) primär darauf, die *strukturellen* Unterschiede dieser Denkweisen sichtbar zu machen und im Hinblick auf die verschiedenartige Beschaffenheit der ihnen jeweils zugrunde liegenden *Gegenstandsbereiche* zu erklären. Dagegen tritt später die Unterscheidung zwischen *dogmatischem* Denken oder *Meinungsdenken* einerseits und *zetetischem* Denken oder *Forschungsdenken* andererseits in den Vordergrund[433]; zu deren Abgrenzung setzt VIEHWEG primär bei der *funktionellen* Ausrichtung der Denkweisen an[434].

Das Meinungsdenken charakterisiert VIEHWEG dahingehend, „daß es an einer fixierten Meinung (Dogma oder Dogmata) festhält, sie einerseits *außer Frage* stellt und andererseits in vielfältiger Weise ausdenkt. Auf dem Felde des Rechts geschieht das mit dem Ziele, in einer mehr oder weniger großen sozialen Gruppe ein möglichst störungsfreies, rechtliches Verhalten zu bewirken, sowie Störungen dieses Verhaltens angemessen zu beseitigen. Das rechtsdogmatische Denken hat also primär eine näher angebbare *soziale Funktion* (…) (D)iese Funktion strukturiert dieses Denken und determiniert es in seinem Fortgang.“[435] Im Gegensatz dazu hat das Forschungsdenken nach VIEHWEG eine primär *kognitive Funktion*, durch die es strukturiert und determiniert wird: „Das Forschungsdenken ist *tentativ*. Es entwirft seine Prämissen

---

[432] Viehweg spielt insoweit auf die Aufgliederung einer „vollständigen Rechtswissenschaft“ in drei Unterdisziplinen an, vgl. *Viehweg*, Ideologie und Rechtsdogmatik, S. 87, unter Hinweis auf *G. Hugo*, Lehrbuch eines civilistischen Cursus. Erster Band, welcher die Juristische Encyclopädie enthält, 2. Aufl. 1799 (1. Aufl. 1792), § 16.

[433] Die Unterscheidung zwischen Dogmatik und Zetetik geht zurück auf die griechische Skepsis, vgl. *Ballweg*, Rechtswissenschaft, S. 15 m. w. N.

[434] Siehe insbes. *Viehweg*, Zur Geisteswissenschaftlichkeit der Rechtsdisziplin (1958), in: *ders.*, Rechtsphilosophie und Rhetorische Rechtstheorie, Baden-Baden 1995, S. 23 ff.; *ders.*, Systemprobleme, S. 97 ff.; *ders.*, Ideologie und Rechtsdogmatik, S. 86 ff.

[435] *Viehweg*, Ideologie und Rechtsdogmatik, S. 87; vgl. auch *ders.*, Some Considerations Concerning Legal Reasoning (1969), in: *ders.*, Rechtsphilosophie und Rhetorische Rechtstheorie, Baden-Baden 1995, S. 107 ff.; *ders.*, Zur Geisteswissenschaftlichkeit, S. 24: „Wir nennen das dogmatische Denken Meinungsdenken, weil es sich zum Ziele setzt, eine wie auch immer mit Autorität ausgestattete Meinung auszudenken.“

versuchsweise, ändert sie ab und nimmt sie notfalls wieder zurück."[436] Demgemäß spricht VIEHWEG von *Dogmatikbereichen*, wo einmal gewonnene Antworten der Fraglichkeit entzogen und jedenfalls für eine bestimmte Zeit absolut gesetzt werden, und von *Forschungsbereichen*, wo auch Grundannahmen und Schlüsselbegriffe einen stets hypothetischen und angreifbaren Charakter behalten.[437]

Korrespondierend zur Unterscheidung zwischen dogmatischem und zetetischem Denken differenziert VIEHWEG zwischen *Systemen* mit *dogmatischen bzw. zetetischen Funktion.* Erläuternd stellt er dazu fest: „Die funktionell geschiedenen Systeme können nun, was leicht ersichtlich ist, wiederum unterschiedliche Strukturen aufweisen. Man kann insbesondere *serielle, deduktive, kybernetische, neuzeitlich-dialektische* und *klassischdialektische* Systeme strukturell unterscheiden."[438] Obwohl all diese Strukturen laut VIEHWEG grundsätzlich sowohl im Bereich der Dogmatik wie auch der Forschung auftreten können, sind sie nicht in gleicher Weise geeignet, die jeweilige Systemfunktion zu erfüllen. Danach entspricht der dogmatischen Funktion eines Systems eine *klassisch-dialektische* bzw. *topische* Struktur am besten. Das topische System „stammt aus der Rhetorik, bleibt ihr strukturell verbunden und beschränkt sich darauf, ein Argumentationssystem zu sein. Es ist problemorientiert, d. h. ein nach Problemen geordnetes Ganzes. Es bietet zur Lösung seiner Problematik sowohl auf dem Felde der Forschung als auch auf dem der Dogmatik die Zusammenstellung von Gesichtspunkten (Topoi). Das *topische System* ist ersichtlich in dauernder Bewegung, und seine jeweilige Formulierung gibt lediglich eine Argumentationsetappe im Umgang mit der aufgezeigten Problematik an. (...) Werden bestimmte Problembeantwortungen der weiteren Erörterung entzogen, entsteht (...) aus einem zetetischen System ein dogmatisches System mit direktiver Wirkung."[439]

---

436 *Viehweg,* Ideologie und Rechtsdogmatik, S. 88.

437 Vgl. *Viehweg,* Systemprobleme, S. 100.

438 *Viehweg,* Systemprobleme, S. 103, unter Hinweis auf *A. Diemer,* Grundriß der Philosophie, Meisenheim 1964, Bd. II, S. 92 ff.

439 *Viehweg,* Systemprobleme, S. 106.

Ein entscheidender Vorteil der neu akzentuierten Einteilung VIEHWEGS liegt – wie bereits an anderer Stelle angesprochen – darin, dass sie keinen Raum mehr für die Fehldeutung lässt, VIEHWEG schließe für den Bereich der Jurisprudenz schlechthin jede Systembildung aus oder verkenne, dass der Begriff des „Systems" auch auf andere als deduktive Systeme bezogen werden kann. Zugleich ist die neue Begrifflichkeit von vornherein stärker auf die Rechtsdisziplin zugeschnitten. So ist der Begriff des Forschungsdenkens im Vergleich zu dem des Systemdenkens (im weiteren Sinne) weiter gefasst, denn ein zetetisches Denken ist durchaus auch im Bereich von Fragestellungen möglich, in denen eine fortschreitende deduktive Systematisierung im Sinne der *Annäherungsthese*, d. h. ohne Verlust des Problembezugs, nicht zu erreichen ist, etwa im Bereich der Geistes- oder Sozialwissenschaften. Dies ermöglicht es VIEHWEG, die Rechtsdisziplin insgesamt besser zu erfassen und in Dogmatikfächer und Forschungsfächer, genauer: in *Rechtsdogmatik* (Privatrecht, Öffentliches Recht, Strafrecht), *Rechtsforschung* bzw. *Rechtswissenschaft* (etwa Rechtssoziologie, Rechtsethnologie, Rechtsgeschichte) und *Rechtsphilosophie* (Rechtstheorie) als Grundlagenforschung einzuteilen.[440] Eine solche Betrachtungsweise gestattet es, die einzelnen Fächer ins Verhältnis zu setzen und ihre Wechselbezüge zu untersuchen. Dabei vermag sie VIEHWEG zufolge „der Eigenart unseres Faches näherzukommen" als die „Klassifikationen in Natur- und Geisteswissenschaften, in Real- und Idealwissenschaften, in erklärende und verstehende Wissenschaften, in Seins- und Sollenswissenschaften und ähnliche", die „schwer vermeidbare Starrheiten (zeigen), die eine zwanglose und abstrichlose Gruppierung unseres Stoffes nicht erlauben und wesentliche Momente unseres Wissensbereiches lediglich am Rande erscheinen lassen"[441].

Es bleibt allerdings anzumerken, dass die in ihrer Zielrichtung veränderte Unterscheidung zwischen Forschungsdenken und Meinungsdenken für sich genommen hinsichtlich der strukturellen Analyse der verschiedenen Denkweisen hinter VIEHWEGS Unterscheidung zwischen Problem- und Sys-

---

440 *Viehweg*, Zur Geisteswissenschaftlichkeit, S. 25, unter Hinweis auf die ähnliche Einteilung bei *P. Koschaker*, Europa und das Römische Recht, 2. Aufl., München/Berlin 1953, S. 284, 337 ff.; *ders.*, Systemprobleme, S. 100.

441 *Viehweg*, Systemprobleme, S. 99 f.

temdenken an Prägnanz zurückbleibt. Es empfiehlt sich daher, immer beide Differenzierungen im Auge zu behalten und sie als wechselseitige Ergänzungen aufzufassen.

b) Anforderungen an ein dogmatisches Rechtssystem

Im Weiteren sind die Aufgaben und Beziehungen der von VIEHWEG bestimmten Fächer einer vollständigen Rechtsdisziplin näher zu betrachten. Dafür ist noch einmal bei VIEHWEGS Verständnis der Rechtsdogmatik und den Voraussetzungen eines dogmatischen Rechtssystems anzusetzen. Ausgehend von seiner funktional ausgerichteten Sichtweise muss nach VIEHWEG jede auf Dauer gerichtete Gruppierung von Menschen, um ihren Zusammenhalt zu ermöglichen, eine Meinung über das, was sie für das Gerechte hält, bilden und festlegen. Eine solche verfestigte Rechtsmeinung (Dogma) erfüllt ihre soziale Funktion dadurch, dass sie die Koordination des Verhaltens einer Mehrheit von Menschen ermöglicht. Die fixierte und verbindlich gemachte Rechtsmeinung kann dabei in einem geringeren oder höheren Grade gedanklich entfaltet und rationalisiert werden.[442] Eine rationalisierte Rechtsmeinung und das dazu gehörige Denkgefüge bezeichnet VIEHWEG als *Rechtsdogmatik*[443], verstanden als *dogmatisches System*[444]. VIEHWEGS besonderes Interesse gilt der Beschaffenheit dieser Dogmatizität. Wie bereits an früherer Stelle dieser Arbeit bereits angesprochen, findet er, dass das dogmatische System „jedenfalls sowohl über eine hinreichende Stabilität als auch über eine geeignete Flexibilität verfügen" muss.[445] „Es muß des näheren einerseits eine einheitsstiftende, als unveränderlich festgehaltene Basisdoktrin besitzen und andererseits möglichst viel

[442] *Viehweg,* Über den Zusammenhang zwischen Rechtsphilosophie, Rechtstheorie und Rechtsdogmatik (1960), in: *ders.,* Rechtsphilosophie und Rhetorische Rechtstheorie, Baden-Baden 1995, S. 35 ff. (35).

[443] *Viehweg,* Rechtsphilosophie, Rechtstheorie und Rechtsdogmatik, S. 35 f.

[444] Vgl. *Viehweg,* Systemprobleme, S. 101: „Denn will man Handlungen und Handlungsgefüge mit rationaler Begründung (oder Rechtfertigung) steuern, muss man offenbar ein System voraussetzen, welches dogmatisierte, d. h. der Fraglichkeit entzogene Behauptungen enthält."

[445] *Viehweg,* Systemprobleme, S. 102; vgl. *ders.,* Zwei Rechtsdogmatiken (1960), in: *ders.,* Rechtsphilosophie und Rhetorische Rechtstheorie, Baden-Baden 1995, S. 176 ff. (177).

ergänzende und interpretierende Einfälle zulassen, deren Verträglichkeit mit der Basisdoktrin darlegbar erscheint."[446]

Die *Basisdoktrin* umfasst die Grunddogmata einer jeweiligen Rechtsdogmatik und stellt deren Einheitlichkeit sicher. Innerhalb der bestehenden Rechtsordnung ist diese Basisdoktrin im Grundgesetz verfassungsmäßig verankert.[447] Sie ermöglicht es, das dogmatische System im Wechsel der Situationen als solches aufrechtzuerhalten, indem sie für alle Rechtsschöpfung (einschließlich der richterlichen Rechtsfortbildung) als Kreationstheorie und für alle Auslegung als Interpretationstheorie fungiert.[448] Als äußerster Rahmen einer Rechtsdogmatik dient sie als Deutungsvorschrift für alle anderen darin enthaltenen Sätze und Begriffe. Dabei muss die Basisdoktrin „implizit oder explizit eine materiale *Rechtstheorie* als Letztbegründung enthalten. Das heißt: sie (muss) eine Theorie enthalten, die auf die Frage, was man letztlich für das Justum hält, sachhaltig antwortet."[449] Gleichzeitig muss diese materiale Rechtstheorie – verstanden als *dogmatische Grundtheorie* – mit der Behauptung auftreten, im Hinblick auf den rechtlichen Fragenbereich eine befriedigende Ganzheit von Antworten bieten zu können und keine wesentlichen Antworten schuldig zu bleiben. „Man kann daher sagen, daß ihr notwendigerweise eine *holistische Intention* innewohnt. Sie muß jedenfalls behaupten, daß mit ihrer Hilfe eine bestimmte Sozialproblematik ohne störende Reste lösbar sei."[450]

Vor diesem Hintergrund kann eine Rechtsdogmatik offensichtlich nicht irgendeine beliebige Rechtsmeinung als Basisdoktrin herausbilden und pflegen. Vielmehr kann die Rechtsdogmatik ihre soziale Funktion der Verhal-

---

446 *Viehweg*, Systemprobleme, S. 102.

447 Dazu *Viehweg*, Rechtsphilosophie als Grundlagenforschung, S. 49 f., 55 f; rechtshistorische Beispiele für unterschiedliche Grundtheorien ferner bei *Viehweg*, Rechtsphilosophie, Rechtstheorie und Rechtsdogmatik, S. 37 f.

448 Vgl. *Viehweg*, Rechtsphilosophie, Rechtstheorie und Rechtsforschung, S. 38 f.; *ders.*, Über die Zukunft der Rechtsphilosophie als Grundlagenforschung (1969), S. 116 ff. (121): „Infolgedessen lässt sich zeigen, dass die Jurisprudenz eine durch ihre Basisdoktrin programmierte, fortgesetzte Willensbildung darstellt. (…) Man kann auch sagen, dass die Jurisprudenz eine fortschreitende Dogmatisierung betreibt, indem sie im Rahmen der Grundentscheidungen (dogmata) einen Entscheidungsprozeß fortsetzt. Das hat Hans Kelsen schon seit langem in seiner Weise festgestellt."

449 *Viehweg*, Rechtsphilosophie, Rechtstheorie und Rechtsforschung, S. 36.

450 *Viehweg*, Ideologie und Rechtsdogmatik, S. 88 f.

tensregulierung nur dann erfüllen, wenn sich ihre Basisdoktrin und die darin enthaltene Grundtheorie auf der Metaebene hinreichend stützen lässt oder aus anderen Gründen unhinterfragt bleibt. Sie muss also in besonderer Weise legitimiert sein. Eine solche Legitimation kann etwa im Wege einer religiösen Fundierung erreicht werden. Fehlt oder entfällt allerdings ein entsprechendes Glaubensfundament, „treten notwendigerweise dadurch Schwierigkeiten auf, daß man bei der jetzt erforderlichen Begründung vornehmlich auf die Hilfe der Forschung angewiesen ist. Diese kann aber, je anspruchsvoller und kritischer ihr zetetisches System wird, nur fragmentarisches Wissen anbieten, das bei weitem nicht ausreicht, um die Funktion eines dogmatischen Systems zu erfüllen."[451]

Es bestehen demzufolge wechselseitige Abhängigkeiten zwischen dem rechtsdogmatischen System und der diesem zugrunde liegenden Grundtheorie einerseits und den zetetischen Systemen von Rechtswissenschaft und Rechtsphilosophie andererseits. Anknüpfend an diese Überlegung versucht VIEHWEG, Aufgaben und Grenzen der zetetischen Rechtsfächer näher zu bestimmen.

c) Begründung und Begrenzung der Dogmatik durch Rechtswissenschaft und Rechtsphilosophie

Unter *Rechtsphilosophie* versteht VIEHWEG in erster Linie philosophische *Grundlagenforschung,* d. h. ein zetetisches Denken, das nach den Fundamenten und Voraussetzungen der Rechtsdisziplin fragt.[452] Als schwerpunktmäßige Themen einer so verstandenen Rechtsphilosophie betrachtet er die Grundstruktur und die materiale Grundtheorie des Rechts.[453] Hinsichtlich der Bedeutung, die der Rechtsphilosophie für die materiale Grundtheorie – also die zur Begründung einer Rechtsdogmatik erforderlichen Basisdoktrin – zukommt, ist VIEHWEG zufolge zu differenzieren: Danach spielt die Rechtsphi-

---

451 *Viehweg,* Systemprobleme, S. 102.

452 *Viehweg,* Rechtsphilosophie als Grundlagenforschung, S. 46; *ders.,* Zukunft der Rechtsphilosophie, S. 120.

453 *Viehweg,* Rechtsphilosophie als Grundlagenforschung, 1961, S. 51, unter Hinweis auf die Wiener IVR-Resolution von 1959, ARSP 45 (1959), 600.

losophie zunächst eine ganz wesentliche Rolle bei der Hervorbringung der Grundtheorie, weil eine solche ohne rechtsphilosophische Vorüberlegungen und Implikationen nicht auskommen kann. Dahingehend stellt VIEHWEG fest, dass sich „aus der Rechtsphilosophie (...) eine Rechtstheorie (ergibt), die als Grundtheorie eine Rechtsdogmatik ermöglicht“[454]. Insofern hebt VIEHWEG allerdings klarstellend hervor, dass Rechtsphilosophie und Grundtheorie nicht verwechselt werden dürfen.[455] Denn soweit die (vor allem traditionelle) Rechtsphilosophie materiale Rechtstheorien entwickelt, müssen diese aus einer zetetischen Haltung heraus als bloße Entwürfe betrachtet werden, die nach Funktion und Status von einer verbindlich fixierten Grundtheorie deutlich zu unterscheiden sind. Damit ist zugleich die zweite Rolle angesprochen, die der Rechtsphilosophie im Hinblick auf die materiale Grundtheorie zukommt: Sie setzt nämlich ihre Forschung fort und macht die nunmehr dogmatisierte Grundtheorie zu ihrem Forschungsgegenstand.[456] Die Rechtsphilosophie fungiert also gleichsam als Gegenspielerin der Grundtheorie, „indem sie deren eventuellen Nimbus der Selbstverständlichkeit zerstört und (sich) unablässig bemüht, die Qualität dieser Doktrin durch Analyse und Kritik zu verbessern“[457].

Mit Blick gerade auf diese zweite Aufgabe zählt VIEHWEG im Übrigen auch und gerade solche Ansätze zur Rechtsphilosophie, die ganz in seinem Sinne ein unbegrenztes und radikales Hinterfragen zulassen und verlangen, zur eigenen Bezeichnung aber den Begriff der *Rechtstheorie* bevorzugen.[458] Als kennzeichnend für diese Ansätze erachtet VIEHWEG, dass sie von konkret anzutreffenden Rechtsphänomenen ausgehen mit dem Ziel, deren Struktur in logischer oder soziologischer Hinsicht oder in beiden Hinsichten zu ermitteln.[459] Die Gerechtigkeitsfrage, die im Mittelpunkt der traditionellen Rechts-

---

[454] *Viehweg,* Rechtsphilosophie, Rechtstheorie und Rechtsdogmatik, S. 39.

[455] Vgl. *Viehweg,* Zukunft der Rechtsphilosophie, S. 122.

[456] *Viehweg,* Rechtsphilosophie, Rechtstheorie und Rechtsdogmatik, S. 39.

[457] *Viehweg,* Zukunft der Rechtsphilosophie, S. 122.

[458] Diese neue Rechtstheorie hat sich als Theorie des positiven Rechts herausgebildet und wurzelt vor allem in der von Jeremy Bentham und John Austin im 19. Jh. begründeten „analytical jurisprudence“. Als wichtigste neuere Repräsentanten sind Kelsen und Hart zu nennen, für die skandinavische Rechtstheorie ist ferner Hägerström hervorzuheben. Zur Abgrenzung und Entstehung dieser Rechtstheorie s. auch *Dreier,* Allgemeine Rechtstheorie, S. 17 ff.

[459] *Viehweg,* Rechtsphilosophie, Rechtstheorie und Rechtsdogmatik, S. 40.

philosophie steht, tritt damit zugunsten einer strukturellen Analyse in den Hintergrund, wobei insbesondere eine wissenschaftliche, d. h. optimal nachprüfbare Sprache erreicht werden soll. Entsprechend liegt die Bedeutung der Rechtstheorie für die Rechtsdogmatik in ihrer kritischen Funktion: „Sie kann Grundannahmen falsifizieren, demzufolge Begriffsbildungen korrigieren, logische Ungenauigkeiten beseitigen und anderes mehr."[460]

Es bleibt allerdings die Frage, inwieweit die Rechtsphilosophie darüber hinausgehend in der Lage ist, zur materialen Grundtheorie der Rechtsdogmatik auch inhaltlich Stellung zu nehmen und ihr die erforderliche Legitimation zu verschaffen. Insoweit wurde bereits festgestellt, dass VIEHWEG zufolge das zetetische Denken im Bereich des Rechts nur fragmentarisches Wissen liefern kann, „das bei weitem nicht ausreicht, um die Funktion eines dogmatischen Systems zu erfüllen". Eine zetetische Rechtstheorie, die als materiale Grundtheorie eine Rechtsdogmatik im Ganzen tragen könnte, ist danach nicht abzusehen. Um ihre Funktion erfüllen und die ihr zugrunde liegende Sozialproblematik umfassend lösen zu können, bleibt die Grundtheorie der Rechtsdogmatik darauf verwiesen, die Grenzen dessen zu überschreiten, „was nach näher anzugebenden Kriterien einer Forschungstheorie als ‚wißbar' bezeichnet werden darf. (...) Man kann dann sagen, daß Erkenntnis durch Bekenntnis zu ergänzen sei, oder Wissen durch Glauben, oder in älterer Sprechweise *ratio* durch *fides*, oder *scibilia* durch *credibilia* oder ähnliches mehr."[461] Unter diesem Gesichtspunkt lässt sich nach VIEHWEG die Basisdoktrin oder materiale Grundtheorie auch als *Rechtsideologie* auffassen: „Denn man sagt ja, daß eine bloße Ideologie sich von einer wissenschaftlichen Theorie insbesondere dadurch unterscheide, daß sie bedenklich holistisch sei und dabei ihren kognitiven Gehalt überziehe."[462]

Dabei handelt es sich – wie VIEHWEG ausdrücklich betont – um einen neutralen Ideologiebegriff, der schlicht eine Theorie mit sozialer Funktion auf

---

[460] *Viehweg,* Rechtsphilosophie, Rechtstheorie und Rechtsdogmatik, S. 41. Zur Bedeutung einer hinlänglichen Beschreibung des Phänomens „Recht" *ders.,* Rechtsphilosophie als Grundlagenforschung, S. 48.

[461] *Viehweg,* Ideologie und Rechtsdogmatik, S. 90.

[462] *Viehweg,* Ideologie und Rechtsdogmatik, S. 89, unter Bezugnahme auf *R. König, W. Kaupen,* Ideologie und Recht – Soziologische Anmerkungen zum Thema, in: *Maihofer (Hrsg.),* Ideologie und Recht, Frankfurt/Main 1969, S. 147 ff.

dem Gebiet des Rechts bezeichnet. Mit diesem Begriff beabsichtigt VIEHWEG keine Abwertung, sondern eine Sprechweise, die einerseits einen vorurteilsfreien Vergleich verschiedener Rechtsideologien – etwa unserer mit der marxistisch-leninistischen oder islamischen – ermöglicht, andererseits aber keine durchgehende Gleichbewertung impliziert, sondern dazu zwingt, Möglichkeiten und Kriterien einer metaideologischen Beurteilung zu reflektieren.[463] Insoweit tritt VIEHWEG namentlich der These des Marxismus-Leninismus entgegen, wonach eine metaideologische Diskussion letztlich stets auf eine Selbsttäuschung hinauslaufe und sich lediglich darin erschöpfe, eine Ideologie gegen eine andere auszuspielen.[464]

Neben der Forderung nach einer vergleichenden *Prämissenanalyse,* die nach Auffassung VIEHWEGS noch keineswegs in umfassender Weise erfolgt ist, verweist er dabei auf zwei mögliche Kriterien. Eines sieht er im logischen Gewicht, wonach solche Dogmatiken vorzuziehen sind, deren Grundtheorie einen besseren *logischen Zusammenhang* aufweist. Als weiteres benennt er die Forderung, dass darin das „Wißbare“ darin überwiegen müsse: „In der von uns oben gewählten Sprechweise könnte man sagen, man verlange hier eine möglichst große Quote von *scibilia* und möglichst wenig *credibilia* (wobei die Sicherung beider Begriffe hier vorausgesetzt sei). Das eben erwähnte Postulat scheint uns heute sogar fast selbstverständlich. Es ist es aber nicht. Zum Beispiel wird in der Dogmendiskussion zwischen der griechischen christlichen Kirche einerseits und der römischen christlichen Kirche andererseits von jener gern ihre religiöse Glaubensbereitschaft betont und das westliche Wissenwollen gerügt. Man will sozusagen großgläubig sein und nicht kleingläubig.“[465]

Natürlich ist sich VIEHWEG darüber bewusst, dass die genannten Kriterien unzureichend bleiben. So ergibt sich hinsichtlich des Kriteriums der Logizität die Schwierigkeit, dass sich nicht ohne weiteres feststellen lässt, welches logische Gewicht einzelne Sätze innerhalb des Gesamtgefüges einer

---

[463] Insbes. im Hinblick auf Viehwegs Auseinandersetzung mit dem Marxismus-Leninismus wird der zeitgeschichtliche Hintergrund der viehwegschen Ausführungen deutlich spürbar, was ihre Aktualität aber nicht beeinträchtigt. S. auch *Viehweg,* Zwei Rechtsdogmatiken, S. 178 ff.; *ders.,* Rechtsphilosophie als Grundlagenforschung, S. 54, 58.

[464] *Viehweg,* Ideologie und Rechtsdogmatik, S. 91.

[465] *Viehweg,* Ideologie und Rechtsdogmatik, S. 92.

mehr oder minder vage gefassten Grundtheorie zukommt. Und das ergänzende Kriterium des „Wissbaren" als Kriterium der Sachhaltigkeit ist natürlich keineswegs gesichert. Immerhin aber lässt sich versuchen, damit wenigstens eine Richtung anzugeben. Indem VIEHWEG sich im Weiteren gerade darum bemüht, wird deutlich, wie wichtig es ihm ist herauszustellen, dass seine Rekonstruktion der Jurisprudenz nicht auf einem gleichgültigen oder bequemen Relativismus beruht, nicht auf Kleingläubigkeit, sondern auf Wissenwollen. Wobei die Frage nach den wissensmäßigen Voraussetzungen einer Antwort auf die Gerechtigkeitsfrage das „Risiko der Feststellung ein(geht), daß ein immer weiterfragendes Denken, wenigstens auf dem hier interessierenden Gebiete, fortgesetzt zum Nichtwissen führt"[466].

Ungeachtet dieser Einschränkung gelangt VIEHWEG dahin, dass das gesuchte wissensmäßige Kriterium nur in einem angemessenen Menschenbild bestehen kann und also auf das anthropologische Gebiet verweist. Dahingehend formuliert VIEHWEG die Hoffnung, dass hier Resultate zu erzielen seien, „die jedenfalls mehr sind als nichts". „Dabei ist es (...) auch hier empfehlenswert, die Erwartungen herabzusetzen und keine Absolutheitsansprüche zu stellen, die in ihrer Enttäuschung so leicht zum Nihilismus führen. (...) Annehmbar erscheint lediglich ein auf möglichst breiter Erfahrungsbasis fußendes hypothetisches, unvollständiges und daher auch überholbares Menschenbild, welches die eigentümliche Beschaffenheit zu zeigen versucht, die allem menschlichen Sein gemeinsam ist. Wenn man annimmt, daß das Recht dem Menschen ermöglichen *soll,* als Mensch zu leben, muß es jedenfalls diese Beschaffenheit achten und gewährleisten."[467]

Dieser Gedanke ist, wie VIEHWEG freimütig einräumt, keineswegs neu, sondern fester Bestandteil der Geschichte der abendländischen Rechtsphilosophie, worauf hier nicht weiter einzugehen ist. Hervorzuheben ist allerdings, dass VIEHWEG die Bezugnahme auf den empirischen Menschen mit der Einsicht in dessen Situationsverhaftung verbindet. Diese schließt nach VIEHWEG nicht nur historische Universaldeutungen aus, sondern macht zugleich deutlich, dass eine Rechtsdogmatik und ihre Grundtheorie nicht losgelöst von dem

[466] *Viehweg,* Rechtsphilosophie als Grundlagenforschung, S. 57.
[467] *Viehweg,* Rechtsphilosophie als Grundlagenforschung, S. 59 m. w. N.

in einem bestimmten Geschichtsraum entstandenen Kulturkreis beurteilt werden kann.[468] Danach muss eine materiale Grundtheorie aufnehmen, was im jeweiligen Rechtsraum überhaupt als Gerechtigkeitsproblematik angesehen wird und in welcher Richtung die Grundantworten verlaufen, wenn sie den Rahmen rechtsdogmatischer Argumentation wirksam abstecken und begrenzen will. Die bestehenden Rechtsvorstellungen sind also aufs Engste verbunden mit einem Geflecht von Faktoren politischer, gesellschaftlicher, wirtschaftlicher, technischer, gewohnheitsmäßiger, sittlicher, religiöser und halbreligiöser Art. In diesem Bereich ergibt sich nach VIEHWEG ein wichtiges und breites Forschungsfeld für die von ihm der *Rechtswissenschaft* zugeordneten Fächer, also der Rechtssoziologie, Rechtsethnologie, Rechtspsychologie, Rechtsgeschichte usw.

Insgesamt ist es VIEHWEG vor diesem Hintergrund ein besonderes Anliegen, den engen Zusammenhang von Rechtsphilosophie, Rechtswissenschaft und Rechtsdogmatik und zugleich die Notwendigkeit zu betonen, keines dieser Gebiete aufzugeben[469]: Gerade weil die Rechtsdogmatik ihren Charakter als Dogmatik wahren muss und dabei nach VIEHWEG aufgrund ihrer sozialen Funktion unvermeidlich ideologische Züge im angegebenen Sinne aufweist, bedarf sie der kritischen Reflexion seitens der Rechtsphilosophie. Dabei kommt der Rechtsphilosophie die Aufgabe zu, eine optimale Gestaltung der dogmatischen Grundtheorie zu ermöglichen sowie zu verhindern, dass die illusionären Momente darin überhand nehmen. Insoweit gilt es nach VIEHWEG, die Rationalität der Rechtsdogmatik jedenfalls im Sinne einer größtmöglichen Diskutierbarkeit zu gewährleisten.[470] Daneben bedarf die Rechtsdogmatik, die einer stetigen Fortentwicklung im täglichen Treiben in den Parlamenten, Gerichtssälen und Ämtern unterliegt, der Beratung und Information durch eine hinlänglich breit angelegte rechtswissenschaftliche Forschung. Umgekehrt sind Rechtsphilosophie und Rechtswissenschaft bei der Formulie-

---

[468] Vgl. *Viehweg,* Rechtsphilosophie als Grundlagenforschung, S. 56, 59.

[469] Vgl. nur *Viehweg,* Rechtsphilosophie, Rechtstheorie und Rechtsdogmatik, insbes. S. 43 f.; *ders.,* Was heißt Rechtspositivismus? (1968), in: *ders.,* Rechtsphilosophie und Rhetorische Rechtstheorie, Baden-Baden 1995, S. 166 ff. (174 f.)

[470] Vgl. *Viehweg,* Zwei Rechtsdogmatiken, S. 183; *ders.,* Positivismus und Jurisprudenz (1971), in: *ders.,* Rechtsphilosophie und Rhetorische Rechtstheorie, Baden-Baden 1995, S. 159 ff. (164).

rung ihrer Fragestellungen auf die Beobachtungen der Rechtsdogmatik und Rechtspraxis angewiesen.

2. Rechtsrhetorik als Theorie vom begründenden Reden

a) Der Rückgriff auf die Semiotik

In den Siebziger-Jahren wird die Frage nach der Struktur juristischer Argumentation und den Voraussetzungen rationalen Begründens zu einem zentralen Thema der rechtstheoretischen Debatte und zum Gegenstand verschiedener sog. *Argumentationstheorien.*[471] Ausgehend von der Einsicht, dass rechtliches Entscheiden sich durch die Gesetze nicht umfassend steuern und auf die Erkenntnis vorgegebener Inhalte beschränken lässt, verbindet diese Ansätze die Frage, ob und wie sich eine rationale Begründung für die jeweilige Entscheidung erreichen lässt bzw. welche Anforderungen an die juristische Argumentation sich insoweit ergeben. Die bereits in „Topik und Jurisprudenz" formulierte Überlegung VIEHWEGS, wonach die Diskussion „offenbar die einzige Kontrollinstanz" für juristische Problemerörterungen bilde und „daher jedes Interesse daran (besteht), wenigstens diese Diskutierbarkeit so klar und einfach wie möglich zu gestalten"[472], wird dabei aufgegriffen.[473] Allerdings vollzieht sich die Debatte um Argumentation und Recht unter ver-

---

[471] Bezeichnend dafür ist die Themenwahl auf dem Weltkongress für Rechts- und Sozialphilosophie in Brüssel 1971, s. dazu: Die juristische Argumentation, ARSP Beiheft Nr. 7 (1972); ferner ein von der DFG gefördertes Symposium „Juristische Argumentationstheorie" 1977, dazu *Rodingen,* Juristische Argumentationstheorie. Bericht über das gleichnamige Rundgespräch vom 03.–05.11.1977 in München, Rechtstheorie 9 (1978), 236 ff., sowie etwa die Tagung der Deutschen Sektion der IVR 1978 ebenfalls in München, vgl. dazu Argumentation und Recht, ARSP Beiheft Nr. 14 (1980).

[472] *Theodor Viehweg,* Topik und Jurisprudenz, Ein Beitrag zur rechtswissenschaftlichen Grundlagenforschung, 5. Aufl., München 1974, S. 43, 45.

[473] Etwa *Martin Kriele,* Theorie der Rechtsgewinnung, entwickelt am Problem der Verfassungsinterpretation, 2. Aufl., Berlin 1976, S. 136, 198, 314, indem er dem topischen Ansatz das Konzept einer Bewertung der Entscheidungsfolgen im Hinblick auf das Allgemeininteresse bzw. das jeweils fundamentalere Interesse als Kriterium vernünftiger juristischer Argumentation vorschlägt. Dies setzt allerdings voraus, dass über Inhalt und Rangordnung zu berücksichtigender Allgemeininteressen bereits Klarheit besteht; dazu *Karl Larenz,* Methodenlehre der Rechtswissenschaft, 6. Aufl., Berlin u. a. 1991, S. 150; s. ferner die Bezugnahme auf Viehweg bei *Alexy,* Theorie der juristischen Argumentation(1978), 4. Aufl., Frankfurt/Main 2001, S. 43 Fn. 72, der anmerkt, dass er „in einem gewissen Sinne die Intentionen der juristischen Topik aufnimmt".

änderten Vorzeichen und führt zu anderen Schwerpunktsetzungen. So wird etwa der Stellenwert der modernen Logik für die juristische Argumentation neu hinterfragt: Deduktivität und Exaktheit werden nicht mehr primär unter dem Gesichtspunkt einer gesetzesgebundenen Entscheidungsfindung betrachtet, sondern als Anforderungen einer kontrollierbaren Darstellung diskutiert.[474] Aber nicht nur zur Konstruktion neuer Begründungsmodelle, auch zur Re- und Dekonstruktion rechtsdogmatischer Argumentationen werden verstärkt sprachtheoretische Ansätze rezipiert. Mit deren Hilfe wird einerseits versucht, semantische Regeln für die Bestimmung bzw. Festsetzung der Bedeutung gesetzlicher Begriffe aufzustellen[475]; andererseits werden sie herangezogen, um Formen eines unreflektierten juristischen Sprachgebrauchs und verdeckte Wertungen sichtbar zu machen.[476]

Schließlich erscheint das Verhältnis von juristischer und moralischer Argumentation, von Rationalität und Konsensorientierung vor dem Hintergrund namentlich der von HABERMAS entwickelten Diskurstheorie in einem veränderten Licht.[477] Die von dieser Entwicklung ausgehenden Impulse nimmt nun umgekehrt auch VIEHWEG auf, indem er die in „Topik und Jurisprudenz" entwickelte Konzeption einer *formalen Topik,* also seine Analyse der topischen Struktur juristischen Redens, mit Mitteln der Sprachtheorie und im Sinne einer rhetorischen Argumentationstheorie neu zu fassen sucht.[478]

---

[474] Zum Erfordernis einer deduktiven Urteilsstruktur einerseits *Rödig,* Theorie des gerichtlichen Erkenntnisverfahrens, Berlin 1973, S. 3; *Alexy,* Theorie der juristischen Argumentation, S. 273–283; *J. Schmidt,* Begründung – Einige Probleme eines rechtstheoretischen Problems, in: *Kaulbach, Krawietz (Hrsg.),* Recht und Gesellschaft, FS Schelsky, Berlin 1978, S. 549 ff.; *Koch, Rüßmann,* Juristische Begründungslehre, München 1982, S. 48 ff., 69; andererseits *Struck,* Zur Theorie juristischer Argumentation, Berlin 1977, S. 45 ff.; *Neumann,* Rechtsontologie und juristische Argumentation, Heidelberg/Hamburg 1979, S. 10 ff.; *Simon,* Die Unabhängigkeit des Richters, Darmstadt 1975, S. 68 ff.

[475] *Alexy,* Theorie der juristischen Argumentation, S. 263, 278 f.; *Koch,* Der unbestimmte Rechtsbegriff im Verwaltungsrecht, in: *ders. (Hrsg.),* Juristische Methodenlehre und analytische Philosophie, Kronberg 1976, S. 186 ff. (202, 208); *Rüßmann,* Zur Abgrenzung von Rechts- und Tatfrage, ebd., S. 242 ff. (253 f.); *Koch, Rüßmann,* Juristische Begründungslehre, S. 56 f.

[476] Vgl. *D. Horn,* Rechtssprache und Kommunikation, Berlin 1966; *Rodingen,* Ansätze zu einer sprachkritischen Rechtstheorie, ARSP 58 (1972), 161 ff.; *Seibert,* Von Sprachgegenständen zur Sprache von juristischen Gegenständen, ARSP 58 (1972), 43 ff.; *Neumann,* Rechtsontologie.

[477] Dazu unten S. 188.

[478] *Theodor Viehweg,* Topik und Jurisprudenz, Ein Beitrag zur rechtswissenschaftlichen Grundlagenforschung, 5. Aufl., München 1974, S. 111 ff. (Anhang zur Fortentwicklung der Topik in der 5. Aufl. von 1974); *ders.,* Notizen zu einer rhetorischen Argumentationstheorie, S. 191. Als Themenfelder einer solchen Argu-
(→)

Als Ansatzpunkt dient Viehweg insofern die in der neueren Semiotik gebräuchliche und auf MORRIS zurückgehende Unterscheidung zwischen syntaktischer, semantischer und pragmatischer Dimension einer Sprechweise. Danach behandelt die Syntax das Verhältnis sprachlicher Zeichen untereinander, die Semantik das Verhältnis zwischen sprachlichen Zeichen und Bezeichnetem, und die Pragmatik das Verhältnis zwischen sprachlichen Zeichen und Sprechern, d. h. situativen Zusammenhang, in dem die Zeichen von den Beteiligten jeweils benutzt werden.[479] Anhand dieser Differenzierung lässt sich nach VIEHWEG eine situative Betrachtungsweise einer nichtsituativen gegenüberstellen. Die *nichtsituative* Betrachtungsweise kennzeichnet sich demzufolge dadurch, dass sie sich auf die syntaktisch-semantische Dimension konzentriert und die Pragmatik nur ausnahmsweise und ergänzend in den Blick nimmt.[480] Nach VIEHWEG fordert und fördert eine solche Sichtweise Feststellungen, die dem zeitlichen Wandel entzogen sind. Sie entspricht einem Verständnis, das der Sprache eine vornehmlich *deskriptive* Funktion beimisst und eine möglichst allgemeingültige Bedeutungsfestlegung sprachlicher Ausdrücke intendiert.[481] Im abendländischen Kulturbereich hat sich diese Sichtweise gemäß VIEHWEG über weite Strecken als vorherrschend und prägend erwiesen. Demgegenüber rückt innerhalb einer *situativen* Betrachtungsweise die pragmatische Dimension in den Vordergrund. Ihr besonderes Interesse richtet sich nicht auf die Abbildungsfunktion, sondern auf die *direktive* Funktion der Sprache, die sich in der koordinierenden, dirigierenden und normierenden Wirkung wechselseitiger Sprechhandlungen entfaltet.[482] Für VIEHWEG ist nun entscheidend, „daß die Rhetorik von alters her die eben erwähnte Pragmatik

---

mentationstheorie benennt Viehweg „die Sprachproblematik, Fragen der operativen Logik sowie neu gestellte Begründungfragen".

[479] Grundlegend *Morris,* Foundations of the Theory of Signs, in: International Encyclopedia of Unified Science, Vol. I, 1938, No. 2, S. 1 ff. (deutsch: Grundlagen der Zeichentheorie, München 1972); s. dazu *Theodor Viehweg,* Topik und Jurisprudenz, Ein Beitrag zur rechtswissenschaftlichen Grundlagenforschung, 5. Aufl., München 1974, (Anhang) S. 111.

[480] Dazu *Viehweg,* Notizen zu einer rhetorischen Argumentationstheorie, S. 194; *ders.,* Schritte zu einer Rhetorischen Rechtstheorie, 200 ff.; *ders.,* Rhetorik, Sprachpragmatik, S. 208; *ders.,* Zur Topik, S. 210 f.

[481] Vgl. *Viehweg,* Rhetorik, Sprachpragmatik, S. 208: Die arhetorische Geistigkeit „geht daher darauf aus, Welt abzubilden, und entwirft dementsprechend Weltbilder".

[482] Zur Überlegung, dass die Sprache sich aus ihrer Abbildungsfunktion heraus nicht hinreichend erklären lässt, *Viehweg,* Zur Topik, S. 211, unter Hinweis auf *Wittgenstein,* Philosophische Untersuchungen, Nr. 88, in: Werkausgabe Bd. I, Frankfurt/Main 1969.

an erster Stelle im Auge hatte"[483]. Denn nach rhetorischer Auffassung erweisen sich Intention und Position eines Sprechers für dessen Rede als konstituierend, was bedeutet, dass eine Rede nicht losgelöst vom Hintergrund der jeweiligen *Redesituation* betrachtet werden kann. Entsprechend weist – wie VIEHWEG hervorhebt – auch schon MORRIS darauf hin, dass die Rhetorik historisch betrachtet als frühe und verkürzte Stufe der (semiotischen) Pragmatik angesehen werden könne.[484] Nach VIEHWEG lässt sich deshalb statt von einer situativen oder nichtsituativen auch von einer *rhetorischen* oder *antirhetorischen* Sichtweise sprechen.[485]

Vor diesem Hintergrund verzeichnet VIEHWEG mit Genugtuung eine allgemeine Wende hin zur Pragmatik, die er insbesondere als Versuch versteht, „erneut und mit neuen Mitteln, die pragmatische Situation, aus der alle Rede stammt, als Startsituation zu reflektieren, um aus ihr die weiteren gedanklichen Hervorbringungen verständlich zu machen"[486] – und die seines Erachtens zugleich zu einer überfälligen Rückbesinnung auf die Rhetorik führen muss.

b) Topik und Pragmatik

Für VIEHWEG ergibt sich damit, dass eine rechtliche Argumentationstheorie als *Theorie vom begründenden Reden* an die Rhetorik anknüpfen und die Aufgabe verfolgen muss, Voraussetzungen und Bedingungen von Argumentationen in pragmatischer Hinsicht abzuklären: „Es ist erforderlich, den unablässigen Herstellungsprozeß zu untersuchen, der in der Redesituation sprachliche Bedeutung produziert. Denn es ist hier unerlaubt, vereinfachend anzunehmen, daß diese Bedeutungen ein für allemal situationsentrückt fest-

---

[483] *Theodor Viehweg,* Topik und Jurisprudenz, Ein Beitrag zur rechtswissenschaftlichen Grundlagenforschung, 5. Aufl., München 1974, (Anhang) S. 112.

[484] *Viehweg,* Schritte zu einer Rhetorischen Rechtstheorie, S. 200 f.; vgl. *Morris,* Foundations of the Theory of Signs, S. 30.

[485] *Viehweg,* Schritte zu einer Rhetorischen Rechtstheorie, S. 201; *ders.,* Rhetorik, Sprachpragmatik, S. 208.

[486] *Theodor Viehweg,* Topik und Jurisprudenz, Ein Beitrag zur rechtswissenschaftlichen Grundlagenforschung, 5. Aufl., München 1974, (Anhang) S. 112, unter Bezugnahme auf *Lorenz,* Elemente der Sprachkritik, Frankfurt/ Main 1970; *Emge,* Über die Unentbehrlichkeit des Situationsbegriffs für die normativen Disziplinen, Wiesbaden 1966; s. dazu von *Savigny,* Die Philosophie der normalen Sprache, Frankfurt/Main 1969.

liegen."[487] „Nur wenn man diesen Herstellungsprozeß hinreichend durchleuchtet, gewinnt man Einblick in den direktiven Aufbau einer sozialen Welt."[488]

Das entspricht im Kern dem Anliegen, das VIEHWEG bereits in „Topik und Jurisprudenz" verfolgt. Entsprechend ist auch festzustellen, dass die Bezugnahme auf die Semiotik zunächst und vor allem zu einer Bestätigung und terminologischen Adaption seiner topischen Rekonstruktion des juristischen Denkens verhilft. Für die Topoi ergibt sich insoweit eine Kennzeichnung als „pragmatische und situative Suchformeln", die *„ex tempore et situatione* Sprech- und Denkhandlungen an(regen), die von den Beteiligten angenommen oder zurückgewiesen werden können"[489]. „Sie sind deshalb immer schon direktiv und nicht nur beschreibend. Man beachte, daß stets und überall und nicht zuletzt in der Rechtswelt *redend* erfunden wird. Die rhetorische Topik ist nicht darum bemüht, Inventionen zu beseitigen, sondern sie diskutierbar zu machen."[490] Wie VIEHWEG hervorhebt, lässt sich diese Bedeutung der Topik dagegen ausgehend von einer antirhetorischen, syntaktischsemantischen Sprachauffassung nicht erfassen, zumal die Topoi „in aller Regel weder einer wohlgeordneten Semantik noch einer straff gefügten Syntax genügen"[491].

Die Ausblendung der pragmatischen Dimension begünstigt und erklärt für VIEHWEG zudem die von ihm in „Topik und Jurisprudenz" kritisierte Fehldeutung der Jurisprudenz als Systemdenken: „Denn hat man einmal ein Denkgefüge von den Störungen der pragmatischen Ausgangssituation soweit wie irgend möglich befreit, kann man über dessen isolierten syntaktischen Aufbau weitgehend störungsfrei verfügen. Auf diese Weise führte im Anfang

---

[487] *Viehweg,* Rhetorik, Sprachpragmatik, S. 208; s. auch *ders.,* Topik und Jurisprudenz, Ein Beitrag zur rechtswissenschaftlichen Grundlagenforschung, 5. Aufl., München 1974, (Anhang) S. 115: „Sie muß in erster Linie versuchen, den intellektuellen Herstellungsprozeß abzuklären, der sich in der Redesituation auf der Suche nach Verständigung abspielt. (...) Er ist als ein im Miteinander und Gegeneinander betriebenes Verfahren verständlich zu machen, und zwar als ein Verfahren, das nicht auf bereits fixierten Behauptungen beruht, sondern um deren Auffindung und Fixierung erst einmal ringt."

[488] *Viehweg,* Schritte zu einer Rhetorischen Rechtstheorie, S. 204.

[489] *Viehweg,* Rhetorik, Sprachpragmatik, S. 209.

[490] *Viehweg,* Schritte zu einer Rhetorischen Rechtstheorie, S. 203 f., unter Verweis auf *Seibert,* Zur Fachsprache der Juristenausbildung, Berlin 1977, insbes. Abschnitt III. S. auch *Viehweg,* Zur Topik, S. 211 f.

[491] *Viehweg,* Rhetorik, Sprachpragmatik, Rechtstheorie, 1978, S. 208.

der Neuzeit die Betonung der Syntax zu den großen und beliebten Zeichenhierarchien der Vernunftrechtssysteme, deren Isolierung schon MONTESQUIEU kritisierte.[492] Die isolierende Syntaktisierung betonte das deduktive System und war offenbar dazu geeignet, die Axiomatisierung zu fördern (...). Dabei hat sich im juristischen Bereich (...) die eben erwähnte Axiomatisierung stets auf besonders qualifizierte und politisch meist erbittert umkämpfte Axioma gestützt, sodaß man gerade durch sie und deren Situationsbezogenheit auf außersyntaktische, letztlich situative und pragmatische Erörterungen verwiesen wurde."[493]

Eine besondere Akzentuierung erfährt nun ferner die Überlegung, dass eine antirhetorische Sichtweise auf juristischem Gebiet in semantischer Hinsicht zu isolierenden Vergegenständlichungen tendiert: „Denn hier werden sehr häufig Produkte der Rechtssprache als außersprachliche, von der Rechtssprache lediglich abgebildete Gegenstände vorgestellt. Auf diese Weise schuf man zuweilen selbständige Gegenstandsfelder, die das Rechtsdenken anzutreffen vermeinte und dementsprechend beschrieb, obgleich es sie selbst herstellte. (...) Bei alledem liegt jedenfalls ein semantisches Denkmuster zugrunde. Es führt den praktizierenden Juristen vielfach zu der Überzeugung, dass sich das, was *in casu hic et nunc* als gerecht zu ermitteln ist, mit hinreichender Sicherheit letztlich doch aus der Wortbedeutung des einschlägigen Rechtstextes ergebe."[494] Dabei erachtet VIEHWEG solche Vergegenständlichungen keineswegs als schlechthin unzulässig, sondern erkennt an, dass sie „auch in der Rechtswelt eine gewisse Hilfe leisten" können, indem sie der Abkürzung und Veranschaulichung dienen. Nur muss nach VIEHWEG dabei beachtet werden, dass man sie im Gebrauch „pragmatisieren, d. h. in den Kontext einer Situation bringen, genauer: ihre Isolierung, die durch die fixierende Definition entstand, wieder beseitigen" muss.[495]

---

[492] Dazu *Viehweg*, Modelle juristischer Argumentation in der Neuzeit (1972), in: *ders.*, Rechtsphilosophie und Rhetorische Rechtstheorie, Baden-Baden 1995; S. 127 ff.

[493] *Theodor Viehweg*, Topik und Jurisprudenz, Ein Beitrag zur rechtswissenschaftlichen Grundlagenforschung, 5. Aufl., München 1974, (Anhang) S. 113; vgl. auch *ders.*, Zur Topik, S. 213.

[494] *Theodor Viehweg*, Topik und Jurisprudenz, Ein Beitrag zur rechtswissenschaftlichen Grundlagenforschung, 5. Aufl., München 1974, (Anhang) S. 113 f.

[495] *Viehweg*, Schritte zu einer Rhetorischen Rechtstheorie, S. 201 f. Als Extrembeispiel für juristische Ontologisierungsbestrebungen verweist Viehweg auf *A. Reinach*, Zur Phänomenologie des Rechts – Die apriori-
(→)

Die kritische Betrachtung von Ontologisierungen im juristischen Sprachgebrauch ist allerdings nicht der einzige Aspekt, den VIEHWEG im Zusammenhang mit seiner Hinwendung zur Semiotik den früheren Überlegungen hinzufügt. Dabei sucht er den Anschluss an Ansätze aus dem Bereich der Logik und der praktischen Philosophie, die ebenfalls die Bedeutung der Pragmatik betonen, und die er im Hinblick auf die Entwicklung einer juristische Argumentationstheorie als richtungsweisend betrachtet. Darauf ist nunmehr einzugehen.

c) Operative Logik und kommunikative Pflichten

Gemäß den bisherigen Feststellungen ergibt sich für VIEHWEG, dass sich eine Theorie vom begründenden Reden nicht auf die Suche oder Festlegung allgemein verbindlicher syntaktischer und semantischer Regeln beschränken kann, weil juristische Kommunikationsprozesse und der Umgang mit Rechtstexten nur unter Einbeziehung der pragmatischen Dimension hinreichend transparent und verständlich gemacht werden können. Demnach erscheint – wie VIEHWEG wohl auch im Hinblick auf die an „Topik und Jurisprudenz" geäußerte Kritik besonders hervorhebt – eine rhetorisch-pragmatische Betrachtungsweise gerade auch unter dem rechtsstaatlichen Gesichtspunkt der optimalen Nachprüfbarkeit rechtlicher Argumentationen geboten. Wie sich eine entsprechende pragmatische Kontrolle gestalten könnte, sucht VIEHWEG im Weiteren zu verdeutlichen.

Dabei setzt er zunächst bei der Frage nach der Logizität rechtlicher Argumentationen an. Innerhalb eines antirhetorischen Modells, so stellt VIEHWEG fest, bildet die Nachprüfung der logischen Zusammenhänge im Sinne einer syntaktischen Kontrolle eine zentrale Aufgabe.[496] Dabei besteht nach VIEHWEG die Gefahr, dass dieser Aspekt überbewertet wird. Dahingehend erinnert er noch einmal an die Schwierigkeiten, die der Errichtung eines axio-

---

schen Grundlagen des bürgerlichen Rechts, München 1953, S. 14, 16; s. *ders.*, Zur Topik, S. 212 f.: „Indem der verehrte Verfasser sich bemühte zu zeigen, daß es rechtliche Gebilde gibt, die ‚ein Sein besitzen, so gut wie Zahlen, Bäume oder Häuser', meinte er, wie er versicherte, zwar ‚nichts Dunkles und Mystisches', aber im Sinne unserer Überlegungen sicherlich etwas ganz und gar Unrhetorisches."

[496] *Viehweg*, Antirhetorische und rhetorische Kontrolle, S. 219.

matisch-deduktiven Begründungssystem – also einer Kalkülisierung – im Bereich des Rechts entgegenstehen, insbesondere auch im Hinblick auf die sich damit ergebenden semantischen Probleme: „Da ein ungedeuteter Kalkül natürlich nicht als Rechtslogik angeboten werden kann, müssen für die benutzten Zeichen sachhaltige Deutungsanweisungen gegeben werden. Das könnte *in thesi* durch eine mehr oder weniger umfängliche Deutungsvorschrift, die für alle in diesem Bereich aufgestellten Kalküle gilt, geschehen. *In praxi* würde freilich eine solche Kalkülisierung, die auch mit situativen Innovationen rechnen müßte, an ihrer hohen Kompliziertheit scheitern. Infolgedessen bleibt man nach wie vor und im großen und ganzen hier auf die permanente Interpretation von Fall zu Fall angewiesen.“[497]

VIEHWEG hält es insofern für wenig aussichtsreich, sich einseitig auf syntaktisch-semantische Fragen zu konzentrieren, und entsprechend geht er auf die vielfältigen neueren Ansätze, die sich mit der Anwendbarkeit der modernen Logik auf dem Gebiet des Rechts auseinandersetzen, nicht näher ein.[498] Interessanter erscheint es VIEHWEG, das Kriterium der Folgerichtigkeit *pragmatisch* zu fassen, d. h. eine *operative Logik* zu entwickeln, die nicht nach dem logischen Zusammenhang von Sätzen, sondern nach der *Folgerichtigkeit sprachlicher Handlungen in der Gesprächssituation* fragt.[499] Einen entsprechenden Ansatz in der Logik sieht VIEHWEG namentlich in der Dialogik nach LORENZEN und LORENZ, die zur sog. Erlangener Schule gehören.[500]

---

[497] *Viehweg,* Antirhetorische und rhetorische Kontrolle, S. 220; ferner *ders.,* Notizen zu einer rhetorischen Argumentationstheorie, S. 195.

[498] Grundlegend ist dabei die Frage, ob der Anwendungsbereich der Logik auf wahrheitsfähige Sätze zu beschränken ist und ob als solche nur deskriptive Sätze in Betracht kommen. Dazu sowie zur Forderung nach einer speziell auf Normsätze zugeschnittenen deontischen Logik *Schreckenberger,* Über den Zugang der modernen Logik zur Rechtsdogmatik, in: *Ballweg, Seibert (Hrsg.),* Rhetorische Rechtstheorie, FS Viehweg, Freiburg/München 1982, S. 155 ff.

[499] *Theodor Viehweg,* Topik und Jurisprudenz, Ein Beitrag zur rechtswissenschaftlichen Grundlagenforschung, 5. Aufl., München 1974, (Anhang) S. 116; *ders.,* Notizen zu einer rhetorischen Argumentationstheorie, S. 193, unter Verweis auf *V. Richter,* Untersuchungen zur operativen Logik der Gegenwart, Freiburg/München 1965. Klarstellend bemerkt Viehweg dazu, „dass hier nicht etwa von einer neuen Logik die Rede ist, sondern von neuen, unkonventionellen Logikgestalten“.

[500] Unter Bezugnahme auf *Kamlah, Lorenzen,* Logische Propädeutik, Mannheim u. a. 1967, insb. S. 189; *Lorenz,* Elemente der Sprachkritik, insb. S. 149 ff. Vgl. auch *Lorenzen, Schwemmer,* Konstruktive Logik, Ethik und Wissenschaftstheorie, Mannheim u. a. 1973; *Lorenzen, Lorenz,* Dialogspiele als semantische Grundlage von Logikkalkülen, Darmstadt 1978. Einen Versuch aus neuerer Zeit, die situativ handelnden Personen in logische Operationen einzubeziehen, bildet etwa das Modell der „Pragma-Logik“ nach *Muders-*
(→)

Wie Viehweg darlegt, erlaubt es die Dialogik, „den Dialog als ein geregeltes Spiel zwischen zwei Spielern oder Parteien aufzufassen. Diese werden in rhetorischer Tradition Proponent (oder Respondent, oder Defendent) einerseits und Opponent andererseits oder einfach W (weiß) und S (schwarz) genannt. Ihre Redehandlungen sind die Züge des Dialogspiels, die eine zusammengesetzte oder einfache Aussage (hier mit Behauptung gleichgestellt) angreifen oder verteidigen. Die allgemeine Spielregel gibt in einer Tabelle an, welche Möglichkeiten des Angriffs und der Verteidigung bestehen, und die spezielle Spielregel gibt an, wann ein Angriff oder eine Verteidigung im Verlauf des Dialogs (ebenfalls in einem Tableau beschreibbar) stattfinden kann. Derjenige Spieler, dem es gelingt, alle denkbaren Züge des Gegenspielers im Dialog zu seinem Vorteil zu beantworten, ist Gewinner des Dialogs. Er ist, so sagt man in Anlehnung an neuere Spieltheorien, im Besitz der Gewinnstrategie für diesen Dialog. Der Begriff der Gewinnstrategie bestimmt, was hier logisch wahr oder falsch ist."[501]

Konkrete Konsequenzen für die Nachprüfbarkeit juristischer Argumentationen ergeben sich aus dem hier von VIEHWEG skizzierten dialogischen Modell freilich nicht. Auch vermag es nicht die von VIEHWEG formulierte Zielsetzung einer Theorie des begründenden Redens zu erfüllen, nämlich den „unablässigen Herstellungsprozess" aufzuklären, „der in der Redesituation sprachliche Bedeutung produziert", und – damit einhergehend – den „direktiven Aufbau einer sozialen Welt" transparent zu machen. Vielmehr setzt dieses Modell eine eindeutige definitorische Festlegung der denkbaren Spielkonstellationen und möglichen Spielzüge voraus und muss daher entweder hinter der Komplexität realer Argumentationen weit zurückbleiben oder aber selbst überkomplex werden.[502] Insofern ließe sich gegen entsprechende Modelle ebenso wie gegen die von VIEHWEG kritisierten, ausschließlich syntaktisch-semantisch ausgerichteten Konzeptionen einwenden, daß sie schon „an ihrer

---

bach, Eine Logik für Sprechen und Denken im Alltag, in: *Weingartner, Schurz (Hrsg.),* Beiträge des 20. Internationalen Wittgenstein-Symposiums, Bd. 2, Wien 1997, S. 672 ff.

501 *Viehweg,* Notizen zu einer rhetorischen Argumentationstheorie, S. 193 f.

502 Dahingehende Bedenken bzgl. der Brauchbarkeit spieltheoretischer Modelle für die Analyse juristischen Handelns und Entscheidens auch bei *Ballweg,* Rechtswissenschaft, S. 74 f.; vgl. ferner die kritische Beurteilung der Dialogik bei *Bayer,* Plausibilität und juristische Argumentation, Konlenz 1975, 33 ff.

hohen Kompliziertheit scheitern“ müssten. Im Übrigen weist VIEHWEG selbst ausdrücklich darauf hin, dass auch „eine streng geregelte Dialogführung keineswegs das freie Spiel der kommunikativen Invention ersetzen kann“[503]. Gleichwohl sieht er in ihr „das logische Muster, das der pragmatischen Redesituation am besten entspricht und daher am ehesten geeignet ist, diese zu kontrollieren“[504]. Vor allem aber interessiert VIEHWEG die Dialogik als Grundlage für weitere Überlegungen, die in den Bereich der praktischen Philosophie verweisen.[505]

Diese Überlegungen umreißt VIEHWEG wie folgt: „Ist das Begründen notwendigerweise ein Reden und Unterreden, so ist das eine Tätigkeit, die nur dadurch möglich wird, daß sie bestimmten Kommunikationspflichten genügt. Die rhetorische Blickwendung führt also zur Frage nach dem gegenseitigen richtigen Verhalten der Redenden. Begründendes Reden, so kann man formulieren, bedeutet Behauptungen aufstellen, die einer Verteidigungspflicht (officium defensionis) unterliegen und die nur dann Bestand haben, wenn sie dieser Verteidigungspflicht genügen können. Der Dialog zwischen Defendent und Opponent ist daher auf die in ihm enthaltenen Verpflichtungen und ihre Differenzierungen zu untersuchen.“[506] Entsprechend begrüßt VIEHWEG das im Bereich der Philosophie zu verzeichnende Interesse an dem damit angesprochenen Fragenkreis, und weist gleichzeitig darauf hin, dass entsprechende kommunikative Pflichten dem „Verständnis des praktizierenden Juristen sehr naheliegen. Denn dieser kennt seine Prozeßpflichten, die ihm als Behauptungs-, Begründungs-, Verteidigungs- und Erläuterungspflichten obliegen. Er kennt das *onus probandi*, die Beweislast, als eine der effektivsten Prozeßinstitutionen, welche die Verletzung der aus der Redesituation immer schon erwachsenden kommunikativen Verpflichtungen mit empfindlichen Sanktionen

---

503 *Theodor Viehweg,* Topik und Jurisprudenz, Ein Beitrag zur rechtswissenschaftlichen Grundlagenforschung, 5. Aufl., München 1974, (Anhang) S. 116.

504 *Theodor Viehweg,* Topik und Jurisprudenz, Ein Beitrag zur rechtswissenschaftlichen Grundlagenforschung, 5. Aufl., München 1974, (Anhang) S. 116.

505 Insoweit verweist Viehweg auf *Kambartel,* Was ist und soll Philosophie?, Konstanz 1968, der ebenfalls der Erlangener Schule zuzurechnen ist; s. auch *Kambartel (Hrsg.),* Praktische Philosophie und konstruktive Wissenschaftstheorie, Frankfurt/Main 1974.

506 *Viehweg,* Notizen zu einer rhetorischen Argumentationstheorie, S. 195; so auch *ders.,* Topik und Jurisprudenz, Ein Beitrag zur rechtswissenschaftlichen Grundlagenforschung, 5. Aufl., München 1974, (Anhang) S. 118; *ders.,* Rhetorik, Sprachpragmatik, S. 207 f.

ausstattet, um Non-liquet-Entscheidungen zu verhindern. (...) Hier interessiert: Die Beweislastverteilung und die Fähigkeit, den Beweis zu führen, spielen in den meisten juristischen Verfahren die entscheidende Rolle. Das bedeutet aber, dass im Kern eine Verfahrenspflicht entscheidet, die aus jeder kommunikativen Redesituation zu rechtfertigen ist. Es entscheidet also ein fundamentales rhetorisches Officium, und es ist sehr bemerkenswert, daß diesem neuerdings von der Philosophie ein außerordentliches Gewicht gegeben wird. (...) Kurz gesagt: Wenn einer redet, muß er sein Reden rechtfertigen können. (...) Nur dergestalt bleibt ein rationaler Dialog im Gange, der die Rechtfertigung theoretischer und praktischer Behauptungen im optimalen Umfang ermöglicht."[507]

Die damit angesprochenen Aspekte gilt es im Folgenden näher zu betrachten. Zutreffend ist, dass das Beispiel der juristischen Begründungs-, Erläuterungs- und Beweispflichten geeignet ist, den direktiven Charakter sprachlicher Äußerungen als wechselseitige Handlungen innerhalb eines kommunikativen Entscheidungs- bzw. Verständigungsprozesses plastisch zu machen. Einleuchtend ist ferner, entsprechende Verfahrenspflichten als Kriterien der Rationalität des Entscheidungsprozesses und der daraus erwachsenden Resultate einzuordnen: Als *formelle* Vorgaben strukturieren sie den Entscheidungsprozess und machen ihn damit transparent und nachvollziehbar. Damit einhergehend stellen sie in *funktioneller* Hinsicht sicher, dass trotz gegebener erkenntismäßiger und zeitlicher Limitierungen in jedem Fall ein Ergebnis herbeigeführt werden kann. Schließlich dienen sie in *materieller* Hinsicht dazu, willkürliche oder zufällige Ergebnisse zu verhindern, was freilich voraussetzt, dass eine Angabe sachhaltiger Gründe überhaupt für möglich und sinnvoll gehalten wird.[508] Einer Klärung bedarf aber VIEHWEGS weitergehende Feststellung, wonach die dahingehenden juristischen Verfahrenspflichten als Ausprägungen *immer schon bestehender kommunikativer Verpflichtungen* aufzufassen seien, deren Einhaltung eine konstituierende Bedingung jedes rationalen Dialogs bilde.

---

[507] *Theodor Viehweg,* Topik und Jurisprudenz, Ein Beitrag zur rechtswissenschaftlichen Grundlagenforschung, 5. Aufl., München 1974, (Anhang) S. 118 f.

[508] Vgl. *Neumann,* Argumentationslehre, S. 2 f.

Dazu ist zunächst noch einmal bei VIEHWEGS Topik-Analyse anzusetzen. Danach handelt es sich bei der Topik um ein Verfahren zur Gewinnung von Prämissen, aus denen sich eine plausible Lösung für eine konkrete Problemstellung ergibt. Dabei helfen die Topoi, die für diese Problemstellung einschlägigen Gesichtspunkte und Argumente – d. h. zugleich: mögliche Gründe – zu finden, die bei der Prämissenbildung zu berücksichtigen und geeignet sind, die Zustimmung der Gesprächspartner zu erlangen. Entsprechend betont VIEHWEG, dass der Topik nicht nur Auffindungs-, sondern auch Begründungsfunktion zukommt.[509] Steht demnach also mit der Topik ein allgemeines Begründungs(gewinnungs)verfahren zur Verfügung, erscheint es grundsätzlich schlüssig, das Bestehen korrespondierender Begründungs- und Rechtfertigungs*pflichten* anzunehmen und als allgemeine Kriterien eines rationalen Dialogs heranzuziehen.[510] Allerdings kann die verfahrensmäßige Ausgestaltung des Dialogs in Form wie auch immer näher zu bestimmender kommunikativer Begründungs- und Rechtfertigungspflichten nichts daran ändern, dass die Rationalität der gewonnenen Resultate in materieller Hinsicht *notwendig beschränkt* bleibt, d. h. relativ zu den Vorstellungen der Gesprächspartner, die sie im jeweiligen Kontext für zustimmungsfähig halten. Nach VIEHWEG ist jedoch „eine wesentliche Erweiterung der Rationalität" bereits dann erreicht, wenn der inhaltliche Herstellungsprozess verfahrensmäßig so angelegt ist, dass „einerseits die einschlägigen Problemfelder und andererseits das Spiel der angebotenen, akzeptierten oder zurückgewiesenen Topoi klar unterscheidbar formuliert" werden.[511] Dies entspricht seiner bereits in „Topik und Jurisprudenz" getroffenen Feststellung, wonach die Diskussion „offenbar die einzige Kontrollinstanz" bleibt, so dass es „wenigstens diese

---

[509] *Viehweg,* Notizen zu einer juristischen Argumentationstheorie, S. 196; s. auch *Garrn,* Zur rhetorischen Begründungsfunktion juristischer Topik, in: *Schirren, Ueding (Hrsg.),* Topik und Rhetorik. Ein interdisziplinäres Symposium, Tübingen 2000, S. 499 ff.; kritisch *Franz Horak,* Rationes Decidendi. Entscheidungsbegründungen bei den älteren römischen Juristen bis Labeo, Bd. I, Innsbruck 1969, insbes. S. 49 ff., 63 f.

[510] Dazu *Viehweg,* Notizen zu einer rhetorischen Argumentationstheorie, S. 195: „Bei der Kompliziertheit der Welt, der Kürze unseres Lebens und der Begrenztheit unserer Fähigkeiten hat die Verpflichtung, unsere Wirklichkeit nicht durch unbegründete Behauptungen zu entstellen, allgemeines Interesse."

[511] *Viehweg,* Rhetorische Rechtslehre, S. 216 f; vgl. auch *ders.,* Zur Topik, S. 212: „Topoi werden in der Bemühung um eine gemeinschaftliche Meinungsbildung (...) angeboten, angenommen oder abgelehnt. Sie ermöglichen dergestalt eine kommunikative, wechselseitig überprüfbare Kreation."

Diskutierbarkeit so klar und einfach wie möglich zu gestalten" gilt.[512] Die Forderung nach klarer und transparenter Argumentation wird insofern noch einmal unterstrichen. Freilich ist anzumerken, dass VIEHWEG den Inhalt der von ihm angenommenen kommunikativen Verpflichtungen im Übrigen nicht weiter präzisiert.

Schwerer wiegt indes, dass einige der späteren Formulierungen VIEHWEGS zugleich geeignet scheinen, die Stringenz seiner ursprünglichen Topik-Konzeption zu verwässern. Irritierend ist es etwa, wenn VIEHWEG unterschiedslos von einer anzustrebenden optimalen „Rechtfertigung theoretischer und praktischer Behauptungen"[513] im Wege eines rationalen Dialogs spricht. Denn der hier von VIEHWEG ins Auge gefassten pragmatisch-rhetorischen Dimension kommt für die Rechtfertigung theoretischer Behauptungen eben nicht die zentrale Stellung zu, die sie bei der Rechtfertigung praktischer Behauptungen erlangt, weil theoretische Behauptungen einer syntaktisch-semantischen Kontrolle zugänglich sind, die grundsätzlich nicht an die konkreten Gesprächspartner und den jeweiligen Kontext gebunden bleibt. Insoweit kann auf die bereits ausführlich entfaltete Unterscheidung zwischen Problem- und Systemdenken verwiesen werden. Der Gebrauch von Formulierungen, die seine früheren Differenzierungen tendenziell verwischen, ist freilich kein Zufall, sondern erklärt sich aus VIEHWEGS Bestreben, Anschluss an andere zeitgenössische Ansätze zu suchen, die unter Hinwendung zur Pragmatik „die Diskussion oder den Diskurs in den Mittelpunkt der Erörterungen" rücken, und seiner damit verbundenen Hoffnung auf „eine gewisse Einheitlichkeit der Theorie vom juristischen Denken"[514]. Ein solches Bestreben geht aber zu weit, wenn es tatsächlich vorhandene Gegensätze überspielt. So ist im Hinblick auf VIEHWEGS Berufung auf Autoren der Erlangener Schule darauf hinzuweisen, dass deren Überlegungen eine ganz andere Zielrichtung aufweisen als seine eigenen, denn diese fassen nicht nur eine argumentative Absicherung im Kontext, sondern die Möglichkeit einer *universellen Begründbarkeit*

---

[512] *Theodor Viehweg,* Topik und Jurisprudenz, Ein Beitrag zur rechtswissenschaftlichen Grundlagenforschung, 5. Aufl., München 1974, S. 43, 45.

[513] *Theodor Viehweg,* Topik und Jurisprudenz, Ein Beitrag zur rechtswissenschaftlichen Grundlagenforschung, 5. Aufl., München 1974, (Anhang) S. 119 (Hervorhebung d. Verf.)

[514] Vgl. *Viehweg,* Zur Topik, S. 213, unter Hinweis auf Alexys Theorie der juristischen Argumentation.

normativer Behauptungen ins Auge. Dies gilt ebenso für die von HABERMAS entwickelte Theorie des praktischen Diskurses, an dessen Terminologie VIEHWEGS Rede von kommunikativen Verpflichtungen anzuknüpfen scheint. Diese Zielrichtung ist zugleich maßgeblich für die rechtstheoretische Rezeption dieser Ansätze, namentlich durch ALEXY, der seine Theorie der juristischen Argumentation insbesondere auf HABERMAS, aber auch auf die Erlangener Schule stützt.[515] Zwar ist es vorliegend weder möglich noch erforderlich, auf die Übereinstimmungen und Abweichungen der genannten Konzeptionen, ihre Deutung durch ALEXY sowie schließlich die breit geführte Debatte dazu näher einzugehen. Geboten erscheint aber eine immerhin skizzenhafte Betrachtung der diskurstheoretischen Überlegungen, um die wichtigsten Diskrepanzen zu VIEHWEG deutlich zu machen.

d) Exkurs: Faktische Verständigung oder idealer Konsens?

Im Zentrum dieser Überlegungen steht die These von HABERMAS, dass nicht nur theoretischen, sondern auch normativen Äußerungen grundsätzlich Wahrheitsfähigkeit zukomme.[516] HABERMAS nimmt an, mit jeder sprachlichen Äußerung verbinde sich der Anspruch der Berechtigung dieses Sprechakts.[517] Dieser *Geltungs- bzw. Richtigkeitsanspruch,* der theoretischen wie praktischen Behauptungen gemeinsam sei, bilde den maßgeblichen Anknüpfungspunkt für die Wahrheitsfähigkeit: Nicht der semantische Gehalt und die inhaltliche Übereinstimmung mit tatsächlich bestehenden Sachverhalten sei entscheidend, sondern vielmehr, ob sich der mit einer Behauptung erhobene Geltungsanspruch im Rahmen eines *Diskurses* durch Angabe von Gründen einlösen lasse. Der *Korrespondenztheorie* der Wahrheit stellt er damit eine

---

[515] *Alexy,* Theorie der juristischen Argumentation, S. 134 ff.

[516] *Habermas,* Wahrheitstheorien, in: *Fahrenbach (Hrsg.),* Wirklichkeit und Reflexion, FS Schulz, Pfullingen 1973, S. 211 ff. (242 ff., 252 ff.); vgl. *ders.,* Diskursethik – Notizen zu einem Begründungsprogramm, in: *ders.,* Moralbewußtsein und kommunikatives Handeln, 1983, S. 53 ff. (78), wonach „normative Geltungsansprüche einen kognitiven Sinn haben und wie Wahrheitsansprüche behandelt werden können". Vgl. zu Korrekturen an seinem Wahrheitsbegriff in neuerer Zeit *Habermas,* Wahrheit und Rechtfertigung. Zu Richard Rortys pragmatischer Wende, in: *ders.,* Wahrheit und Rechtfertigung, Frankfurt/Main 1999, S. 230 ff.; 256 f.

[517] Anknüpfungspunkt dafür ist die von Austin begründete Theorie der Sprechakte, vgl. *Austin,* How to do Things with Words (1962), 2. Aufl., Oxford 1975; ausführlich dazu *Habermas,* Was ist Universalpragmatik?, in: *Apel (Hrsg.),* Sprachpragmatik und Philosophie, Frankfurt/Main 1976, S. 174 ff. (204 ff.).

Konsenstheorie der Wahrheit entgegen: Theoretische wie praktische Behauptungen seien dann berechtigt und wahr, wenn sie die *potentielle Zustimmung aller möglichen Gesprächspartner* erlangten[518], d. h. ein nicht bloß faktischer, sondern ein begründeter, *ausschließlich auf der Kraft der besseren Argumente* beruhender Konsens bestehe[519]. Entscheidend dafür seien die formalen Eigenschaften des Diskurses, nämlich die Beachtung der für den Diskurs geltenden Regeln einer *pragmatischen Logik.* Entsprechende Diskursregeln gewinnt HABERMAS aus der Bezugnahme auf eine *ideale Sprechsituation,* die Kommunikationsbedingungen fordere, unter denen alle Gesprächspartner gleichberechtigt und von äußeren wie inneren Zwängen freigestellt seien.[520] Jedes sprach- und handlungsfähige Subjekt müsse danach ungestört am Diskurs teilnehmen, jede Behauptung problematisieren und jede Befindlichkeit äußern dürfen.[521] Freilich sieht HABERMAS, dass sich solche Bedingungen in wirklichen Diskursen immer nur annäherungsweise verwirklichen lassen. Gleichwohl bilde die ideale Sprechsituation kein bloßes Konstrukt, weil der mit jedem Sprechakt verbundene Geltungsanspruch notwendig die (kontrafaktische) Unterstellung ihrer Verwirklichung impliziere und der Grad ihrer tatsächlichen Verwirklichung zugleich einen Maßstab für jeden faktisch erzielten Konsens biete.[522]

Ausgehend davon entwickelt ALEXY einen Katalog von Regelgruppen und Argumentformen für den allgemeinen praktischen Diskurs.[523] Diese Regeln statuieren HABERMAS folgend eine *Begründungspflicht* für aufgestellte Behauptungen, eine Verteilung von *Argumentationslasten,* die *Gleichberech-*

---

[518] *Habermas,* Wahrheitstheorien, S. 219.

[519] *Habermas,* Wahrheitstheorien, S. 239 ff. Ein Argument ist danach die Begründung, die dazu motivieren soll, den Geltungsanspruch einer Behauptung oder einer Bewertung anzuerkennen. Für die Analyse der formalen Argumentstruktur beruft sich Habermas auf *S. E. Toulmin,* The Uses of Arguments, Cambridge 1958, S. 95 ff.

[520] *Habermas,* Wahrheitstheorien, S. 255 ff.

[521] Für praktische Diskurse wird damit zugleich das Universalisierbarkeitsprinzip zur kommunikativen Regel, weil gemäß Habermas eine behauptete Norm unter den Bedingungen einer idealen Sprechsituation nur dann Zustimmung erlangen könne, wenn alle sie wollen könnten, wenn also ihre Folgen mit den Interessen und Bedürfnissen aller vereinbar seien.

[522] Vgl. *Habermas,* Zwei Bemerkungen zum praktischen Diskurs, in: *ders.,* Zur Rekonstruktion des Historischen Materialismus, Frankfurt/Main 1976, S. 338 ff. (339); *ders.,* Wahrheitstheorien, S. 259.

[523] Dazu *Alexy,* Theorie der juristischen Argumentation, S. 361 ff.

tigung der Gesprächspartner, die *Freiheit der Themenwahl* und ein *Verbot innerer und äußerer Zwänge.* Ferner enthält der Katalog Regeln zur Spezifizierung der Begründungsanforderungen, und zwar einerseits unter dem Gesichtspunkt der *Universalisierbarkeit* und andererseits im Hinblick auf eine Überprüfbarkeit der historisch-gesellschaftlichen sowie der individuell-psychischen *Entstehungsgeschichte* der moralischen Regeln, die den Auffassungen der Sprecher zugrunde liegen. Hinzu kommt eine Regelgruppe, die ALEXY als *Grundregeln* bezeichnet und deren Geltung er als „Bedingung jeder sprachlichen Kommunikation, in der es um Wahrheit oder Richtigkeit geht", ansieht.[524] Danach darf sich kein Sprecher *widersprechen* und jeder Sprecher nur das behaupten, *was er selbst glaubt;* verlangt wird außerdem ein *situationsunabhängiger* Sprachgebrauch sowie die *Gemeinsamkeit* des Sprachgebrauchs verschiedener Sprecher. Die *Argumentformen* schließlich betreffen die Begründbarkeit einzelner normativer Behauptungen entweder durch Regeln oder durch Hinweise auf Folgen, die Begründung der Regeln ihrerseits sowie die Begründung von Präferenzrelationen zwischen Regeln und Prinzipien.

Nach Maßgabe dieser Regeln lassen sich nach ALEXY bestimmte Werturteile als *diskursiv unmöglich* und falsch (etwa: Zulässigkeit von Sklaverei) und andere als *diskursiv notwendig* und richtig qualifizieren. Allerdings räumt ALEXY ein, dass dazwischen ein breiter Bereich des *diskursiv Möglichen* liege, innerhalb dessen miteinander unvereinbare normative Behauptungen jeweils ohne Verstoß gegen die Diskursregeln begründbar seien. Die insoweit bestehenden Grenzen des allgemeinen praktischen Diskurses begründen laut ALEXY die Notwendigkeit rechtlicher Regeln.[525] Vor dem Hintergrund dieser Überlegung sucht er in einem weiteren Schritt, die von ihm erarbeiteten allgemeinen praktischen Diskursregeln für die juristische Argumentation fruchtbar zu machen. Grundlegend dafür ist seine Annahme, dass der juristische Diskurs einen *Sonderfall des allgemeinen praktischen Diskurses* bilde, weil sich die rechtliche Entscheidungstätigkeit nicht auf die Erkenntnis vorgegebener Gesetzesnormen reduzieren lasse, sondern ein vernünftiges Urteilen er-

---

[524] *Alexy,* Theorie der juristischen Argumentation, S. 234.
[525] Vgl. *Alexy,* Theorie der juristischen Argumentation, S. 256.

fordere.[526] Die Regeln des allgemeinen praktischen Diskurses sind nach ALEXY daher in der juristischen Argumentation nicht suspendiert, sondern bedürfen lediglich einiger Ergänzungen und Modifikationen, die eine größtmögliche Vernünftigkeit von Entscheidungen bei gleichzeitiger größtmöglicher Gesetzesnähe bewirken sollen. Im Ergebnis gelangt ALEXY dabei zu einem weiteren Regelkatalog, der Elemente der klassischen Methodenlehre, Regeln der empirischen und dogmatischen Argumentation sowie der Präjudizienverwendung mit den Diskursregeln kombiniert und als Grundsteinlegung zu einer juristischen Argumentationsgrammatik dienen soll, die alle zulässigen Argumente in ihrer Gewichtung zueinander umfasst.[527]

Bereits dieser stark komprimierte Überblick macht sichtbar, dass VIEHWEG im Bereich der Diskurstheorie vergeblich nach Verbündeten sucht. Grundlegend für den Ansatz VIEHWEGS ist ja gerade der Gedanke, dass im Bereich praktischer Fragen wie der Gerechtigkeitsfrage keine gesicherte Erkenntnis möglich ist. Eben weil sich also *keine wahren* und zeitübergreifenden Antworten gewinnen lassen, bleibt die Gerechtigkeitsfrage problematisch und verlangt eine permanente Verständigung über das *hier und jetzt* jeweils Gerechte. Wenngleich demnach das Erfordernis einer *faktischen* Verständigung im Bereich praktischer Fragen nach VIEHWEG einen zentralen Stellenwert einnimmt, liegt es ihm völlig fern, den Konsens im Sinne der Konsensustheorie zum Wahrheitskriterium zu erheben. Dies wäre auch mit seinem Anliegen, die verschiedenen Funktionen und Bedingungen der im Bereich theoretischer und praktischer Fragen anzutreffender Denkweisen deutlich als System- und Problemdenken unterscheidbar zu machen, nicht vereinbar. Allerdings braucht hier die Frage, ob der Konsens *überhaupt* als Wahrheitskriterium in Betracht kommt, nicht weiter verfolgt zu werden.[528] Denn auch

---

526 *Alexy,* Theorie der juristischen Argumentation, S. 32, 38, 261 ff.; *ders.,* Theorie der Grundrechte, S. 498 f.

527 Vgl. die Übersicht bei *Alexy,* Theorie der juristischen Argumentation, S. 364 ff.

528 Ablehnend dazu etwa *Albert,* Transzendentale Träumereien, Hamburg 1975, S. 149 ff.; *Wellmer,* Ethik und Dialog, Frankfurt/Main 1986, S. 69 ff. Anzumerken ist im Übrigen, dass Habermas die von Alexy formulierten Grundregeln, die auf logisch-semantischer Ebene anzusiedeln sind, in seine eigene Konzeption integriert und damit dem substantiellen Aspekt neben den rein prozeduralen Anforderungen ein größeres Gewicht eingeräumt hat; vgl. *Habermas,* Diskursethik – Notizen zu einem Begründungsprogramm, in: *ders.,* Moralbewußtsein und kommunikatives Handeln, Frankfurt/Main 1983, S. 98 f., dazu Neumann, Argumentationslehre, S. 74 f.

unabhängig von dieser prinzipiellen Frage lässt sich zeigen, dass der diskurstheoretische Ansatz erheblichen Einwänden ausgesetzt ist und ausgerechnet an der Stelle, wo VIEHWEG Gemeinsamkeiten sucht, nämlich bei der Einschätzung der *Pragmatik,* von dessen Verständnis abweicht.

Zunächst geht auch die Diskurstheorie von der Überlegung aus, dass die Sprache nicht auf ihre deskriptive Funktion reduziert werden kann, und dass es zur Beurteilung sprachlicher Äußerungen erforderlich ist, die Pragmatik zu berücksichtigen, also das Verhältnis der Sprecher zu den von ihnen hervorgebrachten Äußerungen. Insoweit richtet sie ihr Interesse darauf, was Sprecher *tun,* indem sie etwas sagen, d. h. auf die Handlungsfunktion, die dem Vollzug eines Sprechaktes zukommt, und stellt fest, dass es neben den Regeln der Logik und Grammatik weitere – pragmatische – Regeln geben muss, die gerade diesen Handlungsaspekt betreffen und über das Gelingen eines jeweiligen Sprachakts entscheiden.[529] Dabei beruft sie sich sowohl auf AUSTINS Theorie der Sprechakte, wonach Sprechakte notwendig konventionelle Handlungen sind, die erst durch die ihnen zugrunde liegenden Regeln ermöglicht werden, als auch auf WITTGENSTEINS Konzeption der Sprachspiele.[530] Bis zu dem Punkt, dass die Regelhaftigkeit sprachlichen Handelns als Funktionsbedingung sprachlicher Verständigung anzusehen ist, ist der Diskurstheorie auch nicht zu widersprechen. Sodann geht die Diskurstheorie aber erheblich weiter, indem sie das Gelingen von Sprechakten als Einlösbarkeit von Geltungsansprüchen definiert und unterstellt, dass die Regeln sprachlichen Handelns in den Bedingungen dieser Einlösbarkeit – nämlich den Bedingungen einer fiktiven idealen Sprechsituation – eine unhintergehbare Vorgabe fänden. Ausgehend davon behauptet sie die Geltung eines präzise rekonstruierbaren *universalen Regelsystems,* das bis hin zu der Forderung reichen soll, die Sprecher dürften einen Ausdruck nicht mit verschiedener Bedeutung und nur in verallgemeinerbarer Weise benutzen.

ALEXY selbst räumt allerdings ein, dass demgegenüber nach WITTGENSTEIN eine „unsägliche Verschiedenheit" der Sprachspiele bestehe. Laut

---

[529] *Alexy,* Theorie der juristischen Argumentation, S. 79 f.

[530] *Alexy,* Theorie der juristischen Argumentation, S. 70 ff., insb. S. 73 f., 79 mit entsprechenden Nachweisen. Zweifel an der Rezeptionsweise Austins äußert *Busse*, Juristische Semantik, S. 177 f.

WITTGENSTEIN könnten die Regeln der einzelnen Sprachspiele „nur durch Berücksichtigung nicht-verbalen Verhaltens und anderer faktischer Umstände" und nur vor dem Hintergrund der ihnen jeweils zugrunde liegenden „Lebensformen" und „Weltbilder" erfasst werden, die aber ihrerseits „nicht begründbar und damit nicht kritisierbar" seien.[531] Den Regeln, die ein Sprachspiel bestimmten, käme demnach lediglich kontextbezogener, paradigmatischer Charakter zu. Ihre Einhaltung oder Missachtung könnte das Gelingen oder die Fehlerhaftigkeit einer sprachlichen Äußerung immer nur dann begründen, wenn ein gemeinsames Wirklichkeitsmodell, eine geteilte „Lebensform", als Verständigungsgrundlage bereits vorausgesetzt sei. Der These von der unsäglichen Verschiedenheit der Sprachspiele und der Nichtbegründbarkeit der ihnen zugrunde liegenden Lebensformen hält ALEXY zwar entgegen, „daß faktisch über Lebensformen und Weltbilder diskutiert" würde und etwa „ein Dialog zwischen Christen und Kommunisten durchaus möglich" sei.[532] Im Übrigen könne *jede* Voraussetzung diskutiert (also kritisiert und begründet) werden; daraus, dass die Diskussion von Voraussetzungen wiederum Voraussetzungen verlange, folge lediglich, dass nicht alle Voraussetzungen *zugleich* zu begründen seien.[533]

Jedoch steht gar nicht in Frage, ob *überhaupt* ein „Dialog zwischen Christen und Kommunisten" möglich ist, sondern ob er in Form eines allen Differenzen vorausliegenden Metasprachspiels geführt werden kann, innerhalb dessen sich die Sprecher von ihren lebensweltlich geprägten Vorstellungen emanzipieren und zu einer gemeinsamen und situationsunabhängigen Begründungssprache finden. Diese Möglichkeit bleibt zu bestreiten.[534] Ihre Annahme beruht auf der unzutreffenden Voraussetzung einer *gleichsinnigen* Wiederholbarkeit sprachlicher Ausdrücke. Die funktionell erforderliche Regelhaftigkeit von Sprache, d. h. die regelgeleitete Wiederholbarkeit sprachli-

---

[531] Vgl. *Alexy,* Theorie der juristischen Argumentation, S. 71 ff. m. w. N. Ob diese Deutung dem wittgensteinschen Verständnis tatsächlich entspricht, ist freilich umstritten – wie eigentlich das gesamte Werk Wittgensteins. Sie entspricht aber der wohl vorherrschenden juristischen Rezeptionsweise.

[532] *Alexy,* Theorie der juristischen Argumentation, S. 76.

[533] Kritisch zu diesen Einwänden wiederum *Busse,* Juristische Semantik, S. 176 f.

[534] Dazu *Christensen,* Was heißt Gesetzesbindung? Eine rechtslinguistische Untersuchung, Berlin 1989, S. 190 ff m. w. N.; vgl. auch *Herbert,* Zum Einfluß Wittgensteins auf die Rechtstheorie, Baden-Baden 1995, S. 214 f.

cher Ausdrücke, erfordert und gewährleistet aber keineswegs Gleichsinnigkeit im Sinne vollkommener Bedeutungsidentität. Vielmehr geht die Verwendung sprachlicher Ausdrücke in wechselnden – und niemals identischen – Kontexten unvermeidlich mit Sinnverschiebungen und divergierenden persönlichen Assoziationen einher, die ihrerseits zugleich modifizierend auf die jeweils angewendeten Regeln zurückwirken.[535]

Da es mithin an der Stabilität von Sprachgebrauchsregeln fehlt und diese ihre modifizierende Anwendung selbst nicht steuern können, steht auch kein inhaltlich neutrales Kriterium für die Beurteilung eines richtigen oder falschen Sprachgebrauchs zur Verfügung.[536] Indem die Diskurstheorie bei ihrem Konzept des rationalen praktischen Diskurses gleichwohl von einer gemeinsamen und situationsunabhängigen Begründungssprache ausgeht, nimmt sie eine Idealisierung vor, die den Blick auf reale Verständigungsprozesse und die praktische Durchsetzung eines Sprachgebrauchs verstellt. Mit ihrer Bezugnahme auf eine *ideale* Sprechsituation, die von allen Faktoren absieht, die die Spezifität einer wirklichen Gesprächssituation ausmachen, blendet sie also gerade aus, was nach VIEHWEG im Zentrum der Pragmatik als einer *situativen* Betrachtungsweise steht, nämlich die komplexen *direktiven* Wirkungen wechselseitiger Sprechhandlungen und die *inventiven* Anteile der sprachlichen Verständigung, die auch eine „streng geregelte Dialogführung keineswegs (…) ersetzen kann“[537].

---

[535] Gerade diese Modifizierbarkeit der Regeln ist als strukturelle Voraussetzung ihrer Wiederholbarkeit und Wirksamkeit anzusehen; vgl. *Christensen,* Gesetzesbindung, S. 193 f., 194 f.: „Tatsächlich ist nicht die stabile Regel und ein mit sich identischer Sinn die Voraussetzung der Wiederholbarkeit, sondern umgekehrt die Wiederholung oder Wiedervergegenwärtigung der Ausdruckskette die konkrete Voraussetzung für die Idealität des Sinns.“

[536] S. *Busse,* Juristische Semantik, S. 182 f. sowie S. 176: „Das regelhafte Handeln erweist sich im Befolgen einer Regel. Mithin kann die Regel kein externer Wegweiser sein, der eine außer der sprachlichen Praxis selbst stehende Gewißheit verbürgt. Jeder Diskurs über die Richtigkeit einer Regelbefolgung kann daher in einen Diskurs über die Richtigkeit der angesetzten Regelformulierung münden. Da die Regel (als Form einer Praxis) von der in einem Rechtfertigungsdiskurs verwendeten Regelformulierung streng zu trennen ist, kann sie kein objektives und der sprachlichen (Interpretations-)Praxis externes Kriterium sein, welches einen interpretativen Diskurs beenden könnte. Im Zweifel beruft sich nämlich jeder Proponent oder Opponent auf seine eigene Regelformulierung als die allein richtige oder der ‚wirklichen Regel‘ entsprechend, wie alle Analysen von sog. ‚semantischen Kämpfen‘ erwiesen haben.“

[537] *Theodor Viehweg,* Topik und Jurisprudenz, Ein Beitrag zur rechtswissenschaftlichen Grundlagenforschung, 5. Aufl., München 1974, (Anhang) S. 116.

Damit ist freilich nicht gesagt, dass das Ziel eines „klaren und sinnvollen Sprechens“[538] falsch und nicht wenigstens anzustreben sei[539]. Nur wird dessen Realisierung nicht dadurch gewährleistet, dass man ausgehend von der lediglich *fiktiven Annahme* der Möglichkeit eines begründeten Konsenses die Bedingungen einer idealen Sprechsituation zu zwingenden Prämissen faktischen sprachlichen Handelns erklärt. Daher vermag die Diskurstheorie mit den von ihr formulierten Regeln auch nicht zu erweisen, dass und wie eine universale Begründung praktischer Behauptungen tatsächlich möglich ist, sondern sie setzt ein jenseits aller Gegensätze liegendes Einverständnis über praktische Fragen voraus, das sie sodann als Funktion dieser Regeln rekonstruiert.[540] Mit CHRISTENSEN lässt sich insoweit festhalten: „Die mangelnde sprachtheoretische Einlösbarkeit einer universalen Konzeption kommunikativer Kompetenz stellt aber auch den kritischen Konsens als Fluchtpunkt für die allgemeine Theorie des praktischen Diskurses in Frage. Wenn die Universalität eines pragmatischen Codes bzw. seiner regelgeleiteten Transformation nicht garantiert werden kann, dann ist eine rationale Einigung zwischen verschiedenen Personen nur noch unter der Bedingung möglich, dass diese ein sprachliches Bedeutungssystem, eine empirische Weltsicht und eine hinreichende Menge von Werten miteinander teilen. Diese Einschränkungen sind aber identisch mit den Grenzen einer bestimmten Lebensform.“[541]

Insgesamt ergibt sich damit, dass auch die Diskurstheorie eine umfassende rationale Nachprüfbarkeit praktischer Aussagen nicht gewährleisten kann. Es mag hier dahingestellt bleiben, welcher grundsätzliche Stellenwert dem diskurstheoretischen Ansatz und namentlich den präzise ausgearbeiteten Regelformulierungen ALEXYS im Sinne eines *normativen* Leitbildes für die Gewinnung und Etablierung praktischer Argumentationsstandards beizumessen ist. Ebensowenig ist vorliegend der *Sonderfallthese* und der Frage nachzugehen, inwieweit eine Anwendung der Diskursregeln mit den institutionel-

---

[538] *Alexy,* Theorie der juristischen Argumentation, S. 185.

[539] *Viehweg,* Notizen zu einer rhetorischen Argumentationstheorie, S. 195.

[540] Zum Vorwurf einer Vermischung logischer und moralischer Postulate bzw. den materiellen Voraussetzungen, die in den Diskursregeln selbst bereits impliziert sind, etwa *Weinberger,* Logische Analyse als Basis der juristischen Argumentation, in: *Krawietz, Alexy (Hrsg.),* Metatheorie juristischer Argumentation, Berlin 1983, S. 191 ff.

[541] *Christensen,* Gesetzesbindung, S. 195.

len Rahmenbedingungen und normativen Vorgaben juristischer Entscheidungsprozesse überhaupt vereinbar wäre.[542]

Selbst wenn man diese Anwendbarkeit bejahte, bliebe nach der Relevanz für die Wahl zwischen rechtlichen Entscheidungsalternativen zu fragen, da doch nach ALEXYS eigener Auffassung die rechtlichen Vorgaben bereits als Konkretisierungen des diskursiv Möglichen anzusehen sind. In jedem Fall bleibt die von VIEHWEG angestrebte analytische Rekonstruktion tatsächlicher Meinungsbildungs- und Überzeugungsprozesse unverzichtbar, wenn man eine realistische Vorstellung von den Voraussetzungen und Grenzen der Rationalität rechtlichen Entscheidens erreichen will.

---

[542] S. *Neumann*, Argumentationslehre, S. 86 ff. m. w. N.

II. Fortführung der Rhetorischen Rechtstheorie durch neuere Autoren

Im Gegensatz zu einer *normativen* juristischen Argumentationstheorie im Sinne ALEXYS, die die Rationalität und vernünftige Begründbarkeit rechtlichen Entscheidens zu erweisen und zu gewährleisten sucht, sind die Ansätze der VIEHWEG nachfolgenden Autoren im Kern dadurch gekennzeichnet, dass sie eine ausschließlich *analytische* und *empirische* Betrachtungsweise anstreben und fordern. Als vorrangige Aufgabe erachten sie nicht die Formulierung von Regeln und Anleitungen, die die juristische Entscheidungstätigkeit steuern und inhaltlich rechtfertigen sollen, sondern dessen unvoreingenommene und nüchterne Rekonstruktion. Die besondere Akzentuierung der *Pragmatik* gegenüber Syntaktik und Semantik und die gezielte Untersuchung der *Situationsbezogenheit* sprachlichen Handelns zum Zwecke der Aufklärung spezifischer Anforderungen des juristischen Sprachgebrauchs bilden dabei die allen gemeinsame Grundlage.[543] Unterschiede ergeben sich hinsichtlich der theoretischen Einbettung und Zielrichtung der pragmatischen Analysen.

1. Pragmatische Analysen der Rechtssprache und Sprachkritik

a) Entscheidungs- und Begründungszwang als rhetorische Zwänge (Ballweg)

Grundlage für den Ansatz Ottmar BALLWEGS ist zunächst eine mit VIEHWEG im Ergebnis weitgehend übereinstimmende disziplinäre und funktionelle Einordnung der Jurisprudenz.[544] Bezugnehmend auf die aristotelische Zuordnung des Rechts zum Bereich des praktischen Denkens *(phronesis/prudentia)* ge-

---

[543] Zugleich ergeben sich damit wichtige Berührungspunkte insbes. zur Ethnomethodologie (dazu *Morlok, Kölbel, Launhardt,* Recht als soziale Praxis, S. 18 f. m. w. N.) und zum Konstruktivismus (vgl. schon Fn. 169), zum juristischen Nutzen konstruktivistischer Ansätze ferner *Strauch,* Wie wirklich sehen wir die Wirklichkeit, JZ 2000, 1020 ff. m. w. N.

[544] Womit Ballweg „das gesamte juristische Handlungs- und Entscheidungssystem unter Einschluss der mit ihm verbundenen Lehre" meint, *Ballweg,* Rechtsphilosophie als Grundlagenforschung der Rechtswissenschaft und der Jurisprudenz, in: JbRSoz, Bd. II, 1972, S. 44 ff. (44).

langt BALLWEG zu folgender Kennzeichnung[545]: „Da (…) Meinungen den Inhalt der *phronesis* und damit des Rechts bilden, ist die Rhetorik für deren Behandlung zuständig, denn diese hat dort ihre Berechtigung, wo man in einer Sache mit guten Gründen verschiedener Meinung sein kann. (…) Recht und Wissenschaft (gemeint ist immer nur Naturwissenschaft) bearbeiten sehr verschiedene Probleme, kurz gesagt: wertende und wertfreie. Auch sind die Funktionen verschieden; Recht hat eine Verständigungsfunktion, Wissenschaft dagegen hat eine Beherrschungsfunktion. (…) Während der Wissenschaftler sich auf die meßbare Empirie beschränken kann, hat der Jurist es mit der Praxis des Lebens zu tun. Er sieht sich mit Lebenssituationen konfrontiert, die er nicht auf Versuchskonstellationen einengen kann."[546]

Vor diesem Hintergrund betrachtet BALLWEG sodann zwei spezifische Anforderungen, denen die Jurisprudenz unterliegt, nämlich *Entscheidungszwang* und *Begründungszwang*[547]*:* Um ihre Aufgaben der Konfliktneutralisierung und Handlungssteuerung erfüllen zu können, müsse die Jurisprudenz alle vorgelegten Problemen einer Entscheidung zuführen, die in ihrer Differenziertheit der sozialen Wirklichkeit entsprechen. Die Entscheidungen sollten zudem kontrollierbar sein; insofern bestehe ein Begründungszwang.[548] Die Dogmatik als außer Frage gestelltes rechtliches Meinungsgefüge entspreche diesen Anforderungen, indem es zugleich Entscheidbarkeit und Begründbarkeit gewährleiste. Sie unterliege dabei einer *Spannung von Rigidität und Flexibilität,* die sich wiederum auf die Sprache der Dogmatik auswirke: Ent-

---

545 Vgl. *Ballweg,* Prolegomena einer rhetorischen Didaktik des Rechts, in: *Ziemske u. a. (Hrsg.),* FS Kriele, München 1997, S. 1067 ff. (1067), unter Hinweis auf *Aristoteles,* Nikomachische Ethik, München 1991, VI, 3, S. 234; *Ballweg,* Ein wissenschaftliches Lehrschema für den juristischen Unterricht, in: *Burkei, Polter (Hrsg.),* Rechtsfragen im Spektrum des Öffentlichen. FS Armbruster, Berlin 1976, S. 253 ff.; *ders.,* Rhetorische Funktionen von Meinungen, in: *Schirren, Ueding (Hrsg.),* Topik und Rhetorik. Ein interdisziplinäres Symposium, Tübingen 2000, S. 569 ff.

546 *Ballweg,* Prolegomena, S. 1068 ff.; *ders.,* Rechtsphilosophie als Grundlagenforschung, S. 45, betont im Übrigen, dass alle Versuche, Meinungen Wahrheitscharakter zuzusprechen, deren rationale Diskutierbarkeit nur behindern, weil sie darauf hinauslaufen, sie der Diskussion zu entziehen. *Hermann Klenner,* „Zur Juristentopik der Moderne", in: Neue Justiz 7 (1992), S. 284–288, S. 286, bezeichnet Ballweg deshalb als „Fundamentalisten", weil er glaubt, demnach „wäre der kaum diskutierwürdige Satz, daß im rechtwinkligen Dreieck das Hypotenusenquadrat gleich der Summe der beiden Kathetenquadrate ist, weniger rational als die höchst diskutierwürdige Behauptung, daß 3 die Quadratwurzel von 10 sei". Diese Äußerung macht deutlich, daß Klenner weder Viehweg noch Ballweg verstanden hat.

547 Dazu *Ballweg,* Rechtswissenschaft, S. 108 ff.; *ders.,* Rechtsphilosophie als Grundlagenforschung, S. 44.

548 Vgl. § 313 III ZPO, § 267 StPO; § 39 I VwVfG; § 117 II, III VwGO; § 30 I 2 BVerfGG.

scheidungs- und Begründungszwang verlangten als rhetorische Zwänge eine Sprache, die Aussagen über alle Erscheinungen der sozialen Wirklichkeit möglich machen, also keine interpretationsfreie, sondern im Gegenteil eine hochinterpretierbare, d. h. umgangssprachliche, juristische Fachsprache.[549]

Der Jurist sehe sich daher gezwungen, „sich einer Sprache zu bedienen, die ihn in die Lage versetzt, auf alles und jedes eine Antwort geben zu können. Und sollte dieses Sprachsystem an einer Stelle schweigen, muß er trotzdem reden, also interpretieren."[550] Der Rechtssprache, die das gewährleisten kann, kommen BALLWEG zufolge drei Merkmale zu: „Sie enthält *Wesensbegriffe*. Wesensbegriffe sind interpretierbar, so daß man z. B. vom ‚Wesen des Vertrags, des Staates, der Familie, des Rechts' usw. sprechen kann. Statt vom ‚Wesen' spricht man synonym auch von der ‚Natur des Rechtsverhältnisses, von der ‚Natur der Sache' usw. Die Ambiguität dieser essentialistischen Begriffe ermöglicht deren Interpretation. Eine erhebliche Rolle spielt dabei die *Hypostasierung* oder Reifikation der Begriffe, das heißt, die Begriffe werden wie Tatsachen behandelt und verstanden. Diese Verdinglichung der Rechtsbegriffe macht ebenfalls ihre Interpretation möglich. Schließlich steht eine Eigenart der Rechtssprache im Zusammenhang mit dem Essentialismus und der Verdinglichung, nämlich die *ontologisierende Sprechweise,* so als hätten die Begriffe ein Sein oder spiegelten ein solches wider."[551] Daran werde zugleich sichtbar, „daß das Recht eine Sprachwelt aufbaut, die als Welt, als Lebenswelt, als Wirklichkeit erlebt wird"[552].

Zur Erklärung dieses Befundes und als Instrument zur vertiefenden rhetorischen Analyse der Rechtssprache schlägt BALLWEG sodann ein semioti-

---

[549] *Ballweg,* Rechtswissenschaft, S. 114: „Indem eine Auswahl aus den Ausdrücken der Umgangssprache getroffen wird und diese limitierte Zahl der nunmehr zu Begriffen erklärten Ausdrücke den ganzen nicht eingeschränkten Objektbereich ‚bedeuten' soll", wird die Interpretierbarkeit dieser Sprache im Verhältnis zur Alltagssprache gesteigert. Dahingehend verweist Ballweg auch auf *P. Lerche,* Stil, Methode, Ansicht. Polemische Bemerkungen zum Methodenproblem, DVBl. 1961 (76), 690 ff. (697): „Die Wirklichkeit soll gerade nicht in ihrer Vielfältigkeit gespiegelt, sondern gebändigt werden."

[550] *Ballweg,* Lehrschema, S. 256.

[551] *Ballweg,* Prolegomena, S. 1074 (Hervorhebungen von mir).

[552] *Ballweg,* Prolegomena, S. 1074. Grundlegend in dieser Richtung *Berger, Luckmann,* Die gesellschaftliche Konstruktion der Wirklichkeit (1969), 5. Aufl., Frankfurt/Main 1997; ferner *Wolff,* Der rhetorische Charakter sozialer Ordnungen, Berlin 1976.

sches Schema vor, das er auf Grundlage der durch MORRIS getroffenen Unterscheidung von Syntax, Semantik und Pragmatik entwickelt[553]: Kennzeichnend für die Rechtssprache sei, dass die Beziehung der Zeichenbenutzer zu den Zeichen, den Objekten und zu den anderen Zeichenbenutzern während des ganzen Zeichenbenutzungsvorgangs nicht unterbrochen werden könne. Die Zeichenbenutzer (s) unterhielten vielmehr Dauerbeziehungen zu den Zeichen (z) und den Objekten (o) mit entsprechenden Eingriffs- und Veränderungsmöglichkeiten. Dagegen gelinge bei formalisierten Wissenschaftssprachen die Aufhebung der Subjektbeziehung sowohl zu den Zeichen als auch zu den Objekten. Dies liege daran, dass erst die das wissenschaftliche Denken kennzeichnenden Restriktionen, nämlich auf Messbarkeit im Objektbereich und der Methoden auf Mess- und Quantifizierbarkeit, auch eine Restriktion der Zeichenverwendung im Sprachbereich erlaubten.[554] Entscheidend ist nun, dass nach BALLWEG die von MORRIS entwickelte Zeichentheorie nicht ausreicht, um die Vielfalt der Beziehungen der Zeichenbenutzer in der Rechtssprache zu erfassen.[555] Sein Vorschlag geht deshalb dahin, die Reihenfolge Syntaktik (z–z), Semantik (z–o), Pragmatik (z–s) umzukehren und die Semiotik um zwei Disziplinen[556] zu einem Modell einer analytischen Rhetorik zu erweitern[557]:

[553] Dazu *Ottmar Ballweg,* „Phronetik, Semiotik und Rhetorik", in: *ders., Thomas-Michael Seibert (Hrsg.),* Rhetorische Rechtstheorie, FS für Theodor Viehweg, Freiburg/München 1982, S. 27–71, S. 57 ff.; *ders.,* Entwurf einer analytischen Rhetorik, in: *Schanze, Kopperschmidt (Hrsg.),* Rhetorik und Philosophie, München 1989, S. 229 ff. (S. 235 ff.).

[554] Ausführlich zu diesen Restriktionen als Abgrenzungskriterien szientistischen und prudentiellen Denkens, *ders.,* Rechtswissenschaft, S. 46 ff.

[555] Nach Ballweg handelt es sich bei Semiotik um ein Teilgebiet der Rhetorik, während Morris die Rhetorik unzutreffend als eine verkürzte Semiotik begreife, vgl. *ders.,* Entwurf, S. 235 m. w. N.

[556] Vgl. insoweit *Ottmar Ballweg,* „Phronetik, Semiotik und Rhetorik", in: *ders., Thomas-Michael Seibert (Hrsg.),* Rhetorische Rechtstheorie, FS für Theodor Viehweg, Freiburg/München 1982, S. 27–71, S. 69; *ders.,* Entwurf, S. 247.

[557] Erläuterungen dazu bei *Bayer,* Plausibilität und juristische Argumentation, S. 46 ff.

I. Phronetik	1. Agontik	S	–	S
	2. Ergontik	S	–	O
	3. Pithaneutik/Agoretik	S	–	Z

II. Holotaktik	4. Ontotaktik	O	–	O
	5. Axiotaktik	O	–	Z
	6. Teleotaktik	O	–	S

III. Semiotik	7. Pragmatik	Z	–	S
	8. Semantik	Z	–	O
	9. Syntaktik	Z	–	Z

Gegenstand der *Phronetik* ist nach BALLWEG die Frage, wie sich die Zeichenbenutzer innerhalb von Sprachsystemen selbst definieren, positionieren und relationieren. Innerhalb der Phronetik soll die *Agontik* die aktiven Wirkungsbeziehungen zwischen den Zeichenbenutzern und ihr Verhältnis zueinander offenlegen (s–s). Zur Illustration verweist BALLWEG auf das Sprachsystem Recht, das jeweils mit der Definition des Rechtssubjekts beginnt und davon ausgehend die Rechtsverhältnisse festlegt. Die *Ergontik* zielt auf die Beziehung der Subjekte zu den Objekten (s–o), d. h. das mit der Bezeichnung eines Objekts verbundene Interesse. In der ergontischen Dimension werden nach BALLWEG die Beziehungen zur sprachlichen Objektwelt im weitesten Sinne festgelegt (beispielsweise zu Worten wie Eigentum, Besitz etc.). Die *Pithaneutik* oder *Agoretik* (s–z) schließlich „hat als großes analytisches Thema die Erhellung der Definitionsmacht, über die die Wirklichkeit der Sprachsysteme aufgebaut, verändert oder zerstört wird. (…) In der agontischen Beziehung fällt die Entscheidung über die Definitionsmacht, in der pithaneutischen wird sie vollzogen.“[558]

Bei all dem geht BALLWEG davon aus, dass die Zeichenbenutzer sich ihrer sprachlichen Definitionsmacht regelmäßig nicht bewusst sind und diese

[558] Für die Analyse der agoretischen Dimension empfiehlt Ballweg ferner eine Beiziehung der pragmatischen Dimension, um die vom Zeichenbenutzer (s1) mit dem verwendeten Zeichen angestrebte Wirkung auf den Zeichenempfänger (s2) festzustellen: s1 – z – s2.

nicht reflektieren. Ein durch Ontologisierungen und Hypostasierungen geprägtes deskriptives Sprachsystem erlaube es, subjektive und wertende Momente auszublenden, so dass die Sprecher nicht als dessen Schöpfer sichtbar würden. Sprache werde deshalb so verstanden und gebraucht, als spiegele sie eine außersprachlichen Wirklichkeit, die indes „als solche" gar nicht vorhanden sei, sondern sprachlich erst hergestellt und erhalten werde: „Die Sprache bezeichnet sich selbst als Wirklichkeit."[559] Die Disziplin der *Holotaktik* hat nach BALLWEG insoweit die Aufgabe, den rhetorischen Charakter von Sprachsystemen deutlich zu machen, die als Universaldeutungen mit Wirklichkeitsanspruch auftreten.[560] Die holotaktischen Subdisziplinen kennzeichnet BALLWEG dabei wie folgt: „Die *Ontotaktik* analysiert die rhetorische Konstruktion der O → O-Beziehungen, wie sie besonders in normativen Ontologien entworfen werden. Statt Sein werden auch Geschichte, Natur, Schöpfung, System und Staat normativ eingesetzt. In der *Axiotaktik* ist ein Sprachverständnis Gegenstand der Analyse, das die Zwangsläufigkeit einer auch wertübertragenden Beziehung von O → Z behauptet, die überhaupt erst jene normative Sprachgläubigkeit begründet, die von der schieren Rhetorizität ihrer essentialistischen Begriffsschöpfung ablenkt. Die *Teleotaktik* analysiert die Dimension der O → S Beziehungen, über welche die Einbettung der Subjekte in den Sinn des Ganzen in seiner normativen Wirkung auf die Menschen hergestellt wird, indem man etwa aus dem Sein ein Sollen, aus der Geschichte den historischen Auftrag, aus der Natur das Harmoniegebot usw. herleitet."[561]

---

[559] *Ballweg*, Entwurf, S. 233.

[560] Die Analyse der Rechtssprache hält Ballweg dabei für besonders aufschlussreich, „weil an ihr deren systeminterne dogmatische Funktion, das Außer-Frage-Stellen von Meinungen (...), das Ausblenden des Zeitlichen, das Anheben des situativ Passenden ins generell Gültige, das Abheben vom fallweise Zutreffenden ins abstrakt Normative und die Umdeutung des dezisiv Volitiven ins Rationale besonders sinnfällig" werde. „Dass es vielleicht nicht anders zu bewerkstelligen ist, ist zetetisch unbeachtlich": *Ballweg*, Entwurf, S. 234.

[561] *Ballweg*, Entwurf einer analytischen Rhetorik, S. 244.

b) Rhetorische Semiotik als Argumentationsanalyse (Schreckenberger)

Eine vertieftes rhetorisches Verständnis der Rechtssprache wird ebenso von Waldemar SCHRECKENBERGER angestrebt. Unter „Rhetorischer Semiotik“[562] versteht SCHRECKENBERGER eine analytische Grundlagendisziplin der Rechtswissenschaft, die nach den zeichentheoretischen Eigenschaften, Funktionen und Voraussetzungen der Rechtssprache fragt. Weil er in der Argumentation einen Kernbereich der juristischen und rechtswissenschaftlichen Tätigkeit sieht, betrachtet er die Rhetorische Semiotik primär als argumentationstheoretische Forschung.

Auch SCHRECKENBERGER geht von den sprachtheoretischen Grundannahmen aus, dass zwischen Sprechen und Handeln ein enger Zusammenhang bestehe und dass sich das sprachliche Handeln durch seinen Situationsbezug kennzeichne: Sprachzeichen der Umgangssprache oder umgangssprachlicher Fachsprachen stellten komplexe Handlungsschemata dar, deren Bildung und Verwendung impliziten und expliziten Regeln folge. Die kommunikative Funktion dieser Handlungsschemata entfalte sich aber erst in der spezifischen Gesprächssituation, weshalb einzelne Ausdrücke und Argumente auch nur im Redekontext voll verständlich würden.[563] Um die kommunikativen Funktionen der Rechtssprache und ihre semiotische Leistungsfähigkeit, d. h. ihr Steuerungs- und Anleitungspotential, aufzuklären, sei zu untersuchen, wie die Umsetzung von Rechtstexten in Rechtsverfahren praktisch vollzogen werde. Als methodischen Bezugsrahmen dafür wählt SCHRECKENBERGER wiederum das auf MORRIS zurückgehende Zeichenmodell[564], ebenfalls unter der Prämisse, dass die pragmatische Dimension für die syntaktische und semantische Dimension die zeichentheoretische Grundlage bilde. „Generelle und lexikalische ‚Bedeutungen‘ eines Zeichens sind immer nur Feststellungen über die bedingte Wahrscheinlichkeit eines möglichen individuellen Zeichengebrauchs. Die Wahrscheinlichkeit eines Zeichengebrauchs kann um so genauer

---

562 Dazu *Schreckenberger,* Rhetorische Semiotik: Analyse von Texten des Grundgesetzes und von rhetorischen Grundstrukturen der Argumentation des Bundesverfassungsgerichts, Freiburg/München 1978, insbes. S. 13; *ders.,* Über die Pragmatik der Rechtstheorie, in: JbRSoz, Bd. II, 1972, S. 561 ff.

563 *Schreckenberger,* Rhetorische Semiotik, S. 17 f.

564 Vgl. *Schreckenberger,* Rhetorische Semiotik, S. 31.

angegeben werden, je mehr es gelingt, die durch diesen Gebrauch vermittelten situativen Bezüge aufzuzeigen."[565]

Dabei wird nach SCHRECKENBERGER die Semantik keineswegs bedeutungslos. Sprachliche Zeichen können seines Erachtens sehr wohl auch auf nichtsprachliche Gegenstände, Handlungen und Handlungszusammenhänge verweisen.[566] Gerade in Anbetracht der für die Rechtssprache charakteristischen Ontologisierungen komme es aber darauf an, zwischen der informativen Leistung sprachlicher Zeichen, die ihre Beziehung zu Erfahrungsgegenständen bzw. zur sozialen Erfahrungswirklichkeit betreffe, und ihren affektiven, direktiven und metasprachlichen Wirkungen zu differenzieren. Zu diesem Zweck zieht SCHRECKENBERGER ergänzend zur Unterscheidung zwischen Semantik und Pragmatik die Unterscheidung zwischen *Objektsprache* und *Metasprache* heran[567]: „Ein objektsprachlicher Zeichengebrauch liegt (...) vor, wenn eine Beziehung zu einzelnen oder zu Klassen von außersprachlichen Daten hergestellt wird, die sinnlich wahrnehmbar oder auch umgangssprachlich identifizierbar sind. Ausdrücke mit einem gegenständlichen Sinn ohne objektsprachlichen Bezug gehören der Metasprache an."[568] Damit gewinne man „ein vorzügliches Kriterium, um komplizierte semantische Bezüge abzuklären und den suggestiven Schein prätentiöser Sachhaltigkeit von Begriffen und Argumenten aufzudecken"[569].

Ausgehend von diesen Vorüberlegungen führt SCHRECKENBERGER eine syntaktische, semantische und pragmatische Untersuchung von Art. 1 Abs. 1 Satz 1 GG[570] und Art. 2 Abs. 1 GG[571] sowie im Anschluss daran eine Analyse der rhetorischen Grundstrukturen von Entscheidungen des Bundesverfas-

---

565 *Schreckenberger*, Rhetorische Semiotik, S. 40.

566 *Schreckenberger*, Notizen über die Rhetorische Semiotik unter besonderer Berücksichtigung der Geltungsproblematik in der Rechtstheorie, ARSP Beiheft Nr. 44 (1991), 348 ff. (348): „Sie (die rhetorische Semiotik) ist allerdings nicht der Auffassung, dass sich soziale Wirklichkeit in bloßen Kommunikationen erschöpft."

567 Vgl. *Schreckenberger*, Rhetorische Semiotik, 38 f.

568 *Schreckenberger*, Rhetorische Semiotik, S. 39.

569 *Schreckenberger*, Rhetorische Semiotik, S. 39.

570 „Die Würde des Menschen ist unantastbar."

571 „Jeder hat das Recht auf die freie Entfaltung seiner Persönlichkeit, soweit er nicht die Rechte anderer verletzt und nicht gegen die verfassungsmäßige Ordnung oder das Sittengesetz verstößt."

sungsgerichts durch. Im Hinblick auf Art. 1 Abs. 1 Satz 1 GG gelangt er zu der Feststellung, dass der Ausdruck „Würde des Menschen" keinen objektsprachlichen Sinn enthalte, sondern einen metasprachlichen Charakter aufweise. Gleichzeitig werde der Ausdruck „unantastbar" objektsprachlich verwendet. Mithin liege in deren Verbindung ein Verstoß gegen die semantische Regel, wonach ein Ausdruck nicht gleichzeitig zwei unterschiedlichen semantischen Ebenen (Objekt- und Metasprache) angehören darf; die Formulierung „die Würde des Menschen ist unantastbar" sei deshalb *semantisch sinnlos*[572]. Es sei deshalb auch nicht möglich, daraus sinnvolle Sätze logisch abzuleiten. Gleichwohl handele es sich bei dieser Formulierung um keine bloße Leerformel, vielmehr entfalte sie ihre semiotische Bedeutung auf pragmatischer Ebene. Sie verweise nämlich als *metasprachlicher Indikator* auf einen bestimmten ideengeschichtlichen Kontext. Dem Text von Art. 1 Abs. 1 Satz 1 GG komme damit ein pragmatisch-operativer Wert und in verfassungsdogmatischer Hinsicht eine immerhin begrenzte Steuerungsfunktion zu. Vor allem aber komme dem Text ein affektiver und appellativer Wert, eine Legitimations- und Symbolfunktion zu.[573] Entsprechend stellt SCHRECKENBERGER auch im Hinblick auf Art. 2 Abs. 1 GG fest, dass sich der semiotische Sinn dieser Verfassungsnorm wegen der Verbindung des metasprachlichen Ausdrucks „Persönlichkeit" mit objektsprachlichen Ausdrücken nur in der pragmatischen Dimension erweisen könne.[574]

Die These von der exponierten Stellung der Pragmatik sieht SCHRECKENBERGER schließlich auch durch seine Analyse von Argumentationen des Bundesverfassungsgerichts bestätigt. So sei etwa auch hinsichtlich der Rede vom „Rechtsstaatsprinzip" zu zeigen, dass für diesen Ausdruck keine semantische Deutungsvorschrift vorhanden sei, seine Verwendung aber als metasprachlicher Indikator fungiere, der einen „semiotischen Bezug zu den in die Rechtssprache integrierten bürgerlichen Staats- und Verfassungstheorien und ihren Traditionen" herstelle.[575] Insgesamt bescheinigt SCHRECKENBERGER dem Bundesverfassungsgericht im Übrigen einen „Argumentationsstil (…),

---

572 *Schreckenberger*, Rhetorische Semiotik, S. 66 f.

573 *Schreckenberger*, Rhetorische Semiotik, S. 86 f.

574 *Schreckenberger*, Rhetorische Semiotik, S. 106.

575 *Schreckenberger*, Rhetorische Semiotik, S. 240 ff., 243.

der verschiedene Dialog- und Argumentationsformen erkennen läßt" und einen „meisterhaften Umgang mit rhetorisch nachvollziehbaren Verfahren"[576]. Zugleich warnt er mit Blick auf die unteren Gerichte davor, die Betonung der Pragmatik als Legitimation freier Rechtsschöpfung misszuverstehen. Ziel der Rhetorischen Semiotik sei nicht, „die ‚Rationalität' von Rechtstexten oder juridischen Argumentationen zugunsten eines dezisionistischen Irrationalismus in Frage zu stellen", sondern „über ein rhetorisches Sprachverständnis Regelstrukturen der Rechtssprache aufzudecken und ihre theoretischen Voraussetzungen auf eine verläßliche Grundlage zu stellen"[577].

c) Rechtsrhetorik als Sprach- und Gesellschaftskritik (Seibert, Rodingen)

Während es BALLWEG und SCHRECKENBERGER primär darauf ankommt, die Funktionen der Rechtssprache zu rekonstruieren, verbindet sich bei Thomas-Michael SEIBERT[578] und insbesondere bei Hubert RODINGEN[579] die Analyse mit einer prinzipiellen Kritik. Die vorherrschende Rechtssprache wolle durch Abstraktion Objektivität und Rechtssicherheit verbürgen, indem sie die Rede syntaktisch und semantisch aus dem kommunikativen Zusammenhang und vom konkreten Gesprächspartner löse. Tatsächlich werde durch eine solche Rechtssprache gesellschaftlicher Wandel negiert, weil sie „eine bestenfalls bestimmte Fälle erfassende Syntax auf alle vorkommenden Fälle erweitert und diese Sinnentleerung durch scheinbar allgemeingültige Bedeutungen dogmatisch rechtfertigt"[580]. Ausgehend von der Einsicht in die Situationsgebundenheit sprachlichen Handelns sei vor allem das in der juristischen Fach-

---

576 *Schreckenberger,* Notizen über die Rhetorische Semiotik, S. 357.

577 *Schreckenberger,* Rhetorische Semiotik, S. 46, 137 ff.

578 Vor allem in den früheren Arbeiten, s. *Seibert,* Von Sprachgegenständen, S. 43 ff.; *ders.,* Zur Fachsprache in der Juristenausbildung, Berlin 1977; *ders.,* Kritik des Larenzschen Sprachgebrauchs, ARSP Beiheft Nr. 9 (1977), 69 ff.; *ders.,* Argumentationsbeispiele aus dem Rechtsbereich, in: *Schecker (Hrsg.),* Theorie der Argumentation, S. 313 ff.; *ders.,* Soziales und rechtliches Argumentieren am Beispiel von Gerichtshausarbeiten, ARSP Beiheft Nr. 14 (1980), 171 ff.

579 *Rodingen,* Ansätze zu einer sprachkritischen Rechtstheorie, ARSP 58 (1972), 161 ff.; *ders.,* Pragmatik der juristischen Argumentation. Was Gesetze anrichten und was rechtens ist, Freiburg/München 1977; *ders.,* Rechtstheorie als Kritik des juristischen Sprachgebrauchs, ARSP Beiheft Nr. 9 (1977), 57 ff.; *ders., Falke,* Das Rechtsverfahren: Dressur oder Diskurs?, DSWR 1976, S. 236 ff.; *ders.,* Von der Rationalität der Topik, in: *Ballweg, Seibert (Hrsg.),* Rhetorische Rechtstheorie. FS Viehweg, Freiburg/München 1982, S. 181 ff.

580 *Seibert,* Von Sprachgegenständen, S. 52.

sprache bevorzugte *Aussagemodell* abzulehnen, weil es eine vorgegebene, invariante Zuordnung von Gegenständen und Eigenschaften vortäusche.[581] Die damit verbundene Vernachlässigung der pragmatischen Dimension demonstriert SEIBERT in ausführlichen Analysen juristischer Texte, die den „Abstraktionsabstand" zwischen den „deduktiv-systematischen" Sätzen der Rechtswissenschaft einerseits und „logisch-pragmatischen" Sätzen andererseits – die auf eine echte Verständigung zielten – behandeln.[582]

Anhand einer Urteilsbegründungsanalyse legt SEIBERT ferner dar, dass der Handlungsaspekt sprachlicher Äußerungen „sich einlassen", „bestreiten", „befragen", „erwidern", „beantragen" usw. innerhalb juristischer Argumentationen regelmäßig auf den Inhaltsaspekt von Zeichen und Texten reduziert wird[583]: Wenn etwa ein Angeklagter (Proponent: Sp) vor Gericht (Opponent: So) gegen den Anklagevorwurf des Betrugs vorbringt, er habe der angeblich geschädigten Firma keine zweckgebundene Verwendung eines ihm von dieser gewährten Darlehens zugesagt, dann vollziehe er die Sprechhandlung des Leugnens. Insoweit liege die Bedeutung (O) der sprachlichen Äußerung (Z) nicht auf der Inhaltsebene (Vereinbarung einer Zweckbindung des Darlehens), sondern auf der Metaebene der Interaktion zwischen den Verfahrensbeteiligten (Sp – Z – So).[584] In der Argumentation einer Urteilsbegründung – oder einer dogmatischen Urteilsanalyse – bliebe die Dimension (Sp – Z – So) aber meist ausgeklammert. Es werde nicht transparent, dass und wie im Verlauf konkreter sprachlicher Interaktionen in rechtlich strukturierten Handlungsbereichen soziale Wirklichkeit interpretativ hergestellt wird und welche institutionalisierten Deutungsschemata diesen Herstellungsprozess steuern. Dies macht er auch anhand von Aktenanalysen deutlich, in denen er die Konstitution der Bedeutung von Gesetzestexten als vielfach gestuften Prozess von Sprachhandlungen rekonstruiert, der der eigentlichen Entscheidung vorausgeht.[585]

---

[581] Vgl. *Seibert,* Von Sprachgegenständen; *Rodingen,* Pragmatik, passim.

[582] *Seibert,* Zur Fachsprache in der Juristenausbildung; *ders.*, Kritik des Larenzschen Sprachgebrauchs.

[583] *Seibert,* Argumentationsbeispiele aus dem Rechtsbereich, S. 325 ff.

[584] Vgl. dazu das zweistufige semiotische Analyseschema bei *Seibert,* Argumentationsbeispiele aus dem Rechtsbereich, S. 62.

[585] *Seibert,* Aktenanalysen. Zur Schriftform juristischer Deutungen, Berlin 1981, S. 41 ff.

Während SEIBERTS Untersuchungen insgesamt auf die Entwicklung einer pragmatischen Sprechhandlungstheorie hinauslaufen, zielen die Arbeiten RODINGENS vorrangig auf eine sprachtheoretisch begründete Gesellschaftskritik.[586] Die auch bei SEIBERT[587] anzutreffende These, dass die Ausblendung der pragmatischen Dimension in der Jurisprudenz auf politische und gesellschaftstheoretische Gründe zurückzuführen sei, rückt bei RODINGEN ganz in den Mittelpunkt. RODINGEN geht davon aus, dass die übliche Sprachauffassung, wonach die Bedeutung von Wörtern sich aus Sätzen ergebe, falsch sei. Vielmehr sei eine „satzförmig erzeugte Bedeutung (syntaktisch generierte Semantik) mangels Umstands- und Lagebezogenheit (Pragmatik) beliebig“[588]. Die Auslegung von Gesetzen aber sei, wie die Gesetze selbst, satzförmig. Sprachlich bedingte Ontologisierungen konstatiert er insoweit für den gesamten Bereich der Rechtsdogmatik. Durch die Fügungen der Rechtssprache werde der Anschein einer sachlich-objektiven Entscheidungsfindung erweckt, während diese tatsächlich den Deutungs- und Erwartungsschemata der Urteilenden als Repräsentanten bestimmter gesellschaftlicher Schichten und Interessen folge. Einhergehend damit erfülle die Dogmatik die Funktion, die entscheidenden Personen von Verantwortung zu entlasten und die ergehenden Entscheidungen von Kritik freizustellen: Mit der juristischen Dogmatik werde „der naive Ontologismus eingeübt, wird der kindische Glaube an unverrückbare Wert- und Normwelten genährt und mit ihr Untertanenhörigkeit und Begriffsstutzigkeit“[589].

Dass die Rechtssprache die Deutung der sozialen Wirklichkeit zugunsten oberer Schichten präformiere, wird RODINGEN zufolge insbesondere auch im Strafrecht sichtbar. In Anlehnung an den kriminologischen „Labeling-approach“ nimmt er an, dass Begriffe wie „Schuld“ und „Verantwortung“ nicht wirkliche Eigenschaften von Personen oder Handlungen bezeichnen, sondern allein gesellschaftliche Zuschreibungen zum Ausdruck bringen.[590] In der Erkenntnis des „Labeling-approach“, dass nicht die Schuld des Täters

---

[586] *Rodingen,* Pragmatik, passim.

[587] *Seibert,* Aktenanalysen, S. 16.

[588] *Rodingen,* Pragmatik, S. 148.

[589] *Rodingen,* Pragmatik, S. 153.

[590] *Rodmgen,* Pragmatik, S. 123; *ders.,* Von der Rationalität der Topik, S. 184.

dessen Verurteilung, sondern umgekehrt dessen Verurteilung seine Schuld bedinge, tritt RODINGEN zufolge zugleich „die Schwäche satzförmigen Rechts zutage, die Ludwig FEUERBACH schon in seiner Religionskritik aufgedeckt hat. Was die Religion zum Subjekt macht, müssen wir zum Prädikat machen, also: Nicht hat Gott den Menschen erschaffen, sondern der Mensch Gott."[591] Allein eine solche Umkehrung könne allerdings die missliche „Satz- und Schlussförmigkeit" nicht aufheben. In der Konsequenz geht es RODINGEN deshalb nicht um „bessere Rechtssätze, sondern um etwas Besseres als um Recht in Sätzen"[592]. Es mag hier dahinstehen, wie dieses Bessere genau aussehen mag.

2. Herstellungs-Darstellungs-Differenz aus rechtsrhetorischer Perspektive (Sobota)

Von den bisher angesprochenen Autoren der „Mainzer Schule" hebt sich Katharina SOBOTA insofern ab, als sich ihr Interesse nicht primär auf den Herstellungs-, sondern auf den Darstellungsaspekt rechtlichen Entscheidens und Argumentierens richtet. Mit der Differenz zwischen Herstellung und Darstellung (oder: zwischen Entscheidungsfindung und – begründung) greift sie eine Unterscheidung auf, die keineswegs neu ist[593], aber in der neueren Rechtstheorie und namentlich für die juristischen Argumentationstheorien einen wichtigen Anknüpfungspunkt bildet[594]. Sie ist im Folgenden vorab kurz zu erläutern.

---

591 *Rodingen,* Von der Rationalität der Topik, S. 184.

592 *Rodingen,* Von der Rationalität der Topik, S. 184.

593 Zur Differenz zwischen Herstellung und Darstellung *Isay,* Rechtsnorm und Entscheidung, Berlin 1929, S. 177: „Die Entscheidung ist nicht in dieser Weise entstanden, sondern es wird nur kontrolliert, ob sie in dieser Weise hätte ergehen können. Damit ist der Zweck der Kontrolle erreicht." Isay nimmt allerdings an, dass zwischen dem entscheidungsleitenden Rechtsgefühl und der späteren rationalen Begründung eine unüberbrückbare Kluft bestehe.

594 Dazu die Einleitung bei *Neumann,* Argumentationslehre, S. 1–15; ferner etwa *Hassemer,* Rechtssystem und Kodifikation: Die Bindung des Richters an das Gesetz, in: *Kaufmann, ders., Neumann. (Hrsg.),* Einführung in Rechtsphilosophie und Rechtstheorie der Gegenwart, 7. Aufl., Heidelberg 2004, S. 251 ff. (268) m. w. N.

a) Die Kategorien von Herstellung und Darstellung

Die Differenzierung zwischen rechtlicher Entscheidungsfindung und -begründung hat sich einhergehend mit der zunehmenden Kritik am Subsumtionsmodell der Rechtsanwendung etabliert: Nach Maßgabe des Gesetzesbindungspostulats wäre der Idealfall, dass Findung und Begründung einer Entscheidung im Prozess der Rechtsanwendung zusammenfallen, so wie es das Subsumtionsmodell grundsätzlich annimmt. Denn ließe sich die Rechtsfindung auf einen Ableitungsprozess reduzieren, der das richtige Ergebnis garantiert, käme der Begründung keine andere Bedeutung zu, als die ordnungsgemäße Subsumtion zu dokumentieren. Die Einsicht, dass das Subsumtionsmodell dieses Ideal tatsächlich nicht einzulösen vermag, hat der traditionellen Methodenlehre den Vorwurf eingetragen, sog. *Scheinbegründungen* zu rechtfertigen.[595] Weil sie die außergesetzlichen Entscheidungsfaktoren, die unweigerlich im Herstellungsprozess wirksam würden, ausblende, könne sie diesen auch keinen legitimen Platz in den Darstellung einräumen mit der Folge, dass sie in den offiziellen Begründungen auch regelmäßig unterschlagen würden. Zugespitzt formuliert:

> Der am Subsumtionsmodell orientierte deduktive Begründungsstil der traditionellen Methodenlehre verschleiere die wirklichen Motivationen und Wertungen von Entscheidungen, entziehe sie damit der Kontrolle oder zementiere gar eine im Juristenstand vorherrschende bürgerlich-konservative Haltung sowie damit korrespondierende Machtstrukturen.[596]

Verbunden mit dieser Kritik wird die Forderung erhoben, die im Rahmen der Entscheidungsfindung unvermeidlichen und durch die Gesetzestexte nicht abschließend zu determinierenden Interpretations- und Wertungsprozes-

---

595 *Kriele,* Offene und verdeckte Urteilsgründe, in: FS Ritter, Basel/Stuttgart 1965, S. 99 ff. (113); *Haverkate,* Offenes Argumentieren im Urteil, ZRP 1973, 281 ff.; *Brüggemann,* Die richterliche Begründungspflicht, Berlin 1971; *Strömholm,* Zur Frage nach der juristischen Argumentationstechnik, ARSP 58 (1972), 337 ff.; *Hegenbarth,* Juristische Hermeneutik und linguistische Pragmatik, Königstein/Ts. 1982, S. 195 ff.

596 Zu vorherrschenden Wert- und Weltbildern des Juristenstandes etwa *Kaupen,* Die Hüter von Recht und Ordnung, Neuwied 1969; *Rottleuthner,* Rechtswissenschaft als Sozialwissenschaft, Frankfurt/Main 1973; *Lautmann,* Justiz – die stille Gewalt, Frankfurt/Main 1972, S. 140 ff.; *Simon*, Die Unabhängigkeit des Richters, Darmstadt 1975, S. 146 ff. m. w. N.

se nicht länger zu negieren, sondern aufzudecken und rational zu machen.[597] Die Bemühungen richten sich insoweit auf die Gewinnung argumentativer Standards, die es erlauben und fordern, nachvollziehbare und vernünftige Entscheidungsgründe auch und gerade dort anzugeben, wo sich aus den gesetzlichen Vorgaben *keine* eindeutigen und exakten Ergebnisse gewinnen lassen.[598] Mit dieser Intention ergibt sich eine für die juristischen Argumentationstheorien charakteristische Akzentverschiebung von der Entscheidungsherstellung zur Entscheidungsdarstellung: Die Entscheidungsfindung ist danach als ein Vorgang aufzufassen, dessen jeweilige Rahmenbedingungen, Motivationen und Strategien sich in ihrer Komplexität nicht restlos rekonstruieren und noch weniger festlegen lassen. Als Ansatzpunkt für Anleitung und Kontrolle der Entscheidungstätigkeit wird deswegen nicht die Herstellung, sondern die Darstellung angesehen: Wenn im Ergebnis nämlich nur solche Urteile bestehen können, die sich als weitgehend gesetzesorientierte und *im Übrigen* an den Maßstäben von Rationalität und Richtigkeit ausgerichtete Entscheidungen rechtfertigen und darstellen lassen, komme es auf die tatsächlichen Herstellungsprozesse nicht mehr an.

Das Postulat der Begründungsehrlichkeit zielt demnach also grundsätzlich nicht darauf, die wirkliche Entstehungsgeschichte einer Entscheidung dokumentarisch abzubilden, d. h. etwa auch die persönlichen Befindlichkeiten oder Motivationen des Urteilenden mitzuteilen.[599] Darzulegen ist jeweils vielmehr, *dass* ein Wertungs- und Entscheidungsspielraum besteht[600], und

---

[597] Etwa *Martin Kriele,* Theorie der Rechtsgewinnung, entwickelt am Problem der Verfassungsinterpretation, 2. Aufl., Berlin 1976, S. 197: „Eine Methodenlehre, die sich mit der Analyse der offenen Urteilsgründe begnügt, kann (…) nicht mehr genügen. Es kommt vielmehr darauf an, die verdeckten, nämlich die eigentlichen Entscheidungsgründe ans Licht zu ziehen und rational kontrollierbar zu machen."

[598] Zum Begründungserfordernis auch BVerfGE 34, 269 (287).

[599] Vgl. dazu *Struck,* Zur Theorie juristischer Argumentation, Berlin 1977, S. 20 ff; *Krawietz,* Juristische Entscheidung und wissenschaftliche Erkenntnis, S. 81.

[600] Teilweise wird verlangt, das Deduktivitätspostulat unter Beschränkung auf die Struktur der Entscheidungsdarstellung aufrechtzuerhalten: Die Begründung muss demnach möglichst exakt demonstrieren, dass die Entscheidung aus bestimmten Gesetzen als generellen Prämissen sowie aus bestimmten weiteren, zu deren Konkretisierung erforderlichen Prämissen logisch folgt. Entscheidend ist dabei vor allem die explizite und vollständige Angabe dieser zusätzlichen Prämissen, für die es dann einer gesonderten Rechtfertigung bedarf. Eine dahingehende Aufteilung von Ableitung und Prämissenbegründung in Form einer Unterscheidung zwischen „interner" und „externer" Rechtfertigung bzw. „Hauptschema" und „Nebenschema" findet sich etwa bei *Koch, Rüßmann,* Juristische Begründungslehre, S. 56 ff., 115 ff.; *Alexy,* Theorie der juristischen Argumentation, S. 273; *Wroblewski,* Legal Syllogism and Rationality of Judicial Decision, Rechtstheorie 5 *(→)*

dass gute Gründe gerade für die getroffene Entscheidung sprechen – wenngleich mit einer anderen Begründung auch eine andere Entscheidung vertretbar sein mag[601]. Der Zugewinn an Ehrlichkeit liegt danach also im Eingeständnis, dass die Entscheidung nicht kognitiver Rechtserkenntnis entspringt, sondern einer *rationalen Argumentation* bedarf, die Raum für alle notwendigen und sachlich einschlägigen Erwägungen – etwa Präjudizien oder den Folgen der Entscheidung – schafft. Vorausgesetzt ist dabei freilich, dass Entscheidungsfindung einerseits und Entscheidungsbegründung andererseits – obwohl sie sich nicht voll zur Deckung bringen lassen – auch nicht zusammenhanglos nebeneinander stehen. Dies ist hervorzuheben, weil es eine wichtige Weichenstellung impliziert: nämlich eine Absage an den Irrationalismus, für den es eine Begründung der Entscheidungen nicht geben kann, sowie an den Dezisionismus, für den es einer solchen nicht bedarf.[602]

Nach Ansicht von SOBOTA allerdings sind die Versuche, juristischen Entscheidungen durch veränderte Begründungsstandards zu mehr Ehrlichkeit und Rationalität zu verhelfen, als fragwürdig zu beurteilen. Vielmehr erscheine eine Verdammung des von der traditionellen Methodenlehre vermittelten deduktiven Begründungsstils aus rechtsrhetorischer Perspektive vorschnell.

b) Darstellung der Herstellung und Selbstdarstellung

Ansatzpunkt der Überlegungen SOBOTAS bildet die Unterscheidung zwischen „Wirklichkeit" und „Lebenswelt": „Die Wirklichkeit ist der Bereich, der durch operative Forschung erschlossen wird. Er besteht nicht aus Dingen,

---

(1974), 33 ff.; kritisch dazu *Weinberger,* Logische Analyse, S. 203. Auf eine immerhin möglichst weitgehende Rückbindung der Entscheidungen an Gesetzestexte zielt die Forderung einer Angabe von Sprachgebrauchsregeln, die im Rahmen der semantischen Interpretation zur Bewältigung der Unschärfe der natürlichen Sprache beitragen sollen, so *Koch, Rüßmann,* Juristische Begründungslehre, S. 24 ff.; *Alexy,* Theorie der juristischen Argumentation, S. 278 f.; *ders.,* Die logische Analyse juristischer Entscheidungen, ARSP Beiheft Nr. 14 (1980), 181 ff. (201 f.).

[601] Zur Heranziehung allgemeiner Standards vernünftiger Argumentation zur „externen" Rechtfertigung nach Maßgabe der Diskurstheorie – namentlich durch Alexy – bereits oben S. 144 ff.; ferner etwa *MacCormick,* The Artificial Reason and Judgement of Law, Rechtstheorie Beiheft Nr. 2 (1981), 105 ff.; *Aarnio,* Denkweisen der Rechtswissenschaft, Wien/New York 1979; grds. zustimmend dazu *Tschentscher,* Prozedurale Theorien der Gerechtigkeit, Baden-Baden 2000.

[602] Dazu *Neumann,* Argumentationslehre, S. 2 f.; *ders.,* Juristische Methodenlehre und Theorie der juristischen Argumentation, Rechtstheorie 32 (2001), 239 ff. (255).

sondern aus Wirkungen, nicht aus Substanzen, sondern aus Relationen. (...) Die *Welt* oder *Lebenswelt* ist der Vorstellungszusammenhang, den der Mensch in seinem täglichen Handeln für das Wirkliche hält. Sie ist das Ergebnis einer konstruktiven, intra- und interindividuellen Koordination und eignet sich dazu, diese Koordinationsleistung auch in Zukunft möglich zu machen."[603] Ausgehend davon lässt sich gemäß SOBOTA zwischen der „Herstellung" einer Entscheidung, ihrer „Darstellung" sowie außerdem der „Darstellung der Herstellung" differenzieren. Die Herstellung einer Entscheidung, also die tatsächliche Entstehung, gehöre ebenso wie deren Verschriftlichung in den Bereich der Wirklichkeit. Das Bild aber, das die Darstellung von der Herstellung zeichne und vorstellungsmäßig evoziere, gehöre in die Sphäre der Lebenswelt.[604] Um dieses Bild zu rekonstruieren, analysiert SOBOTA die in Urteilen enthaltenen selbstreferentiellen Aussagen, d. h. die expliziten und impliziten Angaben zur eigenen Entstehungsweise.[605] Dabei findet sie, dass diese Selbstreferenzen nicht durchgängig, aber überwiegend mit einem Rechtsverständnis korrespondieren, das sie als *rational* oder *kognitivobjektivistisch* kennzeichnet.[606] Recht erscheine danach als eigenständig bestehende, erkennbare und logische Ordnung, die auf ereignishafte Vorgänge übertragen werde.

Ein solches Rechtsverständnis manifestiere sich namentlich in der vorherrschenden enthymematischen Begründungsweise, also der Verwendung unvollständiger Syllogismen, bei denen Sätze weggelassen oder nur angedeutet würden, und deren Obersatz keine Wahrheit, sondern eine Wahrscheinlich-

---

603 *Sobota,* Sachlichkeit. Rhetorische Kunst der Juristen, Frankfurt/Main u. a. 1990, S. 23 f.

604 *Sobota,* Sachlichkeit, S. 25, unter Hinweis darauf, dass „zwischen den Prozessen des Herstellens und Darstellens und der Darstellung dieser Prozesse eine ständige und veränderliche Wechselwirkung besteht. Für die folgende Untersuchung wird jedoch unterstellt, dass die weltkonstituierende Darstellung nach einem relativ festen Muster erfolgt und damit auch ein relativ beständiges Bild ergibt".

605 *Sobota,* Sachlichkeit, S. 13 ff., 29, unter Hinweis auf Parallelen zur Ethnomethodologie, insbes. *Garfinkel,* Studies in Ethnomethodology (1967), 2. Aufl., Cambrige/Oxford 1984, S. 1 ff., und zu *Luhmann,* Legitimation durch Verfahren, Neuwied/Berlin 1969, S. 175 ff.; vgl. auch *Gräfin von Schlieffen,* Rhetorik und rechtsrhetorische Aufklärung, Rechtstheorie 32 (2001), 175 ff. (182 ff.)

606 Ein solches Rechtsverständnis unterscheidet Sobota einerseits von einer vorrationalen Haltung, wonach Recht als emotional-religiöses Gesamtgeschehen erfahren werde (immer noch wirksam z. B. im „Kreuzsymbol, das über so mancher Gerichtsbank hängt und den Rechtsspruch der göttlichen Fügung anbefiehlt", und andererseits von einer rationalreflexiven oder volitiv-konsensuellen Haltung, wonach das Recht keine vorgegebenen materiellen Gehalte aufweise, sondern der menschlichen Verfügung unterliege (wirksam etwa im Gedanken der demokratischen Legitimation), *Sobota,* Sachlichkeit, S. 37 ff.

keit bilde.[607] Als Prämissen dienten vorzugsweise Gesetzesnormen, daneben aber ebenso Alltagsmaximen, Lehrsätze und Wertfeststellungen.[608] Die Verwendung der Begriffe erfolge nach einem strengen Bausatzsystem, gleichzeitig erfolge eine Bestimmung der Begriffsinhalte aber nur im Bedarfsfall, was den Konstruktionen Flexibilität und Anschlussfähigkeit verleihe.[609] Die enthymematische Argumentation verweise einerseits auf unmittelbare Einsicht (Evidenz) und andererseits auf die Folgerichtigkeit der klassischen Logik, deren Schlussform „nicht als hermetische Tautologie, sondern als eine offene, produktive Form der Zuordnung" erscheine.[610] Eine solche Begründungsweise erwecke den Eindruck eines streng deduktiven Vorgehens, das tatsächlich nicht vorliege[611], sie zeichne sich aber gleichwohl durch eine hohe gedankliche Stringenz aus.

Insgesamt sei festzustellen, dass der vielgescholtene Justizsysllogismus – wenn auch nicht im Prozess der Herstellung, so doch in der Projektion der Selbstdarstellung – das nach wie vor dominante Konstitutionsmerkmal der Rechtsrede bilde. Als rhetorisches Muster rechtlicher Begründung und Selbstlegitimation habe sich das Subsumtionsmodell, das die Herstellung als objektgerichteten und objektgeleiteten Prozess präsentiere, über weite Strecken bewährt. Es manifestiere sich darin eine lebensweltliche Sichtweise, „für welche die Neuzeit noch nicht angebrochen ist. Es ist die angeblich naive Welt unseres abendländisch-alltäglichen Denkens (…). Es ist die Welt der Erklä-

---

607 *Sobota,* Sachlichkeit, S. 47 ff., 65 ff.

608 *Sobota,* Sachlichkeit, S. 81 ff., 141: „Die Auswahl der Prämissen geschieht im Rahmen einer bewährten und anerkannten Systematik, die dem Gesetzestext grundsätzlich den ersten Rang einräumt. (…) Konsens und Interesse, Gemeinwohl und Sitte, die Folgen, der Glaube oder das von Natur aus Gute erscheinen nicht als unmittelbare Rechtsfertigungsmomente, sondern allenfalls als Begriff innerhalb einer satzförmigen Prämisse, die nach dem Aufbau der jeweils einschlägigen Topoikataloge und Prüfungsreihenfolgen nur in einem bestimmten Argumentationszusammenhang und zudem noch durch andere Regeln relativiert werden kann". Vgl. auch *dies.*, Don't mention the Norm!, IJSL, Vol. IV / 10 (1991), S. 45–60.

609 *Sobota,* Sachlichkeit, S. 104 f., 126.

610 *Sobota,* Sachlichkeit, S. 99, vgl. ferner S. 91 ff. 128 ff.

611 Dahingehend auch die Befunde bei *Weyrauch,* Das Gesellschaftsbild des Juristen, Neuwied/Berlin 1970, S. 207 ff.; *Lautmann,* Justiz, S. 178 ff.; *Hutmacher,* Verkehrsunfälle vor Gericht – Empirische Befunde und theoretische Perspektiven, Zeitschrift für Rechtssoziologie IV (1983), S. 247 ff. (260 ff.); dazu auch *Ottmar Ballweg,* „Phronetik, Semiotik und Rhetorik", in: *ders., Thomas-Michael Seibert (Hrsg.),* Rhetorische Rechtstheorie, FS für Theodor Viehweg, Freiburg/München 1982, S. 27–71, S. 43: Es sei wichtig zu wissen, „dass der Verknüpfungszusammenhang den Beteiligten als logisch schlüssiger, nicht aber als eingeübt gewohnheitsmäßiger vertraut, plausibel und folgerichtig erscheint, obwohl nur letztes zutrifft".

rungen und Begründungen, der fassbaren Sachen und der durchschaubaren Prinzipien. Es ist der Boden unserer Sprachgemeinschaft, auf dem man sicher steht und sicher handeln kann (...).“[612]

c) Kritik der neuen Begründungslehre

Dies schließe nach SOBOTA freilich eine Entwicklung und Veränderung etablierter Konstruktions- und Begründungsmuster sowie damit korrespondierender lebensweltlicher Erwartungshaltungen nicht aus. Auch bleibe unbestritten, dass die juristische Methodenlehre ohne Idealisierungen und Utopien nicht auskomme. Nur dürfe insoweit weder der rhetorische Charakter noch die praktische Funktion rechtlicher Herstellungs- und Darstellungsprozesse verkannt werden, wie dies innerhalb der neueren Ansätze der Fall sei, die vom Ehrlichkeitspostulat ausgingen.[613] Diesen Ansätzen gehe es nicht darum, den Modus der Darstellung aufzudecken, sondern ihn zu verändern.[614] Man bewege sich in den Mustern der eigenen Ideen, die vom Ideal einer formal-exakten oder vernünftigen Argumentation geprägt seien, und übersehe, dass die neuen Vorgaben, die die Begründung kontrollierbar und rational machen sollen, ebenfalls eine kunsthafte, rhetorisch gezielte Darstellung der Herstellung verlangten. „Genau wie zuvor verlangt man auch hier eine Reihe schöpferischer Identifikationen, die den ungreifbaren, oszillierenden Prozeß der rhetorischen Herstellung in eine stringente und überzeugende Darstellung verwandeln.“[615]

Soweit solche Theorien des juristischen Begründens Vollständigkeit und Exaktheit verlangen, sind sie dabei nach SOBOTA ihrem Gegenstand unangemessen und in ihrer Überzeugungswirkung fragwürdig: „Angesichts der Veränderlichkeit und Vergänglichkeit der *res humana* muß die Genauigkeit einer artifiziellen Formelsprache wie eine falsche Fassade wirken. Die Welt der Zeichen ist auf den Hochglanz moderner Präzisionsvorstellungen ge-

---

612 *Sobota,* Sachlichkeit, S. 134 f.; dahingehend auch schon *Garrn,* Rechtsproblem, S. 38 ff.

613 Dazu auch *Sobota,* Argumente und stilistische Überzeugungsmittel in Entscheidungen des Bundesverfassungsgerichts. Eine Rhetorik-Analyse auf empirischer Grundlage, in: *Dyck u. a. (Hrsg.),* Rhetorik. Ein internationales Jahrbuch, Bd. 15 Juristische Rhetorik, Tübingen 1996, S. 115 ff.

614 Vgl. *Sobota,* Sachlichkeit, S. 18 ff.

615 *Sobota,* Sachlichkeit, S. 22, unter Hinweis auf *F. Brecher,* Scheinbegründung und Methodenehrlichkeit im Zivilrecht, in: FS Nikisch, 1958, S. 227 ff. (241).

bracht, aber alles Flüchtige und Brüchige wird als unliebsamer Haufen in den Hinterhof der ‚Bedeutungserklärungen' verbannt."[616] Entgegen dem Anspruch, mittels einer formalisierten Logik alle Prämissen aufzudecken und zu verhindern, dass sich ungenannte Unterstellungen einschlichen, lasse sich die juristische Argumentation nicht bis ins Letzte verbegrifflichen und inventarisieren. „Ihre Explikationen kennzeichnen niemals alles, sondern immer nur einen Ausschnitt von dem, was theoretisch zu sagen wäre. Dabei leistet das Schweigen zweierlei: Zum einen ist es ökonomisch, zum anderen hält es das bislang noch Selbstverständliche in einer Sphäre nachgiebiger Gefühle, statt es in den Streit um Worte zu tragen. Bedenkt man die Integrations- und Schlichtungsfunktion des Rechts, scheint diese Technik begrüßenswert. Eine Methodenlehre, die ernstlich auf Vollständigkeit drängt, würde nicht nur ihr Thema verfehlen, sondern auch zu einer Technik anleiten, die sich in der Praxis nicht bewähren würde."[617]

Sofern die neueren Ansätze aber von der Begründung nicht nur Vollständigkeit verlangten, sondern Wahrhaftigkeit und inhaltliche Legitimation, werde offenbar ein einheitliches und konsistentes Wahrheitssystem vorausgesetzt und vermutet, dass im Zusammenspiel der zugelassenen Erwägungen eine transpositive, interkulturelle und zeitübergreifende Gerechtigkeit zum Ausdruck gelange.[618] Ferner weist SOBOTA darauf hin, dass eine idealisierende und aspekthafte Berücksichtigung einzelner Herstellungsaspekte, etwa in Form der Berufung auf den Konsens, *commom sense* oder die Folgen, weder der Herstellung noch der Darstellung gerecht werde: „Innerhalb der ontologischen Präsentation wirken sie als Stilbruch, während sie in der Analyse des rechtlichen Konstruktionsprozesses als eine tendenziöse Schematisierung erscheinen, die der Pluralität der rhetorischen Bedingungen in keiner Weise gerecht wird."[619]

Wenn man dagegen darauf verzichte, die rechtliche Wirklichkeit in ein einheitliches Wahrheitssystem zwängen zu wollen und keine wissenschaftlich

---

[616] *Sobota,* Sachlichkeit, S. 118.
[617] *Sobota,* Sachlichkeit, S. 119 f.
[618] Vgl. *Sobota,* Sachlichkeit, S. 19 f., 147 f.
[619] *Sobota,* Sachlichkeit, S. 147.

abgesicherte Legitimität des Gesollten verlange, werde es denkbar, dass die menschliche Lebenswelt anders zustande kommt, als es die Mitglieder einer Sprachgemeinschaft in ihren Konstruktionsprozessen darstellten. Erst damit biete sich dann auch die Möglichkeit, Recht sowohl aus der wirkungsanalytischen als auch aus der präsentationsbezogenen Perspektive zu betrachten.[620]

d) Rhetorische Figuren als Überzeugungsmittel

Dem Verhältnis zwischen Herstellung und Darstellung geht SOBOTA auch in ihren späteren Arbeiten nach. Zur feineren Differenzierung spricht sie insoweit auch von sog. *Krypto-* und *Pseudoreferenzen.*[621] Als *Kryptoreferenzen* bezeichnet sie Regelhaftigkeiten und Anweisungen, die bei der *Herstellung* der Rechtsrede tatsächlich wirksam werden und für die relative Gleichförmigkeit rechtlicher Konstruktionsprozesse von zentraler Bedeutung sind, die aber meist unreflektiert bleiben und keine explizite Formulierung finden.[622] Als *Pseudoreferenzen* ordnet sie solche Anweisungen ein, die ein davon abweichendes offizielles Herstellungs*ideal* formulieren, an dem sich allerdings die *Darstellung der Herstellung* innerhalb der Rechtsrede orientiert.[623] „Pseudo" meint also, dass sie der wirklichen Herstellung nicht entsprechen, nicht aber, dass sie unwichtig wären: Sie sind nach SOBOTA nicht nur bezeichnend für das juristische Selbstverständnis, sondern auch entscheidend für die Überzeugungswirkung und Akzeptabilität des Ergebnisses.

Wie SOBOTA im Wege ergänzender Urteilsanalysen zeigt, sticht im Hinblick auf die Kryptoreferenzen nicht allein die vorherrschend enthymematische Begründungsweise hervor, sondern auch der Einsatz nicht-argumentativer Überzeugungsmittel, d. h. eine reiche Verwendung rhetori-

---

[620] *Sobota,* Sachlichkeit, S. 148 f.

[621] Dazu *Sobota,* Geburt und Tod fiktiver Welten, in: *Heuser, Schmied (Hrsg.),* Gestalt, Hannover 1991, S. 45 ff.; *dies.,* The Rhetorical Construction of Law, IJSL, Vol. V (1992), S. 39 ff. (46 ff.).

[622] Dazu zählen die Techniken der Rhetorik, aber im weiteren Sinne auch Muster, die durch forensische Rituale, die Formen der Auswahl und Einsozialisierung des Nachwuchses sowie informelle Unterweisungen durch Ältere und Erfahrenere vermittelt werden. Zum letztgenannten Aspekt *Sobota,* Imitation und Reflexion in der Rechtsmethodik, in: *Denninger u. a. (Hrsg.),* Kritik und Verantwortung; FS Schneider, Frankfurt/Main 1990, S. 501 ff.

[623] Wobei natürlich wiederum davon ausgegangen wird, dass Krypto- und Pseudoreferenzen interagieren.

scher Figuren, die auf Rhythmus, Geometrie, Klang oder Anschaulichkeit zielen.[624] Ausgehend von der aristotelischen Einteilung der Elemente überzeugender Rede sind solche Figuren[625] dem Pathos-Bereich zuzurechnen, sie zielen also auf die Emotionen der Zuhörer, während unter dem Begriff Logos der Einsatz von Argumenten und unter dem Begriff Ethos der Bezug auf Sitten, Institutionen und prägende Wertvorstellungen erfasst wird.[626] Den Befunden SOBOTAS zur Verwendung rhetorischer Figuren in Entscheidungen des Bundesverfassungsgerichts zufolge lässt sich insgesamt eine vergleichsweise hohe Figurendichte feststellen.[627] Ferner ergebe sich, dass „rhetorische Figuren nicht nur in großer Menge eingesetzt, sondern auch in denjenigen Textabschnitten konzentriert (werden), welche Experten für die ‚wichtigen' halten"[628], und dass der Einsatz der verschiedenen Überzeugungsmittel in unterschiedlichen Entscheidungen offenbar einem konstanten Muster folge[629].

Nach SOBOTA bestätigt sich damit, dass die Überzeugungskraft juristischer Begründungen nicht allein auf rational-kognitiven Momenten beruht, sondern auf einem kunsthaften und rhetorisch zielvollen Einsatz von Sprache, der durch informelle und weitgehend unreflektierte Konstruktionsanleitungen gesteuert wird.[630]

---

[624] Dazu *Sobota,* Rhetorisches Seismogramm – eine neue Methode in der Rechtswissenschaft, JZ 1992, 231 ff.; *dies.,* Argumente und stilistische Überzeugungsmittel, S. 120 ff.; *dies.,* Rhetorische Muster der Rechtsgewinnung am Beispiel einer Entscheidung des OVG Münster, in: *Schirren, Ueding (Hrsg.),* Topik und Rhetorik. Ein interdisziplinäres Symposium, Tübingen 2000, S. 521 ff.; ferner *Wolff, Müller,* Kompetente Skepsis, Opladen 1997, S. 244 ff.

[625] Z. B. Metapher, Metonymie, Alliteration, Anthropomorphisierung, Litotes, Ironie, d. h. Wendungen, die sich als „Abweichungen von der normalen Sprechweise" verstehen lassen. Zur Auswahl und Identifikation dieser Figuren s. *Sobota,* JZ 1992, 232 f. m. w. N.; *dies.,* Argumente und stilistische Überzeugungsmittel, S. 121 f.

[626] Als Logos-Argumente zählen nach Sobota Aussagen oder Andeutungen, die dem Schema „das ist so, weil (...)" entsprechen (wie Hinweise auf Gesetze, Rechtsgrundsätze oder Alltagsargumente); dem Ethos-Bereich rechnet sie etwa Autoritätsargumente und Quellenangaben zu, s. *Sobota,* Argumente und stilistische Überzeugungsmittel, S. 120 f.

[627] Als Vergleichstexte dienten Berichte in Tageszeitungen: *Sobota,* JZ 1992, 233.

[628] *Sobota,* JZ 1992, 237; *dies.,* Argumente und stilistische Überzeugungsmittel, S. 115, 122. Mehr Argumente werden an diesen Stellen dagegen nicht genannt.

[629] *Sobota,* Argumente und stilistische Überzeugungsmittel, S. 115.

[630] Zur Heranziehung der aristotelischen Einteilung in der Jurisprudenz auch *Schulze,* Ethos, Logos, Pathos. Juristische Rhetorik in der neueren deutschen Zivilrechtsgesetzgebung, in: ARSP Beiheft Nr. 99 (2004), S. 26 ff.; *Lyra,* Die Wiederentdeckung der Rhetorik in der Jurisprudenz – Beginn einer neuen Methodenlehre?, ebd., S. 50 ff. (58 ff.)

III. Zum Stand der Rhetorischen Rechtstheorie

Vor dem Hintergrund sowohl der von VIEHWEG in „Topik und Jurisprudenz" entwickelten topisch-rhetorischen Deutung des juristischen Denkens als auch der Fortentwicklung dieses Ansatzes durch VIEHWEG selbst sowie die verschiedenen Autoren der „Mainzer Schule" gilt es nun, in zweierlei Hinsicht Bilanz zu ziehen. Zum einen betrifft dies die Beurteilung von „Topik und Jurisprudenz" und den Resultaten der darum geführten Topik-Debatte. Es stellt sich insoweit die Frage, was von VIEHWEGS Ansatz bleibt und welche unmittelbare oder auch mittelbare Relevanz ihm weiterhin zukommt. Damit verbunden ergibt sich zum anderen die Frage nach dem heutigen Stand der Rhetorischen Rechtstheorie, und zwar ebenso im Hinblick auf das Verhältnis der Rechtsrhetoriker zueinander wie auch im Verhältnis zu anderen Strömungen in der neueren Rechtstheorie.

1. Bilanz zur Entwicklung der Rechtsrhetorik: Verdienste, Differenzen ...

a) Zur Relevanz von „Topik und Jurisprudenz": Bindung und Beweglichkeit als Strukturprinzip

Hinsichtlich der allgemeinen Einschätzung des Ansatzes VIEHWEGS kann insgesamt festgehalten werden, dass Zielrichtung und Tragweite seiner Überlegungen über weite Strecken verkannt werden. Zwar wird VIEHWEG die Distanzierung von einem strikt gesetzespositivistischen Rechts- und Systemverständnis zugute gehalten[631] und zudem lobend anerkannt, dass über die theoretischen Anstrengungen von Rechtstheorie und akademischer Methodenlehre die Probleme und Anforderungen der Rechtspraxis nicht ganz vergessen werden sollten. Dahingehend pauschale Zugeständnisse vermögen aber nur schlecht zu verdecken, dass es über weite Strecken an der Bereitschaft fehlt, sich ernsthaft auf eine Auseinandersetzung mit den Überlegungen VIEHWEGS

[631] Zum „Beitrag der Topik zur Überwindung des Positivismus" insbes. *Arno Bokeloh,* Der Beitrag der Topik zur Rechtsgewinnung, Göttingen 1973, S. 107 ff. m. w. N.

einzulassen. An die Stelle einer solchen Auseinandersetzung tritt regelmäßig vielmehr der Hinweis auf die Annahme, VIEHWEGS Ansatz basiere auf einer überzogenen Entgegensetzung von Topik und Systematik. Wenngleich es nach dem hier entwickelten Verständnis von „Topik und Jurisprudenz“ nicht gerechtfertigt ist, VIEHWEGS Einordnung des juristischen Denkens als Problemdenken auf eine solche Gegenüberstellung von „Topik“ und „Systematik“ zu reduzieren, wurde sie insbesondere im Rahmen der ersten Rezeptionswelle von „Topik und Jurisprudenz“ mit aller Vehemenz diskutiert. Daran wird zugleich aber auch deutlich, wie lebendig zu dieser Zeit die Vorstellung eines deduktiven, die Entscheidungsfindung determinierenden Rechtssystems offenbar noch gewesen ist und wie dringend der Reflexionsbedarf. Es darf insoweit wohl angenommen werden, dass VIEHWEGS Anstoss einen nicht zu unterschätzenden Beitrag zur Überwindung dieser Vorstellung geleistet hat.

Zugleich mit dieser Überwindung setzte sich innerhalb der zweiten Rezeptionswelle von „Topik und Jurisprudenz“ sodann die Auffassung durch, VIEHWEGS Rekonstruktion des juristischen Denkens erschöpfe sich, soweit man ihr folgen könne, in einer Banalität, nämlich in der Einsicht in die „Offenheit“, d. h. die Möglichkeit und Erforderlichkeit von Ergänzungen und Präzisierungen des Rechtssystems. Dieser Auffassung nach soll allerdings die „Offenheit“ die Qualifikation des juristischen Denkens als Systemdenken nicht berühren, sei es, weil Änderungen oder Ergänzungen des Systems eher als Ausnahme betrachtet werden, sei es, weil man voraussetzt, dass Art und Ausmaß solcher Modifikationen im Wege einer „Teleologik“ oder einer vernünftigen Interessenabwägung zu steuern und inhaltlich zu kontrollieren sind. In jedem Fall soll dabei die Richtigkeit rechtlicher Entscheidungen gewährleistet bleiben und verbürgen, dass die Jurisprudenz nicht bloßer Subjektivität anheimfällt.

VIEHWEGS Analyse, wonach die Topik innerhalb des juristischen Denkens *ständig* eine latente Wirksamkeit entfaltet, die erst die Leistungsfähigkeit der Jurisprudenz ausmacht, wird damit überspielt. Dabei bestreitet VIEHWEG zu keiner Zeit, dass sich die Jurisprudenz an den Begriffen und Sätzen des positiven Rechts orientiert und dass sich diese in ihrer Gesamtheit als System im weiteren Sinne auffassen lassen. Entscheidend ist für ihn vielmehr die Feststellung, dass ein solches System aufgrund seiner Anbindung an die Gerechtigkeitsfrage als Grundaporie nur ein *dogmatisches* System sein kann, dem als außer Frage gestellte Verständigungsgrundlage die Funktion zukommt, die Entscheidbarkeit rechtlicher Probleme herbeizuführen. Diese dogmatische *Funktion* aber verlangt eine *Struktur*, die topischinventiven Prozessen Raum lässt, damit der Problembezug und damit die Akzeptabilität der gewonnenen Lösungen gewahrt werden kann. Vor diesem Hintergrund ist es letztlich ganz gleichgültig, ob man das juristische Denken als System- oder Problemdenken bezeichnet, solange nur deutlich wird, dass der Systembezug *weder* die Exaktheit *noch* die inhaltliche Richtigkeit rechtlicher Entscheidungen garantieren kann.

Dass die Jurisprudenz sich gleichwohl auch nach VIEHWEG nicht in subjektiver Beliebigkeit erschöpft, stößt dabei auf besondere Verständnisschwierigkeiten, und zwar deshalb, weil „Topik" unzutreffend als Bindungslosigkeit aufgefasst wird. Soweit zusätzlich auch noch verkannt wird, daß VIEHWEG keinen normativen, sondern einen analytischen Ansatz verfolgt, führt diese Fehldeutung zu dem Vorwurf, VIEHWEG „missachte" das Gesetzesbindungspostulat, „bekenne" sich nicht zur geltenden Rechtsordnung und „wolle" eine Verabsolutierung der Einzelfallgerechtigkeit unter Vernachlässigung von Rechtssicherheit und Rechtsgleichheit. Diese Kritik geht an VIEHWEG vorbei, denn er beabsichtigt eine rechtswissenschaftliche Rekonstruktion, keine dogmatische Anleitung. Wo dagegen die analytische Absicht VIEHWEGS gesehen wird, manifestiert sich die genannte Fehldeutung in dem Einwand, ein topisches Verständnis der Jurisprudenz verkenne die tatsächliche Reichweite der Gesetzesbindung und könne die immerhin relative Gleichförmigkeit rechtlicher Entscheidungsprozesse nicht erklären.

Demgegenüber impliziert Topik keineswegs Bindungsverzicht. Sie sucht ihre Prämissen vielmehr ausgehend von herrschenden und fachkundigen Meinungen – also geltenden Sätzen – und unter Rückgriff auf anerkannte Gesichtspunkte, weil nur innerhalb eines gemeinsamen Verständigungshorizontes plausible und überzeugende Lösungen zu gewinnen sind. Topoi und Topoikataloge haben nach VIEHWEG dabei einerseits die Funktion, ein bestimmtes Verständnis festzulegen und aufzubauen, und erlauben andererseits Beweglichkeit und Erweiterungsfähigkeit. In Form der Interpretation erlaubt es die Topik, neue Verständnismöglichkeiten zu erschließen, ohne die alten zu verletzten. Dieses Zusammenspiel von *Bindung und Beweglichkeit* bildet für VIEHWEG das Strukturprinzip, das das juristische Denken und das juristische System prägt. Vor diesem Hintergrund wird das Gesetzesbindungspostulat faktisch auch nicht obsolet. Nur lassen sich Reichweite und Grenzen dieser Bindung nicht logisch oder „teleologisch" ermitteln und abstrakt festlegen, sondern sie gewinnen erst in der Rechtspraxis Kontur und Kontinuität.

Auf eine Aufklärung der rechtlichen Kreationsprozesse zielt auch VIEHWEGS spätere Unterscheidung einer situativen (rhetorischen) und einer nichtsituativen (antirhetorischen) Sichtweise unter Bezugnahme auf die Semiotik. Entscheidend ist dabei für VIEHWEG, dass der Sprache nicht eine nur deskriptive, sondern auch direktive Funktion zukommt, die sich in der pragmatischen Dimension entfaltet. Die Bedeutung sprachlicher Zeichen liegt demnach nicht situationsentrückt fest, sondern wird in der Redesituation durch wechselseitige Sprechhandlungen erst konstituiert. Vor diesem Hintergrund wird deutlich, dass die Wirksamkeit der Topik auf pragmatischer Ebene anzusiedeln ist. Die Topoi dienen dazu, in der Redesituation Sprech- und Denkhandlungen anzuregen und die intersubjektive Sinnkonstitution zu koordinieren. Die Topoi sind also, wie VIEHWEG sagt, immer schon direktiv und nicht nur beschreibend. Eine nichtsituative Sichtweise, die demgegenüber versucht, die pragmatische Dimension auszuschalten oder auszublenden, vermag demgemäß die Funktion der Topik nicht zu erfassen. Sie erweist sich für den Bereich der Jurisprudenz, wo eine Aufhebung des Situationsbezugs mit einem Verlust des Problembezugs einhergeht, zugleich als unangemessen.

Natürlich ist mit dem so skizzierten topischen Verständnis der Jurisprudenz die Frage nach den Faktoren und Bedingungen der rechtlichen Entscheidungsfindung nicht erledigt. Das schmälert allerdings nicht das Verdienst VIEHWEGS, mit „Topik und Jurisprudenz" eine Konzeption vorgelegt zu haben, die die Momente des Suchens, Ringens und (Er)Findens im Rahmen realer rechtlicher Herstellungsprozesse nicht nur ohne idealisierende Verbrämungen sichtbar macht, sondern im Hinblick auf die Grundvoraussetzungen der Rechtsdisziplin erklärt und als Kernbestandteil des juristischen Denkens würdigt. Die Fruchtbarkeit seines Ansatzes wird zugleich daran deutlich, dass er sich als wichtige Weichenstellung auch jenseits der eigentlichen Topik-Diskussion erwiesen hat. Die verbreitete Sichtweise, wonach der topische Ansatz sich seit den Siebziger-Jahren in unterschiedliche Theorieströmungen verlaufen habe, erscheint insoweit als eine tendenziös-abwertende Umschreibung des Umstands, dass die Überlegungen vieler maßgeblicher Autoren dieser Zeit direkt oder indirekt durch VIEHWEG beeinflusst und angestoßen wurden. Dies gilt für hermeneutisch ausgerichteten Ansatz ESSERS ebenso wie für die Abwägungstheorie KRIELES und die Argumentationstheorie ALEXYS bis hin zur Debatte um Rechtsprinzipien, in der WILBURGS Idee eines beweglichen Systems und der von VIEHWEG betonte Gedanke kumulierbarer und sich wechselseitig beschränkender Grundsätze wieder auftauchen.[632] Zugleich erscheint es bezeichnend, wenn LUHMANN in den Neunziger-Jahren noch immer erklären muss, „daß mit einem Prinzip (Verhältnismäßigkeit, Angemessenheit, Werteabwägung usw.) oft, wenn nicht immer, entgegengesetzte Entscheidungen begründet werden können. Die Angabe eines Prinzips heißt dann nur: das Unterscheiden ins System zurückdelegieren. Schließlich verdeckt das Prinzip in der Statik seiner Formulierung die Zeitlichkeit der Operationen des Systems, das laufende Wiederholen und Abändern, Kondensieren und Konfirmieren, *distinguishing* und *overruling* in der täglichen Praxis des Systems. Das mag dann dazu dienen, Einheit vorzutäuschen, wo im Zeitlauf Regeln gewechselt werden, also Inkonsistenz für Konsistenz auszugeben."[633] Die Rechtsrhetorik weiß das seit einem halben Jahrhundert.

Die späteren kleinen Schriften VIEHWEGS haben keine größere Resonanz gefunden. Dies erstaunt insofern nicht, als darin vorrangig Überlegungen ausgeführt und erweitert werden, die bereits in „Topik und Jurisprudenz" angelegt sind. Trotzdem sind sie nicht unwichtig, weil seine Grundkonzeption darin auf sprach- und zeichentheoretischer Ebene noch einmal eine Bestätigung erfährt. Mit der Akzentuierung als rhetorisch verstandener *Theorie vom begründenden Reden*, die sich die pragmatische Analyse juristischer Argumentationen zur Hauptaufgabe macht, hebt sich sein Ansatz zudem deutlich vom breiten Feld der normativ ausgerichteten Argumentationstheorien ab, die sich weniger für die tatsächlichen Herstellungsbedingungen interessieren als für deren legitimierende Darstellung. Hervorzuheben ist ferner, dass die besondere Betonung der Pragmatik im Sinne VIEHWEGS jedenfalls der Sache

---

[632] Zur rhetorischen Grundlage von Wert- und Abwägungstheorien *Schreckenberger*, Rhetorik und Demokratie, S. 389; vgl. zu solchen Theorien *Sieckmann*, Regelmodelle und Prinzipienmodelle des Rechtssystems, Baden-Baden 1990.

[633] *Luhmann*, Das Recht der Gesellschaft, Frankfurt/Main 1993, S. 347 f.

nach inzwischen weitgehend Anerkennung gefunden hat, und einhergehend damit die direktiven Wirkungen wechselseitiger Rede im praktischen Entscheidungsverfahren auch außerhalb der Rechtsrhetorik verstärkt in den Blick genommen werden.[634] Schließlich bleibt anzumerken, dass die Versuche, die inventiven Prozesse im Rahmen der Entscheidungsfindung theoretisch zu rekonstruieren und möglichst auch lernbar zu machen, noch immer auf erhebliche Schwierigkeiten stoßen.[635]

b) Zum Anspruch rechtsrhetorischer Aufklärung

Die neueren Autoren der „Mainzer Schule" stimmen mit VIEHWEG hinsichtlich des Vorrangs der *Pragmatik* gegenüber Syntaktik und Semantik sowie der *Situationsbezogenheit* sprachlichen Handelns überein. Damit verbunden bildet die Untersuchung von *Ontologisierungen* innerhalb der Rechtssprache ein gemeinsames Thema. Die jeweiligen Akzentsetzungen und die Einschätzung der gewonnen Befunde weichen indes voneinander ab. Es stellt sich damit vor allem unter dem Gesichtspunkt ihrer sprach- und gesellschaftskritischen Ausrichtung die Frage nach dem Profil der Rhetorischen Rechtstheorie.

Die Differenzen werden im Hinblick auf die Beurteilung der Ontologisierung juristischer Begrifflichkeit besonders deutlich. BALLWEG betrachtet sie primär unter dem Gesichtspunkt der Funktionalität: Entscheidungs- und Begründungszwang verlangen eine hochgradige Interpretierbarkeit der Rechtssprache, und diesem Erfordernis wird durch eine ontologisierende Redeweise entsprochen. Zugleich erlaube es ein deskriptiver Sprachstil, die subjektiven und wertenden Momente im Entscheidungsfindungsprozess, die die Akzeptabilität des Ergebnisses beeinträchtigen könnten, auszublenden. Eine Reflexion dieser Verdinglichungen und der damit verbundenen Implikationen ist nach BALLWEG auf rechtsphilosophischer bzw. rechtstheoretischer Ebene geboten. Die Möglichkeit einer durchgängigen Rationalisierung der sprachli-

---

[634] S. *Christensen, Kudlich,* Theorie richterlichen Begründens, Berlin 2001.

[635] Zum Verständnis als Abduktion *Lüderssen,* Genesis und Geltung in der Jurisprudenz, Frankfurt/Main 1996, S. 291 ff.; zum Verhältnis zur Topik *Seibert,* Grundlagen der Urteilsanalyse: Fall, Regel und Topos, in: *Feldner, Forgó (Hrsg.),* Norm und Entscheidung, Wien/New York 2000, S. 127 ff. (144); *ders.*, Zeichen, Prozesse. Grenzgänge zur Semiotik des Rechts, Berlin 1996, S. 134 ff.

chen Sinnkonstitution auf rechtsdogmatischer Ebene sieht er jedoch nicht; insbesondere warnt er auch davor, Ansprüche und Leistungsfähigkeit rhetorischer Analysen zu überschätzen und die Grenzen zwischen Zetetik und Dogmatik zu verwischen.[636] Ganz ähnlich betrachtet auch SOBOTA Programme zur Überwindung tradierter juristischer Sprach- und Begründungsmuster mit Skepsis. Entsprechend sieht sie es auch nicht als Ziel rechtsrhetorischer Forschung an, eine veränderte Methodik vorzugeben oder „jedermann über jedes und um jeden Preis aufzuklären", sondern bestenfalls „denen, die es wissen sollten, einige Hinweise für eine effektivere und selbstkontrolliertere Rechtsgewinnung zu geben", um so „die bewährten Ordnungs- und Schlichtungstechniken in einer zeitgerechten Weise fortzusetzen"[637]. Freimütig stellt sie fest: „In Zukunft dürfte die Rhetorik ihre Gegner nur noch in ihrem eigenen Lager finden; es sind nicht mehr die Normativisten und Ontologen alten Schlages, sondern die so gutwillig wie orientierungslosen Dogmatikflüchtlinge einer angeblich postmodernen Gegenwart."[638]

Der Gegensatz insbesondere zu den Überlegungen RODINGENS, der sich gegen eine verdinglichende Semantik wie überhaupt gegen ein „Recht in Sätzen" ausspricht, liegt auf der Hand. Dieser Distanzierung von RODINGEN ist grundsätzlich beizupflichten.[639] Aus der isolierenden Vergegenständlichung juristischer Begriffe und ihrer Ablösung von der pragmatischen Ausgangssituation lässt sich entgegen RODINGEN nämlich keineswegs folgern, dass die Auslegung der Gesetzestexte „beliebig" sei, also dass sie *gar nichts* bedeuten. Im Gegenteil kritisiert RODINGEN selbst die rechtlichen Sprachfügungen ja gerade im Hinblick darauf, dass diese die Deutung des sozialen Geschehens in bestimmter Weise präformierten. Was RODINGEN insoweit eigentlich stört, ist nicht die vermeintliche Beliebigkeit abstrakter rechtlicher Begriffe und Sätze, sondern das bürgerliche Gesellschaftsbild, mit dem sie korrespondieren und

---

[636] *Ottmar Ballweg*, „Phronetik, Semiotik und Rhetorik", in: *ders., Thomas-Michael Seibert (Hrsg.),* Rhetorische Rechtstheorie, FS für Theodor Viehweg, Freiburg/München 1982, S. 27–71, S. 55: „Eine Analyse versteht sich weder als Manifest noch als Polemik, weder als Kritik noch als Pamphlet. Sie ist Theorie über Praxis – eine Metatheorie –, aber keine Doktrin für die Praxis, schon gar nicht eine ‚Theorie der Praxis'."

[637] *Sobota,* Sachlichkeit, S. 7.

[638] *Sobota,* Sachlichkeit, S. 11.

[639] Skeptisch zur Forderung einer neu zu konzipierenden Rechtssprache auch *Neumann,* Acht Thesen zur Kritik und Metakritik der Rechtssprache, ARSP Beiheft Nr. 9 (1977), 121 ff.

an dem sich ihre Auslegung orientiert. Es geht ihm also letztlich nicht darum, *dass* die Rechtssprache als Instrument zur Durchsetzung oder Erhaltung bestimmter gesellschaftspolitischer Vorstellungen diene, sondern darum, *welche* Vorstellungen dies sind. Demgegenüber ist mit BALLWEG darauf zu verweisen, dass eine analytische Rechtsrhetorik ihrem Anspruch und ihrer Leistungsfähigkeit nach nicht darauf gerichtet sein kann, *eine* Rechtsideologie durch eine *andere* zu ersetzen.

Das lässt freilich die Berechtigung der Frage danach, welche rechtlichen Inhalte wie sprachlich konstituiert werden und inwieweit sich entsprechende Prozesse kontrollieren lassen, unberührt. Und unter diesem Gesichtspunkt dürfen umgekehrt BALLWEG und SOBOTA auch nicht dahingehend verstanden werden, dass eine ontologisierende Redeweise bzw. ein ontologisches Rechtsverständnis mit dem Hinweis auf die Erfordernisse von Begründungs- und Überzeugungszwang als faktische Notwendigkeit nicht hinterfragt werden dürfe. Vor diesem Hintergrund ist im Übrigen anzumerken, dass verschiedentlich problematisiert wird, ob die Topik eine progressive oder im Gegenteil eine konservative Wirkung entfalte.[640] So wird teilweise angenommen, dass die Betonung der Offenheit des Rechtssystems für außergesetzliche Wertungen und seines Bezugs zur Rechtswirklichkeit im Sinne der erstgenannten Deutung zu einer „Gleichsetzung von problemorientiertem Rechtsdenken mit politischem Denken“ geführt habe und „als einer der Gründe dafür angesehen werden kann, dass die Topik seit Ende der Sechziger-Jahre nochmals Zulauf zu verzeichnen hatte“[641]. WIEACKER konstatiert demgegenüber, dass jedenfalls „die Fachtopik einer Juristenzunft (...) eher konservierende oder doch stabilisierende, wenn nicht geradezu traditionalistische oder reaktionäre Tendenzen“ aufweise.[642]

---

640 Dazu *Arno Bokeloh,* Der Beitrag der Topik zur Rechtsgewinnung, Göttingen 1973, S. 95.

641 So *Bernd H. Oppermann,* Die Rezeption des Nordamerikanischen Rechtsrealismus durch die Deutsche Topikdiskussion, Frankfurt/Main 1985, S. 23, 130 ff., der diese Gleichsetzung selbst allerdings für unzutreffend hält.

642 *Franz Wieacker,* „Zur Topikdiskussion in der zeitgenössischen deutschen Rechtswissenschaft“, in: *Ernst von Caemmerer, P. J. Zepos (Hrsg.),* XENION, FS für P. J. Zepos, Bd. I, Athen u. a. 1973, S. 391–415, S. 401; ähnlich *Gerhard Struck,* Topische Jurisprudenz. Argument und Gemeinplatz in der juristischen Arbeit, Frankfurt/Main 1971, S. 104, 109.

Beide Wirkrichtungen scheinen auf den ersten Blick möglich; dennoch wird keine der beiden Einordnungen dem Verständnis einer analytischen Rechtsrhetorik gerecht. Natürlich weist ein dogmatisches Denken wie die Jurisprudenz insofern konservierende Tendenzen auf, als es gerade darauf zielt, bestimmte außer Frage gestellte Meinungen zu stabilisieren und zu erhalten. Anders ließe sich der soziale Orientierungsbedarf und das Bedürfnis nach Handlungssicherheit im Bereich des Meinungsmäßigen nicht befriedigen. Gleichzeitig ist dadurch eine kontinuierliche und geschmeidige Anpassung und Änderung im Hinblick auf veränderte Problemlagen und Vorstellungen gerade nicht ausgeschlossen. Nochmals: Topik beruht auf dem Zusammenspiel von Bindung *und* Beweglichkeit. Dass die Stabilisierungsleistung insoweit maßgeblich durch die staatliche Institutionalisierung der rechtlichen Entscheidungsprozesse, eine universitär betriebene Rechtslehre sowie auch eine berufsstandsspezifische „Zunftbildung" abgesichert wird, liegt dabei auf der Hand. Längst bekannt sind auch die Risiken, die daraus resultieren.[643] Bei all dem muss aber zweierlei berücksichtigt werden: Zum einen wird die Änderungsdynamik im Bereich des Meinungsdenkens durch die Bedingungen der sozialen Orientierungsfunktion bestimmt. Treffend stellt dazu SCHRECKENBERGER fest: „Diese benötigt erwartbare Zeiträume, die es ermöglichen, zwischen Normen und sozialen Veränderungen eine Art Fließgleichgewicht herzustellen. (…) Stabilität und Flexibilität des Rechts folgen nicht theoretischen Anforderungen, sondern praktischen Bedürfnissen."[644] Zum anderen liegt es – wie bereits dargelegt – weder in der Absicht noch in den Möglichkeiten einer analytischen Rechtsrhetorik, eine Doktrin der Bewahrung oder Veränderung zu entwickeln.

Entsprechend hat die Feststellung, dass und wie ein verdinglichender juristischer Sprachgebrauch bestimmte Funktionen erfüllen kann, nichts mit der Legitimation der Deutungsmuster zu tun, die darin zum Tragen kommen.

---

[643] Zur dahingehenden Diskussion insbes. der Siebziger-Jahre *Lautmann,* Justiz 140 ff.; *Simon,* Die Unabhängigkeit des Richters, S. 146 ff., 160 ff. m. w. N.; *Rottleuthner,* Rechtswissenschaft als Sozialwissenschaft; *Kaupen,* Die Hüter von Recht und Ordnung; ferner zur Nachwuchsselektion bereits *Dahrendorf,* Die Ausbildung einer Elite, Der Monat 14 (1962), 15 ff. Das Bild des schichten- und interessengebundenen, konservativautoritären Juristenstandes bedarf aber wohl mittlerweile einer Überholung. Im Hinblick auf die Situation des juristischen Nachwuchses erscheint zudem die Rede von der „Ausbildung einer Elite" geradezu als Hohn.

[644] *Schreckenberger,* Notizen über die Rhetorische Semiotik, S. 356.

Umgekehrt impliziert die Frage, ob und wie solche Deutungen diskutierbar und insoweit rational gemacht werden können, kein (neues) Richtigkeitsversprechen.

Zutreffend weist VIEHWEG insoweit darauf hin, dass die fraglichen Vergegenständlichungen zwar „auch in der Rechtswelt eine gewisse Hilfe leisten", aber dass man sie im Gebrauch wieder „pragmatisieren, d. h. in den Kontext einer Situation bringen, genauer: ihre Isolierung, die durch die fixierende Definition entstand, wieder beseitigen"[645] muss und nicht dem Eindruck erliegen darf, „daß das, was in *casu hic et nunc* als gerecht zu ermitteln ist, sich mit hinreichender Sicherheit letztlich doch aus der Wortbedeutung des einschlägigen Rechtstextes ergebe"[646]. Nach Auffassung SCHRECKENBERGERS hat die „reich gegliederte Ontologie der juristischen ‚Gegenstände'" sogar „vorzügliche rhetorische Leistungen erbracht, indem sie komplizierte juristische Sachverhalte für den fachsprachlichen Zeichengebrauch in handliche, von der Anschauung rhetorisch gestützte Schemata faßte; sie hat sich als ein hervorragendes Instrument zur Verkürzung und der Argumentation und damit der Dogmatisierung der Rechtssprache erwiesen."[647] Gleichzeitig betont auch er, dass „ontologisierende Sprechweisen oft geeignete Strategien (bilden), um dogmatische Vorentscheidungen zu verhüllen und komplizierte semiotische Strukturen zu verdecken"[648].

Hervorzuheben gilt es vor diesem Hintergrund, dass sowohl SCHRECKENBERGER als im Übrigen auch SEIBERT Untersuchungen angestellt haben, die deutlich machen, wie die von VIEHWEG geforderte Pragmatisierung aussehen kann bzw. wie sie sich im Verfahrensablauf vollzieht. So hat SCHRECKENBERGER anhand seiner verfassungsrechtlichen Text- und Entscheidungsanalysen die appellativen und direktiven bzw. operativen Funktionen, die metasprachliche Ausdrücke der Rechtssprache entfalten können, näher bestimmt. SEIBERTS Urteils- und Aktenanalysen illustrieren die Annäherung

---

[645] *Viehweg*, Schritte zu einer Rhetorischen Rechtstheorie, S. 201 f.

[646] *Theodor Viehweg*, Topik und Jurisprudenz, Ein Beitrag zur rechtswissenschaftlichen Grundlagenforschung, 5. Aufl., München 1974, (Anhang) S. 114.

[647] *Schreckenberger*, Rhetorische Semiotik, S. 38.

[648] *Schreckenberger*, Rhetorische Semiotik, S. 39.

zwischen Fall und Gesetzestext als Abfolge sprachlicher Handlungssequenzen und geben zugleich Hinweise über die Struktur des Konkretisierungsprozesses. Beide liefern Ansätze für eine intervenierende argumentative Kontrolle innerhalb des Entscheidungsfindungsprozesses. Die Rhetorische Rechtstheorie im Sinne VIEHWEGS, nämlich als rhetorisch verstandene *Theorie vom begründenden Reden,* die die Aufgabe verfolgt, die rechtlichen Herstellungsprozesse in pragmatischer Hinsicht abzuklären, ist damit einige Schritte vorangekommen.

c) Die rechtsrhetorische Perspektive auf die Herstellungs-Darstellungs-Differenz

Eine solche Theorie im Sinne VIEHWEGS fasst ersichtlich primär den Begründungs*prozess,* also die Suche und Gewinnung von entscheidungserheblichen Gesichtspunkten im Rahmen der Rechtsfindung ins Auge. Zu klären bleibt, welche Konsequenzen sich ausgehend davon im Hinblick auf die Darstellung der Entscheidung ergeben. Genauer: Es ist zunächst festzuhalten, was sich auf Grundlage des rechtsrhetorischen Ansatzes für das Verhältnis von Herstellung und Darstellung bzw. Darstellung der Herstellung ergibt.

Im Ausgangspunkt ergibt sich auch aus rechtsrhetorischer Perspektive, dass das Begründungserfordernis als zentrales Instrument zur Rationalitätssicherung und Kontrolle rechtlicher Entscheidungen anzusehen ist. Insoweit teilt sie zugleich die Prämisse der verschiedenen neueren argumentations- bzw. begründungstheoretischen Ansätze, wonach in Abgrenzung zu einem irrationalistischen oder dezisionistischen Verständnis grundsätzlich ein innerer Zusammenhang zwischen Entscheidungsfindung und Entscheidungsbegründung besteht. Gerade wenn und weil ein solcher Zusammenhang angenommen wird, ergibt sich aber weiter, dass sich die Kriterien und Anforderungen, die an die Begründung zu stellen sind, nur bestimmen lassen, wenn über die Kriterien und Anforderungen einer ordnungsgemäßen Entscheidungsfindung Klarheit besteht. Wenn also von Begründungstheoretikern betont wird, dass die von ihnen konzipierten Regeln nicht beanspruchen, den Gang der tatsächlichen Überlegungen des Entscheidenden wiederzugeben, sondern Anforderungen an die Begründung formulieren[649], darf nicht etwa der Eindruck entstehen, dass sich gleichsam auf dem Umweg der Begründung eine größere Rationalität erzeugen ließe, als einem korrespondierenden Herstellungsmodell zukäme. Nur reicht es danach aus, wenn eine Entscheidung so, wie in der Begründung angegeben, entstanden sein *könnte*, sich also als rationale Entscheidung *rekonstruieren* lässt, auch wenn im tatsächlichen Entscheidungsprozess andere Gesichtspunkte ausschlaggebend waren, die so gleichsam neutralisiert werden.

Allerdings entkommt ein Begründungskonzept nicht schon allein deshalb, weil es grundsätzlich auch außergesetzliche Gesichtspunkte in der Begründung zulässt, dem im Zusammenhang mit dem Subsumtionsmodell diskutierten Problem der „Scheinlegitimation“. Diese Problem bleibt vielmehr immer dann bestehen, wenn das Herstellungsmodell, an dem sich die Darstellungsanweisungen orientieren, wiederum auf idealisierenden Annahmen beruht, so dass auch eine dahingehende Begründung wieder mehr verspricht, als tatsächlich eingehalten werden kann. Das macht deutlich, dass auch bei der Konzeption von Begründungsmodellen, insbesondere wenn diese „Begründungsehrlichkeit“ fordern und zu ermöglichen beanspruchen, auf die Rekonstruktion der tatsächlichen Bedingungen und Funktionen des Herstellungsprozesses nicht verzichten können.

Auf der Herstellungsseite aber gilt, dass sich die Entscheidung zwar auf die gesetzlichen Vorgaben stützt, sich jedoch weder durch diese noch anhand der Maßstäbe einer übergesetzlichen Vernünftigkeit umfassend steuern oder absichern, sondern lediglich plausibilisieren lässt. Dieser Befund führt auf der Darstellungsseite zu folgendem Konflikt: Man kann zwar versuchen, immerhin ein Optimum an Kontrolle dadurch zu sichern, dass die zur Rechtsfindung herangezogenen Konkretisierungs- und Wertungselemente möglichst vollständig und explizit sichtbar gemacht werden, damit sie kritisierbar und auf ihre Plausibilität hin prüfbar sind. Nur gerät eine so verstandene Kontrollierbarkeit den Überlegungen SOBOTAS zufolge dann in Zielkonkurrenz zum

[649] S. nochmals *Alexy,* Theorie der juristischen Argumentation, S. 282.

Überzeugungszwang, weil sie die Plausibilität, die gezeigt werden soll, gerade beeinträchtigt.

Denn nach SOBOTA spiegelt die Darstellung grundsätzlich nie den wirklichen Herstellungsprozess wider, sondern entwirft vielmehr ein Bild dieses Vorgangs, das dem lebensweltlichen Rechts- und Rationalitätsverständnis des Entscheidenden entspricht und auf die lebensweltlichen Vorstellungen und Erwartungen der Adressaten zielt. Vorherrschend ist demnach eine Darstellungsform, die subjektiv-wertende Momente ausblendet und die Herstellung als objektgeleiteten und objektgerichteten Vorgang präsentiert. Dabei werden laut SOBOTA Elemente der offiziellen Methodenlehre ebenso wirksam wie inoffizielle Konstruktionsanweisungen, die auch den Einsatz nichtargumentativer Überzeugungsmittel umfassen. Aus rechtsrhetorischer Perspektive manifestiert sich darin keine Unehrlichkeit, sondern der Umstand, dass die Lebenswelt anders zustande kommt, als die Mitglieder einer Sprachgemeinschaft es in ihren Konstruktionsprozessen darstellen. „Entstehungslegenden“ dienen demzufolge als Deutungs- und Orientierungshilfen, die dazu beitragen, dass die sprachlich konstituierte Rechtswelt im Wechsel der Situationen und Einzelfälle nicht in eine Fülle kontingenter Daten und Verhaltensformen zerfällt, sondern in einer dauerhaften und geordneten Gestalt erscheint.

Vor diesem Hintergrund hält SOBOTA es für voreilig, den überkommenen deduktiv-sachlichen Begründungsstil zu verabschieden. Damit ergibt sich die Frage, ob man das kognitiv-objektivistische Rechtsverständnis, auf das diese Darstellungsform verweist, ernstlich bewahren und die „Subsumtionsideologie“ restaurieren kann. Ein solches Ansinnen wäre ersichtlich absurd. Das ist es indes auch nicht, was SOBOTA anstrebt. Ihr geht es darum, von überzogenen Rationalitätserwartungen Abstand zu nehmen, und bewährte Argumentations- und Überzeugungstechniken, ohne die auch die „angeblich postmoderne Gegenwart“ nicht auskommen kann, bewusst zu pflegen und einzuüben. Denn diese verlieren ihre Wirksamkeit nicht schon deshalb, weil man sich davon nur noch Plausibilität und keine Gewissheit verspricht.

Dies gilt freilich unter dem Vorbehalt, dass die Untersuchungen SOBOTAS die Zusammenhänge zwischen Herstellung und Herstellungsideal sowie korrespondierend dazu zwischen inoffiziellen und offiziellen Darstellungsmustern nur sehr umrisshaft beleuchten können. Auch bestreitet SOBOTA nicht, dass sich ein Wandel nicht nur des herrschenden Rechts- und Selbstverständnisses, sondern auch der Argumentations- und Begründungs*praxis* zumindest in gewissen Grenzen bereits vollzogen hat, wenn wohl auch nicht in unmittelbarer Bezugnahme auf neuere Begründungsmodelle und weit entfernt von Vollständigkeits- oder Exaktheitsansprüchen. In Anbetracht dessen erscheint es keineswegs ausgeschlossen, dass sich eine „stilbrüchige" Verbindung des deduktiven Darstellungsgrundmusters mit erweiterten Explikationen der zur Konkretisierung oder Abwägung herangezogenen Gesichtspunkte entwickelt und bewährt, die sich am Leitbild einer am Gesetz orientierten und im Übrigen fach- und sachgerecht stützbaren Entscheidung orientiert.

Ganz unabhängig davon, inwieweit die traditionell deduktiv-sachliche Attitüde mit anderen Begründungsmodi eine überzeugungsfähige und deshalb auch praxisrelevante Verbindung eingehen kann, muss jedenfalls bezweifelt werden, ob eine isolierende Betrachtung der Darstellungsseite einen geeigneten Ansatz bildet, um eine bessere Entscheidungsrationalität und -kontrolle zu erreichen. Wenn es nämlich richtig ist, dass eine erweiterte Kontrolle vor allem auf pragmatischer Ebene ansetzen muss, dann muss sie auch direktivsituationsbezogen wirksam werden, d. h.: die Kontrollmechanismen müssen *innerhalb* des Überzeugungsbildungsprozesses und *während* des kommunikativen Geschehens einsetzen. Denn selbst im Falle einer dokumentarischen Begründung – die niemand fordert – wäre es nicht möglich, die Qualität der Problemerörterung, die über die Konstitution von Lösung und Fall entscheidet, umfassend zu beurteilen. Vielmehr wird es gerade in problematischen Fällen regelmäßig möglich sein, im Ergebnis die eine wie die andere Entscheidung, die schließlich getroffen werden muss, „mit angemessener Begründung" zu vertreten, d. h. in Einklang mit den offiziellen Begründungerfordernissen. Insofern bleibt die von der Rechtsrhetorik angestrebte Aufklärung des Herstellungsprozesses unter Berücksichtigung seiner verfahrensmäßigen Ausgestaltung weiterhin Aufgabe, wenn darin eine kommunikative, wechselseitig überprüfbare rechtliche Kreation erreicht werden soll.

d) Analytische Rhetorikforschung und praktische Anleitung

Es bleibt schließlich zu konstatieren, dass VIEHWEG sein Anliegen in „Topik und Jurisprudenz" zwar als Versuch kennzeichnet, eine „zulängliche Theorie der Praxis zu entwickeln"[650]. Gemeint und durchgeführt ist darin freilich eine Theorie *über* die Praxis, nicht eine Methodik für die Praxis.[651] Insofern hat WIEACKER recht, wenn er feststellt: „VIEHWEGS ‚Topik und Jurisprudenz' verdanken wir der Analyse allgemeingültiger Denk- und Begründungsstile durch einen bedeutenden Rechtsphilosophen, dem man nicht Unrecht tut, wenn man sagt, er sei mehr interessiert an der wissenschaftlichen Grundlagenforschung als an den Problemen der Praxis."[652] Wenngleich VIEHWEG wie auch andere Autoren der „Mainzer Schule" mehrfach Bezüge zu Ausbildung und Praxis herstellen[653], ist insgesamt einzuräumen, dass dieser Interessenschwerpunkt von ihnen allen geteilt wird. SOBOTA umreißt den dahingehenden methodischen Bedarf programmatisch wie folgt: Eine „rhetorisch angelegte juristische Methodenlehre (...) vermittelt zwischen der rechtstheoretischen Forschung und der rechtsrhetorischen Praxis, indem sie versucht, den angehenden Juristen in einer angemessenen, lebenstauglichen Weise auf die Muster des rechtserzeugenden Verhaltens aufmerksam zu machen. Durch den Rückgriff auf die methodologischen Befunde der Redeanalyse ist sie in der Lage, ihm die Chancen und Risiken der einzelnen Sprachstrategien vor Augen zu führen."[654] Dies ist zu unterstreichen und gilt um so mehr, als außerhalb der Rechtsrhetorik bereits die Frage nach einem zielvollen und reflektierten Einsatz sprachlicher Überzeugungsmittel reduziert wird auf die Frage nach rationalen, möglichst sogar zwingenden Entscheidungsgründen.[655]

Vor diesem Hintergrund ist darauf zu verweisen, dass sich unabhängig von den Autoren der „Mainzer Schule" ein stärker praxisorientierter Zweig

---

[650] *Theodor Viehweg*, Topik und Jurisprudenz, Ein Beitrag zur rechtswissenschaftlichen Grundlagenforschung, 5. Aufl., München 1974, S. 14.

[651] Vgl. insoweit nochmals Ballwegs nachdrücklichen Hinweis auf den Unterschied, oben Fn. 636.

[652] *Franz Wieacker*, „Zur Topikdiskussion in der zeitgenössischen deutschen Rechtswissenschaft", in: *Ernst von Caemmerer, P. J. Zepos (Hrsg.)*, XENION, FS für P. J. Zepos, Bd. I, Athen u. a. 1973, S. 391–415, S. 395.

[653] Vgl. *Viehweg*, Der deutsche Jurist – Über Mängel und Reform des Rechtsstudiums in der Bundesrepublik, (1962), in: *ders.*, Rechtsphilosophie und Rhetorische Rechtstheorie, Baden-Baden 1995, S. 74 ff.

[654] *Sobota*, Sachlichkeit, S. 7.

[655] *Schreckenberger*, Rhetorik und Demokratie, S. 395, weist darauf hin, dass Gefühle „gewiss kein Ersatz für Argumente" sein können, aber dass doch unverkennbar sei, dass sie den Fortgang einer Argumentation fördern oder behindern können. Den Analysen Sobotas zufolge können sie insbesondere die Wirksamkeit von Argumenten auch wirksam verstärken.

der Rechtsrhetorik entwickelt hat. Hinzuweisen gilt es insoweit vor allem auf die speziell auf die juristische Praxis ausgerichteten rhetorischen Anleitungsbücher, die von Wolfgang GAST und Fritjof HAFT vorgelegt worden sind.[656] Dem von diesen Autoren jeweils entfalteten Verständnis einer eigenständigen juristischen Rhetorik ist im vorliegenden Zusammenhang im Übrigen aber nicht weiter nachzugehen.[657] Klarstellend ist lediglich anzumerken, dass beide den Verdacht, Rhetorik als juristisches Kampfmittel oder Instrument der Verschleierung zu vermitteln, entschieden von sich weisen.

2. … und Perspektiven: Zur Stellung der Rechtsrhetorik in der heutigen Debatte

Vergleicht man die im Rahmen der bisherigen Überlegungen dargestellten Positionen der Rhetorischen Rechtstheorie mit den aktuell maßgeblichen rechtstheoretischen Strömungen, nämlich den diskurstheoretisch ausgerichteten *normativen Argumentationstheorien* einerseits sowie der durch MÜLLER begründeten *Strukturierenden Rechtslehre* und daran orientierten Konzeptionen andererseits, wird deutlich, dass die Rechtsrhetorik durchaus nicht in der neueren Debatte aufgegangen ist, sondern eine eigenständige Wahrnehmung verdient.

a) Zum Verhältnis von Rechtsrhetorik und normativer Argumentationstheorie

Wie bereits an früherer Stelle ausgeführt, ist der Rechtsrhetorik im Sinne einer Theorie vom begründenden Reden mit normativ ausgerichteten Argumentationstheorien die Überlegung gemeinsam, dass rechtliches Entscheiden sich durch die Gesetze nicht umfassend steuern und auf die Erkenntnis vorgegebener Inhalte beschränken lässt. Daran anknüpfend stellt sich für beide Ansätze

---

[656] *Gast,* Juristische Rhetorik. Auslegung, Begründung, Subsumtion, 3. Aufl., Heidelberg 2002; *Haft,* Juristische Rhetorik; vgl. ferner *Ott,* Juristische Dialektik – 50 dialektische Argumentationsweisen und Kunstgriffe, um bei rechtlichen Auseinandersetzungen Recht zu behalten, 2. Aufl., Basel/Frankfurt/Main 1995.

[657] Vergleichend zu beiden Autoren *Thümmel,* Rechtsrhetorik als Methodenlehre und Instrument der Vertragsgestaltung, Tübingen 1998, S. 89 ff., 99 ff.

die Frage, ob und inwieweit sich rechtliche Entscheidungen unter diesen Bedingungen rational begründen lassen. Die Herangehensweise an diese Fragestellung unterscheidet sich allerdings grundlegend.

Die Rechtsrhetorik verortet die Jurisprudenz im Bereich des meinungsmäßigen und dogmatischen Denkens, das es als Gegenstand rechtwissenschaftlicher bzw. rechtstheoretischer Forschung ansieht. Dies impliziert eine deskriptiv-analytische Vorgehensweise und schließt eine Suche nach überpositiven moralischen Inhalten ebenso aus wie die Entwicklung normativer juristischer Begründungslehren, auf die sich demgegenüber das Interesse der normativen Argumentationstheorien richtet. Die Rhetorische Rechtstheorie sieht ihre Aufgabe vielmehr darin, die strukturellen und funktionellen Bedingungen und Voraussetzungen rechtlichen Entscheidens zu rekonstruieren. Entsprechend wird eine Entwicklung unmittelbar anwendungsbezogener Vorgaben für die juristische Praxis von der nicht angestrebt. Zutreffend geht sie allerdings davon aus, dass die Analyse der Bedingungen und Restriktionen rechtlicher Entscheidungsprozesse das Selbstverständnis der Jurisprudenz verändern und so mittelbar auf die Praxis zurückwirken und deren Verfahren besser verständlich und lehrbar machen kann.

Das bedeutet nicht, dass die Rechtsrhetorik rechtliche Inhalte, also das „Was“, aus ihrem Blickfeld ausschließt oder sie für beliebig erklärt. Nur gehören diese in die Dimension der rechtlichen und rhetorischen Praxis und werden nicht unter dem Gesichtspunkt ihrer Legitimation, sondern hinsichtlich ihrer Entstehung und Durchsetzung, also dem „Wie“, betrachtet.[658] Wenn die Rechtsrhetorik also nach den Bedingungen rationaler Argumentation fragt, legt sie dabei einen rein formalen Rationalitätsbegriff zugrunde. Wenngleich die Rechtsrhetorik ihren Gegenstandsbereich insoweit also beschränkt, ist die Notwendigkeit der permanenten Suche nach „richtigen“ Inhalten sowie nach Kriterien einer nicht „nur“ überzeugenden und stimmigen, sondern in einem anspruchsvolleren Sinne „begründeten“ Argumentation selbstverständlich nicht bestritten. Dies betrifft nicht nur die fachspezifischen Leistungen im Bereich der dogmatischen Lehre und die allgemeine Diskussion moralischer

---

[658] Vgl. *Sobota,* Rhetorik: Form ohne Inhalt? ARSP 75 (1989), 525 ff. (532 f.).

Fragen, sondern grundsätzlich auch den Entwurf methodologischer Zielvorstellungen.[659] Prinzipiell eröffnet sich damit Raum für gegenseitige Wertschätzung und Ergänzung – oder doch zumindest friedliche Koexistenz. Die tatsächlich zu konstatierenden Nachbarschaftsstreitigkeiten betreffen vor allem zwei Aspekte: Der Rhetorischen Rechtstheorie wird seitens der normativen Argumentationstheorie Unverbindlichkeit und Ungenauigkeit vorgeworfen.[660] Der Gesichtspunkt der Unverbindlichkeit, also einer fehlenden Berücksichtigung des Gesetzesbindungspostulats, trifft die Rechtsrhetorik – wie gezeigt – nicht. Bezüglich des Einwands der Ungenauigkeit ist zu differenzieren. Soweit die normative Argumentationstheorie eine genauere Analyse der logischen Struktur von Argumenten beansprucht, lässt sich nach Anschlussstellen suchen.

Soweit sie allerdings die Ungenauigkeit der seitens der Rechtsrhetorik rekonstruierten Struktur topischen Denkens anprangert, kehrt er sich in einen Gegenvorwurf. Sie selbst begeht hier nämlich eine Grenzverletzung, weil sie beansprucht, ihr normatives Gebäude auf eine analytische Grundlage stellen zu können. So besteht die Angreifbarkeit des diskurstheoretischen Ansatzes gerade darin, dass sie die von der Rechtsrhetorik festgestellten Unschärfen der juristischen Argumentation durch idealisierende Prämissen verdeckt, um sie dann als vernünftigen Diskurs ausweisen zu können. Die Orientierung an der Fiktion eines idealen Diskurses überspielt sowohl die institutionellen Zwänge rechtlichen Entscheidens als auch das Fehlen einer scharfen Grenze zwischen den Formen rationaler und irrationaler Überzeugung. Dabei beruht diese Fiktion darauf, dass die pragmatische Dimension auf ein universales Regelsystem reduziert wird, was es von vornherein nicht zulässt, die inventiven und intervenierenden Momente im konkreten, situationsgebundenen Entscheidungsprozess zu erfassen. Dass der namentlich von ALEXY für die juristische Argumentation entwickelte Regelkatalog nicht auf die Herstellung, sondern auf die Darstellung der Entscheidung zugeschnitten ist, was eine Neutralisierung nicht legitimierbarer Elemente des tatsächlichen, konkreten Herstellungsprozesses erreichen soll, kann darüber nicht hinweghelfen. Denn diese Strategie

---

659 Vgl. auch *Schreckenberger*, Rhetorik und Demokratie, S. 394.
660 Vgl. *Alexy*, Theorie der juristischen Argumentation, S. 41.

funktioniert nur hinsichtlich solcher Momente, die – wenn die Entscheidung richtig ist – in der Begründung hinweggedacht und vollständig durch rationale Gesichtspunkte ersetzt werden können, die zum gleichen Ergebnis führen. Der hier in Rede stehende pragmatische Aspekt sprachlicher Bedeutungskonstitution lässt sich dagegen nicht wegdenken, sondern nur idealisieren und umdeklarieren.

Dieses Problem bleibt auch für eine zweite Generation von Diskurstheoretikern bestehen, die versucht, den Situationsbezug stärker zu berücksichtigen. So unterscheidet etwa Delf BUCHWALD zwischen einer Kernbegründung nach rechtsinternen Maßgaben und einer ergänzenden Mantelbegründung, die die jeweilige Normauswahl, die Sachverhaltsinterpretation, Prinzipienabwägungen u. ä. legitimieren soll.[661] Innerhalb der Mantelbegründung tauchen dann auch Gesichtspunkte wie die Äußerungssituation und der Entscheidungszeitpunkt auf. Der universale Richtigkeitsanspruch wird insoweit zu einer Rationalität mit wechselndem Inhalt abgeschwächt und die Geltung rechtfertigender Prinzipien einer räumlich-zeitlichen Relativierung unterzogen. Für die Gewinnung einer konkreten Entscheidung und die Legitimation der dafür erforderlichen Deutungs- und Wertungsprozesse ist damit aber nichts gewonnen. Ein zweistufiges Modell entwirft auch Klaus GÜNTHER, der zwischen Anwendung und Begründung einer Norm unterscheidet.[662] Der konkrete Entscheidungszusammenhang soll danach im Rahmen eines Anwendungsdiskurses berücksichtigt werden und den Gesichtspunkt der situativen Angemessenheit, der im Rahmen von Begründungsdiskursen, die von der Geltung rechtlicher Normen unter der Prämisse gleichbleibender Bedingungen handeln, jeweils ergänzend hinzufügen.[663] Im Rahmen des Anwendungsdiskurses kann demzufolge zwar zutreffend die Pragmatik innerhalb der tatsächlichen Entscheidungsfindung berücksichtigt werden, damit einhergehend verblassen dann allerdings auch die idealen Annahmen der Diskurs-

---

[661] *Buchwald,* Der Begriff der rationalen juristischen Begründung, Baden-Baden 1990, insbes. S. 277 f., 279, 311 ff.

[662] *Günther,* Der Sinn für Angemessenheit, Frankfurt/Main 1988, S. 25, 34, 56; vgl. ferner *ders.*, Ein normativer Begriff der Kohärenz für eine Theorie der juristischen Argumentation, Rechtstheorie 20 (1989), 163 ff.

[663] Die Trennung von Begründungs- und Anwendungsdiskurs wird aufgenommen von *Habermas,* Faktizität und Geltung, 3. Aufl., Frankfurt/Main 1993, S. 266 f., scharf abgelehnt aber von *Alexy,* Normenbegründung und Normanwendung, in: *ders.*, Recht, Vernunft, Diskurs, Frankfurt/Main 1995, S. 52 ff.

theorie, weil (realer) Anwendungs- und (idealer) Begründungsdiskurs entkoppelt werden. Insofern kann hier auf einen Kommentar ALEXYS verwiesen werden: „Mit dem Aufstieg des Anwendungsdiskurses zum Kohärenzdiskurs (ver)käme der Begründungsdiskurs zum Topoidiskurs.“[664]

b) Parallelen und Differenzen zur Strukturierenden Rechtslehre

Anders als im Verhältnis zur normativen Argumentationstheorie ergeben sich zwischen Rhetorischer Rechtstheorie und *Strukturierender Rechtslehre* jedenfalls hinsichtlich ihrer sprachtheoretischen Voraussetzungen weitgehende Übereinstimmungen. Ihrer Zielsetzung nach unterscheiden sie sich allerdings insofern, als die Strukturierende Rechtslehre eine juristische Methodik anstrebt, die eine optimale Rückbindung der Entscheidungsfindung an den Gesetzestext gewährleistet. Diesbezüglich lässt sich bei den Vertretern dieses Ansatzes ein deutliches Abgrenzungsbedürfnis verzeichnen. Ungeachtet dessen ergeben sich hinsichtlich der jeweils vorgenommenen Rekonstruktion rechtlicher Entscheidungsprozesse keine unüberwindbaren Gegensätze.[665]

Zentraler Begriff der Strukturierenden Rechtslehre nach MÜLLER ist die Normkonkretisierung. Damit ist nicht gemeint, dass eine fertige Gesetzesnorm lediglich in ihrem Umfang verengt und der in ihr erhaltene Sinn fallnäher umschrieben wird, sondern dass die Rechtsnorm für den jeweiligen Fall im Wege der Konkretisierung erst nach*konstruiert* werden muss.[666] Der Konkretisierungsvorgang, aus dem dann die Rechtsnorm hervorgeht, soll sich wie folgt gestalten: Zur Lösung eines Falles wählt der Entscheider vom Sachverhalt her die ihm aufgrund seines Vorwissens „einschlägig“ erscheinenden Normtexte aus. Über den Normtext eröffnet sich ein weites Feld von Sachgesichtspunkten, der gemäß dem jeweiligen Sachverhalt zum *Fallbereich* verengt wird. Unter Heranziehung sämtlicher methodisch anerkannter Mittel *(Sprachdaten)* ist aus dem Normtext dann zunächst das *Normprogramm* zu

---

[664] *Alexy,* Normenbegründung, S. 63.

[665] Vgl. die scharfe Distanzierung zu einem topischen Rechtsverständnis bei *Müller, Christensen,* Juristische Methodik, Rn. 112, sowie die skeptische Stellungnahme zur Rechtsrhetorik bei *Christensen,* Gesetzesbindung, S. 202 ff.

[666] *Müller, Christensen,* Juristische Methodik, Rn. 14.

ermitteln. Mit dessen Hilfe werden aus dem Sach- bzw. Fallbereich diejenigen *Realdaten* ausgewählt, die zu Recht zur Grundlage der Entscheidung gemacht werden. Diese bilden nach MÜLLER den *Normbereich.* Normprogramm und Normbereich ergeben zusammen die abstrakt-generell zu formulierende *Rechtsnorm* („In einem Fall wie diesem gilt ...“), die zuletzt als *Entscheidungsnorm* (Entscheidungsformel, Urteil) individualisiert wird.[667]

Dabei geht auch MÜLLER von einem pragmatischen Ansatz aus, wonach die Sprache notwendig unbestimmt und situationsabhängig ist: Der Normtext könne regelmäßig nur Signal- und Anknüpfungsbegriffe bieten, die das, woran als Entsprechung in der sozialen Realität gedacht ist, evozieren. Außerdem sei er wie jeder Text nicht ohne Bezug zum ihn begleitenden Wirklichkeitsmodell verstehbar.[668] Das ändere aber nichts an der die Normtexte auszeichnenden *Geltung*, die die Pflicht des Entscheidenden begründe, die für den Fall einschlägigen Normtexte vollständig als Eingangsdaten heranzuziehen und sie methodisch korrekt zu verarbeiten.[669] Bestimmtheits- und Bindungspostulat seien danach nicht auf eine tatsächlich nicht vorfindbare Wortlautgrenze[670], sondern auf die *Struktur* des Entscheidungsfindungs- bzw.

[667] *Müller, Christensen,* Juristische Methodik, Rn. 16.

[668] Deshalb stellten „Recht“ und „Wirklichkeit“ bzw. Anordnung und Geordnetes im Konkretisierungsvorgang prinzipiell gleichrangig wirksame Momente von nur relativer Unterscheidbarkeit dar. Seinen Versuch, den Sein-Sollen-Dualismus zu überwinden, möchten Müller, Christensen ausdrücklich nicht als „normative Kraft des Faktischen“ gedeutet wissen: Nach ihrer Konzeption geht der Normbereich wegen der auch rechtlichen Formung und seiner Auswahl durch die Perspektive des Normprogramms über einen bloßen Ausschnitt außerrechtlicher Faktizität hinaus, vgl. *Müller, Christensen,* Juristische Methodik, Rn. 204, 233 ff., 423. Der Normbereich ist nicht eine Summe von Tatsachen, sondern die Formulierung eines Zusammenhangs von Strukturelementen, die in der auswählenden und wertenden Perspektive des Normprogramms aus der sozialen Realität herausgehoben werden und im Regelfall zumindest teilweise rechtlich geformt sind.

[669] *Müller, Christensen,* Juristische Methodik, Rn. 17.

[670] *Müller, Christensen,* Juristische Methodik, Rn. 531, 533: „Der Normtext als Ausdruck, als Zeichen, ‚hat‘ seine Bedeutung nur so, wie sie ihm vom Rechtsarbeiter durch die Erklärungen gegeben wird, die den Text im Prozess der Rechtserzeugung auf eine Lesart festlegen. Ohne die bliebe der Normtext ein Stück Papier, bedeckt mit Druckerschwärze, allenfalls bedeckt mit Chiffren. (...) Die ‚Wortlautgrenze‘ ist überhaupt keine, die durch die Sprache selbst vorgegeben wäre. (...) Eine solche Grenze ist in der Sprache zu errichten. Sie ist praktizierte Sprache.“

Konkretisierungsprozesses zu beziehen[671]. Schließlich verlangt im Übrigen auch MÜLLER eine aufrichtige und vollständige Begründung.[672]

Auch wenn MÜLLER also die Verbindlichkeit der Normtextgeltung und die rechtliche Verpflichtung zur methodengerechten Konkretisierung der Normtexte besonders betont, liegt seine Einschätzung der Pragmatik für die tatsächlichen Entscheidungsfindungsprozesse dem Verständnis der Rhetorischen Rechtstheorie recht nahe. Die Übereinstimmungen im Hinblick auf die Rekonstruktion der Praxis treten noch deutlicher bei CHRISTENSEN und KUDLICH hervor, die eine insgesamt sehr gründliche und informative „Theorie richterlichen Begründens" vorgelegt haben.[673] Darin setzen sie sich zunächst ausführlich mit dem Scheitern der Semantik und der Wende hin zur Pragmatik auseinander und versuchen sodann, die Struktur juristischen Begründens als Reflexion der Praxis nachzuzeichnen und eine realitätsnahe „Theorie der Praxis" aufzuzeigen, die „das Können der Praxis in Wissen explizier(t)"[674].

Der Ansatz von CHRISTENSEN und KUDLICH ist hier nicht im Einzelnen zu besprechen. Die vorliegend primär interessierenden Anknüpfungspunkte an die rechtsrhetorische Sichtweise werden aber augenfällig, wenn CHRISTENSEN und KUDLICH ihre Sprachauffassung etwa wie folgt kennzeichnen: „Die Sprache ist kein dem Sprecher fertig vorgegebenes und technisch-instrumentell anwendbares Regelwerk, sondern ein Verfahren zur Konstitution von Bedeutung. Sie ist durchsetzt von Normierungen und Wertungen, welche die Geltung des sozialen Handelns bestimmen und andererseits im sprachlichen Handeln auch verändert und gestaltet werden. Und auch die genannten Normierungen und Wertungen sind nicht naturhaft und objektiv vorgegeben, sondern abhängig von konfligierenden Bestimmungsversuchen im öffentli-

---

671 Dazu auch *Christensen,* Gesetzesbindung, passim; *Müller, Christensen, Sokolowski,* Rechtstext und Textarbeit, Berlin 1997.

672 *Müller, Christensen,* Juristische Methodik, Rn. 534.

673 *Christensen, Kudlich,* Theorie richterlichen Begründens, Berlin 2001.

674 *Christensen, Kudlich,* Theorie richterlichen Begründens, S. 24; zum Konzept einer solchen „Theorie der Praxis" auch schon *Morlok, Kölbel, Launhardt,* Recht als soziale Praxis. Eine soziologische Perspektive in der Methodenlehre, Rechtstheorie 2000, 15 ff.; dazu ferner *Krawietz, Morlok (Hrsg.),* Vom Scheitern und der Wiederbelebung juristischer Methodik im Rechtsalltag – ein Bruch zwischen Theorie und Praxis?, Rechtstheorie 32 (2001), Sonderheft Juristische Methodenlehre.

chen Sprachkampf."[675] Auch der juristische Gebrauch sprachlicher Ausdrücke lasse sich „immer nur durch seine Konsistenz, seine Plausibilität und seine Akzeptanz im jeweiligen System, mit einem Wort, durch die *Kohärenz* der (...) damit verbindlich angesehenen Überzeugungen rechtfertigen"[676].

Eine weitere Schnittstelle ergibt sich offenkundig im Hinblick auf das Ziel, die Struktur juristischer Argumentation aufzuklären. Hierzu erklären CHRISTENSEN und KUDLICH: „Der Ansatzpunkt ist damit nicht nur ein philosophischer, sondern auch ein rhetorischer, der sich in unterschiedlichen Spielarten – nicht selten eng mit dem Recht verbunden – in der Geschichte über die Rhetorikausbildung in Rom, die Rhetorik als *ars bene dicendi et persuandi* im Rahmen des scholastischen *triviums* (neben Grammatik und Logik) der sieben mittelalterlichen *artes liberales* und die neuzeitlich-moderne politische Redekunst bis hin zu modernen Ansätzen einer juristischen Rhetorik fortentwickelte (...)"[677] Als Vertreter eines modernen Ansatzes juristischer Rhetorik wird hier allerdings ausschließlich HAFT zitiert. Im Ergebnis gelangen CHRISTENSEN und KUDLICH schließlich zu einem Argumentationsmodell, wonach es für die juristische Begründung darauf ankomme, dass sie den besseren im Verfahren vorgebrachten Argumenten beim Bedeutungskonflikt Vorrang einräume, also alle Gegenargumente entweder widerlege oder integriere. Was als besseres Argument gelte und wie man Gegenargumente integriere oder widerlege, sei insoweit durch die Standards einer rechtsstaatlichen Methodik zu präzisieren.[678]

---

675 *Christensen, Kudlich,* Theorie richterlichen Begründens, S. 164.

676 *Christensen, Kudlich,* Theorie richterlichen Begründens, S. 176.

677 *Christensen, Kudlich,* Theorie richterlichen Begründens, S. 232.

678 *Christensen, Kudlich,* Theorie richterlichen Begründens, S. 24, 241 ff., in Anlehnung an *H. Wohlrapp,* Argumentative Geltung, in: *ders.,* Wege der Argumentationsforschung, 1995, S. 280 ff. Danach gewinnen Argumente ihre Überzeugungskraft „aus dem Bestand von Meinungen, Ansichten und Normen, welche die Beteiligten anerkennen, teilen, die für sie unstrittig sind. (...) Auf diese Weise vermögen Argumente die ihnen praktisch zugedachte Wirkung zu tun, Gegenteiliges aus dem gemeinsamen Stand gültigen Wissens und akzeptierter Meinungen auszuschließen und sich selbst als Teil dieses Bestands zu etablieren. Dadurch werden sie eben ‚zwingend' und vermögen ihrerseits nun als Basis weiteren Argumentierens zu dienen"; s. *Christensen, Kudlich,* Theorie richterlichen Begründens, S. 246. Ein Bezug zur aristotelischen Topik wird aber gerade nicht hergestellt, sondern lediglich eine Gegenüberstellung zu dessen Interesse an validen Schlussweisen vorgenommen.

Obwohl sich also offenbar Überschneidungsbereiche zwischen Rechtsrhetorik und Strukturierender Rechtslehre abzeichnen, fehlen wechselseitige Bezugnahmen weitgehend.[679] Freilich darf auch nicht übersehen werden, dass einige Differenzen bleiben. So beharrt die Strukturierende Rechtslehre darauf, dass die Topik die Gesetzesbindung[680] verkenne und „die Rechtserzeugung ohne fallübergreifende Bindungen beschreiben"[681] wolle. Dieser Vorwurf wurde im Rahmen dieser Arbeit ausführlich widerlegt. Umgekehrt ist dagegen aus rechtsrhetorischer Perspektive zu fragen, wo genau die strukturierende Methodik dem rechtlichen Konkretisierungsprozess Grenzen zieht[682] bzw. wie ernsthaft sie solche – jenseits eines normativen Postulats[683] – noch behauptet. Die einleitende Klarstellung bei CHRISTENSEN und KUDLICH verweist jedenfalls auch dort auf eine gewisse Ernüchterung: „Wir wollen nicht, dass die Gerichte etwas grundlegend anderes machen. Sie sollen lediglich das, was sie bisher getan haben, mit einem klareren Bewußtsein tun."[684]

---

679 Sehr zurückhaltende Hinweise auf Seibert etwa bei *Christensen,* Gesetzesbindung, S. 205 f.; *Christensen, Kudlich,* Theorie richterlichen Begründens, S. 165 Fn. 142, S. 248 Fn. 484. Eine Annäherung aus umgekehrter Richtung findet sich bei Schreckenberger im Hinblick auf die „Konkretisierungsthese", vgl. *Schreckenberger,* Rhetorische Semiotik, S. 248 ff. ; *ders.,* Notizen über die Rhetorische Semiotik, S. 257 f.

680 Vgl. *Müller, Christensen,* Juristische Methodik, Rn. 112.

681 So eine Kapitelüberschrift bei *Christensen,* Gesetzesbindung, S. 202.

682 Kritisch insoweit *Seibert,* Zeichen, Prozesse, S. 120 f.

683 *Christensen,* Gesetzesbindung, S. 286: „Die Wortlautgrenze ist keine sprachliche oder methodologische, sondern eine normative Größe." Danach ist bei der Entscheidung jeweils der Interpretation den Vorzug zu geben, welche dem Normtext unter den einschränkenden Bedingungen der methodenrelevanten Normen (des Verfassungsrechts) besser zugerechnet werden kann.

684 *Christensen, Kudlich,* Theorie richterlichen Begründens, S. 24, ferner 378 Fn. 410, wo die Autoren ihre Absichten als durchaus „konservativ" kennzeichnen. Eine Mäßigung ehemals beherzter Erwartungen wird insoweit auch in der Strukturierenden Rechtslehre spürbar; vgl. dagegen noch *Müller,* Recht, Sprache, Gewalt, Berlin 1975, S. 18 ff.

Schluss

Das von VIEHWEG in „Topik und Jurisprudenz“ entfaltete Verständnis der Jurisprudenz hat eine nachhaltige Debatte ausgelöst und die Basis für die Rhetorische Rechtstheorie in Deutschland gelegt, die hier nach wie vor eine eigenständige und wichtige Position in der rechtstheoretischen Landschaft einnimmt. Daneben ist es VIEHWEG mit diesem Band in überragender Prägnanz und Bündigkeit gelungen, juristischen Lesern eine Sicht auf die eigene Disziplin zu eröffnen, die viele sonst weitgehend unreflektierte Aspekte des eigenen Tuns erhellt und erklärt. Sie erlaubt und gebietet es zugleich, „das Recht nicht als etwas, was sie lediglich hinnehmen, sondern als etwas, was sie fortgesetzt verantwortlich mitaufbauen, zu verstehen“[685]. Die starke und sich noch weiter ausdehnende Verflechtung zwischen Rechtstheorie und benachbarten Disziplinen mag eine solche Kürze und Prägnanz vielleicht nicht mehr erlauben. Sie ist um so mehr zu schätzen.

---

[685] *Theodor Viehweg,* Topik und Jurisprudenz, Ein Beitrag zur rechtswissenschaftlichen Grundlagenforschung, 5. Aufl., München 1974, S. 53.

Abkürzungsverzeichnis

Abs.	Absatz
AcP	Archiv für civilistische Praxis
ARSP	Archiv für Rechts- und Sozialphilosophie
Aufl.	Auflage
Bd.	Band
Bearb.	Bearbeiter
BGB	Bürgerliches Gesetzbuch
BGH	Bundesgerichtshof
BGHZ	Entscheidungen des Bundesgerichtshofes in Zivilsachen
BVerfG(E)	Bundesverfassungsgericht (Entscheidungssammlung)
bzw.	beziehungsweise
ders.	derselbe
dies.	Dieselbe, dieselben
DSWR	Datenverarbeitung, Steuer, Wirtschaft, Recht
ebd.	ebenda
f.	folgende
ff.	fortfolgende
Fn.	Fußnote
FS	Festschrift
GG	Grundgesetz
ggf.	gegebenenfalls
grds.	grundsätzlich
Halbbd.	Halbband
Hrsg.	Herausgeber
IJSL	International Journal for the Semiotics of Law
insbes.	insbesondere
JbRSoz	Jahrbuch für Rechtssoziologie und Rechtstheorie

Jh.	Jahrhundert
JR	Juristische Rundschau
JuS	Juristische Schulung
JZ	Juristenzeitung
Kap.	Kapitel
LiLi	Zeitschrift für Literaturwissenschaft und Linguistik
MDR	Monatsschrift für Deutsches Recht
m. E.	meines Erachtens
m. w. N.	mit weiteren Nachweisen
n. F.	neue Fassung
NJW	Neue Juristische Wochenschrift
Nr.	Nummer
OLG	Oberlandesgericht
RabelsZ	Rabels Zeitschrift für ausländisches und internationales Privatrecht
S.	Seite, Siehe
s.	siehe
sog.	sogenannte
StGB	Strafgesetzbuch
Top.	Topik
u. a.	und andere
usw.	und so weiter
vgl.	vergleiche
VVDStRL	Verhandlungen der Vereinigung deutscher Staatsrechtler
z. B.	zum Beispiel
ZPO	Zivilprozessordnung
ZRP	Zeitschrift für Rechtspolitik
ZStW	Zeitschrift für die gesamte Strafrechtswissenschaft

Literaturverzeichnis

Aulis Aarnio, Denkweisen der Rechtswissenschaft, Wien/New York 1979.

Robert Alexy, Theorie der juristischen Argumentation. Die Theorie des rationalen Diskurses als Theorie der juristischen Begründung (1978), 2. Aufl., Frankfurt/Main 1991 (zitiert: *Alexy,* Theorie der juristischen Argumentation).

Robert Alexy, Zum Begriff des Rechtsprinzips, in: Rechtstheorie Beiheft Nr. 1 (1979), S. 59–87.

Robert Alexy, Die logische Analyse juristischer Entscheidungen, in: ARSP Beiheft Nr. 14 (1980), S. 181–212.

Robert Alexy, Theorie der Grundrechte (1985), 2. Aufl., Frankfurt/Main 1994.

Robert Alexy, Normenbegründung und Normanwendung, in: *ders.,* Recht, Vernunft, Diskurs, Frankfurt/Main 1995, S. 52–70 (zitiert: *Alexy,* Normenbegründung).

Aristoteles, Topik, in der Übersetzung und mit Anmerkungen versehen von Eugen Rolfes (1922), mit einer Einleitung von Hans Günter Zekl (1992), 3. Aufl., Hamburg 1992 (zitiert: *Aristoteles,* Top. Buch, Kap., Abs., Satz).

Aristoteles, Topik, in der Übersetzung und mit einer Einleitung von Paul Gohlke, Paderborn 1952.

Aristoteles, Sophistische Widerlegungen, in der Übersetzung und mit Anmerkungen versehen von Eugen Rolfes, 2. Aufl., Hamburg 1922 (Nachdruck 1968).

Aristoteles, Rhetorik, in der Übersetzung und mit Anmerkungen versehen von Franz G. Sieveke, 5. Aufl., München 1995.

Adolf Arndt, Gesetzesrecht und Richterrecht, NJW 1963, S. 1273–1284.

Karl Ludwig Arndts von Arnesberg, Lehrbuch der Pandecten, München 1852.

John L. Austin, How to do Things with Words (1962), Oxford 1975.

Hans Albert, Transzendentale Träumereien. Karl-Otto Apels Sprachspiele und sein hermeneutischer Gott, Hamburg 1975.

Ottmar Ballweg, Rechtswissenschaft und Jurisprudenz, Basel 1970 (zitiert: *Ballweg,* Rechtswissenschaft).

Ottmar Ballweg, Rechtsphilosophie als Grundlagenforschung der Rechtswissenschaft und der Jurisprudenz, in: JbRSoz, Bd. II, Düsseldorf 1972, S. 44–49 (zitiert: *Ballweg,* Rechtsphilosophie als Grundlagenforschung).

Ottmar Ballweg, Ein wissenschaftliches Lehrschema für den juristischen Unterricht, in: *F. Burkei, D.-M. Polter (Hrsg.),* Rechtsfragen im Spektrum des Öffentlichen. FS für H. Armbruster, Berlin 1976, S. 253–258 (zitiert: *Ballweg,* Lehrschema).

Ottmar Ballweg, Phronetik, Semiotik und Rhetorik, in: *ders., T.-M. Seibert (Hrsg.),* Rhetorische Rechtstheorie, FS für T. Viehweg, Freiburg/München 1982, S. 27–71 (zitiert: *Ballweg,* Phronetik).

Ottmar Ballweg, Entwurf einer analytischen Rhetorik, in: *H. Schanze, J. Kopperschmidt (Hrsg.),* Rhetorik und Philosophie, München 1989, S. 229–247 (zitiert: *Ballweg,* Entwurf).

Ottmar Ballweg, Prolegomena einer rhetorischen Didaktik des Rechts, in: *B. Ziemske, T. Langheid, H. Wilms, G. Haverkate (Hrsg.),* FS für M. Kriele, München 1997, S. 1067–1074 (zitiert: *Ballweg,* Prolegomena).

Ottmar Ballweg, Rhetorische Funktionen von Meinungen, in: *T. Schirren, G. Ueding (Hrsg.),* Topik und Rhetorik. Ein interdisziplinäres Symposium, Tübingen 2000, S. 569–578.

Richard Bäumlin, Staat, Recht und Geschichte. Eine Studie zum Wesen des geschichtlichen Rechts, entwickelt an den Grundproblemen von Verfassung und Verwaltung, Zürich 1961.

Wolfgang Bayer, Plausibilität und juristische Argumentation, Koblenz 1975.

Peter L. Berger, Thomas Luckmann, Die gesellschaftliche Konstruktion der Wirklichkeit. Eine Theorie der Wissenssoziologie (1969), 5. Aufl., Frankfurt/Main 1997.

Emilio Betti, Die Problematik der Auslegung in der Rechtswissenschaft, in: *P. Bockelmann, A. Kaufmann, U. Klug (Hrsg.),* FS für K. Engisch, Frankfurt/Main 1969, S. 205–223.

Jürgen Blühdorn, Kritische Bemerkungen zu Theodor Viehwegs Schrift: Topik und Jurisprudenz, in: Tijdschrift voor Rechtsgeschiedenis, 1970, S. 269–314 (zitiert: *Blühdorn,* Kritische Bemerkungen).

Jürgen Blühdorn, Zum „Problemdenken" und seiner Funktion in der Rechtsfindungslehre, in: JbRSoz, Bd. II, Düsseldorf 1972, S. 447–465 (zitiert: *Blühdorn,* Problemdenken).

Ernst-Wolfgang Böckenförde, Rezension zu Viehweg, „Topik und Jurisprudenz", Der Staat 1964, S. 517.

Arno Bokeloh, Der Beitrag der Topik zur Rechtsgewinnung, Göttingen 1973 (zitiert: *Bokeloh,* Beitrag der Topik).

Lothar Bornscheuer, Topik. Zur Struktur der gesellschaftlichen Einbildungskraft, Frankfurt/Main 1976 (zitiert: *Bornscheuer,* Topik).

Lothar Bornscheuer, Toposforschung? Gewiß! Aber im Lichte des zu Erforschenden. Zum topikgeschichtlichen Paradigmenwechsel bei Vico und Baumgarten, in: *T. Schirren, G. Ueding (Hrsg.),* Topik und Rhetorik. Ein interdisziplinäres Symposium, Tübingen 2000, S. 275–306.

Jürgen Brüggemann, Die richterliche Begründungspflicht. Verfassungsrechtliche Mindestanforderungen an die Begründung gerichtlicher Entscheidungen, Berlin 1971.

Otto Brusiin, Über das juristische Denken, Kopenhagen/Helsingfors 1951.

Delf Buchwald, Der Begriff der rationalen juristischen Begründung. Zur Theorie der juristischen Vernunft, Baden-Baden 1990.

Dietrich Busse, Juristische Semantik. Grundfragen der juristischen Interpretationstheorie in sprachwissenschaftlicher Sicht, Berlin 1993 (zitiert: *Busse,* Juristische Semantik).

Franz Bydlinski, Juristische Methodenlehre und Rechtsbegriff, 2. Aufl. Berlin/New York 1991.

Claus-Wilhelm Canaris, Systemdenken und Systembegriff in der Jurisprudenz: entwickelt am Beispiel des deutschen Privatrechts (1969), 2. Aufl., Berlin 1983 (zitiert: *Canaris,* Systemdenken und Systembegriff).

Rudolf Carnap, Testability and Meaning, New Haven 1950.

Harold Fredrik Cherniss, Aristotle's Criticism of Plato and the Academy, New York 1962.

Ralph Christensen, Was heißt Gesetzesbindung? Eine rechtslinguistische Untersuchung, Berlin 1989 (zitiert: *Christensen,* Gesetzesbindung).

Ralph Christensen, Hans Kudlich, Theorie richterlichen Begründens, Berlin 2001.

Helmut Coing, Über einen Beitrag zur rechtswissenschaftlichen Grundlagenforschung, in: ARSP 41 (1954/55), S. 436–444.

Helmut Coing, Die juristischen Auslegungsmethoden und die Lehren der allgemeinen Hermeneutik (1959), neu abgedruckt in: *ders., D. Simon (Hrsg.),* Gesammelte Aufsätze zu Rechtsgeschichte, Rechtsphilosophie und Zivilrecht, 1947–1975, Frankfurt/Main 1982, S. 208–229 (zitiert: *Coing,* Auslegungsmethoden).

Helmut Coing, Grundzüge der Rechtsphilosophie, 5. Aufl., Berlin 1993.

Ernst Robert Curtius, Europäische Literatur und lateinisches Mittelalter (1948), 11. Aufl., Tübingen/Basel 1993.

Ralf Dahrendorf, Die Ausbildung einer Elite, Der Monat 14 (1961/62), S. 15–22.

Oeuvres de Descartes, Paris 1897–1909, Bd. VIII.

Uwe Diederichsen, Topisches und systematisches Denken in der Jurisprudenz, NJW 1966, S. 697–705.

Ralf Dreier, Was ist und wozu Allgemeine Rechtstheorie? (1975), in: *ders.,* Recht – Moral – Ideologie, Studien zur Rechtstheorie, Frankfurt/Main 1981, S. 17–47 (zitiert: Allgemeine Rechtstheorie).

Ralf Dreier, Zur Problematik und Situation der Verfassungsinterpretation (1976), in: *ders.,* Recht – Moral – Ideologie. Studien zur Rechtstheorie, Frankfurt/Main 1981, S. 106–145 (zitiert: *Dreier,* Verfassungsinterpretation).

Ralf Dreier, Recht und Moral (1980), in: *ders.,* Recht – Moral – Ideologie. Studien zur Rechtstheorie, Frankfurt/Main 1981, S. 180–216.

Ralf Dreier, Der Begriff des Rechts (1986), in: *ders.,* Recht – Staat – Vernunft. Studien zur Rechtstheorie 2, Frankfurt/Main 1991, S. 95–119.

Ingemar Düring, Aristoteles. Darstellung und Interpretation seines Denkens, Heidelberg 1966.

Ronald Dworkin, Taking Rights Seriously, Cambridge/Massachusetts 1978.

Horst Ehmke, Prinzipien der Verfassungsdiskussion, VVDStRL 20, Berlin 1963, S. 53–98.

Per Olof Ekelöf, Topik und Jura, FS für T. Segerstedt, Uppsala 1968.

Carl August Emge, Über die Unentbehrlichkeit des Situationsbegriffs für die normativen Disziplinen, Wiesbaden 1966.

Karl Engisch, Logische Studien zur Gesetzesanwendung (1943), 3. Aufl., Heidelberg 1963.

Karl Engisch, Sinn und Tragweite juristischer Systematik (1957), neu abgedruckt in: *ders., P. Bockelmann, A. Kaufmann, U. Klug (Hrsg.),* Beiträge zur Rechtstheorie, Frankfurt/Main 1984, S. 88–125.

Karl Engisch, Aufgaben einer Logik und Methodik des juristischen Denkens (1959), neu abgedruckt ebd., S. 65–87.

Karl Engisch, Rezension zu Coing, „Die juristischen Auslegungsmethoden und die Lehren der allgemeinen Hermeneutik", ZStW 1963, S. 632–635.

Karl Engisch, Einführung in das juristische Denken (1956), 8. Aufl., Stuttgart/Berlin/Köln/Mainz 1983.

Ludwig Enneccerus, Karl Nipperdey, Allgemeiner Teil des Bürgerlichen Rechts, 15. Aufl., Tübingen 1959.

Josef Esser, Grundsatz und Norm in der richterlichen Fortbildung des Privatrechts. Rechtsvergleichende Beiträge zur Rechtsquellen- und Interpretationslehre (1956), 4. Aufl., Tübingen 1990 (zitiert: *Esser,* Grundsatz und Norm).

Josef Esser, Vorverständnis und Methodenwahl in der Rechtsfindung. Rationalitätsgrundlagen richterlicher Entscheidungspraxis (1970), 2. Aufl., Frankfurt/Main 1972 (zitiert: *Esser,* Vorverständnis).

Josef Esser, Möglichkeit und Grenzen dogmatischen Denkens im Zivilrecht, AcP 172 (1972), S. 97–130.

Richard Phillip Feynman, QED. The Strange Theory of Light an Matter, Princeton 1988.

Werner Flume, Richter und Recht, Schlussvortrag, in: Verhandlungen des 46. Deutschen Juristentages, Bd. II, Teil K (K 1–35), München/Berlin 1967 (zitiert: *Flume,* Richter und Recht).

Heinz von Foerster, Sicht und Einsicht. Versuche zu einer operationalen Erkenntnistheorie, Braunschweig/Wiesbaden 1985.

Ernst Forsthoff, Zu Problematik der Verfassungsauslegung, Stuttgart 1961.

Monika Frommel, Die Rezeption der Hermeneutik bei Karl Larenz und Josef Esser, Ebelsbach 1981.

Hans-Georg Gadamer, Wahrheit und Methode (1960). Grundzüge einer philosophischen Hermeneutik, 5. Aufl., Tübingen 1986.

Heino Garrn, Rechtsproblem und Rechtssystem, Bielefeld 1973 (zitiert: *Garrn,* Rechtsproblem).

Heino Garrn, Zur rhetorischen Begründungsfunktion juristischer Topik, in: *T. Schirren, G. Ueding (Hrsg.),* Topik und Rhetorik. Ein interdisziplinäres Symposium, Rhetorik-Forschungen Bd. 13, Tübingen 2000, S. 499–520.

Wolfgang Gast, Juristische Rhetorik. Auslegung, Begründung, Subsumtion, 3. Aufl., Heidelberg 2002.

Marc E. Gold, The Rhetoric of Constitutional Argumentation, in: University of Toronto Law Journal 35 (1985), S. 154–182.

Peter Goodrich, Legal Discourse. Studies in Linguistics, Rhetoric and Legal Analysis, New York 1987.

Rolf Gröschner, Dialogik und Juriprudenz. Die Philosophie des Dialogs als Philosophie der Rechtspraxis, Tübingen 1982 (zitiert: *Gröschner,* Dialogik).

Klaus Günther, Der Sinn für Angemessenheit. Anwendungsdiskurse in Moral und Recht, Frankfurt/Main 1988.

Klaus Günther, Ein normativer Begriff der Kohärenz für eine Theorie der juristischen Argumentation, in: Rechtstheorie 20 (1989), S. 163–190.

Jürgen Habermas, Die klassische Lehre von der Politik in ihrem Verhältnis zur Sozialwissenschaft, in: *ders.,* Theorie und Praxis, Neuwied/Berlin 1963, S. 13–51.

Jürgen Habermas, Wahrheitstheorien, in: *H. Fahrenbach (Hrsg.),* Wirklichkeit und Reflexion, FS für W. Schulz, Pfullingen 1973, S. 211–265 (zitiert: *Habermas,* Wahrheitstheorien).

Jürgen Habermas, Was ist Universalpragmatik?, in: *K.-O. Apel (Hrsg.),* Sprachpragmatik und Philosophie, Frankfurt/Main 1976, S. 174–272.

Jürgen Habermas, Zwei Bemerkungen zum praktischen Diskurs, in: *ders.,* Zur Rekonstruktion des Historischen Materialismus, Frankfurt/Main 1976, S. 338–346.

Jürgen Habermas, Diskursethik – Notizen zu einem Begründungsprogramm, in: *ders.,* Moralbewußtsein und kommunikatives Handeln, Frankfurt/Main 1983, S. 53–125.

Jürgen Habermas, Faktizität und Geltung. Beiträge zur Diskurstheorie des Rechts und des demokratischen Rechtsstaats, 3. Aufl., Frankfurt/Main 1993.

Jürgen Habermas, Wahrheit und Rechtfertigung. Zu Richard Rortys pragmatischer Wende, in: *ders.,* Wahrheit und Rechtfertigung. Philosophische Aufsätze, Frankfurt/Main 1999, S. 230–270.

Fritjof Haft, Juristische Rhetorik, 6. Aufl., Freiburg/München 1999 (zitiert: Juristische Rhetorik).

Hasso Härlen, Über die Begründung eines Systems, zum Beispiel des Rechts, in: ARSP 39 (1951), S. 477–481.

Herbert L. A. Hart, The Concept of Law (1961), 2. Aufl., Oxford 1994 (zitiert: *Hart,* The Concept of Law).

Nicolai Hartmann, Diesseits von Idealismus und Realismus, in: Kant-Studien, 29. Bd., Berlin 1924, S. 160–206 (zitiert: *Hartmann,* Diesseits von Idealismus und Realismus).

Winfried Hassemer, Tatbestand und Typus. Untersuchungen zur strafrechtlichen Hermeneutik, Köln/Berlin/Bonn/München 1968 (zitiert: *Hassemer,* Tatbestand und Typus).

Winfried Hassemer, Juristische Argumentationstheorie und juristische Didaktik, in: JbRSoz, Bd. II, Düsseldorf 1972, S. 467–480.

Winfried Hassemer, Rechtssystem und Kodifikation: Die Bindung des Richters an das Gesetz, in: *ders., A. Kaufmann, U. Neumann, (Hrsg.),* Einführung in Rechtsphilosophie und Rechtstheorie der Gegenwart, 7. Aufl., Heidelberg 2004, S. 251–269.

Görg Haverkate, Offenes Argumentieren im Urteil. Über die Darstellung der richterlichen Wertung bei kontroversen Rechtsfragen, ZRP 1973, S. 281–287.

Georg Wilhelm Friedrich Hegel, H. Glockner (Hrsg.) Werke, Bd. 18.

Rainer Hegenbarth, Juristische Hermeneutik und linguistische Pragmatik: dargestellt am Beispiel der Lehre vom Wortlaut als Grenze der Gesetzesauslegung, Königstein/Ts. 1982.

Antje Hellwig, Untersuchungen zur Theorie der Rhetorik bei Platon und Aristoteles, Göttingen 1973.

Wilhelm Henke, Alte Jurisprudenz und neue Wissenschaft, JZ 1987, S. 685–691.

Heinrich Henkel, Einführung in die Rechtsphilosophie. Grundlagen des Rechts, München/Berlin 1964.

Wilhelm Hennis, Politik und praktische Philosophie, Hamburg 1963.

Manfred Herbert, Zum Einfluß Wittgensteins auf die Rechtstheorie, Baden-Baden 1995.

Wilhelm Herschel, Rechtssicherheit und Rechtsklarheit, JZ 1967, S. 727–737.

Konrad Hesse, Grundzüge des Verfassungsrechts der Bundesrepublik Deutschland, 20. Aufl., Heidelberg 1995.

David Hilbert, Grundlagen der Geometrie, 4. Aufl., Leipzig 1913.

David Hilbert, Wilhelm Ackermann, Grundzüge der theoretischen Logik, 3. Aufl., Berlin u.a. 1949.

Fritz von Hippel, Zur Gesetzmäßigkeit juristischer Systembildung, Berlin 1930 (zitiert: *v. Hippel*, Zur Gesetzmäßigkeit).

Franz Horak, Rationes Decidendi. Entscheidungsbegründungen bei den älteren römischen Juristen bis Labeo, Bd. I, Innsbruck 1969 (zitiert: *Horak,* Rationes Decidendi).

Dieter Horn, Rechtssprache und Kommunikation. Grundlegung einer semantischen Kommunikationstheorie, Berlin 1966.

Norbert Horn, Zur Bedeutung der Topiklehre Theodor Viehwegs für eine einheitliche Theorie des juristischen Denkens, NJW 1967, S. 601–608.

Walo Hutmacher, Verkehrsunfälle vor Gericht – Empirische Befunde und theoretische Perspektiven, Zeitschrift für Rechtssoziologie 4 (1983), S. 247–267.

Hermann Isay, Rechtsnorm und Entscheidung, Berlin 1929.

Bernhard S. Jackson, Law, Fact and Narrative Coherence, Merseyside 1988.

Friedrich Kambartel, Was ist und soll Philosophie?, Konstanz 1968.

Friedrich Kambartel (Hrsg.), Praktische Philosophie und konstruktive Wissenschaftstheorie, Frankfurt/Main 1974.

Wilhelm Kamlah, Paul Lorenzen, Logische Propädeutik oder Vorschule des vernünftigen Redens, Mannheim/Wien/Zürich 1967.

Immanuel Kant, Kritik der reinen Vernunft.

Arthur Kaufmann, Analogie und „Natur der Sache". Zugleich ein Beitrag zur Lehre vom Typus (1965), 2. Aufl., Heidelberg 1982.

Arthur Kaufmann, Durch Naturrecht und Rechtspositivismus zur juristischen Hermeneutik (1975), in: *ders.,* Beiträge zur juristischen Hermeneutik, Köln/Berlin/Bonn /München 1984, S. 79–88.

Arthur Kaufmann, Das Verfahren der Rechtsgewinnung. Eine rationale Analyse, München 1999.

Arthur Kaufmann, Winfried Hassemer, Ulfrid Neumann (Hrsg.), Einführung in Rechtsphilosophie und Rechtstheorie der Gegenwart, 7. Aufl., Heidelberg 2004.

Wolfgang Kaupen, Die Hüter von Recht und Ordnung, Neuwied 1969.

Hans Kelsen, Reine Rechtslehre. Mit einem Anhang: Das Problem der Gerechtigkeit, 2. Aufl., Wien 1960 (Nachdruck 1967).

Hanno Kesting, Zur sozialen Topik, in: *ders., H. Popitz, H. P. Bahrdt, E. A. Jüres (Hrsg.),* Das Gesellschaftsbild des Arbeiters. Soziologische Untersuchungen in der Hüttenindustrie (1957), 5. Aufl., Tübingen 1977.

Hermann Klenner, Juristische Argumentation in Brüssel, Neue Justiz 1972, S. 15–18.

Hermann Klenner, Zur Juristentopik der Moderne, Neue Justiz 1992, S. 284–288.

Ulrich Klug, Juristische Logik, 4. Aufl., Berlin/Heidelberg/New York 1982 (zitiert: *Klug,* Juristische Logik).

Karin Knorr-Cetina, Spielarten des Konstruktivismus. Einige Notizen und Anmerkungen, Soziale Welt 1989, S. 86–96.

Hans-Joachim Koch, Zur Rationalität richterlicher Entscheidungen. Rezension zu Esser, „Vorverständnis und Methodenwahl“, in: Rechtstheorie 4 (1973), S. 183–206.

Hans-Joachim Koch, Der unbestimmte Rechtsbegriff im Verwaltungsrecht, in: *ders. (Hrsg.),* Juristische Methodenlehre und analytische Philosophie, Kronberg 1976, S. 186–213.

Hans-Joachim Koch, Helmut Rüßmann, Juristische Begründungslehre. Eine Einführung in Grundprobleme der Rechtswissenschaft, München 1982.

Paul Koschaker, Europa und das römische Recht, München/Berlin 1947.

Ernst A. Kramer, Topik und Rechtsvergleichung, in: RabelsZ 33 (1969), S. 1–16.

Werner Krawietz, Welche Methode lehrt die juristische Methodenlehre?, JuS 1970, S. 425–432.

Werner Krawietz, Juristische Entscheidung und wissenschaftliche Erkenntnis. Eine Untersuchung zum Verhältnis von dogmatischer Rechtswissenschaft und rechtswissenschaftlicher Grundlagenforschung, Wien/New York 1978.

Werner Krawietz, Zum Paradigmenwechsel im juristischen Methodenstreit, in: Rechtstheorie Beiheft Nr. 1 (1979), S. 113–152.

Werner Krawietz, Martin Morlok (Hrsg.), Vom Scheitern und der Wiederbelebung juristischer Methodik im Rechtsalltag – ein Bruch zwischen Theorie und Praxis?, Rechtstheorie 32 (2001), Sonderheft Juristische Methodenlehre.

Martin Kriele, Theorie der Rechtsgewinnung, entwickelt am Problem der Verfassungsinterpretation, Berlin 1967, 2. Aufl. 1976 (zitiert: *Kriele,* Rechtsgewinnung).

Martin Kriele, Offene und verdeckte Urteilsgründe. Zum Verhältnis von Philosophie und Jurisprudenz heute, in: Collegium Philosophicum. FS für J. Ritter, Basel/Stuttgart1965, S. 99–117.

Karl Larenz, Richterliche Rechtsfortbildung als methodisches Problem, NJW 1965, S. 1–10.

Karl Larenz, Methodenlehre der Rechtswissenschaft, Berlin/Heidelberg/New York 1960.

Karl Larenz, Methodenlehre der Rechtswissenschaft, 6. Aufl., Berlin/Heidelberg/New York 1991 (zitiert: *Larenz,* Methodenlehre, 6. Aufl.).

Agnes Launhardt, Methodenlehre aus rechtsrhetorischer Perspektive: Abschied von der Normativität?, in: Rechtstheorie 32 (2001), S.141–157.

Heinrich Lausberg, Handbuch der literarischen Rhetorik. Eine Grundlegung der Literaturwissenschaft, 3. Aufl., Stuttgart 1990.

Rüdiger Lautmann, Justiz – die stille Gewalt, Frankfurt/Main 1972 (zitiert: *Lautmann,* Justiz).

Hans Lipp, Beispiel, Exempel, Fall und das Verhältnis des Rechtsfalles zum Gesetz, Berlin 1931.

Kuno Lorenz, Elemente der Sprachkritik, Frankfurt/Main 1970.

Kuno Lorenz, Paul Lorenzen, Dialogspiele als semantische Grundlage von Logikkalkülen, Darmstadt 1978.

Paul Lorenzen, Oswald Schwemmer, Konstruktive Logik, Ethik und Wissenschaftstheorie, Mannheim/Wien/Zürich 1973.

Klaus Lüderssen, Genesis und Geltung in der Jurisprudenz, Frankfurt/Main 1996.

Niklas Luhmann, Legitimation durch Verfahren, Neuwied/Berlin 1969.

Niklas Luhmann, Das Recht der Gesellschaft, Frankfurt/Main 1993.

Andreas Lyra, Die Wiederentdeckung der Rhetorik in der Jurisprudenz – Beginn einer neuen Methodenlehre?, in: ARSP Beiheft Nr. 99 (2004), S. 50–64.

Neil MacCormick, The Artificial Reason and Judgement of Law, in: Rechtstheorie Beiheft Nr. 2 (1981), S. 105–120.

Humberto R. Maturana, Erkennen. Die Organisation und Verkörperung von Wirklichkeit. Ausgewählte Arbeiten zur biologischen Epistemologie, 2. Aufl., Braunschweig/Wiesbaden 1985.

Martin Morlok, Ralf Kölbel, Agnes Launhardt, Recht als soziale Praxis. Eine soziologische Perspektive in der Methodenlehre, in: Rechtstheorie 31 (2000), S. 15–46 (zitiert: *Morlok, Kölbel, Launhardt,* Recht als soziale Praxis).

Charles W. Morris, Foundations of the Theory of Signs, in: International Encyclopedia of Unified Science, 1938, Vol. I, No. 2, S. 1–59.

Charles W. Morris, Grundlagen der Zeichentheorie, München 1972.

Klaus Mudersbach, Eine Logik für Sprechen und Denken im Alltag, in: *P. Weingartner, G. Schurz (Hrsg.),* Beiträge des 20. Internationalen Wittgenstein-Symposiums, Bd. 2, Wien 1997, S. 672–677.

Friedrich Müller, Normstruktur und Normativität. Zum Verhältnis von Recht und Wirklichkeit in der juristischen Hermeneutik, entwickelt an Fragen der Verfassungsinterpretation, Berlin 1966 (zitiert: *Müller,* Normstruktur und Normativität).

Friedrich Müller, Recht, Sprache, Gewalt. Elemente einer Verfassungstheorie I, Berlin 1975.

Friedrich Müller, Ralph Christensen, Michael Sokolowski, Rechtstext und Textarbeit, Berlin 1997.

Friedrich Müller, Ralph Christensen, Juristische Methodik, Bd. I., 8. Aufl., Berlin 2002.

Oskar Negt, Soziologische Phantasie und exemplarisches Lernen. Zur Theorie der Arbeiterbildung (1968), 7 Aufl., Frankfurt/Main 1981.

Ulfrid Neumann, Acht Thesen zur Kritik und Metakritik der Rechtssprache, ARSP Beiheft Nr. 9 (1977), S. 121–126.

Ulfrid Neumann, Rechtsontologie und juristische Argumentation. Zu den ontologischen Implikationen des juristischen Argumentierens, Heidelberg/Hamburg 1979 (zitiert: *Neumann,* Rechtsontologie).

Ulfrid Neumann, Juristische Argumentationslehre, Darmstadt 1986 (zitiert: *Neumann,* Argumentationslehre).

Ulfrid Neumann, Juristische Methodenlehre und Theorie der juristischen Argumentation, in: Rechtstheorie 32 (2001), S. 239–255.

Bernd H. Oppermann, Die Rezeption des Nordamerikanischen Rechtsrealismus durch die Deutsche opikdiskussion, Frankfurt/Main 1985 (zitiert: *Oppermann,* Topikdiskussion).

Wilhelm Oswald, Topisches und systematisches Denken in der Jurisprudenz, in: FS für W. Schönenberger, Freiburg (Schweiz) 1968 (zitiert: *Oswald,* Topisches und systematisches Denken).

Edward E. Ott, Juristische Dialektik – 50 dialektische Argumentationsweisen und Kunstgriffe, um bei rechtlichen Auseinandersetzungen Recht zu behalten, 2. Aufl., Basel/Frankfurt/Main 1995.

Gerhard Otte, Zwanzig Jahre Topik-Diskussion: Ertrag und Aufgaben, in: Rechtstheorie 1 (1970), S. 183–197 (zitiert: *Otte,* Zwanzig Jahre Topik-Diskussion).

Harro Otto, Methode und System in der Rechtswissenschaft, in: ARSP 55 (1969), S. 493–520.

Otto Palandt (bearb.: P. Bassenge, G. Brudermüller u.a.), Bürgerliches Gesetzbuch, Kommentar, 63. Aufl., München 2004.

Wilhelmus Antonius de Pater, Les Topiques d'Aristote et la Dialectique Platonicienne: La Méthodologie de la Définition, Fribourg 1965.

Hans-Martin Pawlowski, Methodenlehre für Juristen, 3. Aufl., Heidelberg 1999.

Chaim Perelman, Lucie Olbrechts-Tyteca, Logique et Rhétorique, in: 140 Revue Philosophique de la France et de l `Etranger 140, Paris 1950.

Chaim Perelman, Rhéthorique et philosophie, Paris 1952.

Chaim Perelman, La nouvelle Rhétorique. Traité de l'Argumentation, Brüssel 1958, 3. Aufl. 1976.

Chaim Perelman, Über die Gerechtigkeit, München 1967.

Chaim Perelman, Juristische Logik als Argumentationslehre, Freiburg/München, 1979.

Chaim Perelman, Logik und Argumentation, Königstein 1979.

Chaim Perelman, Das Reich der Rhetorik, Rhetorik und Argumentation, München 1980.

Otto Pöggeler, Dialektik und Topik, in: *R. Bubner, K. Cramer, R. Wiehl (Hrsg.),* Hermeneutik und Dialektik, FS für H.G. Gadamer, Bd. II, Tübingen 1970, S. 273–310.

Karl Raimund Popper, Logik der Forschung (1934), 9. Aufl., Tübingen 1989.

Carl Prantl, Geschichte der Logik im Abendlande, Bd. II, 2. Aufl., Leipzig 1927.

Raiser, Ludwig Raiser, Rechtswissenschaft und Rechtspraxis, NJW 1964, S. 1201–1208.

Eckart Ratschow, Rechtswissenschaft und formale Logik, Baden-Baden 1998.

Klaus Rehbock, Topik und Recht. Eine Standortanalyse unter besonderer Berücksichtigung der aristotelischen Topik, München 1988 (zitiert: *Rehbock,* Topik und Recht).

Paul Robertshaw, Law, Language and Rhetoric, in: Modern Law Review 50 (1987), S. 971–981.

Jürgen Rödig, Die Denkform der Alternative in der Jurisprudenz, Berlin/Heidelberg/New York 1969.

Jürgen Rödig, Theorie des gerichtlichen Erkenntnisverfahrens, Berlin 1973.

Hubert Rodingen, Ansätze zu einer sprachkritischen Rechtstheorie, in: ARSP 58 (1972), S. 161–183.

Hubert Rodingen, Pragmatik der juristischen Argumentation. Was Gesetze anrichten und was rechtens ist, Freiburg /München 1977 (zitiert: *Rodingen,* Pragmatik).

Hubert Rodingen, Rechtstheorie als Kritik des juristischen Sprachgebrauchs, in: ARSP Beiheft Nr. 9 (1977), S. 57–61.

Hubert Rodingen, Juristische Argumentationstheorie. Bericht über das gleichnamige Rundgespräch vom 03.–05.11.1977 in München, in: Rechtstheorie 9 (1978), S. 236–240.

Hubert Rodingen, Von der Rationalität der Topik, in: *O. Ballweg, T.-M. Seibert (Hrsg.),* Rhetorische Rechtstheorie. FS für T. Viehweg, Freiburg/München 1982, S. 181–195.

Hubert Rodingen, Christine Falke, Das Rechtsverfahren: Dressur oder Diskurs?, in: DSWR 1976, S. 236–240.

Klaus F. Röhl, Allgemeine Rechtslehre, Köln/Berlin/Bonn/München 1995.

Klaus F. Röhl, Rechtsgeltung und Rechtswirksamkeit, JZ 1971, S. 576–580.

Erich Rothacker, Die Geisteswissenschaften bilden kein „System“, Studium Generale 11 (1958), S. 141–146.

Hubert Rottleuthner, Richterliches Handeln. Zur Kritik der juristischen Dogmatik, Frankfurt/Main 1973.

Hubert Rottleuthner, Rechtswissenschaft als Sozialwissenschaft, Frankfurt/Main 1973.

Bertrand Russell, Denker des Abendlandes. Eine Geschichte der Philosophie, 5. Aufl., München 1997.

Helmut Rüßmann, Zur Abgrenzung von Rechts- und Tatfrage, in: *H.-J. Koch (Hrsg.),* Juristische Methodenlehre und analytische Philosophie, Kronberg 1976, S. 242–270.

Max Salomon, Grundlegung zur Rechtsphilosophie, 2. Aufl., Berlin 1925.

Eike von Savigny, Die Philosophie der normalen Sprache. Eine kritische Einführung in die „ordinary language philosophy“, Frankfurt/Main 1969.

Wilhem A. Scheuerle, Finale Subsumtionen. Studien über Tricks und Schleichwege in der Rechtsanwendung, AcP 167 (1967), S. 305–349.

Katharina Gräfin von Schlieffen, Rhetorik und rechtsrhetorische Aufklärung, in: Rechtstheorie 32 (2001), S. 175–196.

Jürgen Schmidt, Begründung – Einige Probleme eines rechtstheoretischen Problems, in: *F. Kaulbach, W. Krawietz (Hrsg.),* Recht und Gesellschaft, FS für H. Schelsky, Berlin 1978, S. 549–578.

Siegfried J. Schmidt (Hrsg.), Der Diskurs des radikalen Konstruktivismus, 2. Aufl., Frankfurt/Main 1992.

Joachim Schmidt-Salzer, Zur Technik der topischen Rechtsbildung: Angenommene Lizenzgebühr und Verletzergewinn als Grundlage der Schadensberechnung, JR 1969, S. 81–90.

Clive M. Schmitthoff, Systemdenken und Fallrecht in der Entwicklung des englischen Privatrechts, JZ 1967, S. 1–6.

Egon Schneider, Rezension zu Viehweg, „Topik und Jurisprudenz", MDR 1963, S. 653–654.

Peter Schneider, Prinzipien der Verfassungsdiskussion, VVDStRL 20, Berlin 1963, S. 1–52.

Waldemar Schreckenberger, Über die Pragmatik der Rechtstheorie, in: JbRSoz, Bd. II, Düsseldorf 1972, S. 561–575.

Waldemar Schreckenberger, Rhetorische Semiotik: Analyse von Texten des Grundgesetzes und von rhetorischen Grundstrukturen der Argumentation des Bundesverfassungsgerichts, Freiburg/München 1978 (zitiert: *Schreckenberger,* Rhetorische Semiotik).

Waldemar Schreckenberger, Über den Zugang der modernen Logik zur Rechtsdogmatik, in: *O. Ballweg, T.-M. Seibert (Hrsg.),* Rhetorische Rechtstheorie, FS für T. Viehweg, Freiburg/München 1982, S. 155–179.

Waldemar Schreckenberger, Notizen über die Rhetorische Semiotik unter besonderer Berücksichtigung der Geltungsproblematik in der Rechtstheorie, in: ARSP Beiheft Nr. 44 (1991), S. 348–360 (zitiert: *Schreckenberger,* Notizen über die Rhetorische Semiotik).

Waldemar Schreckenberger, Rhetorik und Demokratie, in: ARSP 86 (2000), S. 367–399 (zitiert: *Schreckenberger,* Rhetorik und Demokratie).

Ulrich Schroth, Theorie und Praxis subjektiver Auslegung im Strafrecht, Berlin 1983.

Fritz Schulz, Prinzipien des römischen Rechts, München/Leipzig 1934.

Götz Schulze, Ethos, Logos, Pathos. Juristische Rhetorik in der neueren deutschen Zivilrechtsgesetzgebung, in: ARSP Beiheft Nr. 99 (2004), S. 26–35.

Peter Schwerdtner, Rechtswissenschaft und kritischer Rationalismus, Rechtstheorie 2 (1971), S. 67–94, 224–244.

Thomas-Michael Seibert, Von Sprachgegenständen zur Sprache von juristischen Gegenständen. Sprachkritische Thesen zum Verhältnis von Eigenzeichen zu juristischen Zeichen, in: ARSP 58 (1972), S. 43–52 (zitiert: *Seibert,* Von Sprachgegenständen).

Thomas-Michael Seibert, Argumentationsbeispiele aus dem Rechtsbereich, in: *M. Schecker (Hrsg.),* Theorie der Argumentation, Tübingen 1977, S. 313–353.

Thomas-Michael Seibert, Zur Fachsprache in der Juristenausbildung, Berlin 1977.

Thomas-Michael Seibert, Kritik des Larenzschen Sprachgebrauchs, in: ARSP Beiheft Nr. 9 (1977), S. 69–78.

Thomas-Michael Seibert, Soziales und rechtliches Argumentieren am Beispiel von Gerichtshausarbeiten, in: ARSP Beiheft Nr. 14 (1980), S. 171–179.

Thomas-Michael Seibert, Juristische Topik, in: LiLi 10 (1980), S. 169–177.

Thomas-Michael Seibert, Aktenanalysen. Zur Schriftform juristischer Deutungen, Berlin 1981.

Thomas-Michael Seibert, Fall, Regel und Topos, in: *O. Ballweg, T.-M. Seibert (Hrsg.),* Rhetorische Rechtstheorie, FS für T. Viehweg, Freiburg/München 1982, S. 321–335 (zitiert: *Seibert,* Fall, Regel und Topos).

Thomas-Michael Seibert, Zeichen, Prozesse. Grenzgänge zur Semiotik des Rechts, Berlin 1996.

Thomas-Michael Seibert, Grundlagen der Urteilsanalyse: Fall, Regel und Topos, in: *B. Feldner, N. Forgó (Hrsg.),* Norm und Entscheidung. Prolegomena zu einer Theorie des Falls, Wien/New York 2000, S. 127–152.

Jan-Reinard Sieckmann, Regelmodelle und Prinzipienmodelle des Rechtssystems, Baden-Baden 1990.

Spiros Simitis, Die Bedeutung von System und Dogmatik – dargestellt an rechtsgeschäftlichen Problemen des Massenverkehrs, AcP 172 (1972), S. 131–154 (zitiert: *Simitis,* Die Bedeutung von System und Dogmatik).

Dieter Simon, Die Unabhängigkeit des Richters, Darmstadt 1975.

Herbert W. Simons (Hrsg.), The Rhetorical Turn: Invention and Persuasion in the Conduct of Inquiry, Chicago/London 1990.

Katharina Sobota, Rhetorik: Form ohne Inhalt?, in: ARSP 75 (1989), S. 525–533.

Katharina Sobota, Sachlichkeit. Rhetorische Kunst der Juristen, Frankfurt/Main/Bern/New York/Paris 1990 (zitiert: *Sobota,* Sachlichkeit).

Katharina Sobota, Imitation und Reflexion in der Rechtsmethodik, in: *E. Denninger, M. Hinz, P.C. Mayer-Tasch, G. Roellecke (Hrsg.),* Kritik und Verantwortung; FS für P. Schneider, Frankfurt/Main 1990, S. 501–514.

Katharina Sobota, Don't mention the Norm!, in: IJSL, Vol. IV/10 (1991), S. 45–60.

Katharina Sobota, Geburt und Tod fiktiver Welten, in: *M. Heuser, W. Schmied (Hrsg.),* Gestalt, Hannover 1991, S. 45–55.

Katharina Sobota, Rhetorisches Seismogramm – eine neue Methode in der Rechtswissenschaft, JZ 1992, S. 231–237.

Katharina Sobota, The Rhetorical Construction of Law, in: IJSL, Vol. V/13 (1992), S. 39–54.

Katharina Sobota, Argumente und stilistische Überzeugungsmittel in Entscheidungen des Bundesverfassungsgerichts.

Katharina Sobota, Eine Rhetorik-Analyse auf empirischer Grundlage, in: *J. Dyck, W. Jens, G. Ueding (Hrsg.),* Rhetorik.

Katharina Sobota, Ein internationales Jahrbuch, Bd. 15, Juristische Rhetorik, Tübingen 1996, S. 115–136 (zitiert: *Sobota,* Argumente und stilistische Überzeugungsmittel).

Katharina Sobota, Rhetorische Muster der Rechtsgewinnung am Beispiel einer Entscheidung des OVG Münster, in: *T. Schirren, G. Ueding (Hrsg.),* Topik und Rhetorik. Ein interdisziplinäres Symposium, Tübingen 2000, S. 521–539.

Friedrich Solmsen, Die Entwicklung der aristotelischen Logik und Rhetorik, Berlin 1929.

Günter Spendel, Rezension zu Viehweg, „Topik und Jurisprudenz", NJW 1955, S. 1351.

Jerzy Stelmach, Die hermeneutische Auffassung der Rechtsphilosophie, Ebelsbach 1991.

Hans Joachim Störig, Kleine Geschichte der Weltphilosophie, Frankfurt/Main 1992.

Hans-Joachim Strauch, Wie wirklich sehen wird die Wirklichkeit? Vom Nutzen des Radikalen Konstruktivismus für die juristische Theorie und Praxis, JZ 2000, S. 1020–1029.

Stig Strömholm, Zur Frage nach der juristischen Argumentationstechnik, in: ARSP 58 (1972), S. 337–362.

Gerhard Struck, Topische Jurisprudenz. Argument und Gemeinplatz in der juristischen Arbeit, Frankfurt/Main 1971 (zitiert: *Struck,* Topische Jurisprudenz).

Gerhard Struck, Dogmatische Diskussion über Dogmatik, JZ 1975, S. 84–88.

Gerhard Struck, Zur Theorie juristischer Argumentation, Berlin 1977.

Dirk Thümmel, Rechtsrhetorik als Methodenlehre und Instrument der Vertragsgestaltung, Tübingen 1998.

Axel Tschentscher, Prozedurale Theorien der Gerechtigkeit. Rationales Entscheiden, Diskursethik und prozedurales Recht, Baden-Baden 2000.

Gerd Ueding, Klassische Rhetorik, 2. Aufl., München 1996 (zitiert: *Ueding,* Klassische Rhetorik).

Gian Battista Vico, Vom Wesen und Weg der geistigen Bildung, deutsch-lateinische Ausgabe, in der Übersetzung von Walter F. Otto, Godesberg 1947 (zitiert: *Vico,* Vom Wesen und Weg).

Theodor Viehweg, Topik und Jurisprudenz. Ein Beitrag zur rechtswissenschaftlichen Grundlagenforschung (1953), 5. Aufl., München 1974 (zitiert: *Viehweg,* Topik).

Theodor Viehweg, Topics and Law. A Contribution to Basic Research in Law (1953), in der Übersetzung und mit einer Einleitung von W. Cole Durham, Jr., Frankfurt/Main/Berlin/Bern/New York/Paris/Wien 1993.

Theodor Viehweg, Zur Geisteswissenschaftlichkeit der Rechtsdisziplin (1958), neu abgedruckt in: *ders.:* Rechtsphilosophie und Rhetorische Rechtstheorie. Gesammelte kleine Schriften, mit einer Einleitung hrsg. Von H. Garrn, Baden-Baden 1995, S. 23–34 (zitiert: *Viehweg,* Zur Geisteswissenschaftlichkeit).

Theodor Viehweg, Über den Zusammenhang zwischen Rechtsphilosophie, Rechtstheorie und Rechtsdogmatik (1960), neu abgedruckt ebd., S. 35–44 (zitiert: *Viehweg,* Rechtsphilosophie, Rechtstheorie und Rechtsdogmatik).

Theodor Viehweg, Zwei Rechtsdogmatiken (1960), neu abgedruckt ebd., S. 176–184 (zitiert: *Viehweg,* Zwei Rechtsdogmatiken).

Theodor Viehweg, Rechtsphilosophie als Grundlagenforschung (1961), neu abgedruckt ebd., S. 45–60 (zitiert: *Viehweg,* Rechtsphilosophie als Grundlagenforschung).

Theodor Viehweg, Der deutsche Jurist – Über Mängel und Reform des Rechtsstudiums in der Bundesrepublik (1962), neu abgedruckt ebd., S. 74–85.

Theodor Viehweg, Systemprobleme in Rechtsdogmatik und Rechtsforschung (1968), neu abgedruckt ebd., S. 97–106 (zitiert: *Viehweg,* Systemprobleme).

Theodor Viehweg, Was heißt Rechtspositivismus? (1968), neu abgedruckt ebd., S. 166–175.

Theodor Viehweg, Ideologie und Rechtsdogmatik (1969), neu abgedruckt ebd., S. 86–96 (zitiert: *Viehweg,* Ideologie und Rechtsdogmatik).

Theodor Viehweg, Some Considerations Concerning Legal Reasoning (1969), neu abgedruckt ebd., S. 107–115.

Theodor Viehweg, Über die Zukunft der Rechtsphilosophie als Grundlagenforschung (1969), neu abgedruckt ebd., S. 116–124 (zitiert: *Viehweg,* Zukunft der Rechtsphilosophie).

Theodor Viehweg, Positivismus und Jurisprudenz (1971), neu abgedruckt ebd., S. 159–165.

Theodor Viehweg, Modelle juristischer Argumentation in der Neuzeit (1972), neu abgedruckt ebd., S. 127–136.

Theodor Viehweg, Notizen zu einer rhetorischen Argumentationstheorie der Rechtsdisziplin (1972), neu abgedruckt ebd., S. 191–199 (zitiert: *Viehweg,* Notizen zu einer rhetorischen Argumentationstheorie).

Theodor Viehweg, Schritte zu einer Rhetorischen Rechtstheorie (1977), neu abgedruckt ebd., S. 200–205 (zitiert: *Viehweg,* Schritte zu einer Rhetorischen Rechtstheorie).

Theodor Viehweg, Rhetorik, Sprachpragmatik, Rechtstheorie (1978), neu abgedruckt ebd., S. 206–209 (zitiert: *Viehweg,* Rhetorik, Sprachpragmatik).

Theodor Viehweg, Zur Topik, insbesondere auf juristischem Gebiete (1981), neu abgedruckt ebd., S. 210–213 (zitiert: *Viehweg,* Zur Topik).

Theodor Viehweg, Reine und Rhetorische Rechtslehre (1981), neu abgedruckt ebd., S. 214–217 (zitiert: *Viehweg,* Rhetorische Rechtslehre).

Theodor Viehweg, Antirhetorische und rhetorische Kontrolle rechtlicher Argumentationen (1985), neu abgedruckt ebd., S. 218–222 (zitiert: *Viehweg,* Antirhetorische und rhetorische Kontrolle).

Paul Watzlawick(Hrsg.), Die erfundene Wirklichkeit, 2. Aufl., München 1985.

Ota Weinberger, Jurisprudenz zwischen Logik und Plausibilitätsargumentation, Juristische Analysen 3 (1971), S. 553–574.

Ota Weinberger, Topik und Plausibilitätsargumentation, in: ARSP 59 (1973), S. 17–35.

Ota Weinberger, Logische Analyse als Basis der juristischen Argumentation, in: *W. Krawietz, R. Alexy (Hrsg.),* Metatheorie juristischer Argumentation, Berlin 1983, S. 159–232 (zitiert: *Weinberger,* Logische Analyse).

Albrecht Wellmer, Ethik und Dialog. Elemente des moralischen Urteils bei Kant und in der Diskursethik, Frankfurt/Main 1986.

Gerhard Wesenberg, Rezension zu Viehweg, „Topik und Jurisprudenz", JZ 1955, S. 462.

Walter O. Weyrauch, Das Gesellschaftsbild des Juristen, Neuwied/Berlin 1970.

Franz Wieacker, Gesetzesrecht und richterliche Kunstregel. Zu Essers Buch „Grundsatz und Norm", JZ 1957, S. 701–706.

Franz Wieacker, Gesetz und Richterkunst. Zum Problem der außergesetzlichen Rechtsordnung, Karlsruhe 1958 (zitiert: *Wieacker,* Gesetz und Richterkunst).

Franz Wieacker, Privatrechtsgeschichte der Neuzeit, unter besonderer Berücksichtigung der deutschen Entwicklung, 2. Aufl., Göttingen 1967.

Franz Wieacker, Rezension zu Canaris, „Systemdenken und Systembegriff in der Jurisprudenz", in: Rechtstheorie 1 (1970), S. 107–119.

Franz Wieacker, Zur praktischen Leistung der Rechtsdogmatik, in: *R. Bubner, K. Cramer, R. Wiehl (Hrsg.),* Hermeneutik und Dialektik, FS für H.G. Gadamer, Bd. II, Tübingen 1970, S. 311–336 (zitiert: *Wieacker,* Leistung der Rechtsdogmatik).

Franz Wieacker, Zur Topikdiskussion in der zeitgenössischen deutschen Rechtswissenschaft, in: *E. v. Caemmerer u.a. (Hrsg.),* XENION, Festschrift für Zepos, Bd. I, Athen/Freiburg/Br./Köln 1973, S. 391–415 (zitiert: *Wieacker,* Zur Topikdiskussion).

Wolfgang Wieland, Die aristotelische Physik. Untersuchungen über die Grundlegung der Naturwissenschaft und die sprachlichen Bedingungen der Prinzipienforschung bei Aristoteles, Göttingen 1962 (zitiert: *Wieland,* Die aristotelische Physik).

Wolfgang Wieland, Aristoteles als Rhetoriker und die exoterischen Schriften, in: Hermes 86 (1958), S. 323–346 (zitiert: *Wieland,* Aristoteles als Rhetoriker).

Walter Wilburg, Entwicklung eines beweglichen Systems im bürgerlichen Recht, Graz 1950 (zitiert: *Wilburg,* Entwicklung eines beweglichen Systems).

Stephan Wolff, Der rhetorische Charakter sozialer Ordnungen. Selbstverständlichkeit als soziales Problem, Berlin 1976.

Stephan Wolff, Hermann Müller, Kompetente Skepsis. Eine konversationsanalytische Untersuchung zur Glaubwürdigkeit im Strafverfahren, Opladen 1997.

Jerzy Wroblewski, Legal Syllogism and Rationality of Judicial Decision, Rechtstheorie 5 (1974), S. 33–46.

Thomas Würtenberger, Der Beitrag der Topik zur Rechtsfindung, MDR 1969, S. 626–631.

Reinhold Zippelius, Problemjurisprudenz und Topik, NJW 1967, S. 2229–2234.

Recht und Rhetorik

Herausgegeben von Katharina Gräfin von Schlieffen

Band 1 Ottmar Ballweg: Analytische Rhetorik. Rhetorik, Recht und Philosophie. Herausgegeben von Katharina Gräfing von Schlieffen. 2009.

Band 2 Markus Solbach: Politischer Druck und richterliche Argumentation. Eine rechtsrhetorische Analyse von Entscheidungen des Bundesverfassungsgerichts. 2003.

Band 3 Agnes Launhardt: Topik und Rhetorische Rechtstheorie. Eine Untersuchung zu Rezeption und Relevanz der Rechtstheorie Theodor Viehwegs. 2010.

www.peterlang.de